suhrkamp taschenbuch
wissenschaft 2427

50 Jahre suhrkamp taschenbuch wissenschaft
Jubiläumsprogramm

Wie entsteht eine wissenschaftliche Tatsache? Wie stellt sich naturwissenschaftliche Kreativität dar, wenn man sie im Labor des Naturwissenschaftlers beobachtet? Wie verhält sich die handwerkliche Arbeit der Forscherin zu dem, was im veröffentlichten wissenschaftlichen Text steht? Karin Knorr Cetina geht durch das Labor mit den Augen einer Anthropologin, die die Sitten und Gebräuche einer fremden Ethnie mit der Distanz, aber auch der Sympathie des Mitglieds einer anderen Kultur studiert. Dabei zeigt sich, daß man das Unternehmen Wissenschaft mit idealisierten epistemologischen Begriffen nicht besonders gut zu fassen bekommt. Es muß vielmehr aus der Alltagswelt wissenschaftlicher Handarbeit rekonstruiert werden. Ein Klassiker der Wissenschaftssoziologie.

Karin Knorr Cetina ist Otto Borchert Distinguished Service Professor am Department of Sociology der University of Chicago. Für ihr Werk wurde sie vielfach ausgezeichnet, u. a. mit dem John Desmond Bernal Prize der Society for Social Studies of Science und dem Preis für das herausragende wissenschaftliche Lebenswerk der Deutschen Gesellschaft für Soziologie. Sie ist Mitglied der Leopoldina und der American Academy of Arts and Sciences. Im Suhrkamp Verlag liegt vor: *Wissenskulturen. Ein Vergleich naturwissenschaftlicher Wissensformen* (stw 1594).

Karin Knorr Cetina

Die Fabrikation von Erkenntnis

Zur Anthropologie der Naturwissenschaft

Mit einem Vorwort von Rom Harré

Suhrkamp

Revidierte und erweiterte Fassung von:
Karin Knorr Cetina, *The Manufacture of Knowledge. An Essay on the Constructivist and Contextual Nature of Science*,
Oxford: Pergamon Press 1981

Klimaneutral
Druckprodukt
ClimatePartner.com/14438-2110-1001

Erste Auflage 2023
suhrkamp taschenbuch wissenschaft 2427

Deutsche Erstausgabe dieser erweiterten Neuauflage:
Suhrkamp Verlag Frankfurt am Main 2002

Umschlaggestaltung: Hanzer Liccini, Berlin
Druck und Bindung: C. H. Beck, Nördlingen
Printed in Germany
ISBN 978-3-518-30027-5

www.suhrkamp.de

Mike Peyton, *The New Scientist.*

Für Dietrich und Berkeley

Inhalt

Laborstudien. Vorwort zur Neuauflage XI

Vorwort von Rom Harré 11

1. Wissenschaft als praktische Rationalität: Zur Konstruktivität und Kontextualität der Fabrikation von Erkenntnis

1.1 Die Fabrikation von Fakten 17
1.2 Die konstruktive Wissensinterpretation: Die Natur und das Forschungslabor 23
1.3 Die Entscheidungsgeladenheit der Wissensfabrikation 25
1.4 Das Laboratorium: *context of discovery* oder *context of validation?* 28
1.5 Die Kontextualiät der Wissenskonstruktion: Das Labor als Selektionskontext 31
1.6 Kontextuelle Kontingenz als Prinzip des Wissenswandels 34
1.7 *Discovery* als sozialer Prozeß 36
1.8 Die Kontextualität von Wissen: Intern, extern oder transwissenschaftlich? 40
1.9 Sensitive und frigide Methodologien 43
1.10 Von der Frage *Warum* zur Frage *Wie* 48
1.11 Wissenschaft als praktisches Räsonieren 50
1.12 Die kognitive und die praktische Räson 52
1.13 Daten und Präsentation 55

2. Wissenschaft als opportunistische Rationalität: Die lokale Ansässigkeit und die Situationsgebundenheit der Forschung

2.1 Raum und Zeit gehören ins Bild: Die indexikalische Logik und der Opportunismus der Forschung 63
2.2 Lokale Idiosynkrasien 72
2.3 Die lokale Herkunft und die Oszillation von Entscheidungskriterien 77
2.4 Der vernachlässigte Ort der Forschung: Organisation versus Laborsituation 82

2.5 Variable Regeln und Macht 85
2.6 Zusammenfassung 90

3. Wissenschaft als Analogie-Räsonieren: Die Zirkulation von Selektionen und die Metapher-Theorie der Innovation

3.1 Die Metapher-Theorie der Innovation 92
3.2 Die Innovationsberichte der Wissenschaftler 99
3.3 Analogiebeziehungen und die opportunistische Logik der Forschung 107
3.4 Der Opportunismus und die Konservativität des Analogie-Räsonierens 110
3.5 Ethnotheorien der Kreativität und die Annahmen hinter der Metapher-Erklärung von Innovation 113
3.6 Eine Metapher-/Analogie-Theorie des Fehlschlags 118
3.7 Schlußfolgerungen 123

4. Wissenschaft als transwissenschaftliche Rationalität: Von der Wissenschaftlergemeinde zum transwissenschaftlichen Feld

4.1 Die Wissenschaftlergemeinde als Einbettungskontext der Forschung 126
4.2 Quasi-ökonomische Modelle: Vom Gemeinde-Geschenkaustausch zum Gemeinde-Kapitalismus 130
4.3 Die Kritik des kapitalistischen Marktmodells der Wissenschaftlergemeinde 134
4.4 Das ökonomische Räsonieren der Wissenschaftler oder: Wer sind die Unternehmer in der Forschung? 139
4.5 Die Arbeits-Interpretation der Wissenschaft 147
4.6 Die teilnehmerzentrierte Perspektive 151
4.7 Das transwissenschaftliche und transepistemische Feld 154
4.8 Ressourcebeziehungen 157
4.9 Die Verschiebung von Entscheidungen und die transepistemische Verbindung 161
4.10 Die Struktur von Entscheidungsproblemen in der wissenschaftlichen Arbeit: ein weiteres Beispiel 164
4.11 Schlußfolgerungen 174

5. Wissenschaft als literarische Räson

5.1 Das wissenschaftliche »Produkt« 175
5.2 Die Begründung eines Forschungsschwerpunktes im Labor 180
5.3 Die Begründung eines Forschungsschwerpunktes im wissenschaftlichen Papier 185
5.4 Die erste und die letzte Fassung: Die Zerstreuung literarischer Intentionen 190
5.5 Erste und letzte Fassung: Die Endversion wird verhandelt 197
5.6 Die literarische Konstruktion wissenschaftlicher Rationalität 200
5.7 Zusammenfassung: Die Einleitung als Ort der Relevanz-Inszenierung 207

6. Wissenschaft als transformierte Rationalität: Die experimentelle Methode im Labor und im Papier

6.1 Die Fortsetzung der Laborgeschichte 210
6.2 Die Papier-Version der Labormethode 214
6.3 Der Abschnitt »Ergebnisse und Diskussion« im wissenschaftlichen Papier 221
6.4 Von der ersten zur letzten Fassung: literarische Verstärkung und wissenschaftliche Differenzierung 228
6.5 Warum das Papier kein Forschungsbericht ist: Eine Kritik des Konzepts der *tacit information* 234
6.6 Zusammenfassung: kognitive Transformationsfunktion oder doppelte Produktionsweise? 239

7. Wissenschaft als interpretative Rationalität oder: Die Übereinstimmung zwischen den Natur- und Sozialwissenschaften

7.1 Die zwei Wissenschaften 245
7.2 Die Universalität von Interpretation und Verstehen 248
7.3 Die Unterscheidung zwischen instrumentalem Handeln und symbolischem Handeln 253
7.4 Das symbolische und das Forschungslabor 259
7.5 Die Feedback-These 264

Schlußbemerkung:
Die Rationalität der Laborwissenschaften 271

Anmerkungen 274

Literaturverzeichnis 300

Anhang 1 319

Anhang 2 329

Anhang 3 341

Namenregister 347

Sachregister 351

Laborstudien. Vorwort zur Neuauflage

Es ist nun etwa 20 Jahre her, seit die ersten Laborstudien, einschließlich der hier wieder veröffentlichten, durchgeführt wurden. Das gibt Anlaß, die Frage nach Ursprung und Bedeutung der Laborstudien zu stellen sowie ihre rezente Entwicklung und die Relevanz des Laborbegriffs zu betrachten. Der Begriff der Laborstudien geht auf die späten 70er Jahre zurück. Damals begannen einige Wissenschaftsforscher und ich selbst, ihn auf Studien anzuwenden, die den Ort der naturwissenschaftlichen Erkenntnisproduktion in den Mittelpunkt ihres Untersuchungsvorhabens stellten (siehe hierzu Latour und Woolgar 1979; Lynch 1985; Traweek 1988 sowie meine eigenen Studien Knorr 1977, 1979; Knorr Cetina 1981). Bei dieser Umschreibung ist mehreres wichtig: erstens die Hinwendung zu den Naturwissenschaften, die in der neueren Wissenschaftssoziologie, zu der die Laborstudien zählen, erstmals Gegenstand wissenssoziologischer Betrachtung wurden. Dies heißt, daß soziale Faktoren als den Kern der Wissenserzeugung beeinflussend und die Erkenntnisproduktion durchdringend angesehen wurden. An zweiter Stelle ist der produktionslogische Ansatz der Laborstudien wichtig, gemäß dem in Laboratorien zwar nicht Waren produziert werden, wohl aber wissenschaftliche Objekte und Tatsachen, die Konstruktionsprozessen unterliegen. Hierzu gehört auch das mit dem Ansatz intrinsisch verbundene Anliegen, die Black Box naturwissenschaftlicher Wissensprozesse zu öffnen und deren Grundcharakteristiken zu beschreiben. Drittens ist mit dem Ansatz ein bestimmter Begriff des Labors verbunden, bei dem das Labor nicht nur als Ort der Forschung angesehen wird, sondern als theoretischer Begriff, der zur Erklärung des Fortschritts der Laborwissenschaften beiträgt. Auf die letzten beiden Merkmale von Laborstudien werde ich gleich noch weiter eingehen. Danach folgt ein kurzer Abriß ihrer bisherigen Weiterentwicklung und Transformation.

Zunächst also zum produktionslogischen Ansatz. Dieser bedeutet primär einfach einen Übergang von einem Begriff von Wissen als Erkenntnisprodukt zum Verständnis von Wissen als Prozeß, der untersucht werden kann. Wenn Wissen als Produkt gesehen wird, so bleibt es vom Prozeß seiner Entstehung abgeschnitten und wird in der Regel in Relation zur Natur bzw. zu denjenigen Referenzobjekten gesetzt, auf die sich das Wissen bezieht. Damit geraten dann diejenigen Fragen der Konsensbildung, Korrespondenz und Wissensvalidierung in den Vordergrund, mit denen sich Wahrheitstheorien bzw. die Wissenschaftsphilosophie allgemein vordringlich beschäftigen. Wird Wissen dagegen als Prozeß verstanden, wie in den Laborstudien, so richtet sich der analytische Blick auf die Erzeugungscharakteristiken dieses Wissens und auf den Ort, an dem Wissenserzeugung stattfindet. Nicht jedes naturwissenschaftliche Wissen wird in Laboratorien hergestellt, aber das Labor ist nichtsdestoweniger Symbol naturwissenschaftlicher Produktivität und naturwissenschaftlichen Fortschritts; es ist wenn nicht der einzige, so doch der typische und vorherrschende Ort moderner wissenschaftlicher Erkenntnisproduktion. Das Labor bedeutet für Verwissenschaftlichung als ein Grundmerkmal der Moderne etwa das, was die Fabrik für die Industrialisierung bedeutet hat; nicht umsonst ist das Labor der Fabrik als interne Umwelt nicht unähnlich, in der Produktionsprozesse geregelt und systematisiert werden, kontinuierlich stattfinden und auch gezielten Optimierungsversuchen unterliegen. Das Labor erlaubte analog der Fabrik die Freisetzung der Produktivkraft der modernen Naturwissenschaft durch die Etablierung eines festen Ortes, der als Erzeugungskontext ausgestaltet und entwickelt werden konnte und die Kontinuierung entsprechender Arbeitsprozesse ermöglichte.

Für die Wissenschaftssoziologie war mit der Hinwendung zum Erzeugungsprozeß von Wissen vor allem auch die Möglichkeit verbunden, Methoden der direkten Beobachtung und der ethnographischen Datenerfassung zur Anwendung zu bringen und damit wissenschaftliche Vorgangsweisen sehr viel weitgehender zu erschließen, als dies mit Interviewmethoden der Fall gewesen wäre. Da das Wissen von Experten über ihre eigene Vorgangsweise meist implizit bleibt, kann es kaum mit Interviewtechniken erfaßt werden. Überdies agieren in Laboratorien auch Maschinen, und es sind vor allem die Interaktionsprozesse zwischen den Beteiligten und der Objektwelt mit ihren emergenten Merkmalen und Ergebnissen, die von Interesse sind. Die Möglichkeit der Beobachtung und die Teilnahme an diesen Prozessen kamen daher einem Quantensprung in der Erschließung der empirischen Epistemologie naturwissenschaftlicher Erkenntnisprozesse gleich. Außerdem hat der Übergang zur Fokussierung eines Ortes (des Labors) statt bestimmter Experimente oder statt ideengeschichtlicher Entwicklungen in den Laborstudien den Vorzug geringer Selektion: Er rückt das volle Spektrum der sich im Labor vollziehenden Prozesse vor Augen, das ganze Universum an Aktivitäten und Gegebenheiten, die an der Wissenserzeugung beteiligt sind. Damit wurde offensichtlich, daß wissenschaftliche Ergebnisse nicht nur kognitiv oder technisch erzeugt sind, sondern z.B. auch symbolisch oder politisch. So spielen etwa auch die Entscheidungen und Entscheidungsübersetzungen eine Rolle, die wissenschaftliche Ergebnisse von innen her konstituieren, oder die politische Strategien von Wissenschaftlern bei der Mobilisierung von Ressourcen und bei der Bildung von Allianzen. Dies impliziert, daß naturwissenschaftliche Forschung nicht nur in die natürliche Objektwelt interveniert, sondern auch, und zwar tiefgehend, in die soziale Welt. Es impliziert auch, daß die Produkte der Naturwissenschaft als kulturell geformte Produkte gesehen werden müssen, und nicht nur als Naturgegebenheiten, die durch die Wissenschaft »aufgedeckt« oder »gefunden« wurden. Wenn die in wissenschaftlichen Laboratorien beobachteten Praktiken nicht auf die bloße Anwendung methodischer Regeln reduziert werden können und in diesem Sinn kulturelle Aspekte haben, dann müssen auch die Erkenntnisse, die aus diesen Praktiken resultieren, als kulturell geformt angesehen werden.

Nun zum Labor als theoretischem Begriff. Die Signifikanz des Laborbegriffs liegt nicht nur darin, daß er die Erschließung des Feldes naturwissenschaftlicher Erkenntnisprozesse ermöglichte und Analyserahmen für die Erforschung dieses Feldes bereitstellte. Sie liegt auch darin, daß der Begriff des Labors selbst zum Instrumentarium von theoretischen Konzepten gezählt werden muß, die für ein neues Verständnis der Naturwissenschaften eine Rolle spielen. Das Labor sollte nicht nur als »Behausung« für Experimente bzw. als physischer Ort gesehen werden, an dem Wis-

sensprozesse stattfinden. Es ist, um einen Bourdieuschen Terminus zu verwenden, vielmehr Lokus von Mechanismen und Prozessen, die den Erfolg der modernen Naturwissenschaften mit erklären und garantieren. Charakteristischerweise sind diese Mechanismen und Prozesse nicht methodologisch, sondern mundan. Ein Kennzeichen von Laboratorien ist, daß sie eine Rekonfiguration des Systems der »Selbst-Anderen Dinge« implizieren, eine Rekonfiguration des »Phänomenfeldes«, in dem Erfahrung in der Wissenschaft erzielt wird. Die beiden genannten Begriffe sind von Merleau-Ponty entlehnt, der mit dem System der »Moi-Autrui-les choses« (1945:69) nicht die objektive Welt unabhängig von menschlichen Akteuren und auch nicht die innere Welt subjektiver Eindrücke meint, sondern die Welt-bezogen-auf-Akteure. Die Laborstudien legen nahe, daß das Labor ein Mittel ist, um die Welt-bezogen-auf-Akteure so zu verändern, daß die Symmetrie zwischen Wissenschaftlern und Objektwelt zugunsten der ersteren verändert wird. Diese »Verbesserung«, die das Labor mit sich bringt, hat mit der Plastizität von Wissensobjekten zu tun. So muß z.B. eine Laborwissenschaft auf Wissensobjekte nicht dort eingehen, *wo sie sind*, d.h., wo sie in einer natürlichen Umwelt verankert sind; eine Laborwissenschaft löst diese Objekte aus ihren natürlichen Kontexten und bringt sie in die kulturelle Welt des Labors, um sie dort gemäß der eigenen Bedingungen zu manipulieren. Sie muß diese Objekte auch nicht nehmen, *wie sie sind*, sondern kann für sie alle möglichen reduzierten und partiellen Objekte substituieren. Schließlich muß eine Laborwissenschaft nicht dann auf Dinge eingehen, *wenn sie stattfinden*; sie kann sie z.B. natürlichen Ereigniszyklen, etwa dem periodischen Auftreten und dem Wachstum, entziehen, indem sie die interessierenden Phänomene im Labor häufig genug für ihre kontinuierliche Untersuchung reproduziert.
Hierzu das Beispiel der Astronomie, die sich von einer Feldwissenschaft zu einer Laborwissenschaft entwickelt hat. Astronomen waren lange auf direkte Beobachtungen angewiesen, wenn sie diese auch seit Galileo mit Hilfe des Teleskops durchführten. Seit mehr als einem Jahrhundert verwendet man in der Astronomie auch Bildtechnologien – vor allem die photographische Platte – mit deren Hilfe Photonen, die von stellaren Objekten ausgesandt

werden, eingefangen und analysiert werden können. Damit wurde die Astronomie von einer Wissenschaft, die natürliche Phänomene verfolgt, zu einer, die Bilder dieser Phänomene prozessiert. Seit 1976 wurde die photographische Platte zunehmend durch CCD-Chips ersetzt, und dies ermöglichte die Digitalisierung ebenso wie den elektronischen Transfer und die elektronische Prozessierung der entsprechenden Daten. Wenn CCD-Chips zusammen mit Weltraumteleskopen verwendet werden, verbessern sich nicht nur die Daten, sondern die Astronomie wird von der direkten Beobachtung ihres Feldes unabhängig. Man beachte die folgenden Veränderungen im Gesamtprozeß: durch die Verbildlichung wurden die Untersuchungsobjekte aus ihrem natürlichen Kontext herausgelöst und für kontinuierliche Bearbeitung im Labor bereitgestellt; durch Digitalisierung und die damit verbundenen elektronischen Netze können dieselben Daten der gesamten Wissenschaftlergemeinde zur Verfügung gestellt werden. Durch den Übergang zu einer zeichenverarbeitenden Technologie wurden die für die Astronomie interessanten Prozesse überdies miniaturisiert. Und schließlich sind anstelle planetarischer und stellarer Zeitskalen die der Sozialordnung getreten. Astronomen können heute, sofern sie elektronisch miteinander verbunden sind, gleichzeitig und kontinuierlich die entsprechenden stellaren und planetarischen Gegebenheiten analysieren. Mit diesen Veränderungen wurde die Astronomie zwar nicht zu einer experimentellen, wohl aber zu einer Laborwissenschaft.

Laboratorien erlauben also eine Art kulturelle »Domestizierung« natürlicher Prozesse, die aus der Naturordnung gelöst und der Sozialordnung unterworfen werden oder unterworfen werden sollen; die »Einkulturierung« natürlicher Objekte, ihre soziale Überformung zur Erzielung epistemischen Gewinns muß geleistet werden – und kann schiefgehen. Soziale Formen werden im übrigen im Labor auch entsprechend »reformiert«. So kann man die Frage stellen, wer in einem bestimmten Laborkontext überhaupt epistemisches Subjekt ist und wie dieses Subjekt im entsprechenden Kontext rekonfiguriert erscheint. Mit epistemischen Subjekten sind Erkenntnisträger gemeint. Und diese Erkenntnisträger sind nicht automatisch individuelle Wissenschaftler bzw. Wissenschaftlerinnen oder arbeitsteilige Gruppierungen von solchen. In manchen Wissenschaftsbereichen, etwa in der experimentellen Hochenergiephysik, scheint das epistemische Subjekt aus einem Kollektiv von bis zu 2000 Wissenschaftlern, einer zentralen Maschine (dem Detektor) und der zwischen diesen Komponenten etablierten distribuierten Kognition zu bestehen, in der maschinenerzeugte Ergebnisse und von den Teilnehmenden produzierte Analysen in einem einzigen zirkulierenden Diskurs aufgelöst erscheinen. Die produktive Rolle des Detektors in diesem Gebilde wird von den Teilnehmern selbst anerkannt und hervorgehoben; aber die produktive Rolle des Diskurses als Plattform, die Maschinenbeiträge und menschliche Beiträge integriert – wobei dieser Diskurs gleichzeitig einem kollektiven Wissen und Bewußtsein entspricht – muß auch anerkannt werden. Es ist dieses zirkulierende Wissen und Bewußtsein, das das individuelle epistemische Subjekt in den Experimenten der Hochenergiephysik ersetzt (s. Knorr Cetina 2002: Kap.7, 8). Allgemeiner formuliert, menschliche Ordnungen werden in Laboratorien durch Regimes von Objektbeziehungen ersetzt, in denen die Objekte Maschinenkomplexe, Organismen u.ä. sein können. In Laborstudien werden diese Regimes durch Netzwerkansätze analysiert (z.B. Callon 1986; Latour 1987). Man kann sie auch als Teil einer allgemeinen Transformation bestimmter zeitgenössischer Gesellschaften in »postsoziale« Gesellschaften verstehen, der durch die enorme Expansion von technischen und Konsumobjekten innerhalb der sozialen Welt genährt wird, ebenso wie durch die Erosion und »Entleerung« sozialer Beziehungen. Gemäß dieser Auffassung sind Objekte die Gewinner der Beziehungsrisiken, die in gegenwärtigen »menschlichen Beziehungen konstatiert werden« (Knorr Cetina 2000).

Erweiterungen von Laborstudien

Der Laborstudienansatz hat sich in den letzten Jahren in mindestens dreierlei Hinsicht entwickelt. Erstens tritt anstelle der Betonung der »Fabrikation von Erkenntnis« eine mehr makroskopische Betrachtungsweise. Hierbei treten die Konventionen und Maschinerien der Erkenntnisproduktion in den Vordergrund; es geht also nicht mehr, wie in den frühen Laborstudien, um die Konstruktion von Fakten, sondern um die Konstruktion der Konstruktionsmaschinerien, mit deren Hilfe Fakten erzeugt werden. Offenbar divergieren diese Erkenntnismaschinerien zwischen Wissenschaften und Wissenschaftsbereichen. Ein Ergebnis entsprechender Vergleichsstudien ist jedenfalls, daß wir es in verschiedenen Wissenschaftsbereichen nicht nur mit verschiedenen Spezialgebieten und Disziplinen, sondern mit verschiedenen epistemischen Kulturen zu tun haben. Dieser Ansatz stellt also die Annahme der Einheit der Wissenschaft in Frage, die in der Vergangenheit schon im Hinblick auf Unterschiede zwischen Sozial- und Naturwissenschaften thematisiert worden war. Allerdings bezieht er sich auf Differenzen zwischen (Natur-) Wissenschaftsbereichen im Hinblick auf das Verständnis des Empirischen, die Konstruktion des Objektbereichs, die zugrunde liegenden Ontologien von Apparaturen und Erkenntnissubjekten, die Erkenntnispraktiken u.ä. – Gegebenheiten, die nicht philosophisch intuiert, sondern im Sinne der empirischen Epistemologie der frühen Laborstudien mit ethnographischer Präzision erfaßt werden sollen. In einem Vergleich bestimmter Bereiche der Molekularbiologie mit denen der Hochenergiephysik findet man z.B. einen »liminalen« Ansatz in der letztgenannten, aber nicht in der erstgenannten Wissenschaft. Liminale Epistemologien gehen mit den Gegebenheiten, die mit positivem Wissen interferieren und es verhindern, eine Koalition ein, indem sie Erkenntnisbarrieren zu Wissensprinzipien machen. Referenzepistemologien verstärken dagegen die Rolle natürlicher Objekte bei der Selektion experimenteller Resultate und scheinen auf die Verwendung persönlicher Erfahrung als Erkenntnisregister zu setzen (s. Knorr Cetina 2002: Kap.3).

Der Begriff epistemischer Kulturen legt die Betonung auf Erkenntnisstrategien; untersucht man die epistemische Kultur eines Bereichs am Ort der Forschung, so ist man an diesen Wahrheits- und Objektivitätsstrategien interessiert. Der Begriff einer Wissenskultur kontextualisiert Wissen stärker, er kann z.B. auch auf die allgemeine Wissenskultur einer Gesellschaft bezogen werden (Knorr Cetina 2003). Die Wichtigkeit weiterer Erforschung von epistemischen Kulturen und Wissenskulturen ergibt sich aus der zunehmenden Präsenz von Experten und Wissensstrategien in allen gesellschaftlichen Bereichen. Sie ergibt sich aus der Einschätzung, daß gegenwärtige westliche globalisierte Gesellschaften Wissensgesellschaften darstellen (Bell 1973; Drucker 1993), in denen Wissenskulturen und epistemische Kulturen die Rolle einnehmen, die Nationalkulturen in den Industriegesellschaften des 19. und 20. Jahrhunderts eingenommen haben.

Eine zweite Erweiterung der Laborstudien hat damit zu tun, daß auch Laboratorien selbst als Orte der Erkenntnisproduktion historische und zeitgenössische Strukturvariationen aufweisen, die untersucht werden müssen. Die Reichweite des Begriffs erstreckt sich von den »houses of experiment« im England des 17. Jahrhunderts (Shapin 1988) bis zu den heutigen, mehrere Kontinente umspannenden elektronisch verbundenen »collaboratories« mit verstreuten Teilnehmern, die wir in der theoretischen Physik, der Softwareentwicklung, der Astronomie und Astrophysik sowie in anderen Bereichen finden. Traditionelle Arbeitsbanklaboratorien, wie sie in den ersten Laborstudien untersucht wurden, müssen von Laboratorien unterschieden werden, die im Zentrum eines gesamten Wissenschaftsgebiets stehen, und diese wiederum von Netzwerklaboratorien und denjenigen hybriden Formen, die gleichzeitig Orte des Wissens und Orte anderer Unternehmen sind.

Betrachten wir kurz Zentrumslaboratorien, die selbst divers sind. Z.B. werden die biologischen Zentren der Genom-Sequenzierung als Werkstätten einer Massenforschung angesehen, während Weltraumstationen oder die auf Beschleuniger zentrierten Laboratorien der Hochenergiephysik nicht so charakterisiert werden können. Über diese Unterschiede hinweg könnte ein identifizierendes Charakteristikum von Zentrumslaboratorien sein, daß für ein Wissenschaftsgebiet wichtige Ressourcen am Ort des Zentrums zusammengeführt werden. Hierfür kann ein Grund in der reinen Größe und den Kosten der benötigten Apparaturen liegen. Dies ist in der Hochenergiephysik der Fall, in der seit langem regionale und kontinentale Zentren existieren, die explizit im Sinne einer Kostenökonomie angesichts immer größerer Apparaturen für immer größere Energiebereiche motiviert werden. Heute sind wir in diesem Bereich nicht mehr mit kontinentalen (z.B. US-

amerikanischen und europäischen), sondern mit globalen Zentren konfrontiert, z.B. dem CERN in Genf, in dem sich die Expertise und Ressourcen aus Europa, den USA, Japan und anderen ostasiatischen Ländern konzentrieren. Solche Zentren haben die Größe ganzer Dörfer und sie sind Elemente in den nationalen Budgets der Nationen, die sie gemeinsam finanzieren. Globale Zentren dieser Art absorbieren Wissenschaftsgebiete in monopolartiger Weise mit bisher nicht untersuchten Konsequenzen für epistemische Fragen, wie diejenige, wie sich Konsensprozesse verändern, wenn ganze Wissenschaftsgebiete in einzelnen Laboratorien quasi interiorisiert werden.
Die Form solcher Zentrumslaboratorien ist historisch spezifisch, aber der Typus selbst ist es nicht: Schon Tycho Brahes Beobachtungsstation, die er 1576 mit einem Dutzend Assistenten sowie Mechanikern und anderen etablierte, kann als Zentrum angesehen werden, wie der Historiker Heilbron (1992) nahelegt. Das »Reich« Tycho Brahes, in dem er große Datenmengen sammelte und eine Rechenabteilung unterhielt, die aus den Daten die Parameter planetarischer Bewegungen ableitete, wurde vom dänischen König finanziert, und billige Arbeitskräfte aus der Umgebung sorgten für seine Errichtung, bearbeiteten Tychos Garten und zogen sein Getreide. Ein zweites historisches Beispiel könnte die Gesellschaft Jesu sein, die Seminare und Sammlungen ebenso wie ein Netz von Korrespondenten unterhielt, die ihr aus allen Erdteilen berichteten. Solche Netzwerklaboratorien entstehen heute in verschiedenen Kontexten neu. Man kann sie als dritten Typus von Laboratorien neben Arbeitsbanklaboratorien und Zentrumslaboratorien ansehen. Für sie ist die Verbindung von verschiedenen Orten und Beteiligten charakteristisch; das Verständnis dessen, was zwischen diesen Beteiligten passiert, erscheint zum Verständnis ihrer Resultate unerläßlich.
Ein Beispiel von Netzwerklaboratorien sind elektronisch vermittelte »virtuelle« Laboratorien, in denen der elektronische Raum zur Arbeitsbank wird – ein Raum, in dem Objekte bearbeitet und transferiert, aber auch zwischenzeitlich gelagert werden können, in dem Ressourcen gefunden werden können und mit dessen Hilfe verstreute Expertise problemorientiert rekrutiert und zur Anwendung gebracht werden kann. Auch Zentrumslaboratorien,

insofern sie kooperierende Gruppen aus verschiedenen Ländern involvieren, sind zwischenzeitlich solche E-Mail-Kooperationen auf Distanz, aber die entsprechenden Gruppen treffen sich ebenso im Zentrum, an dem sie größere Zeitspannen verbringen und an dem spezielle Abteilungen (z.B. Beschleunigerabteilungen, Rechenzentren), technisches Personal, administrative Dienstleistungen sowie bestimmte Wissenschaftssegmente permanent aufrechterhalten werden. Spezielle Formen elektronisch vermittelter Laboratorien entstehen derzeit in den Geistes- und Sozialwissenschaften. Ein Beispiel stellen Digitalisierungsprojekte dar, die interaktive Plattformen für historische Forschung – komplett mit Verbindungen zu Archivmaterialien und mit Navigationssystemen – errichten. Plattformen können, wie in anderen Bereichen (z.B. in Finanzmärkten), Möglichkeiten der Manipulation zur Verfügung stellen, etwa die der Rekonstruktion historischer Experimente, die nicht leicht physisch nachgestellt werden können.

Neben diesem dritten Labortyp abschließend zwei weitere Entwicklungen, die beide die Erweiterung des Ansatzes auf wissenschaftsexterne Situationen umfassen. Man stelle sich z.B. Handelsräume großer globaler Investmentbanken vor, in denen Händler mit Währungshandel oder sonstigen Finanzinstrumenten beschäftigt sind. Wissen (spezifisch Informationswissen) steht auch hier zur Debatte. Es wird gesucht, gesammelt, ausgetauscht, gehandelt und mindestens zum Teil auch entwickelt. Gleichzeitig geht es um finanzielle Transaktionen, und speziell um Investition und Spekulation. Wiederum haben wir es bei Handelsräumen mit zentralen, technisch hoch installierten laborähnlichen Einrichtungen zu tun, die in globalen Städten (New York, London, Zürich, Tokio) in verschiedenen Zeitzonen angesiedelt sind und die miteinander durch bankinterne Intranets und spezielle elektronische Netzwerke zwischen globalen Investmentbanken verbunden sind. Die Räume sind jedoch insofern hybrid, als dieselben Transaktionen und Gegebenheiten (z.B. Preise) sowohl wissensbezogene, als auch ökonomische Referenzen aufweisen, und die Beteiligten sich mit beidem beschäftigen. Der Raum muß auch als Konstrukt angesehen werden, der den Markt (exemplifiziert durch die Verbindungsnetze zwischen Händlern), das Labor (exemplifiziert durch die dort stattfindenden Wissenstätigkeiten, die vorhandenen technischen und algorithmischen Komponenten ebenso wie durch den Informationsinhalt ökonomischer Entitäten) und auch »Organisation« (im Sinne der Bank als Organisation mit Anstellungsverhältnissen, Aufsichtsstrukturen u.ä.) in sich vereint. Die für Laboratorien im allgemeinen charakteristische Verdichtung kommt hier also nicht durch komplexe Konstruktionsebenen bei der Herstellung wissenschaftlicher Tatsachen oder durch die Überlagerung von individualisierenden und kollektiven Organisationsprinzipien, wie in den Zentrumslaboratorien der Hochenergiephysik, zustande, sondern durch die »Implosion« dreier Strukturformen – der des Marktes, der Organisation und der epistemischen Gemeinschaft – und ihrer spezifischen Räume in einem Raum, dem Handelsraum. Entsprechend werden nicht mehr einfach Laboratorien untersucht, sondern die Laborstudie wird zum Laborstudienansatz, der an den Handelsraum herangetragen wird. Die den Laborstudien entlehnten Begriffe können dann dazu dienen, die Wissensdimensionen des Handelsraums zu identifizieren und zu konzeptualisieren. Sie können aber auch selbst durch die Charakteristiken des Handelsraums revidiert und erweitert werden. Durch die Gegebenheiten in Handelsräumen wird der Blick für bisher ignorierte Aspekte wissenschaftlicher Laboratorien geschärft, so daß auch dort neue Gegebenheiten ins Licht gerückt werden können.

Eine etwas anders gelagerte Erweiterung, bei der Laborstudien ebenfalls als Ansatz und Perspektive relevant werden, ergibt sich dann, wenn unmittelbare oder mittelbare Ähnlichkeiten zwischen Laboratorien und anderen Räumen zum Ausgangspunkt genommen werden. In diesem Fall ist also wiederum eine eventuelle Wissensdimension des »anderen Raums« Ausgangspunkt für den Brückenschlag. Diese Wissensdimension erweist sich jedoch erst durch die Laborperspektive als solche. Ein konkretes Beispiel stellt Millers und O'Learys Fallstudie der industriellen Fabrik dar, auf die die Autoren den Laborbegriff und speziell die Konzeption des Labors als Rekonfiguration von Selbst-Anderen Dingen anwenden (1994). Demnach wurde beim Transfer japanischer Vorstellungen von Fabrik der Versuch gemacht, die amerikanische Fabrik nach dem Modell der japanischen im Sinne einer globalen Fabrikmodernisierung zu rekonfigurieren. So wurden Fabrikhallen neu entworfen, räumliche Produktionsordnungen umgestellt und Arbeiter gemäß dem Ideal eines »neuen ökonomischen Bürgertums« für Fabrikpersonal umzupolen versucht – letzteres ganz im Sinne der Rekonfigurationen, durch die Wissenschaftler im Labor »umgestaltet« und zu bestimmten epistemischen Subjekten oder Komponenten von solchen werden. Durch diese Rekonfigurationsversuche wird nach Miller und O'Leary die Fabrik selbst zum Labor für die Veränderung ihrer eigenen internen Umwelt – ihres Arrangements von Lokalitäten und internen Beziehungen und ihrer spezifischen Konfiguration von »Fabrikarbeitern« und »Fabrikarbeiterinnen« in Relation zu diesen Arrangements. Mit diesem wissenschaftsexternen Beispiel wird innerhalb der Wissenschaft die ständige Veränderung von Laboratorien in Relation zu ihrem eigenen früheren Zustand vor Augen geführt.

Die Vorstellung, daß wir in einer Wissensgesellschaft leben, ist hier wiederum relevant. Wenn diese Sichtweise so berechtigt ist, wie ich meine, dann vergrößert sich der Anwendungsraum einer Laborstudienperspektive auf große Teile der Gesellschaft. In einer Wissensgesellschaft nehmen die Orte der Wissensproduktion zu, und diese Orte sind nicht auf den Wissenschaftsbereich im engeren Sinn beschränkt – sie vermehren sich genau umgekehrt außerhalb der Wissenschaft. Wie die Beispiele andeuten, konzentriert sich der Laborstudienansatz nicht auf Wissensergebnisse und richtiges Wissen, sondern auf das, was man »epistemic agency« nennen könnte. Diese wird in Wissensgesellschaften in viele Bereiche transferiert und findet sich in institutionellen Realitätskonstruktionen, in Objektbeziehungen, in denen (nichtmenschliche) Objekte wie in der Wissenschaft indefinite Entfaltungsobjekte darstellen; in neuen, das Selbst als Wissensobjekt thematisierenden Subjektkonzeptionen. Laborstudien folgen den Veränderungen einer Wissensgesellschaft, wobei sie bisher als Untersuchungsobjekt Orte des Wissens im Sinne eines »site approaches« bevorzugt haben (Schatzky 2000). Wie ich anzudeuten versucht habe, werden sie selbst transformiert in einen Laborstudien*ansatz*, d.h. in eine von der neueren Wissenschaftsforschung informierte, aber nicht auf sie beschränkte Perspektive, die aus den gegebenen Entwicklungen selbst lernen kann und sich zusammen mit ihnen weiterentwickeln muß.

Bell, D., *The Coming of Post-Industrial Society: A Venture in Social Forecasting*, New York: Basic Books 1973.

Callon, M., »Some Elements of a Sociology of Translation: Domestication of the Scallops and the Fishermen of St. Brieuc Bay«, in: J. Law, Hg., *Power, Action and Belief: A New Sociology of Knowledge?* London: Routledge & Kegan Paul 1986.

Drucker, P. F., *Post-Capitalist Society*, New York: HarperCollins 1993.

Heilbron, J. L., »Creativity and Big Science«, *Physics Today* 45 (11), 1992, S. 42-47.

Knorr, K. »Producing and Reproducing Knowledge: Descriptive or Constructive? Toward a Model of Research Production«, *Social Science Information* 16 (6), 1977, 669-696.

Knorr Cetina, K., »Tinkering toward Success: Prelude to a Theory of Scientific Practice«, *Theory and Society* (8), 1979, S. 347-376.

Knorr Cetina, K., *The Manufacture of Knowledge: An Essay on the Constructivist and Contextual Nature of Science*, Oxford: Pergamon Press 1981.

Knorr Cetina, K., »Postsocial Theory«, in G. Ritzer und B. Smart, Hg., *Handbook of Social Theory*, London: Sage 2000.

Knorr Cetina, K., *Wissenskulturen. Ein Vergleich naturwissenschaftlicher Wissensformen*, Frankfurt/Main: Suhrkamp Verlag 2002.

Knorr Cetina, K., »Culture in Global Knowledge Societies: Knowledge Cultures & Epistemic Cultures«, erscheint in: *Blackwell Companion to the Sociology of Culture* 2003.

Latour, B., *Science in Action*, Cambridge, MA: Harvard University Press 1987.

Latour, B., und S. Woolgar, *Laboratory Life: The Social Construction of Scientific Facts*, Beverly Hills: Sage 1979.

Lynch, M., *Art and Artifact in Laboratory Science: A Study of Shop Work and Shop Talk in a Research Laboratory*, London: Routledge & Kegan Paul 1985.

Merleau-Ponty, M., *Phénoménologie de la perception*, Paris: Gallimard 1945.

Miller, P. und T. O'Leary, »The Factory as Laboratory«, in: M. Power, Hg., *Accounting and Science*, Cambridge: Cambridge University Press 1994.

Schatzky, T., *The Social Field: A Philosophical Exploration of the Constitution of Social Life*, Cambridge: Cambridge University Press 2000.

Shapin, S., »The House of Experiment in Seventeenth-Century England«, *Isis* 79, 1988, S. 373-404.

Traweek, S., *Beamtimes and Lifetimes: The World of High Energy Physics*, Cambridge, MA: Harvard University Press 1988.

Vorwort

Es ist nun etwa 80 Jahre her, seit die Idee zum erstenmal vorgeschlagen wurde, daß zwischen wissenschaftlicher Erkenntnis und der Sozialordnung, in der sie entwickelt wurde, eine Beziehung besteht. In der Zwischenzeit wurde diese allgemeine These in drei verschiedene Richtungen spezifiziert. Es gab diejenigen, die dachten, es bestehe eine kausale Beziehung zwischen der als gegeben vorausgesetzten sozio-politischen Struktur einer Epoche und dem Inhalt wissenschaftlicher Theorien. So wurde zum Beispiel angenommen, daß der Individualismus des protestantischen Kapitalismus den physikalischen Atomismus erzeugt habe. Diese Idee einer Beziehung zwischen der Sozialordnung einer Epoche und dem Inhalt der zu dieser Zeit populären wissenschaftlichen Theorien wurde vor kurzem seitens der Edinburgh School wiederbelebt (etwa in den jüngsten Arbeiten von D. Bloor, 1976). Es handelt sich um eine starke Behauptung, und es wurden ernsthafte Bedenken gegen sie angemeldet. Der wichtigste Einwand ist vielleicht, daß es keine Möglichkeit gibt, nachzuweisen, ob eine solche kausale Beziehung zwischen der Sozialordnung und den wissenschaftlichen Ideen einer Zeit existiert oder ob dabei ein drittes Phänomen im Spiel ist, der »Zeitgeist« nämlich (worin immer er bestehen möge), der beiden zugrunde liegt. Korrelation, so kann man argumentieren, ist nicht Kausalität – falls man nicht bereit ist, die zweifelhafte Kausaltheorie eines Hume zu akzeptieren.

In jüngster Zeit entstand die Tendenz, dann auf soziale Erklärungen als eine Art von »Lückenbüßer«-Argumenten zurückzugreifen, wenn man mit epistemologischen Erklärungen der Naturwissenschaft nicht weiterkam. Wissenschaftshistoriker und Wissenschaftsphilosophen wie Kuhn (1962) und Feyerabend (1975) haben auf ein Phänomen hingewiesen, das sie als Unterdeterminierung von Theorien durch die vorhandenen Daten sowohl in Hinblick auf den Inhalt als auch in Hinblick auf die Begründung des Geglaubten auffassen. Wie kommt es denn nun, daß Wissenschaftler hinsichtlich der Theorien, die sie zu einem gegebenen

Zeitpunkt vorziehen, ganz eindeutige Entscheidungen treffen? Die behauptete Schwäche epistemologischer Erklärungsversuche der Theorienauswahl wird durch den Verweis auf wissenschaftliche Eliten und die sie rekrutierenden (modifizierenden und manchmal stürzenden) sozialen Prozesse korrigiert. Diesen Eliten wird die Macht zugestanden, zu beeinflussen, was es als rational zu glauben gilt. Manche sind so weit gegangen wie Toulmin (1972), der vorschlägt, daß wir uns wissenschaftliche Eliten als »Institutionen der Rationalität« etablierend vorstellen sollen. Nun ist es zwar unzweifelhaft richtig, daß der Druck, sich öffentlich als rationales Wesen darzustellen, soziale Wurzeln hat und sozial verbreitet wird. Es wäre jedoch ein grobes Beispiel eines naturalistischen Fehlschlusses, würde man den Grund für die Existenz eines Glaubensinhalts im sozialen Druck suchen. Nicht zuletzt deshalb, weil es sein könnte, daß die Wissenschaftlergemeinde mit Hilfe von sozialem Druck genau diejenigen Kriterien der Theorienauswahl aufrechterhält, die am ehesten die Praktiken verkörpern, die erfahrungsgemäß die besten Methoden der Beurteilung des Wahrheitsgehaltes von Theorien darstellen.
Beide genannten Entwicklungen und ihre Defekte lassen sich erklären, wenn man sie als Fußnoten zu Mannheims ursprünglicher Herleitung einer Wissenssoziologie von Marx betrachtet. In jüngsten Jahren hat sich jedoch eine viel sophistiziertere Betrachtungsweise entwickelt. Man nehme einmal an, daß man, anstatt sich der Wissenschaftlergemeinde mit Marx oder selbst mit Goffman in der Hand zu nähern, den Standpunkt eines Anthropologen einnimmt, der mit einem fremden Stamm in Berührung gerät. Zunächst wären, da man die Sprache nicht spricht, die stammeseigenen Theorien über die Gründe und selbst die Natur der Stammesaktivitäten unbekannt. Die relative Bedeutung dieser Aktivitäten wäre undurchsichtig. Betritt man das Labor und beobachtet mit Erstaunen die Dinge, die dort stattfinden, was würde man dazu sagen wollen? Man würde mit einigem Interesse bemerken, daß die meisten Beobachteten ein gut Teil ihrer Zeit zum Schreiben und zur Korrektur ihrer Schriften verwenden. Was soll man davon halten? Warum tun sie das? Bald genug bemerkt man, daß sich zwischen einzelnen Stammesmitgliedern wichtige hierarchische Beziehungen aufgrund der öffentlichen Verwendung ihrer Schrif-

ten entwickeln. Schließlich stellt man die Existenz einer Sozialordnung mit steilem Gefälle fest, die durch die Übernahme von Kleidungssymbolen und anderen Rangabzeichen wie Rechenschiebern und Taschenrechnern gekennzeichnet ist.
Der anthropologische Ansatz, wie man ihn nennen könnte, steht im Brennpunkt der vorliegenden Untersuchung. Forschungslaboratorien werden mit den unschuldigen Augen des Reisenden in exotischen Ländern betrachtet. Die dort vorgefundenen Gesellschaften werden mit den objektiven und doch mitfühlenden Augen des Besuchers aus einem ganz verschiedenen kulturellen Milieu beobachtet. Es erwarten uns viele Überraschungen, wenn wir das Labor mit dieser Einstellung betreten und darin eine Gruppe von Wissenschaftlern untersuchen. Die Idee, daß das ganze Unternehmen in Begriffen einer idealisierten Epistemologie definiert werden kann – ob es sich dabei um experimentell-begründete Induktionen oder um die Hypothesen und empirischen Falsifikationen der logischen Wissenschaftsphilosophen handelt –, ist schnell widerlegt. Diese Logik findet sich, wie es scheint, nicht unter den »Stammesidolen« der Beobachteten. Wo sie auftritt, erscheint sie als Einschub im Streben nach rhetorischen Argumentationsvorteilen. Die offizielle wissenschaftsphilosophische Auffassung vom Experiment als Überprüfung des Denkens steht den Betrachtungen derer, die Wissenschaft als *way of life* tatsächlich praktizieren, nachweisbar fern.
In früheren Versionen dieses Ansatzes wurde die Fähigkeit dieser Betrachtungsweise, überraschende und erklärungsbedürftige Aspekte des Wissenschaftsunternehmens zum Vorschein zu bringen, durch ein weitgehend uneingestandenes Festhalten an einer alten, in der Tat verworfenen Wissenschaftsphilosophie, dem Instrumentalismus, verfälscht. Glücklicherweise sind soziologische Untersuchungen in der Zwischenzeit weiterentwickelt worden; in der vorliegenden Studie gibt es keinen Apriori-Tribut an das Schicksal in Form heimlicher positivistischer Neigungen, die der Effektivität der Studie Abbruch tun würden. Natürlich läßt sich – wie ich meine – die Naturwissenschaft nur »realistisch« verstehen, als ein Versuch, mit gegebenen Mitteln die physikalische Realität zu repräsentieren, wie sie ist. In der Tat halte ich auch die vorliegende Studie für ein solches Unternehmen, für einen Ver-

such, die soziale Ordnung des Lebens im Labor und in Forschungsinstituten darzustellen, wie sie ist. Indem sie philosophische Probleme aufzeigt, und zwar nicht als Ansatzpunkte für Vorurteile, sondern als wichtige Anliegen, die der Klärung bedürfen, hat Karin Knorr an die Wissenschaftsphilosophie die erste wirklich positive Herausforderung seit den Tagen der Paradigmen und der internen Bedeutungsdefinitionen gestellt.

Rom Harré
Linacre College, Oxford

Die vorliegende Arbeit wurde durch meinen Aufenthalt als Ford Fellow an der University of California, Berkeley, sowie durch die Unterstützung des Jubiläumsfonds der Österreichischen Nationalbank in Wien ermöglicht. Die Arbeit wurde am Institute for Social Change, University of California, Berkeley; am Institute for Advanced Studies, Wien; und am Department of Sociology, University of Pennsylvania, Philadelphia, durchgeführt, die die Untersuchungen erleichtert haben.
Mein Dank gilt allen, die mich in den letzten Jahren zum Nachdenken herausgefordert haben, insbesondere Aaron Cicourel, Rom Harré, Bruno Latour, John Searle, Gerald Cole, Eric van Hove, Roger Krohn und Hans Georg Zilian. Ich bedanke mich einmal mehr bei Richard Ogar für seine editorischen Arbeiten und bei meinem Mann, der die Konsequenzen von Arbeiten wie der vorliegenden zu ertragen hat. Besonderen Dank schulde ich den Wissenschaftlern des Labors, denen ich nachspioniert und die ich hemmungslos zitiert habe; und Berkeley, das mir eine intellektuell verwandte, stimulierend schöne Umwelt bedeutet hat.

Karin Knorr-Cetina
Fakultät für Soziologie
Universität Bielefeld

Literatur

Bloor, D. (1976) *Knowledge and Social Imagery*, London: Routledge & Kegan Paul.

Feyerabend, P. K. (1975) *Against Method*, London: New Left Books. Deutsch: *Wider den Methodenzwang*, Frankfurt: Suhrkamp 1976.

Kuhn, T. S. (1962) *The Structure of Scientific Revolutions*, Chicago: Chicago University Press. Deutsch: *Die Struktur wissenschaftlicher Revolutionen*, Frankfurt: Suhrkamp 1967.

Toulmin, S. (1972) *Human Understanding*, Oxford: The Clarendon Press. Deutsch: *Kritik der kollektiven Vernunft*, Frankfurt, Suhrkamp 1978.

Kapitel 1

Wissenschaft als praktische Rationalität: Zur Konstruktivität und Kontextualität der Fabrikation von Erkenntnis

> Mein Herr, Fakten sind wie Kühe. Wenn man sie nur scharf genug ansieht, laufen sie im allgemeinen weg.
>
> Dorothy L. Sayers

1.1 Die Fabrikation von Fakten

In Dorothy Sayers' Vergleich zwischen Fakten und Kühen verstecken sich eine philosophische und eine methodologische Behauptung. Die philosophische Behauptung ist, daß Fakten nicht der Fels sind, auf dem unser Wissen aufbaut. Fakten sind vielmehr problematisch und haben die Tendenz, sich in nichts aufzulösen, sobald man sie genau betrachtet. Die methodologische Aussage ist, daß man sie unter die Lupe nehmen muß. Fakten, wie Haustiere, sind den Umgang mit uns gewohnt. Ein Blick aus der Distanz läßt sie im allgemeinen unangefochten.

Daß Fakten in der Tat problematisch sind, ist der Philosophie seit langem bekannt. So war etwa die Suche nach der Natur des Faktischen – als Kern der Suche nach der Natur der Erkenntnis – immer wieder Anlaß für die Weiterentwicklung epistemologischer Theorien. Dabei drehte sich die Auseinandersetzung meist darum, wo das Problem liegt und wie es anzugehen sei. Kant hat die Frage bekanntlich mit der Suche nach den Bedingungen der Möglichkeit reiner Naturwissenschaft beantwortet und ihre Lösung in den Kategorien menschlichen Denkens gefunden. In jüngeren Erkenntnistheorien erscheint das Problem von der Konstitution des Faktischen durch das wissende Subjekt auf eine Reihe anderer Bereiche verschoben. Am einflußreichsten war wohl die

Hinwendung zur Wissenschaftslogik, von manchen als Objektivismus bezeichnet.[1] Für den Objektivismus besteht die Welt aus Fakten, die zu beschreiben das Ziel der Wissenschaft ist. Die empirischen Gesetzmäßigkeiten und theoretischen Erklärungshypothesen der Wissenschaft sind demgemäß im wörtlichen Sinn (und nicht etwa nur im übertragenen) als Weltbeschreibungen aufzufassen.[2] Wenn aber wissenschaftliches Wissen nichts anderes ist als Wirklichkeit, repräsentiert durch die Wissenschaft, dann wird die Suche nach der Bedeutung und den Beziehungen von Tatsachen zur Frage nach der Bedeutung und den Beziehungen von wissenschaftlichen Gesetzesaussagen. Und die Suche nach der Natur des Faktischen kann als die Frage formuliert werden, wie die Logik wissenschaftlicher Welterklärung die gesetzmäßige Struktur der Wirklichkeit konserviert.[3]

Die Vorstellung, daß das Problem der Faktizität in der Korrespondenz zwischen den Produkten der Wissenschaft und der externen Welt anzusiedeln sei, blieb nicht unwidersprochen. Für den Anti-Objektivismus stellt sich das Problem in geradezu umgekehrter Weise.[4] Warum sollten unsere interessenverankerten, instrumentell geschaffenen Wissenswelten irgendeine der Natur inhärente Struktur widerspiegeln? Das Problem der Faktizität liegt nicht in der Spiegelung der Natur durch die Wissenschaft, sondern in der Beziehung zwischen Wissen und sozialer Umwelt. Wissenschaftliches Wissen, sagt Feyerabend, ist nichts als eine Familie von Glaubenssätzen, gleich jeder anderen Familie von Glaubenssätzen.[5] Systeme von Glaubensinhalten entwickeln sich in einem historischen und sozialen Kontext. Daher ist das Studium des »Faktischen« gleich dem Studium der Geschichte und der sozialen Welt.

Wenn aber wissenschaftliches Wissen ebenso wie die Magie der Azande »nur« eine Glaubensform ist, müssen wir dann nicht schließen, daß die beiden austauschbar sind? Dem Anti-Objektivismus wird vorgeworfen, daß er solche Konsequenzen ignoriert und damit zum naiven Skeptizismus wird, der »den Erfolg der Wissenschaft ... zu einem Wunder« stilisiert.[6] Dem wissenschaftstheoretischen Objektivismus kann umgekehrt vorgeworfen werden, daß er der physikalischen Welt letztlich alleinige Bedeutung in der Steuerung der Wissensinhalte zumißt und dabei den *konstituierten* Charakter dieser Inhalte vernachlässigt. Gerade diesen haben Anti-Objektivisten im Detail analysiert. Campbell u. a. haben die grundsätzlichen Beschränkungen zusammengestellt, denen menschliche Beobachtung und menschliches Denken unterliegt.[7] Die historischen Arbeiten von Bohm, Hanson, Kuhn und Feyerabend haben die Theoriekonstituiertheit wissenschaftlicher Beobachtung nachgezeichnet. Mit der These von der Bedeutungsvarianz wissenschaftlicher Theorien stellen sie die Idee in Frage, daß es einen Theorienfortschritt gibt, über den nicht-physikalische Determinanten wissenschaftlicher Resultate als temporäre Verzerrungen sich quasi automatisch selbst korrigieren.[8]

Allerdings neigt der Anti-Objektivismus dazu, die Konstituiertheit wissenschaftlicher Inhalte von den Produkten her zu rekonstruieren. Damit wird das Geschehen mit Vorliebe auf der Ebene von Ideen angesiedelt. Die interessierenden Produkte sind fast immer Theorien und die Einflußfaktoren oftmals zeitgenössische Weltanschauungen, ideologische Bindungen oder Vorläufertheorien. Man kann den Anti-Objektivismus tendenziell als Umkehr des Objektivismus verstehen: Während im Objektivismus die Welt der Tatsachen letztlich das wissenschaftliche Weltverständnis (das Spiegelbild der Realität) konstituiert, konstituieren im Anti-Objektivismus wissenschaftliche Weltkonzeptionen die Welt, »wie sie wirklich ist«. Abbildung 1.1 stellt die beiden Positionen als *reflektive* bzw. *konstitutive* Position gegenüber.[9]

Um zu wiederholen: die bisher erwähnten anti-objektivistischen Positionen skizzieren einen historisch bzw. sozial relativierten Wissensbegriff, dem wissenschaftliche Theorien als miteinander inkommensurabel und möglicherweise unausweichlich gebunden an die Weltanschauungen einer Zeit gelten. Der Pragmatismus fügt dem eine Verschiebung der Betonung auf den *context of discovery* hinzu. Es war das Ziel der Arbeiten von Charles S. Peirce, zu zeigen, daß der vom Objektivismus ignorierte Prozeß der Forschung (der *context of discovery*) selbst das logische Referenzsystem beinhaltet, das die Objektivierung der Realität möglich macht.[10] So konstituiert sich etwa in Peirces bekanntem Beispiel von der Härte des Diamanten der wissenschaftliche Begriff der Härte erst durch die Möglichkeit, einen anderen Stein gegen

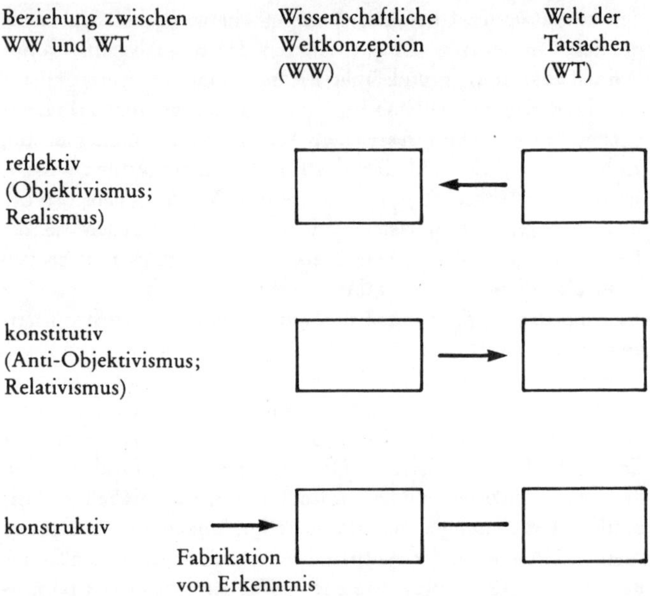

Abbildung 1.1
Schematische Darstellung der Positionen hinsichtlich der Beziehung zwischen der wissenschaftlichen Weltkonzeption und der »Welt der Tatsachen«. (Die Pfeile geben die Einflußrichtung und das im Vordergrund stehende Untersuchungsinteresse an.)

den Diamanten zu reiben. Das Problem der Faktizität wird damit ebenso zu einem Problem der Wirklichkeitskonstitution durch die Logik des Forschungs*handelns* wie zu einem Problem der Logik und Abhängigkeiten wissenschaftlicher Theorien.
Dem kommt eine Kritik entgegen, die den Objektivismus innerhalb des eigenen Lagers für die Annahme einer gesetzmäßig durch konstante Konjunktionen von Ereignissen bestimmten faktischen Welt kritisiert.[11] Nach dieser Kritik resultieren konstante Ereignisabfolgen aus der *Forschungsarbeit*, die im Labor geschlossene Systeme schafft, in denen eindeutige Resultate mög-

lich und wiederholbar werden, während in der Praxis solche konstanten Ereignisabfolgen – ebenso wie Voraussageerfolge – rare Ausnahmen sind. Die Gesetzmäßigkeiten der Wissenschaft sind demnach als regel-ähnlich und transfaktisch eher denn als deskriptiv adäquat anzusehen. Und der praktische Erfolg der Naturwissenschaft muß mehr mit der Fähigkeit der Wissenschaftler in Zusammenhang gebracht werden, Situationen als ganze zu analysieren, Anhaltspunkte zu erkennen und unterschiedliche Informationen zusammenzureimen, als mit naturwissenschaftlichen Gesetzen.

Man kann hinzufügen, daß die Wissenschaft selbst oft mit Erfolgsmodellen arbeitet, die ohne die Annahme einer deskriptiven Korrespondenz zwischen Wirklichkeit und Wissen auskommen. So wendet etwa die Psychiatrie erfolgreich Therapien bei einer Reihe von psychischen Störungen an, für die sie deskriptiv adäquate Erklärungen weder hat noch zu benötigen glaubt. Am einfachsten ist vielleicht das Beispiel von der Maus, die vor der Katze davonläuft.[12] Sollen wir annehmen, daß die Maus läuft, weil sie in ihrem Kopf eine korrekte Abbildung der natürlichen Feindschaft der Katze mit sich trägt? Oder genügt es anzunehmen, daß Arten, die nicht vor ihren natürlichen Feinden fliehen, mit der Zeit aufhören zu existieren? Wie der Fortschritt der biologischen Evolution, so läßt sich vermutlich auch die Entwicklung der Wissenschaft über Mechanismen deuten, die nicht voraussetzen, daß Wissen die Natur nachbildet.

Die Kritik am »empirischen« Objektivismus (Realismus) weist auf einen weiteren Aspekt der konstitutiven Rolle hin, die der Pragmatismus der Wissens*erzeugung* zuschreibt: nämlich darauf, daß der Experimentator als kausale Ursache der erhaltenen Ereignisfolge gesehen werden muß und daß die Ereigniszusammenhänge als von uns geschaffen – und nicht als einfach gegeben – zu betrachten sind. Es ist das Ziel der vorliegenden Arbeit, die verschiedenen Verweise auf die konstitutive Rolle der Wissenserzeugung ernstzunehmen und zu untersuchen, *wie* Naturerkenntnis am Ort wissenschaftlicher Forschung geschaffen wird. Anstatt wissenschaftliche Produkte als irgendwie die Wirklichkeit abbildend zu betrachten, kann man sie auch als selektiv aus dieser Wirklichkeit fabriziert ansehen. Anstatt empirische Forschung

als »Fragen an die Natur in einer Sprache, die diese versteht«, aufzufassen, kann man wissenschaftliche Beobachtung auch als Produktionsprozeß von Forschungsresultaten analysieren. Anstatt die externe Beziehung zwischen Wissensprodukten und Wirklichkeit im Rahmen eines Korrespondenzmodells zu untersuchen, kann man die interne Genealogie dieser Produkte im Wissenschaftsunternehmen charakterisieren.
Man braucht kaum zu erwähnen, daß die Frage der Korrespondenz zwischen Wirklichkeit und wissenschaftlichen Resultaten empirisch nicht beantwortbar ist. Den empirischen Sozialwissenschaften bietet sich jedoch die Gelegenheit, wissenschaftliche Tatsachen in der Werkstatt ihrer Erzeugung zu beobachten und bei ihrer Entwicklung zu verfolgen. Man muß sich dabei auf den *context of discovery* einlassen, der von der Wissenschaftsphilosophie lange Zeit verschmäht[13] und von der Wissenschaftssoziologie als technisch-kognitiver (und daher soziologisch uninteressanter?) Kern der Wissenschaften vernachlässigt wurde. Dabei wird sich zeigen, ob man der Frage nach der Natur von wissenschaftlichen Tatsachen nicht näherkommt, wenn man deren Erzeugung und »Härtung« im sozialen und historischen Kontext studiert, als wenn man die Frage als Problem der Beziehung zwischen wissenschaftlichen Produkten und Wirklichkeit formuliert.[14]
Die Etymologie des Wortes Faktum bezeichnet eine Tatsache in Einklang mit der lateinischen Wurzel *facere* als etwas, das gemacht worden ist.[15] In der vorliegenden Arbeit wird das Problem der Faktizität als Problem der Fabrikation von Wissen formuliert. Damit ist auf einen Wissensbegriff abgezielt, der naturwissenschaftliche Resultate nicht nur als historisch-sozial eingebettet ansieht, sondern auch als konkret im Labor *konstruiert* (vgl. Position 3 in Abb. 1.1). Die Konstruktion von Wissen ist ein grundsätzlich analysierbarer und spezifizierbarer Handlungsprozeß, von dem ein umfassender Abschnitt im naturwissenschaftlichen Labor beobachtet werden kann. Zum Zwecke der Beobachtung bietet sich die in der Wissenschaftsforschung bisher unübliche anthropologische Methode an, mit deren Hilfe Naturwissenschaft-an-der-Arbeit beschrieben werden kann. Die vorliegende Untersuchung versteht sich in erster Linie als eine solche Ethno-

graphie naturwissenschaftlicher Erkenntniserzeugung. Das Ziel ist letztlich die Entwicklung einer empirischen Epistemologie.[16] Im folgenden nehme ich einige Beobachtungsergebnisse vorweg, die das bisher Gesagte in größerer Deutlichkeit exemplifizieren.

1.2 Die konstruktive Wissensinterpretation: Die Natur und das Forschungslabor

Was genau ist mit der Behauptung gemeint, daß die Wissenserzeugung als ein konstruktiver – und nicht etwa als ein deskriptiver – Prozeß aufzufassen sei? Beginnen wir zunächst mit der Arbeit im Laboratorium. Selbst ein kurzer Aufenthalt im wissenschaftlichen Labor wird zeigen, daß das deskriptive Modell der Forschung und mit ihm die Rede von »Wahrheit«, vom «Hypothesen-Testen« und dergleichen kaum zur Erfassung des Forschungsprozesses geeignet sind. So finden wir zum Beispiel nirgends im Laboratorium die »Natur« und die »Realität«, die von so kritischer Bedeutung für das deskriptive Modell ist. Das meiste, mit dem Wissenschaftler im Labor zu tun haben, ist hochgradig vorstrukturiert, wenn nicht zur Gänze artifiziell. Woraus besteht etwa ein wissenschaftliches Labor? Aus einer Ansammlung von Instrumenten und Apparaten in einem Arbeitsraum mit Tischen und Stühlen, Stellagen mit Chemikalien und Glasgefäßen, Kühl- und Tiefkühlschränken voll mit sorgfältig bezeichneten Proben und Ausgangsmaterialien wie Pufferlösungen und fein gemahlenen Alfa-Alfa-Blättern, Einzeller-Proteinen, Blutproben von den Testratten und Lysozymen. Alle Ausgangsmaterialien sind speziell für das Labor erzeugt und gezüchtet. Dic meisten der Substanzen und Chemikalien sind vorpräpariert; sie wurden isoliert und gereinigt und stammen aus der eigens für die Wissenschaft arbeitenden Industrie und aus anderen Laboratorien. Ob sie nun gekauft sind oder von den Wissenschaftlern selbst präpariert wurden, diese Substanzen sind genauso das Produkt menschlicher Erzeugung wie die Meßinstrumente oder die wissenschaftlichen Artikel auf den Schreibtischen. Die Natur scheint im wissenschaftlichen Labor nicht auf, es sei denn, man definiert sie von vornherein als das Produkt wissenschaftlicher Arbeit.

Genausowenig wie die Natur finden wir im Labor die Suche nach der Wahrheit, die gewöhnlich der Wissenschaft zugeschrieben wird. Zwar nimmt die Rede der Wissenschaftler durchaus Bezug auf Begriffe wie »wahr« oder »falsch«. Aber dieser Gebrauch unterscheidet sich nicht von unserem Alltagsgebrauch solcher Worte in einer Reihe von pragmatischen und rhetorischen Funktionen, die kaum etwas mit der epistemologischen Konzeption von Wahrheit zu tun haben. Falls es ein Prinzip gibt, das das Forschungshandeln steuert, so kommt es wohl am ehesten im Ziel der Wissenschaftler zum Ausdruck, Dinge zum Laufen zu bringen *(to make things work).* Die Beschäftigung damit, ob ein Versuch »läuft«, »geht« oder »nicht geht« und wie er zum Funktionieren gebracht werden kann, weist eher auf Erfolg als auf Wahrheit als handlungsleitendes Prinzip von Forschungsarbeit hin. Es braucht nicht extra betont zu werden, daß »etwas zum Gehen oder Laufen bringen« nicht gleichbedeutend damit ist, eine Hypothese zu testen und dabei möglichst zu falsifizieren. Noch ist es damit gleichbedeutend, kritiklos zu verifizieren. Wissenschaftler sehen sich im eigenen Interesse gegen spätere Angriffe dadurch vor, daß sie mögliche Kritik vorwegnehmen und ihr durch ihre Arbeit entgegnen, bevor sie diese Arbeit publizieren. Die Rede der Wissenschaftler darüber, ob, wie und unter welchen Umständen »etwas läuft«, zeugt nicht von einem naiven Verifikationismus, sondern davon, daß Wissen in der Werkstatt, die das Labor darstellt, *instrumentell fabriziert* werden muß. Erfolgreich etwas »hinzukriegen« ist ein viel alltäglicheres Bestreben als das nach Wahrheit, und es kann überdies ständig mittels Publikation in Anerkennung und Kredit umgemünzt werden. Was daher als konkretes Ziel der »Arbeit« ständig verstärkt wird, ist der Erfolg beim »Gelingen« eines Versuchs und nicht etwa das unerreichbar entfernte Ideal der Wahrheit.

Aber nicht nur Begriffe wie »Wahrheit« und »Natur« erscheinen plötzlich nicht mehr zutreffend, wenn es darum geht, den Laborbetrieb zu charakterisieren. Ähnliche Schwierigkeiten bereitet es, im Labor die »Theorien« aufzuspüren, die wir gemeinhin mit Wissenschaft assoziieren. Wissenschaftliche Theorien nehmen im Labor einen eigentümlich atheoretischen Charakter an: sie bleiben versteckt in partiellen Interpretationen dessen, »was vorgeht« und »was etwas bedeutet«, und sind nicht geschieden von, sondern vielmehr hineinverwoben in den Prozeß instrumenteller Manipulation. Statt der bekannten Entfremdung zwischen Theorie und Praxis finden wir im Labor eine Mischung von Handlung und Kognition, auf die der traditionelle Begriff der Theorie nicht mehr adäquat angewendet werden kann. Gemäß der Aussage der Wissenschaftler selbst sind Theorien im Forschungsprozeß mehr verwandt mit politischen Strategien als mit geglaubten Inhalten.[17] Politische Strategien sind mit Interessen verbunden, ebenso wie die Besessenheit der Wissenschaftler, einen Versuch »zum Gehen« zu bringen. Forschung in der Werkstatt der Wissenserzeugung erscheint als vom Können der Akteure abhängige Handarbeit, nicht als Kopfarbeit im Reich der Ideen.

1.3 Die Entscheidungsgeladenheit der Wissensfabrikation

Daß sich die mit dem deskriptiven Forschungsmodell verbundenen Begriffe im Labor als inadäquat erweisen, kommt nicht überraschend, wenn man den Ursprung des Modells in der abstrakten Wissenschaftsbetrachtung bedenkt. Ebensowenig sollte es überraschen, daß die direkte Beobachtung von Forschungsarbeit zu Neukonzeptionen führt. Wir haben den in Frage stehenden Prozeß als konstruktiv – anstelle von deskriptiv – bezeichnet und Konstruktivität zunächst einmal mit dem Fehlen von Natur am Ort wissenschaftlicher Arbeit in Zusammenhang gebracht. Gehen wir nun einen Schritt weiter. Behauptet wird, daß die Produkte der Wissenschaft kontext-spezifische Konstruktionen darstellen, die durch die Situationsspezifität und Interessenstrukturen, aus denen sie erzeugt wurden, gezeichnet sind. Dies bedeutet, daß der Prozeß der Wissenserzeugung nicht irrelevant für die Produkte ist, die wir erhalten. Es bedeutet auch, daß Wissensprodukte durch den Prozeß ihrer Produktion als *hochgradig intern strukturiert* angesehen werden müssen, unabhängig von der Frage ihrer externen Strukturierung durch eine Korrespondenz oder Nicht-Korrespondenz mit der Natur.

Wie kann man diese interne Strukturierung präziser in den Griff bekommen? Wissenschaftliche Resultate, einschließlich empirischer Daten, sind das Resultat eines Fabrikationsprozesses. Fabrikationsprozesse involvieren eine Kette von Entscheidungen und Verhandlungen, durch die die entsprechenden Resultate zustandekommen. Anders ausgedrückt, sie erfordern *Selektionen*. Selektionen können ihrerseits nur auf der Basis anderer Selektionen getroffen werden: sie basieren auf der Übersetzung in weitere Selektionen.[18]

Man stelle sich einen Wissenschaftler vor, der an einer elektronischen Tischrechenmaschine sitzt und das statistische Resultat seiner Texturmessungen berechnet.[19] Die Maschine wählt eine mathematische Funktion aus, mit der die Daten approximiert werden sollen. Um unter den 8 verfügbaren Funktionen zu wählen, braucht sie ein Kriterium. Solche Kriterien sind nichts als Selektionen zweiter Ordnung: Sie stellen eine Auswahl unter anderen möglichen Kriterien dar, in die eine Selektion erster Ordnung übersetzt werden kann. Unser Wissenschaftler hat als Kriterium eine Kombination von Maximum R^2 und dem Minimum unter den maximalen absoluten Residuen gewählt. Die exponentielle Funktion, die er erhält, »gefällt« ihm jedoch nicht. Er läßt das Programm nochmals durchlaufen und verlangt eine lineare Funktion, deren Resultate er »nicht viel schlimmer« findet. Die Grundidee ist, wie er sagt, *eine* Gleichung und eventuell *einen* Beta-Koeffizienten für alle Versuchsdurchläufe zu erhalten, da es »viel zu verwirrend« wäre, für jeden Einzelfall verschiedene Funktionen zu veröffentlichen.

Um zu einer Entscheidung zu gelangen, hatte das Programm die Selektion einer Funktion in die Selektion zwischen zwei Formen des *statistical fit* der Kurven übersetzt. Unser Wissenschaftler hatte in einem schrittweisen Verfahren Übersetzungen in andere Kriterien, wie in das der Gleichförmigkeit der Beziehung über verschiedene Vergleichsdaten oder in das der Linearität, hinzugefügt. Solche Problemübersetzungen können als inhärenter Bestandteil von Entscheidungen oder, um einen Ausdruck Luhmanns zu gebrauchen, von *Selektivität* im allgemeinen bezeichnet werden.[20] Sie erlauben, wissenschaftliche Produkte als intern konstruiert zu sehen, nicht nur im Hinblick auf die Laboratoriumsselektionen, durch die sie zustandekommen, sondern auch

im Hinblick auf die Übersetzungen, die in diesen Selektionen verkörpert sind.
Wissenschaftliche Produkte sind somit auf *mehreren Ebenen* der Selektivität strukturiert. Diese Komplexität wissenschaftlicher Produkte ist in sich selbst interessant, insofern sie andeutet, daß Wissenschaftler unter ungleichen Bedingungen kaum zu denselben Resultaten gelangen sollten: Die Wiederholung einer bestimmten Konstellation von Selektionen wird um so unwahrscheinlicher, je weniger dieser Selektionen fixiert sind bzw. in ähnlicher Weise vorgenommen werden. Da die in einem Gebiet arbeitenden Wissenschaftler jedoch durch Kommunikation, Kooperation und Konkurrenz miteinander in Beziehung stehen und überdies oft die gleichen Instrumente und Ausgangsmaterialien benutzen, sind ähnliche Resultate nicht ausgeschlossen. Das Phänomen der Übersetzung von Selektionen in andere Selektionen weist übrigens nicht nur auf eine komplexe innere Struktur von Wissensprodukten hin, sondern bedeutet uns auch diejenigen Anknüpfungspunkte, durch die Laborselektionen mit dem weiteren Forschungskontext verwoben sind, worauf wir noch zurückkommen werden.
Um eine Entscheidung zu treffen, müssen Selektionen in weitere Selektionen übersetzt werden. Um ein Handlungsresultat in Frage zu stellen, werden getroffene Selektionen kritisiert. Selektionen können genau deshalb kritisiert werden, weil sie Selektionen sind: das heißt, gerade weil sie die Möglichkeit alternativer Selektionen einschließen. Wenn wissenschaftliche Resultate über Selektionen aus der Realität herausgemeißelt sind, können sie durch Infragestellung der Selektionen, die in ihnen verkörpert sind, auch dekonstruiert werden. Wenn wissenschaftliche Fakten fabriziert sind in dem Sinne, daß sie von bestimmten Entscheidungen herrühren, so können sie durch alternative Entscheidungen entqualifiziert werden. In der wissenschaftlichen Arbeit ist die Selektivität der in den Resultaten früherer wissenschaftlicher Arbeit erstarrten Selektionen selbst das Thema für weitere Untersuchungen. Gleichzeitig stellen die in früheren Arbeiten getroffenen Selektionen diejenigen Ressourcen dar, die weitere Forschung ermöglichen. Sie stellen die Methoden, Geräte und Interpretationen zur Verfügung, auf denen die Wissenschaftler in ihrer Arbeit

aufbauen müssen. Der »artifizielle« Charakter des wichtigsten wissenschaftlichen Gerätes, des Labors, besteht genau darin, daß es nichts weiter als eine lokale Ansammlung materialisierter früherer Selektionen darstellt. Gleichzeitig bewirken solche getroffenen Selektionen allerdings auch, daß die Bedingungen für weitere Entscheidungen modalisiert werden. Wissenschaftliche Produkte sind nicht nur *entscheidungsimprägniert*, sondern auch *entscheidungsimprägnierend*, da sie neue Probleme vorstrukturieren und deren Lösungen prädisponieren.

Wissenschaftliche Arbeit besteht zusammenfassend ausgedrückt aus der Realisierung von Selektivität in einem von vorhergehenden Selektionen konstituierten Raum, der meist überdeterminiert ist, wodurch es zur Entstehung »korrekt« erzeugter einander widersprechender Resultate kommen kann. In ökonomischen Begriffen ausgedrückt heißt dies, daß wissenschaftliche Arbeit die Re-investierung früherer Arbeit in einem Zyklus erfordert, in dem die in Wissensprodukten festgehaltenen Selektionen selbst das Thema und das Kapital der Arbeit sind. Was reproduziert wird, ist der Selektivitätszyklus selbst. Diese Form der Autokapitalisierung in Hinblick auf Selektivität erscheint als eine Voraussetzung für die Akkumulation wissenschaftlicher Resultate. Sie kann durch Erhöhung der finanziellen Ressourcen der Wissenschaft bzw. der Zahl der Wissenschaftler vervielfacht werden. Die Umwandlung wissenschaftlicher Produkte in Forschungsgeld, wie sie von rezenten quasi-ökonomischen Modellen des Wissenschaftssystems beschrieben wird[21], bezieht sich auf diesen Aspekt (siehe Kapitel 4.1). Wir können auch sagen, sie bezieht sich auf wissenschaftliche Produktivität anstatt auf Wissensproduktion.

1.4 Das Laboratorium: *context of discovery* oder *context of validation*?

Wissenschaftliche Untersuchung als konstruktiv anstatt als deskriptiv anzusehen heißt, Wissensprodukte als hochgradig durch Selektionen strukturiert zu verstehen. Die Wissensproduktion zu analysieren bedeutet demnach, den Prozeß zu analysieren, durch den die entsprechenden Selektionen zustandekommen. Haben wir damit den *context of justification* der Wissenschaftsphilosophen zugunsten einer ausschließlichen Analyse des *context of discovery* verlassen? Und haben wir uns damit aus dem von Soziologen untersuchten Areal der *consensus formation* entfernt, um uns ausschließlich Fragen wissenschaftlicher Kreativität und wissenschaftlicher Produktivität zu widmen?

Die Antwort auf solche Fragen ist ein schlichtes Nein. Beginnen wir mit der wissenschaftsphilosophischen Behauptung, daß Validierung in der Praxis ein Prozeß rationaler Konsensbildung innerhalb der Wissenschaftlergemeinde sei.[22] Da die validierenden Wissenschaftler der Annahme nach unabhängig von den Wissensproduzenten sind, bildet ihr kritisches Urteil eine objektive Basis für die Validierung. Betrachten wir allerdings den Prozeß der Wissensproduktion in genügendem Detail, so stellt sich unter anderem heraus, daß Wissenschaftler im Labor ihre Entscheidungen und Selektionen ständig auf die vermutliche Reaktion bestimmter Mitglieder der Wissenschaftlergemeinde, die als »Validierende« in Frage kommen, beziehen, ebenso wie auf die Politik der Zeitschrift, in der sie zu publizieren vorhaben. Entscheidungen werden danach getroffen, was gerade *in* und was *out* ist, was man machen und nicht machen »kann«, mit wem man dabei in den »Clinch« gerät und mit wem man sich durch diese Entscheidungen in eine Koalition begibt. Kurz, die *discoveries* werden im Labor in Hinblick auf riskierte Anfeindungen und Allianzen ebenso wie in Hinblick auf erhoffte Anerkennung und Kooperationen gemacht.

Gleichzeitig findet man im Wissenschaftsbetrieb, daß die Beurteilung von Resultaten mit einem Seitenblick auf ihren Ursprung vorgenommen wird. Ob ein Forschungsresultat als plausibel oder unplausibel, als interessant, unglaubwürdig oder gar als absurd bezeichnet wird, hängt nicht zuletzt davon ab, *wer* als Autor verantwortlich zeichnet, *wo* die Forschungen gemacht wurden und *warum* sie durchgeführt wurden. Die Wissenschaftler reden über die Motive und Interessen[23], die die »gefundenen« Resultate erklären, über die instrumentellen und finanziellen Möglichkeiten derer, die die Forschung durchgeführt haben, oder darüber, wer »hinter« den Ergebnissen steckt. Sie *identifizieren* praktisch die Resultate mit den *Umständen* ihrer »Entdeckung«. Die Wissenschaftlergemeinde selbst mißt dem *context of discovery* also entscheidende Bedeutung bei, wenn es um die Beurteilung eines Erkenntnisanspruches geht.

Auf allgemeiner Ebene muß man sich vor Augen halten, daß sowohl die Produzenten als auch die Beurteiler von Erkenntnisansprüchen gemäß jenen, die die Unterscheidung von Entdekkungs- und Bewertungskontext befürworten, Teil derselben Wissenschaftlergemeinde sind. Man unterstellt damit, daß sie ein Grundwissen ebenso wie manche Bewertungsstandards, professionelle Präferenzen und Bewertungsweisen *teilen.* Außerdem gilt, daß die Beurteiler eines Wissensproduktes gleichzeitig diejenigen Kunden sind, die das Produkt möglicherweise für ihre eigenen Forschungen *brauchen.* Wie erwähnt, stellen die Selektionen früherer Forschung eine Ressource für die Weiterführung wissenschaftlicher Arbeit dar, ebenso wie sie ein Thema späterer Problematisierung sind. Schließlich handelt es sich bei den kompetentesten Beurteilern eines Forschungsresultates oft gerade um die gefährlichsten Konkurrenten um Forschungsgelder und wissenschaftliche Reputation. Kurz, es ist nicht einzusehen, warum die Produzenten und Beurteiler, die einen Vorrat an Wissen und Verfahrensweisen *teilen,* die Produzenten und Kunden, die wechselseitig ihre Dienstleistungen *brauchen*, bzw. die *Konkurrenten* um wissenschaftlichen Kredit und finanzielle Mittel, die auf demselben Spezialgebiet arbeiten, gleichzeitig als voneinander *unabhängig* gelten und in diesem Sinn Objektivität beanspruchen können sollen.

Aber es gibt noch einen weiteren Aspekt der unterstellten Trennung zwischen Entstehungs- und Bewertungskontext, der hier zu kritisieren ist. Wir haben gehört, daß Bewertung bzw. Akzeptierung in der Praxis als Prozeß der Konsensbildung gesehen werden, wobei der Prozeß als »rational« oder als »sozial« qualifiziert wird, je nach der disziplinären Herkunft der Interpreten. Aber ob nun rational oder sozial, der Vorgang wird als *Meinungsbildungsprozeß* verstanden und als solcher aus dem Prozeß der Wissensproduktion selbst herausgenommen. Damit in Verbindung steht die bekannte These, daß das Studium der Wissensentstehung nichts mit den Fragen der Wissensakzeptierung zu tun habe und auch nichts zu deren Aufklärung beitragen könne.

Wo aber finden wir den Prozeß der Beurteilung von Erkenntnisansprüchen, wenn nicht in umfassendem Ausmaß im *Labor selbst*?[24] Wenn nicht im Bereich der Forschungsentscheidungen, durch die ein früheres Ergebnis, eine Methode oder eine vorgeschlagene Interpretation *ausgewählt* und in neue Resultate eingebaut werden? Was ist der Prozeß der Wissensakzeptierung, wenn nicht ein Prozeß *selektiver Inkorporation* früherer Resultate in die laufende Forschungsproduktion? Ihn als Meinungsbildungsprozeß zu sehen, ruft eine Reihe irriger Vorstellungen hervor. So haben wir zum Beispiel keinen Zugang zur allgemeinen oder durchschnittlichen Meinung relevanter Wissenschaftler unabhängig von deren Forschungsentscheidungen, noch besitzen wir Wissenschaftsgerichtshöfe, in denen solche Meinungsbildungsprozesse quasi objektiv abgewickelt werden könnten. Da die Beziehung zwischen Meinungen und tatsächlichem Handeln ungeklärt ist, wäre mit den entsprechend aggregierten Meinungen auch gar nichts anzufangen: Präferenzen im weiteren Forschungsprozeß könnten damit jedenfalls nicht konsistent vorausgesagt werden. Womit wir in der Praxis konfrontiert sind, ist eben nicht ein Meinungsbildungsprozeß, sondern die *Erhärtung* bestimmter Erkenntnisansprüche durch kontinuierliche Eingliederung in die laufende Forschung.[25] Dies bedeutet aber, daß der Ort dieser Erhärtung der Entstehungszusammenhang *(context of discovery)* von Wissen ist oder, in den früher gewählten Termini, die *Selektionen* durch die Wissensprodukte im Labor generiert werden.

1.5 Die Kontextualität der Wissenskonstruktion: Das Labor als Selektionskontext

Bleiben wir noch einen Moment bei der These, daß eine Untersuchung der Wissenserzeugung im Labor gleichzeitig Teil einer Untersuchung der Wissensakzeptierung darstellt. Die Eingliederung eines früheren Ergebnisses in die laufende Forschung wird als Schritt zur Wissenserhärtung betrachtet. Die Auswahl einer bestimmten Methode reproduziert diese Methode und macht sie für die laufende Forschung präsent. Sie erhöht damit die Chancen auf deren weitere Selektion. Eine wichtige Frage ist daher, *wie* Selektionen im Prozeß der Wissensproduktion vorgenommen werden.

Betrachten wir zunächst, was die Wissenschaftler selbst antworten, wenn wir ihnen eine solche Frage stellen. Ähnlich wie im Fall der Beurteilung eines Erkenntnisanspruches verweisen uns diese Antworten auf die spezifischen *Umstände*, in denen die Entscheidung getroffen wurde. Fragen wir zum Beispiel, warum ein bestimmtes Meßinstrument in einem bestimmten Fall angewendet wird, so reichen die Antworten von »Weil es teuer und selten ist und ich es kennenlernen will« bis zu »Es kostet einfach weniger Energie«; von »John hat es mir empfohlen und mir gezeigt, wie man damit umgeht« bis zu »Es stand hier 'rum, daher war es das einfachste«; von »Was ich ursprünglich wollte, hat nicht funktioniert, daher hab' ich was Neues probiert« bis zu »Man hat mich gebeten, den Apparat zu verwenden, um die Anschaffung zu rechtfertigen«; von »Meiner Erfahrung nach funktioniert das immer« bis zu einem erstaunten »Was hätte ich denn sonst tun sollen?«

Aus den wenigen Beispielen ist ersichtlich, daß die genannten Gründe verschiedenste Wurzeln und Konsequenzen haben und auf den verschiedensten Ebenen der Verallgemeinerung anzusiedeln sind. Gemeinsam ist ihnen, daß sie uns auf variierende *Umstände* verweisen, die von den Wissenschaftlern als Ursache für die Wahl des Instrumentes angeführt werden: die Existenz einer Energiekrise etwa oder die Gegenwart eines Fachkollegen, der eine Anregung gibt; ein Fehlschlag, der eine Änderung in der Vorgehensweise nahelegt, oder die Anschaffung eines Gerätes, die legitimiert werden muß; die persönlichen Erfahrungen einer Wissenschaftlerkarriere oder die offizielle Praxis zu einem bestimmten Zeitpunkt, die andere Möglichkeiten aus dem Gesichtskreis verdrängt. Es erscheint klar, daß wir nicht hoffen können, die Vielzahl dieser Situationen auf eine kleine Zahl von Entscheidungskriterien oder gar auf ein Rationalitätsprinzip zu reduzieren, von dem wir in Zukunft Laborselektionen ablesen können. Vielmehr werden wir diese Selektionen als das Produkt des Zusammentreffens und der Interaktion von Faktoren sehen müssen, deren Relevanz darin besteht, daß sie zu einem bestimmten Zeitpunkt und an einem bestimmten Ort die Umstände ausmachen, unter denen die Wissenschaftler operieren.

Historiker haben wissenschaftliche Entscheidungen schon seit langem als abhängig von den historischen Gegebenheiten porträtiert, in denen sie situiert sind, und einige neuere Argumente in der Wissenschaftsphilosophie weisen in dieselbe Richtung.[26] Wenn wir die Vermutung der *kontextuellen Kontingenz* einen Schritt weitertreiben und vertreten, daß Wissensakzeptierung eine Form von Umweltselektion analog dem Modell biologischer Evolution darstellt, so haben wir eine nicht unplausible Alternative zu Modellen, die der Naturwissenschaft eine spezifische Art wissenschaftlicher Rationalität unterstellen. Wie die biologische Anpassung kann die Wissensakzeptierung als Resultat von Umweltkräften gesehen werden, die auf die Selektionen der Wissenschaftler in den Umweltnischen von Forschungslaboratorien einwirken. Die Lösung hat jedenfalls den Vorteil, die weitere soziale Umwelt, in die Wissenschaft eingebettet ist, als relevant für die im Labor getroffenen Selektionen zu erklären.

Aber sie hat auch Nachteile. Wenn wir nämlich nicht die Kriterien angeben können, nach denen Erkenntnisansprüche ausgewählt oder eliminiert werden, sind wir auch außerstande vorauszusagen, welche Selektionen Wissenschaftler vermutlich treffen werden.[27] Wenn die Selektionskontexte über Ort und Zeit und ebenso als Funktion früherer Selektionen variieren, wird die Begründung für wissenschaftliche Selektionen ähnlich variieren. Wenn wir zu diesen variablen Selektionskontexten auch noch die zufälligen Interaktionen der Faktoren hinzufügen, die die jeweiligen Umstände ausmachen, so können wir nicht hoffen, allgemeingültige Aussagen über die Realisierungskriterien der in Frage stehenden Selektionen zu gewinnen. Wir sind vielmehr mit dem etwas entmutigenden Bild einer kontextabhängigen Variabilität konfrontiert, die der Sozialwissenschaftler nicht endgültig bestimmen kann. Argumenten in dieser Richtung würde in jüngster Vergangenheit entsprechend der Vorwurf entgegengehalten, man würde die Wissenschaft damit der Irrationalität überantworten und jede Idee eines nach vorne gerichteten wissenschaftlichen Fortschritts ausschließen.[28]

1.6 Kontextuelle Kontingenz als Prinzip des Wissenswandels

Es ist vielleicht überraschend, daß die behauptete Unbestimmtheit keine solch beunruhigenden Implikationen zu haben braucht. Rezente Entwicklungen in der Theorie selbstregulierender Systeme und in der Thermodynamik legen sogar die umgekehrte Interpretation nahe – nämlich die, daß die entsprechende Unbestimmtheit eine *Voraussetzung* für progressive Selbstorganisation und damit für rekonstruktiven Wandel sein könnte.[29] Anders ausgedrückt, Indeterminiertheit wird nicht mehr als Störfaktor aufgefaßt im Sinne des »Eigengeräuschs« der Informationstheorie, das die korrekte Übertragung eines Signals verhindert, oder im Sinne der Störung eines thermodynamischen Gleichgewichts. Sie wird vielmehr als das *sine qua non* für eine progressive Neuordnung des Systems angesehen, trotz lokaler Fehler oder Informationsverluste.

Um dies zu erläutern, stellen wir uns das Beispiel der biologischen Reproduktion vor. Wir wissen, daß »Fehler« in der Transkription des genetischen Codes die Ursache von Mutationen sind. Aber diese Zufallsfehler in der strikt repetitiven genetischen Übertragung können einer biologischen Art dadurch zum Vorteil geraten, daß sie eine Variation erzeugen, die besser an die sich wandelnden Umweltbedingungen angepaßt ist als die ursprüngliche Population. Die Art »reorganisiert« sich selbst, indem sie den Zufallsfehler, der das Ordnungsmuster der einfachen Duplikation gestört hat, integriert.

In der Sprache der hier vielleicht angebrachteren Kommunikationstheorie kann das Problem wie folgt formuliert werden[30]: Man nehme eine Kommunikationsbeziehung zwischen zwei Subsystemen A und B innerhalb eines bestimmten Systems an. Gibt es keinerlei Fehler in den von A nach B übertragenen Informationen, dann wird B zu einer exakten Kopie von A, und die Gesamtinformation beider Subsysteme wird mit der von A identisch sein. Wird die Zahl der Fehler so hoch, daß die Ambiguität der Signale dem Ausmaß der von A übertragenen Informationen gleich ist, dann sind diese Informationen so vollständig verloren, daß man nicht einmal mehr von Übertragung reden kann. Das heißt, daß die Struktur von B völlig unabhängig von der von A wird und daß die Gesamtinformation beider Subsysteme der von A plus B gleichkommt. In dem Ausmaß, in dem das übergeordnete System von der Kommunikation zwischen A und B abhängt, führt die totale Unabhängigkeit allerdings zur Zerstörung des globalen Systems. Im Hinblick auf die Information des globalen Systems wird ein Optimum dann erreicht, wenn eine Informationsübertragung zwischen A und B stattfindet, gleichzeitig aber auch ein gewisser Anteil von *Fehlern* in der Übertragung auftritt.[31]

Was bedeutet die Annahme einer solchen konstitutiven Unbestimmtheit im Falle der Wissenserzeugung? Eine Minimaldefinition gerichteten wissenschaftlichen Wandels betrachtet Wissen als progressiv (im Sinne einer zunehmenden Komplexität) rekonstruiertes Wissen, das durch die selektive Integration und Elimination früherer Resultate zustandekommt. Im allgemeinen Sprachgebrauch entsprechen dem Prozeß zwei Korrelate. Einerseits die Fähigkeit der Wissenschaft, »neue« Resultate (»Innovationen«) zu produzieren, andererseits deren scheinbare Fähigkeit, auf Herausforderungen in zunehmendem Maße Problemlösungen zu generieren (vermutlich meinen wir auch das, wenn wir vom »Erfolg der Wissenschaft« sprechen).[32] Beide Aspekte implizieren zunehmende Komplexität, was in Shannons Sinn eine Zunahme an Information heißt.[33] Die Indeterminiertheit ist dabei wohl nichts weiter als der jeweilige *Freiheitsgrad*, den das System zu einer problemabsorbierenden Rekonstruktion seiner selbst braucht. Sie manifestiert sich zum Beispiel darin, daß der Beobachter nicht in der Lage ist, eine kleine Anzahl von Kriterien anzugeben, nach der die Rekonstruktion vor sich geht.

Welche Beziehung besteht zwischen der Idee einer solchermaßen komplexitätserhöhenden Rekonstruktion eines Systems und der oben postulierten kontextbedingten Selektion? Die Systemtheorie kann selbst-organisierende Systeme nicht konzipieren, ohne eine Umwelt vorauszusetzen, auf die das System reagiert.[34] Es ist dieser Kontext, der den Prozeß der Rekonstruktion steuert, und zwar über die beeinflußten Selektionen. Hier haben wir den Begriff der Kontextualität verwendet, um das Geflecht der Umstände zu bezeichnen, auf die sich die Wissenschaftler in ihren Entscheidungen beziehen. Diese Umstände erscheinen als die Restriktionen, die die Wissenschaftler in ihren Handlungsmöglichkeiten einschränken, aber auch als Möglichkeiten, durch die offene Problemhorizonte der Forschung geschlossen und Fragen beantwortet werden können. Ohne die Unbestimmtheit dieser Restriktionen würde es das Problem, ein »schließbares« System experimentell zu erzeugen, nicht geben. Es scheint, als würde es ohne die entsprechende Unbestimmtheit auch keine neuen Informationen geben.

1.7 *Discovery* als sozialer Prozeß

Die Analogie von Systemtheorie und biologischer Evolution hat dazu gedient, zu zeigen, daß die Annahme eines konstruktiven Prozesses der Wissenserzeugung in ein *kontextuelles* Modell von Wissenswandel erweitert werden kann, in dem Indeterminiertheit (oder die Kontextabhängigkeit und prinzipielle Offenheit von Selektionen) und wissenschaftlicher Erfolg nicht in Widerspruch stehen. Nun zur negativen Seite der Analogie. Die Idee von Laborselektionen wurde als Bindeglied zwischen den gemeinhin in einen Entstehungs- und einen Bewertungszusammenhang getrennten Kontexten eingeführt. Der Begriff der Konstruktivität bezieht sich jedoch nicht nur auf die entscheidungsgeladene Fabrikation von Wissen, sondern weist auch darauf hin, daß Wissensfabrikation der Absicht nach auf »neue« Produkte hinzielt. In diesem Sinn stellt etwa die Selektivität wissenschaftlicher Selektionen selbst das Thema wissenschaftlicher Untersuchung dar, und in diesem Sinn kommt es zur Diversifizierung von Wissensprodukten. In der biologischen Evolution ist der Ursprung solcher Diversifizierung klar über Mutationen definiert. Die erste Schwierigkeit der Analogie besteht darin, im Prozeß wissenschaftlicher Konstruktion und Rekonstruktion ein Äquivalent für Mutationen zu finden.

Stephen Toulmins Modell des Wissenschaftswandels lehnt sich am engsten an das Modell biologischer Evolution an und wird von ihm auch als wörtlich zu nehmende Beschreibung verstanden.[35] Demnach gibt es zu jedem beliebigen Zeitpunkt einen Pool wissenschaftlicher Innovationen sowie einen Prozeß der natürli-

chen Auswahl unter diesen Innovationen. Die Innovationen haben ihren Ursprung in der Kreativität des individuellen Wissenschaftlers, die natürliche Auswahl erfolgt durch die Gemeinschaft der Experten, die die Innovationen bewerten.[36] Entscheidend bei biologischen Mutationen ist, daß sie Zufallsvariationen darstellen. Toulmin lokalisiert dieses Element der Indeterminiertheit in der Freiheit und Kreativität des Einzelwissenschaftlers. Es ist genau diese Lokalisierung von Zufall bzw. Indeterminiertheit, die meines Erachtens problematisch ist. Nach Toulmin bleiben zwar die Aktionen der Wissenschaftler*gemeinde*, insbesondere der Prozeß der Selektion von Innovationen, frei vom Einfluß nicht im vorhinein spezifizierbarer Kontextvariablen, nicht aber die dem Individuum zugeschriebene Erzeugung von Innovationen. Man erkennt in dieser Trennung natürlich die klassische Unterscheidung von *context of discovery* und *context of justification*, die aber nicht zu begründen ist. Warum sollte das Individuum unter Indeterminiertheit leiden (oder von ihr profitieren), nicht aber die Gruppe? Warum ist die Auswahl eines Erkenntnisanspruches ein zielgerichteter, intentionaler Prozeß, nicht aber die Erzeugung von Innovation?
Wie wir gesehen haben, ist der Pool von Variationen (bzw. Innovationen), von dem Toulmin spricht, selbst das Resultat komplexer Selektionsprozesse im Laboratorium. Variationen resultieren entsprechend aus dem gezielten Bestreben, Neues zu produzieren. Letztlich ist Innovativität nicht umsonst im Wissenschaftsbetrieb als Ziel institutionalisiert, ebenso wie sie aus der Sicht des Einzelwissenschaftlers das Ziel absichtsvoller, auf Innovation ausgerichteter Bemühungen darstellt. Es sind die Kenntnisse der Wissenschaftler davon, was als Problem und was als Lösung gilt, das Wissen darüber, wo man suchen muß und was man ignorieren kann, sowie das hochgradig selektive, erwartungsgeleitete Hantieren mit Instrumenten und Materialien, das auf »innovative« Resultate hinführt. Es ist die sorgfältige Auswahl einer Zeitschrift (und damit eines Publikums) sowie verschiedenste Anpreisungs- und Vermarktungsstrategien, die der Durchsetzung eines Wissensproduktes als »neue« Erkenntnis dienen. Und es ist nicht zuletzt die geschickte Auswahl eines Forschungsproblems sowie die Sicherung möglichst exklusiver Ressourcen (wie teure

oder seltene Instrumente), die die Aussichten erhöhen, »als erster« »etwas Neues« erarbeiten zu können. Kurz, es ist nicht der reine Zufall, der einzelwissenschaftliche Innovationen zustande bringt.

Eine Konsequenz des absichtsvoll erzeugten Charakters wissenschaftlicher Mutationen ergibt sich für die Beziehung zwischen der Produktion von Innovationen und der Selektion bereits vorhandener Erkenntnisansprüche. Wie erwähnt, muß die Selektion als Teil der Produktion von neuen Resultaten gesehen werden, da im *context of discovery* frühere wissenschaftliche Resultate ausgewählt und damit erhärtet werden. Man vermutet, daß im Labor diejenigen gegebenen Erkenntnisansprüche bevorzugt werden, die zur Produktion relevanter »Mutationen« beitragen. Eine solche Auswahl innovationsträchtiger Resultate wird ja auch durch das Interesse des Wissenschaftlers, »sich einen Namen« zu machen, gefördert.[37] Die Erhärtung früherer Resultate durch laufende Laborselektionen erscheint daher gleichzeitig als Verdichtung von Variationen. Die inhaltlichen Übersetzungen, auf denen Selektionen basieren, spiegeln dabei die *Umstände* (wörtlich: die Dinge, die herumstehen) wider, innerhalb derer die entsprechenden Entscheidungen realisiert werden müssen. In diesem Sinn wird die »natürliche Auslese« zur kontextuellen Rekonstruktion.

Aber nicht nur die Konstruiertheit wissenschaftlicher »Mutationen«, auch die Tatsache, daß wissenschaftliche Innovationen nicht, wie unterstellt, *allein* von *Individuen* erzeugt werden, führt zu einer Kritik der biologischen Analogie in der Wissensentwicklung. Es ist klar, daß wissenschaftliche Arbeit in den Natur- und technologischen Wissenschaften kaum einzeln, sondern in Gruppen durchgeführt wird. Weniger klar ist vielleicht als Konsequenz dieser Tatsache, daß auch »Ideen« im Labor ihrem Ursprung nach soziale Ereignisse sind, die sich aus Verhandlungen und Interaktionen mit anderen ergeben, wie Kapitel 3 illustriert. Man betrachte zum Beispiel die Manipulationen einzelner Wissenschaftler im Labor. Was sie lesen, sind die Erkenntnisansprüche anderer; was sie in ihren Händen halten, sind die vergegenständlichten Produkte früherer wissenschaftlicher Arbeit; was sie von ihren Instrumenten bekommen, sind Zahlen und

Graphen, die ihren Sinn nur innerhalb eines spezifischen Kommunikationszusammenhanges erhalten. Wenn eine Kontroverse entsteht, müssen wissenschaftliche Resultate als Argumente in die Debatte eingebracht werden. Kurz, wissenschaftliche Operationen sind in einen Diskurs eingebettet, der in den autoritativen Schriften eines Spezialgebiets kristallisiert, in Laborexegesen verflüssigt und in den Manipulationen der Wissenschaftler verkörpert erscheint.

Man braucht kaum zu betonen, daß Wissenschaft oft mit einer bestimmten Diskursform, nämlich der Schrift, in Zusammenhang gebracht wurde. Zum Beispiel hat Husserl die Schrift als die Bedingung der Möglichkeit idealtypischer Objekte – und damit wissenschaftlicher Konzepte – bezeichnet.[38] Peirce hat versucht, die Logik der Wissenschaft als Semiologie zu formulieren, und Derrida erinnert uns daran, daß die Idee der Wissenschaft in einer bestimmten Epoche der Schrift geboren wurde.[39] Latour und Woolgar haben kürzlich die Wichtigkeit des schriftlichen Fixierens von Meßresultaten im Labor illustriert (1979), und die Wissenschaftssoziologie hat seit langem bestimmten Aspekten wissenschaftlicher Kommunikation besondere Aufmerksamkeit geschenkt.

Es geht jedoch hier nicht darum, daran zu erinnern, daß Wissenschaft ohne eine Form schriftlicher Kommunikation kaum existieren könnte. Wichtig ist hier vielmehr, daß das kommunikative Fundament der Wissenschaft die Operationen des Einzelwissenschaftlers als eine Form *diskursiver Interaktion* erscheinen läßt, die durch Argumente getragen ist und auf sie abzielt.[40] Die Indeterminiertheit, die die biologische Analogie in der individuellen Kreativität ansiedelt, hat meines Erachtens ihre Wurzel in der interpretativen Basis und der sozialen Dynamik dieser Interaktion. Deren soziale und symbolische Grundlage wird zum Beispiel sichtbar in den konkreten Verhandlungen des Labors, vor allem im Aushandeln von Entscheidungen, das für die hochgradig selektive Konstruktion und Dekonstruktion wissenschaftlicher Produkte kennzeichnend ist.

Behauptet wird somit, daß das soziale Phänomen der diskursiven Interaktion nicht auf einen separaten Bewertungs- oder Akzeptierungskontext beschränkt werden kann, ebensowenig wie Indeterminiertheit in individuellen Innovationen isoliert werden kann. Innovation und Akzeptierung sind temporäre Stabilisierungen im Prozeß der Wissensrekonstruktion, der von Grund auf ein sozialer Prozeß ist. Der Ursprung der Indeterminiertheit liegt gerade *innerhalb* dieses sozialen Prozesses mit seinem symbolischen, ausgehandelten und eigendynamischen Charakter (dazu Kap. 2 und 7) und nicht, wie Toulmin vorschlägt, außerhalb. Es ist genau dieser Prozeß, der sich nicht auf wenige, als »rational« zu bezeichnende, kontextunabhängige Prinzipien reduzieren läßt. Und es sind die den Beobachter in Verlegenheit bringenden Freiheitsgrade innerhalb dieses Prozesses, auf die die Möglichkeit von Innovation bzw. einer informationserweiternden Rekonstruktion von Wissen zurückgeführt werden muß.

1.8 Die Kontextualität von Wissen: Intern, extern oder transwissenschaftlich?

Kommen wir nun zum Abschluß noch einmal auf die Kontextualität der Wissensproduktion zurück, von der wir zusammen mit der »Entscheidungsgeladenheit« wissenschaftlicher Resultate ausgegangen sind. Es liegt nahe, daß ein konstruktiver Wissensbegriff, wie er hier ansatzweise skizziert werden sollte, über eine entsprechende (d.h. nicht internalistische) Bestimmung dieser Kontextabhängigkeit wissenschaftlicher Selektionen entwickelt werden muß. Allerdings sind auch hier Systemtheorie und biologische Analogie wenig hilfreich. Für die Systemtheorie ist die progressive Rekonstruktion eines Systems dessen Antwort auf eine hyperkomplexe Umwelt, an die sich das System durch Erhöhung der eigenen Komplexität anpaßt. Im Wissenschaftsbetrieb ist jedoch die Rekonstruktion von Wissensprodukten selbst Ziel und Thema wissenschaftlicher Aktivitäten. Die Idee der Reaktion auf eine Umwelt scheint daher für die Wissensrekonstruktion unangebracht. Im biologischen Evolutionsmodell wissenschaftlichen Wandels ist dieses Problem scheinbar gelöst, und zwar durch die Trennung zwischen Wissensentstehung und Wissensakzeptierung. Nach Toulmin ist die Produktion von Wissen durch externe Umweltfaktoren über die verschiedensten Kanäle beeinflußt, während für das selektive Überleben von Erkenntnisansprüchen allein die internen Entscheidungen der Wissenschaftlergemeinde verantwortlich sind. Es wäre natürlich absurd, eine umgekehrte Arbeitsteilung etwa derart anzunehmen, daß Wissensprodukte intern von Wissenschaftlern produziert und dann extern im sozialen Kontext von Nicht-Wissenschaftlern ausgewählt werden. Allerdings ist es ebensowenig einleuchtend, warum »externe« Kontexteinflüsse auf die Genese von Wissen beschränkt sein sollen, während das Überleben von Erkenntnisansprüchen »rein wissenschaftlich« determiniert sein soll – uneinleuchtend schon allein deshalb, weil, wie wir gesagt haben, die Selektion früherer Resultate selbst am Ort der Wissensproduktion stattfindet. Faktoren, die die Produktion neuen Wissens beeinflussen, müssen entsprechend auch die selektive Erhärtung früherer Resultate beeinflussen, von denen sich neues Wissen in signifikantem Ausmaß herleitet. Wenn das evolutionäre Modell (korrekterweise) hervorhebt, daß der *Inhalt* eines Pools kognitiver Varianten zu einem gegebenen Zeitpunkt das Produkt »interner« und »externer« Faktoren ist, so kann es nicht gleichzeitig die diesen Inhalt miterzeugende Selektion früherer Varianten als ausschließlich »intern« bezeichnen.

Aus den obigen Argumenten läßt sich der Schluß ziehen, daß die gebräuchliche Unterscheidung von »intern–extern« keine fruchtbare Grenzziehung zwischen einem für die Wissensproduktion relevanten und einem irrelevanten Kontext leistet[41] und daß auch Systemtheorie und Evolutionstheorie keine unmittelbar einleuchtenden Lösungen anzubieten haben. Die Schwierigkeit ist nicht neu: bekanntlich verfügen soziale Systeme nicht wie Organismen über klar definierbare Umweltabgrenzungen.[42] Überdies gilt, daß die Relevanz institutioneller und professioneller Kriterien, soweit diese eine Abgrenzung erlauben, von der Fragestellung abhängt. So regeln zum Beispiel Psychologengesetze den legalen Zugang zu einer bestimmten Berufspraxis über Kriterien wie Studienabschluß; das genügt aber nicht, um die praktischen Verfahrensweisen der betreffenden Psychologen zu spezifizieren. Dazu kommt, wie das letzte Beispiel andeutet, daß Grenzziehungen in der sozialen Realität selbst ununterbrochen auf dem Spiel stehen, also Gegenstand von ständigen Neudefinitionen und

Auseinandersetzungen sind. In den variierenden Alltagsunterscheidungen der Wissenschaftler zwischen »wir« und »sie«, zwischen »wissenschaftlichen« und »nicht wissenschaftlichen« Angelegenheiten verstecken sich eben Freiheitsgrade, ebenso wie in den verschiedenen sozialwissenschaftlichen Reproduktionen solcher Unterscheidungen. Unklar ist nur, warum wir *a priori* annehmen sollen, daß die Abgrenzungsmöglichkeiten innerhalb der Wissenschaften, zum Beispiel zwischen verschiedenen wissenschaftlichen Disziplinen und Spezialgebieten, notwendigerweise geringer sein sollen als diejenigen zwischen den Wissenschaftlern eines Gebietes und Nichtwissenschaftlern, die soziale (oder politische oder ökonomische) Interessen an dieses Gebiet herantragen. Würden wir nämlich die Häufigkeit der jeweiligen Interaktionen und Kommunikationen einfach messen und die Interessen betrachten, die in die entsprechenden Laborselektionen eingehen, so bekämen wir wahrscheinlich einen anderen Eindruck.

Grenzziehungen, die auf entsprechenden Freiheitsgraden beruhen, sind meines Erachtens als Funktion und nicht als Voraussetzung selbst-organisierender Prozesse zu betrachten. Dies bedeutet, daß wir nicht *a priori* von bestimmten Systemabgrenzungen wie derjenigen zwischen Wissenschaftlergemeinde und sonstigem gesellschaftlichem Kontext ausgehen können, um sodann die Wechselbeziehungen zwischen »internen« und »externen« Angelegenheiten zu untersuchen. Wie sich zeigen wird (Kapitel 4.5 ff.), muß die behauptete Kontextualität wissenschaftlicher Arbeit sowohl *enger* als auch *weiter* gefaßt werden, als es der Begriff der *scientific community* nahelegt. *Enger* insofern, als die Forschungsselektionen, um die es hier geht, oft in direktem Zusammenhang mit Situationsvariablen stehen – etwa damit, welche Meßinstrumente gerade im Labor verfügbar sind und funktionieren, oder damit, welche Argumente in eine Diskussion eingebracht werden. *Weiter* insofern, als diese Variablen bzw. Argumente letztlich nicht auf ein mit der Wissenschaftlergemeinde koextensives Areal eingeschränkt werden können. Ich werde daher in Kapitel 4 den Begriff eines *transwissenschaftlichen* und *transepistemischen Feldes* einführen, um diejenigen gegenständlichen bzw. logischen Relationen zu bezeichnen, an deren Schnittpunkten Laboroperationen anzusiedeln sind.

Die Bedeutung transwissenschaftlicher Felder leitet sich somit daraus ab, daß in ihnen der Austausch und das Aushandeln von Argumenten stattfindet, die den Forschungsprozeß auf dem Weg über Selektionskriterien beeinflussen. Die Kontextualität von Wissen hat ihren Ort in diesen, die Wissenschaftlergemeinde *transzendierenden* Handlungsarenen. Kontextualität wird daher hier nicht als Umweltabhängigkeit in einem allgemeinen und diffusen Sinn verstanden. Gemeint ist vielmehr die »Ansässigkeit« wissenschaftlicher Operationen in einem eingegrenzten Interaktionsgebiet, in dem sich die ausführenden Wissenschaftler bewegen. Das Gebiet kann über die Laborwände hinaus aus den Bewegungen (im spieltheoretischen Sinn) der Wissenschaftler erschlossen werden. Das Spezifische an dieser Kontextualität ist, daß sie weder im üblichen Sinn als wissenschaftsexterne Umwelt noch als wissenschaftsinterne Mitwelt bezeichnet werden kann, sondern von übergreifenden Handlungskontexten aufgespannt wird.

Das »System«, das sich aus der Beschreibung der Wissenserzeugung ergibt, ist daher nicht »Die Wissenschaft« noch »Die Wissenschaftlergemeinde«, sondern der Verbund zwischen Wissenschaft und Gesellschaft, der oben als transwissenschaftlich bzw. transepistemisch bezeichnet wurde. Die in der wissenschaftsrelevanten Literatur allgemein gezogenen Systemgrenzen werden in der vorliegenden Studie in Frage gestellt. Auch daraus ergibt sich, daß der Rückgriff auf die Systemtheorie in den vorangehenden Abschnitten bestenfalls halbherzig war. In den folgenden Kapiteln wird versucht, die hier gemeinte Kontextualität der Wissenschaft aus der Nähe darzustellen. Zuvor noch einige Bemerkungen zu der Untersuchung, die dieser Darstellung zugrunde liegt.

1.9 Sensitive und frigide Methodologien

Kehren wir nun für einen Moment zum Epigraph dieses Kapitels zurück. Es hieß, daß Fakten wie Kühe sind; wenn man sie scharf ansieht, laufen sie im allgemeinen weg. Die methodologische Behauptung dabei ist, daß wir das Untersuchungsphänomen aus der Nähe betrachten müssen, es sozusagen unter das Mikroskop nehmen müssen. Wir brauchen also ein Erhebungsinstrument, das *sensitiv* und nicht frigide ist, das uns dem Ereignis nach*spüren* läßt, anstatt es im objektivistischen Sinn zu distanzieren. Die ethnographische Methode bietet meines Erachtens ein solches Instrument. Da sie in der Wissenschaftsforschung bisher nicht angewendet wurde[43], möchte ich die Sensitivität, um die es geht, etwas näher erläutern:

1. Erstens verlangt eine sensitive Methodologie Kontakt statt Distanz, methodologische Unmittelbarkeit statt methodologische Zwischenschritte, methodologische Intersubjektivität anstatt Neutralität. Man muß sich sozusagen den Phänomenen aus der Nähe aussetzen, anstatt sie aus der Ferne zu betrachten. Die vorherrschenden Erhebungstechniken in der Soziologie und Psychologie verfahren wie ein Wagen, bei dem nicht eingekuppelt ist: der Motor läuft auf Hochtouren, aber der Wagen bewegt sich nicht vom Fleck. In der Sprache der Methodologie: das Meßinstrument überträgt nicht die Bewegungen der Realität, die notwendigen Kontaktpunkte fehlen bzw. sind auf ein Minimum reduziert.

Klagen über die solcherart erzielten Daten werden nicht nur von den Kritikern traditioneller Erhebungsinstrumente, sondern auch von deren Proponenten geführt.[44] Durch methodologisches Auskuppeln bleibt man in sicherer Distanz, wie auch immer man die Schalthebel bewegen mag. Dies ist zwar Teil einer absichtsvollen Neutralitätspolitik, doch basiert die erzielte Neutralität auf der fragwürdigen Annahme, daß der Sinn von Äußerungen unter den Sprechern einer Sprache auf der Hand liegt, daß er nicht von der Pragmatik der konkreten Situation abhängt und daß er vom Beobachter aus der Distanz genauso erreicht, konserviert und übertragen werden kann wie aus der Nähe. Kurz, man nimmt an, daß Intersubjektivität vorausgesetzt werden kann und nicht in konkreten Situationen etabliert werden muß.

Allerdings zeigen praktisch alle mikrosoziologischen Untersuchungen verschiedener Segmente der sozialen Welt, daß die Herstellung von Intersubjektivität nicht nur ein Problem für den Anthropologen in einer fremden Kultur darstellt, sondern auch für die Teilnehmer der Alltagswelt. Es handelt sich hier anscheinend um eine kontinuierlich *erzeugte* Eigenschaft aller sozialen

Interaktion.[45] Als Beobachter, der am Untersuchungsphänomen im Detail interessiert ist, kann man diese Qualität sozialer Verhältnisse nicht übergehen, es wird vielmehr Teil des Beobachtungszieles sein, die Situationspragmatik des spezifischen Beobachtungsfeldes nachzuzeichnen und deren Konsequenzen zu etablieren (in der vorliegenden Arbeit wird dies in Kapitel 2 und 7 versucht). Dieses Anliegen verlangt nach einer Methode, für die die Nähe zum Untersuchungsphänomen eine entscheidende Voraussetzung ist.

2. Ist eine sensitive Methodologie daher gleichzusetzen mit der ethnographischen Methode der teilnehmenden Beobachtung? Die Geschichte der Ethnographie ist die Geschichte mehrerer Anläufe, Intersubjektivität als Basis für das Verstehen einer fremden Kultur methodisch zu etablieren. Beginnend mit den Schreibtischethnologen des 19. Jahrhunderts, die sich auf Reiseberichte stützten, führte der Versuch über das Insistieren auf persönlicher Anwesenheit des Ethnographen im Feld (seit Malinowski) bis zur Kritik der Ethnoscience an den solcherart erzielten Feldbeobachtungsresultaten. Es handelt sich also um eine Geschichte von Fehlschlägen. Dies heißt jedoch nicht, daß eine Rückkehr zur Schreibtischethnologie, wie sie analog in der Soziologie als vorherrschende Methode praktiziert wird[46], je ins Auge gefaßt wurde. Vielmehr stellte sich das Problem der Annäherung an die Realität immer als noch schwieriger heraus, als zuvor angenommen wurde.

Gemäß der Kritik der Ethnoscience geht es nicht nur darum, mit Hilfe der teilnehmenden Beobachtung die Phänomene aus der Nähe zu betrachten, sondern auch darum, dabei unsere eigenen kulturspezifischen Beschreibungskategorien durch diejenigen der Beobachtungskultur zu ersetzen. »Aus der Nähe« sehen heißt daher zunächst einmal herauszufinden, wie die Teilnehmer die Welt ihrer Erfahrung strukturieren, und die entsprechenden Konstrukte in der Übersetzung in die Wissenschaftssprache zu konservieren. Es ist nicht genug, den Sozialwissenschaftler ins Feld zu plazieren, um dieses »von innen« zu analysieren. Man muß vielmehr darüber hinaus eine Art von *methodologischem Relativismus* (statt Objektivismus) praktizieren. Dies heißt, daß nicht der wissenschaftliche Beobachter (wie bei standardisierten

Verfahren), sondern die Untersuchungsteilnehmer ein Maximum an Kontrolle über die erzielten Informationen ausüben sollen.[47]
Die Verfahren der Ethnoscience und bis zu einem gewissen Grad der Ethnomethodologen in der Soziologie geben uns einen Hinweis darauf, warum es nicht genügt, standardisierte makroskopische Verfahren durch hermeneutische Tiefenverfahren zu ersetzen, um eine konzeptuelle Kontrolle durch das Feld anstatt durch den Beobachter zu erreichen. Im methodologischen Relativismus, wie ich ihn hier skizziere, ist das Problem nicht wie in der Hermeneutik und phänomenologischen Soziologie *zu verstehen*, sondern *sprechen zu lassen.*[48] Den ethnographischen Berichten, die die Ethnoscience als Naturgeschichtsschreibung kritisiert hat, liegt nicht notwendigerweise ein Mangel an hermeneutischem Verstehen zugrunde, wohl aber liegt ein Defizit darin, den Phänomenen *Stimme zu geben*, sie zu Wort kommen zu lassen. Um diesen Fehler gutzumachen, hat die Ethnoscience eine Art systematischer Lexikographie entwickelt.[49] Die Ethnomethodologie hat innerhalb der Soziologie einen ähnlichen Versuch unternommen, soziologische Konzepte und Interessen mit Hilfe einer Teilnehmer-relativierten Wissenschaftssprache zu dezentrieren.[50] Der Fallstudienansatz in der Soziologie hat demgegenüber die Problematik praktisch ignoriert. Es ergibt sich somit heute im Bereich der benannten Methoden eine Spaltung zwischen der »weichen«, qualitativen *Case study*-Methodologie und ähnlichen Verfahren (zum Beispiel der biographischen Methode) einerseits und den hochtechnischen, formalen, aber meist nicht quantitativen Verfahren der Ethnoscience und mancher Bereiche der Ethnomethodologie andererseits.
Auch mikrosoziologische Ansätze der Videoanalyse gehören in letztere Gruppe. An ihnen läßt sich nochmals erläutern, was methodologischer Relativismus nicht bedeutet. Mit Videoaufnahmen können mikrosoziale Phänomene im Detail konserviert werden. Die Konserve aggregiert soziale Wirklichkeit dabei nicht, im Gegensatz etwa zu den beschreibenden Kategorien des leiblichen Beobachters. Diese Wirklichkeit erscheint aber nichtsdestoweniger vorkonstruiert, zum Beispiel durch Kamerawinkel, Lichtverhältnisse oder den Abstand der Kamera vom Aufnahmegesche-

hen. Auch mit sensitivsten Aufnahmeinstrumenten ist Konstruktivität nicht auszuräumen. Das Ziel einer sensitiven Methodologie ist daher nicht, Konstruktivität zu eliminieren, sondern sie so zu dezentrieren, daß die für die Beschreibung konstitutiven Restriktionen möglichst weitgehend von den Phänomenen selbst bestimmt werden.

3. Die methodologische Nähe wurde als erste Voraussetzung einer sensitiven Methode bezeichnet. Der methodologische Relativismus dezentriert die Beobachtungen, so daß das Ergebnis nicht nur eine Betrachtung aus der Nähe, sondern auch eine Betrachtung »von innen her« wird. Ich möchte noch einen letzten Aspekt erwähnen, der für die hier vertretene Methode maßgebend ist. Das Untersuchungsfeld für die vorliegende Arbeit ist die *Praxis* der Naturwissenschaft. Man kann daher nicht – und hier steht der vorliegende Ansatz im Gegensatz zur klassischen Ethnoscience – die Kognitionen der Teilnehmer zum Hauptgegenstand der Analyse machen. Voraussetzung für eine Orientierung an der Praxis erscheint ein methodologischer Interaktionismus, der Praktiken im Unterschied zu Kognitionen sowie Interaktion im Unterschied zu individuellem Verhalten in den Mittelpunkt der Analyse stellt.

Der Anspruch eines *methodologischen Interaktionismus* stellt sich sowohl gegen den Holismus als auch gegen den Individualismus sozialwissenschaftlicher Methodologien. Der methodologische Individualismus kann als Doktrin beschrieben werden, nach der soziale Phänomene letztlich auf das Verhalten von Individuen zurückgeführt werden müssen, da nur Individuen intentionale Handlungen setzen können.[51] Als seine Alternative gilt allgemein der Holismus, nach dem Gruppen, Institutionen und Gesellschaften mehr sind als eine Summe von Individuen und daher nicht auf individuelle Variablen reduziert werden können. Es ist klar, daß wir mit dem vorliegenden Anliegen über Aggregatdaten und andere ›holistische‹ Indikatoren naturwissenschaftlicher Praxis hinausgehen müssen. Dies heißt aber nicht, daß wir das Individuum als natürliche Einheit der Analyse wählen müssen.

In vorhergehenden Abschnitten wurde dargelegt, daß Innovation nicht der Kreativität des Individuums zugeschrieben werden muß, sondern als Produkt sozialer Interaktion-im-Kontext gesehen werden kann (mehr dazu in Kap. 3). Darüber hinaus wird behauptet, daß die Dynamik der Interaktion zwischen Individuen ein Element der Unbestimmtheit konstituiert, was heißt, daß der Verlauf der Interaktion nicht aus der Kenntnis der Intentionen und Interessen individueller Teilnehmer vorausgesagt werden kann (vgl. Kap. 2). Die mikrosoziologische Forschung hat meines Erachtens auf allgemeiner Ebene die interaktionsgebundenen, emergenten Eigenschaften menschlichen Handelns nachgewiesen. Wenn die Handlungen des einzelnen von der leiblichen, kommunikativ etablierten oder gedachten Gegenwart anderer beeinflußt sind und davon abhängen, wie sich die Dynamik der jeweiligen Interaktion entwickelt, dann genügt es nicht, Individuen und deren Intentionen zu analysieren. Das Untersuchungsformat muß vielmehr ermöglichen, daß die interaktionalen Merkmale menschlichen Handelns sichtbar und analysierbar werden, anstatt durch die methodische Vorgangsweise verdeckt zu werden. Das Postulat des methodologischen Interaktionismus besagt genau das, daß nämlich das Untersuchungsformat die Interaktionen, Praktiken und Beziehungen der Teilnehmer »erschließen« sollte und sich nicht im Sinne des methodologischen Individualismus auf die Meinungen, Kognitionen oder Handlungsintentionen von Individuen beschränken darf.[52]

1.10 Von der Frage *Warum* zur Frage *Wie*

Methodologische Neuorientierungen gehen meist mit einer Verschiebung der Problemstellung und der Ziele der Analyse einher. Nachdem sie den frigiden Werkzeugen soziologischer Forschung den Rücken gekehrt haben, haben manche mikrosoziologische Ansätze auch etablierte Fragestellungen der Soziologie zurückgewiesen. Sie haben sich einer Frage zugewandt, die in der Anthropologie schon lange die Forschung dominiert. Es ist dies die unscheinbare Frage *Wie* anstelle des etablierten *Warum*. Zum Beispiel ist die kognitive Soziologie heute weniger daran interessiert, warum soziale Ordnung existiert, als daran, wie die Mitglieder einer Gruppe den Eindruck gewinnen, daß sie existiert. Symbolische Interaktionisten beschäftigen sich weniger damit, warum Handlungsteilnehmer bestimmte Interpretationsschemata verwenden, als damit, wie sie Situationsdefinitionen aushandeln und strategisch beeinflussen. Ethnomethodologen wollen nicht erklären, sondern feststellen, wie wir vorgehen, wenn wir uns davon überzeugen, daß wir etwas erklärt haben.[53]

Man kann nun einwenden, daß man soziale Phänomene nicht ›nur‹ beschreiben muß, sondern auch erklären, um Schlußfolgerungen für die Praxis ziehen zu können. Aber manche der oben genannten Ansätze sind nicht an Praxisrelevanz interessiert; andere mögen einwenden, daß eine Beantwortung der Frage *Wie* oft auch eine Antwort auf die Frage *Warum* nahelegt. Wenn wir zum Beispiel wissen, wie das Kind den Eindruck sozialer Ordnung erwirbt, haben wir oft auch schon darüber etwas gelernt, warum soziale Ordnung existiert.[54]

Man muß sich auch vor Augen halten, daß die These von der Symmetrie zwischen Erklärung und Prognose, die der Idee zugrunde liegt, daß praktische Anwendbarkeit und technischer Erfolg Erklärung voraussetzt, von Wissenschaftsphilosophen inzwischen in Frage gestellt wird.[55] In den Sozialwissenschaften zeigt die Erfahrung, daß die Kluft zwischen theoretischen Voraussagen und tatsächlichen Abläufen sozialer Ereignisse unüberbrückbar ist.[56] Umgekehrt ist es aber von unmittelbarem praktischen Interesse, *wie* Teilnehmer handeln. Die Analyse gebräuchlicher Handlungsverläufe ist für soziales Lernen ebenso entscheidend, wie die Erschließung neuer Handlungsmethoden für soziale Reformen unabdingbar erscheint.

Zu fragen *wie* erfordert oft, daß wir eine radikal naive Haltung einnehmen und das Offensichtliche zum Problematischen machen.[57] Und dies ist auch genau die Haltung, die Dorothy Sayers' Vergleich uns nahelegt. Die Frage, *wie* Wissenschaftler im Labor Erkenntnis produzieren und transformieren, ist das hauptsächliche Anliegen dieses Buches – ich habe es bereits in Form meiner Bemerkungen über die Konstruktivität und Kontextualität wissenschaftlicher Laborarbeit eingeführt. *Wie* das Unternehmen der Naturwissenschaft in der Praxis vor sich geht, ist die erste Frage, die eine Anthropologie des Wissens – unter Berücksichtigung der besprochenen methodologischen Desiderate – zu beantworten suchen muß.

Der Versuch dazu wird in der vorliegenden Studie als einer der ersten gemacht.[58] Das sollte den Leser vor Insuffizienzen warnen, die mit dem Partisanencharakter solcher Arbeit unweigerlich verbunden sind.

1.11 Wissenschaft als praktisches Räsonieren

Es ist klar, daß die Frage, *wie* Wissen produziert wird, uns an den Ort naturwissenschaftlicher Arbeit, das Labor, verweist. Weniger eindeutig ist, was sich im Labor zur Beobachtung anzeigt. Streng genommen können wir im Labor nur das äußerliche Verhalten der Wissenschaftler buchstäblich beobachten; um eine Betrachtung »von innen« zu erreichen, müssen wir uns darüber hinaus an die Bedeutungen halten, die die beobachteten Ereignisse *für und durch* die Wissenschaftler erhalten. Um zu diesen Bedeutungen zu gelangen, müssen wir uns der Sprache bedienen. Ohne diese können auch lange Laboraufenthalte und Vorkenntnisse in der Untersuchungsdisziplin den Sinn bestimmter Laborbewegungen nicht zugänglich machen.

Wie angedeutet, ist eine der Hauptaufgaben der Laborarbeit, Möglichkeiten auszuschließen, zwischen Handlungsalternativen Vergleiche herzustellen, Variablen in Hinblick auf Konsequenzen zu evaluieren. Um diese Vorgänge zu identifizieren, müssen wir ihnen »zuhören«: Wir müssen auf die Gespräche der Wissenschaftler achten, auf die Fragen und Kommentare des Labors, die Debatten und Klagen, den Tratsch an der Ecke und in der Cafeteria der Institution. Wir müssen die Laborprotokolle lesen und darauf zählen, daß die Wissenschaftler bereit sind, auf unsere Fragen Antworten zu geben. Die Bedeutung der Laborereignisse ist in dem Diskurs enthalten, mit dem die Wissenschaftler über diese Ereignisse räsonieren. Dieser Diskurs ist unsere wichtigste Informationsquelle.

Es liegt nahe, daß auch die Rationalität der Wissenschaft über diesen Diskurs erschlossen werden muß, jedenfalls insofern, als damit eine am Handeln der Wissenschaftler festmachbare Kategorie gemeint ist und nicht etwa das Wirken geschichtlicher Kräfte hinter dem Rücken der Akteure. Dazu müssen wir uns kurz mit der Annahme beschäftigen, daß der Wissenschaft eine spezifische Art von Rationalität zukommt. Eine der einflußreichsten Darlegungen der rationalen Eigenschaften wissenschaftlichen Handelns stammt von Garfinkel.[59] In Anschluß an Schütz geht Garfinkel davon aus, daß man zwei Arten von Rationalitäten unterscheiden muß: diejenigen, die als »stabile Merkmale und sanktionierbare Ideale« allein von wissenschaftlichem Handeln gelten, und diejenigen, die im alltäglichen Leben auftreten. Erstere sind für den stabilen Ablauf alltäglicher Handlungspraktiken nicht von Vorteil, sondern von Nachteil.

Demnach ist wissenschaftliche Rationalität durch fünf Regeln interpretativer Verfahrensweise gekennzeichnet, die im Gegensatz zu Alltagsverfahren stehen. Die Regel des unbegrenzten Zweifels garantiert, daß Wissenschaftler ihre Skepsis nicht durch »praktische Erwägungen« limitieren, wie sie in der Alltagswelt üblich sind. Die Regel, »nichts zu wissen«, erlaubt es den Wissenschaftlern, ihre Vorkenntnisse zu suspendieren, um zu sehen, »wie weit man damit kommt«, während Prüfverfahren im alltäglichen Leben von Annahmen ausgehen, die als selbstverständlich vorausgesetzt werden. Wissenschaftliche Probleme werden mit Hilfe der Einführung einer standardisierten Zeit gelöst, während Alltagshandeln in reifizierte Zeitabschnitte aufgegliedert ist, die einen Beginn, Dauer und ein Ende haben. Die Regel des Universalismus erlaubt es Wissenschaftlern, den Ergebnissen von »Kollegen« zu trauen, während das praktische Handeln der Annahme nach Glaubwürdigkeit aus den naturgegebenen *facts of life* gewinnt. Schließlich wird durch die Regel der Veröffentlichbarkeit sichergestellt, daß alle Angelegenheiten, die für die wissenschaftliche Weltbeschreibung relevant sind, öffentlich zugänglich sind, während Alltagssituationen gegen einen Hintergrund privater Motive und Interessen konzipiert werden.

Mit Ausnahme des Prinzips der Standardzeit sind diese Regeln den Normen des »organisierten Skeptizismus«, des »Desinteresses« (Neutralität) sowie des »Kommunismus« (allgemeine Zugänglichkeit), die Merton einst der Wissenschaft zuschrieb, überraschend ähnlich – und sind daher ähnlicher Kritik unterworfen.[60] Relevanter als dieser Versuch, das Ethos der Wissenschaft in eine spezifische Form wissenschaftlicher Rationalität zu übersetzen, ist Garfinkels Zusammenfassung der unspezifischen Eigenschaften der Alltagsrationalität – denn diese Eigenschaften sind es, die wir auch im Laborräsonieren finden. Darunter zum Beispiel das Anliegen, Dinge vergleichbar zu machen sowie eine »gute Übereinstimmung« herzustellen zwischen Beobachtung und Interpretation, oder das Anliegen, die Zeit richtig einzuteilen, Ereignisse vorhersehbar zu machen sowie in der Durchführung der Arbeit korrekt zu verfahren. Darüber hinaus der Rückgriff auf Mittel, die früher schon erfolgreich waren; eine bewußte Analyse von Handlungsalternativen und Konsequenzen; ein Interesse am Vorausplanen, ein Bewußtsein der Existenz von Wahlmöglichkeiten sowie von Argumenten, mit denen man diese Wahlmöglichkeiten begründen kann.

Diese Eigenschaften wissenschaftlicher Rationalität sind unscheinbar, sie sind uns allen bekannt und werden von uns alltäglich angewendet. Sie geben uns jedenfalls keinen Anlaß zu speziellen Untersuchungen oder zu wissenschaftsspezifischen Schlußfolgerungen. Ein Ergebnis der Beobachtung von Wissenschaftlern im Labor ist vielmehr die Behauptung, *daß ein Unterschied zur Alltagsrationalität nicht feststellbar ist.* Wissenschaftliche Rationalität zeigt die Züge *praktischen Räsonierens,* um einen Terminus der Ethnomethodologie zu gebrauchen. Wir werden uns in der Folge mit verschiedenen Aspekten dieser Rationalität beschäftigen, die die obigen Qualitäten ergänzen und die Annahme einer spezifischen Rationalität der Wissenschaft revidieren. Zuvor aber noch zur Frage, ob nicht das Räsonieren der Wissenschaftler im Labor dennoch ein Spezifikum aufweist insofern, als es sich der Annahme nach um primär kognitive Inhalte dreht.

1.12 Die kognitive und die praktische Räson

Dazu einige historische Bemerkungen. Spätestens seit den Debatten im Gefolge von Kuhns Theorie wissenschaftlicher Revolutionen (1962, 1970) haben Wissenschaftssoziologen gefordert, daß auch die kognitiven (oder technischen, »wissenschaftlichen«) Aspekte der Wissenschaft in empirische Untersuchungen einbezogen werden. Es erschien nicht mehr ausreichend, die Wissen-

schaft als soziales System auf institutionelle Faktoren zu reduzieren, als Kommunikationssystem zu studieren oder als spezifische Organisationsform betriebssoziologisch zu analysieren.[61]
Die kognitiven Aspekte der Wissenschaft wurden dabei meist mit den Paradigmenkomponenten Kuhns identifiziert. Nach Whitley (1975) bestehen diese Komponenten aus den Forschungspraktiken, Techniken, Erklärungsmodellen, Spezialgebietanliegen und metaphysischen Werten bzw. Glaubensannahmen eines wissenschaftlichen Spezialgebietes. Weingart (1976) präsentiert eine Hierarchie kognitiver Elemente, die von konzeptuellen Schemata über klassische Problemlösungsparadigmen und anerkannte wissenschaftliche Vorleistungen bis zu metaphysischen Annahmen und Werten reichen.
Diese und andere Studien haben ihr Ziel in Einklang mit Whitley (1972) meist als Suche danach definiert, wie soziale und kognitive Faktoren in der Wissensproduktion interagieren bzw. welche Relation zwischen verschiedenen Wissensformen und den jeweiligen Gesellschaftssystemen besteht.[62] Die erstgenannte Problemdefinition hat bis vor kurzem fast ausschließlich dominiert und zu einer Reihe historischer Studien der »Formierung« von wissenschaftlichen Disziplinen und Spezialgebieten geführt.[63] Erst die Studien der »relativistischen« Wissenschaftssoziologie (z.B. Barnes 1977; Bloor 1976) haben begonnen, die Abhängigkeit kognitiver Inhalte von allgemeingesellschaftlichen Faktoren im Detail zu analysieren.
Die vorliegende Arbeit wählt eine andere Forschungsstrategie, die jedoch ebenfalls an einem Studium der ursprünglich als für die Sozialwissenschaftler irrelevant gesehenen Aspekte der Wissenschaft interessiert ist. Sie unterscheidet sich von der genannten »kognitiven Wissenschaftssoziologie« ebenso wie von der »relativistischen« Richtung durch die Wahl der anthropologischen Methode und des Forschungslabors als Untersuchungsort.[64] Sie unterscheidet sich von der »kognitiven Wissenschaftssoziologie« aber auch dadurch, daß sie die Dichotomie zwischen kognitiven und sozialen Faktoren als Teil der Problemdefinition und Voraussetzung der Analyse ablehnt.
Die Dichotomie zwischen kognitiven und sozialen Faktoren kann auf mehreren Ebenen in Frage gestellt werden. Zunächst

sind, wie Bourdieu gezeigt hat (1975 a: 22 f.), wissenschaftlich-kognitive Strategien gleichzeitig der Intention oder Konsequenz nach auch politische Strategien. Jede wissenschaftliche Entscheidung – ob es sich um die Wahl einer Methode oder eines Publikationsorganes handelt – kann als Investitionsstrategie gesehen werden, die auf die Maximierung symbolischer Profite, das heißt sozialer Autorität und wissenschaftlicher Reputation, gerichtet ist. Zweitens wird, wie Bloor betont hat, die Unterscheidung zwischen dem Wissenschaftlichen und dem Sozialen dazu benutzt, »bias«, Betrug und Verzerrungen in wissenschaftlichen Ergebnissen von objektiv wahren Inhalten zu trennen: erstere werden auf soziale und letztere auf kognitive Wurzeln zurückgeführt.[65] Die Unterscheidung, die sowohl von Wissenschaftsforschern als auch von Wissenschaftlern angewendet wird, stellt daher selbst eine Ressource in strategischen Attributionen dar und muß als solche untersucht anstatt vorausgesetzt werden.[66]
Drittens ergibt sich ein praktisches Problem der Separierung von sozialen und kognitiven Faktoren. Das kann besonders in Gebieten deutlich gemacht werden, die durch die Hegemonie der Wissenschaft »verwissenschaftlicht« wurden (Küppers u. a. 1978: 16). Um den Einfluß kognitiver und sozialer Faktoren zu bestimmen, müssen diese erst unabhängig konzipiert und gemessen werden können.
Schließlich haben Latour und Woolgar (1979: 39) nochmals darauf hingewiesen, daß die Dichotomie zwischen sozialen und kognitiven Faktoren die Wissenschaftsforschung daran hindert, diese Faktoren einer genauen soziologischen Untersuchung zu unterziehen. Was kognitiv und was sozial sein soll, wird in der Anlage der Untersuchung präjudiziert; die entsprechenden Phänomene bleiben im weiteren Verfahren von genaueren Betrachtungen unberührt. Die Ergebnisse der kognitiven Wissenschaftssoziologie bestätigen diese Kritik. So moniert etwa Weingart (1976: 51), daß die Wissenschaftssoziologie eine systematische Konzeptualisierung der kognitiven Komponenten der Wissenschaft erst zu leisten haben wird.
Die wissenschaftssoziologische Programmatik *für* einen Einbezug kognitiver Faktoren in die empirische Wissenschaftsforschung im Gefolge Kuhns hat das Verdienst, die Untersuchung

der technischen Kultur der Wissenschaft (Mulkay) stimuliert und legitimiert zu haben. Eine anthropologische Studie des Forschungslabors, wie sie hier vertreten wird, beschäftigt sich gerade mit dieser als technisch-kognitiv bezeichneten Kultur. Sie zeigt allerdings auch, daß Unterscheidungen zwischen dem Kognitiven und dem Sozialen, zwischen dem Karriere-Relevanten und Nicht-Relevanten, zwischen dem Wissenschaftlichen und dem Nicht-Wissenschaftlichen im Labor ständig verfließen und neu gezogen werden. Die Beziehung zwischen dem, was als kognitiv gilt, und dem, was als sozial erscheint, ist selbst Gegenstand wissenschaftlicher Verhandlung. Der »sozial« produzierte Erkenntnisanspruch von heute ist die wissenschaftlich »gefundene« Tatsache von morgen und umgekehrt. Schließlich erscheinen nichtwissenschaftliche Argumente im Forschungslabor in wissenschaftliche Argumente übersetzt und werden beim Verlassen des Labors unter Umständen ihrer Wissenschaftlichkeit entkleidet. Kurz, die Unterscheidung zwischen den kognitiven und den sozialen Aspekten wissenschaftlichen Handelns wird insbesondere dann obskur, wenn man sie in ihrer Anwendung im Forschungslabor betrachtet.
Es ist auch unklar, worin der Nutzen einer solchen Unterscheidung für das gegenwärtige Anliegen bestehen sollte. Im Labor stellen sich »kognitive«, »wissenschaftliche« oder »technische« Phänomene für den Beobachter jeweils um so eher als soziale Phänomene heraus, je genauer man sie betrachtet. Das »Wissenschaftliche« gewinnt demgegenüber den Charakter eines »upshot« der Erzeugungsprozesse, denen als strategische, verhandelte und koordinierte Prozesse das Soziale nicht abzusprechen ist. Ich werde in der Folge vom praktischen Räsonieren der Wissenschaftler ausgehen, ohne den Inhalt der Räson als kognitiv oder sozial zu spezifizieren.

1.13 Daten und Präsentation

Wie bisher dargelegt, erfordert eine sensitive Methodologie, daß wir das Untersuchungsfeld »aus der Nähe« und »von innen« unter Berücksichtigung der »dynamischen« und »erzeugten«

Qualität von Handlungsresultaten betrachten. Wir sind dabei insbesondere auf die Berichte, Erklärungen und Interpretationen der Teilnehmer angewiesen, kurz, auf ihr alltägliches *Räsonieren.* Dieses darf allerdings nicht durch die Unterstellung einer spezifisch wissenschaftlichen Rationalität bzw. spezifisch kognitiver Inhalte so eingeschränkt definiert werden, daß dadurch ein Großteil der praktischen Anliegen der Teilnehmer von vornherein aus der Untersuchung ausgeschlossen bleibt.
All dies ist leichter gesagt als getan, wobei die Forderung nach einer Betrachtung aus der Nähe und von innen die größten Schwierigkeiten macht. Apostel u. a.[67], die vor der Aufgabe einer Anthropologie der Wissenschaft zum jetzigen Zeitpunkt zunächst einmal kapituliert haben, berichten, daß Wissenschaftler weniger zugänglich für sozialwissenschaftliche Untersuchungen sind als Gefängnisinsassen, Fabrikarbeiter, »primitive« Kulturen oder Studenten, die alle nicht wirklich die Ressourcen haben, um sich gegen die Anforderungen des Sozialwissenschaftlers zu verteidigen. Und diese Anforderungen sind mehr als unvernünftig. Wissenschaftler haben, anders als Studenten, die mit ihrer Verfügbarkeit Geld verdienen oder Scheine erwerben, anders als Fabrikarbeiter, die in ihrer Arbeitszeit bezahlt werden, anders als Gefängnisinsassen, die nichts als Zeit haben, und anders als Eingeborene, die sich damit unterhalten, für den Forscher zum Lehrer zu werden und ihn zu studieren, »keine Zeit«. Vermutlich ist das überall so, doch wird der Mangel an »Zeit« am Ort der vorliegenden Studie, den USA, in denen Karriereerwägungen routinemäßig in Publikations- und sonstigen Leistungsmaßzahlen abgehandelt werden, besonders häufig thematisiert.
Der Sozialwissenschaftler erscheint diesen »harten« Anforderungen gegenüber nicht als willkommene Ablenkung, sondern als lästige Zusatzbürde, zumal sensitive Methoden nicht immer unaufdringlich sind. Es ist gegen das Interesse des Sozialwissenschaftlers im Labor, sich ständig im Hintergrund zu halten, keine Fragen zu stellen, bei Telefongesprächen, Meinungsverschiedenheiten und Streit höflich den Raum zu verlassen, die Post nicht durchzustöbern, die Angaben der Wissenschaftler nicht zu überprüfen und in den Laborprotokollen nicht »herumzuspionieren«. Kurz, die Regeln des »guten Benehmens«, die die Gegenwart

eines »Besuchs« im Haus im Normalfall erträglich machen, werden vom sozialwissenschaftlichen Beobachter im Forschungslabor ständig verletzt. Die »Beobachtungen« bringen die Gastgeber somit in Verlegenheit; sie erzeugen Angst und Spekulationen, selbst wenn ihnen keine anderen als wissenschaftliche Motive unterstellt werden können.

Auch wenn es nur darum geht, bei einem Versuch Wissenschaftlern »über die Schulter zu schauen«, sie beim Schreiben ihrer Arbeiten zu beobachten oder ihnen im Labor zu helfen, sind die Konsequenzen oft prekär. Wissenschaftliche Aktivitäten erfordern nicht nur Kompetenz, sondern auch Konzentration. Nichts erscheint störender, als beim Adjustieren eines Instruments, beim Messen eines Versuchswertes, beim Eingeben von Befehlen am Terminal oder beim Formulieren eines veröffentlichbaren Satzes durch eine unerwartete Frage aufgeschreckt zu werden. Davon abgesehen, kann allein die ständige Präsenz eines Beobachters irritierend genug wirken, um Konzentration zu zerstören.

Die Gegenwart eines gesprächigen und ignoranten Sozialwissenschaftlers in engen Büros und vollgestopften Laborräumen ist etwas anderes als die Präsenz eines Anthropologen im offenen »Feld« eines Eingeborenendorfes. Der Anthropologe im Feld lebt in einer getrennten Hütte, unternimmt begrenzte, verabredete Besuche bei den Ansässigen und fällt wohl auch am Dorfplatz unter den Anwesenden nicht unmittelbar auf. Er arbeitet mit bezahlten Informanten und hält sich im übrigen an diejenigen, die aus Alters-, Krankheits- oder sonstigen Gründen zur Verfügung stehen. Der Anthropologe im Labor muß seine Untersuchungsgruppen ständig »beschatten«. Er kann sich nicht an diejenigen halten, die gerade Zeit haben, da der Verlauf der beobachteten Versuchsreihe selbst Untersuchungsgegenstand ist und im übrigen die verschiedenen Arbeitsgebiete den Wechsel von einer Forschungsgruppe zur anderen erschweren. Aus analogen Gründen kann man sich auch nicht wie der Anthropologe im Feld in die eigene Hütte (an den eigenen Schreibtisch, so man einen hat) zurückziehen. Man läßt sich sonst allein auf die Bereitschaft und Fähigkeit der Teilnehmer ein, das Geschehen aus dem Gedächtnis in interessierenden Aspekten zu rekonstruieren.

Die Auswahl eines Forschungslabors in der gegenwärtigen Studie

wurde durch die Gelegenheit diktiert, als Eindringling und potentieller Störfaktor akzeptiert zu werden. Die Auswahl einer Forschungsgruppe innerhalb des Labors ergab sich aus der Bereitschaft eines der beteiligten Wissenschaftler, durch die ganze Beobachtungsperiode hindurch als Informant zu dienen. Die Beobachtungen wurden im Zeitraum Oktober 1976 bis Oktober 1977 in einem staatlich finanzierten Forschungszentrum in Berkeley, Kalifornien, durchgeführt. Im Januar 1977 beschäftigte das Zentrum etwa 330 Wissenschaftler und Ingenieure (einschließlich technischem Personal) sowie zusätzlich 86 Studenten, *visiting scientists* und andere kurzfristig Beschäftigte.
Das Zentrum arbeitet im Bereich der Grundlagen- und angewandten Forschung, auf chemischen, physikalischen und biologischen Gebieten sowie im Bereich von *engineering* und der Ökonomie. Die Arbeit erfolgte in 17 getrennten »Forschungseinheiten«, deren Zahl sich in der Zwischenzeit reduziert hat. Zwei Einheiten arbeiteten auf chemischen Gebieten, andere in der »plant biochemistry«, »plant phytochemistry«, »toxicology«, »microbiology«, »chemical analysis«, »instrumental analysis«, »fiber science« und »food technology«. Zwei Einheiten beschäftigten sich mit »food engineering«, weitere sechs waren weniger an Disziplinen orientiert als auf die Lösung spezifischer Probleme hin orientiert. Mehrere »Service«-Einheiten standen zur Verfügung der Wissenschaftler (zum Beispiel ein photographisches Labor und Illustratoren), ebenso wie den Angaben nach ausgezeichnete technische Einrichtungen. Eine interne Studie ergab für die beschäftigten Wissenschaftler die gleiche Produktivitätsrate (gemessen an Zitationsraten und Totalzahl der Zitate pro Wissenschaftler) wie an mehreren großen Universitäten. Ein gut ausgerüstetes Forschungszentrum, beschäftigt mit normalwissenschaftlichen Aktivitäten durch ein typisches Aggregat von Wissenschaftlern, von denen einige national und international anerkannt waren und viele nicht – das war mein Eindruck.
Meine Beobachtungen betreffen die Erforschung pflanzlicher Proteine, ein Gebiet, von dem sich herausstellte, daß es Aspekte der Proteingenerierung und Rückgewinnung, der Proteinbereinigung, Partikelstruktur, Texturmessung, der Ermittlung der biologischen Wertigkeit sowie der Anwendung im Bereich menschli-

cher Ernährung umfaßte. Die Beobachtungen betrafen nicht eine geschlossene Gruppe von Individuen: obwohl die beobachteten Wissenschaftler und Techniker zur selben Forschungseinheit gehörten, variierte die an den obigen Problemen tatsächlich »arbeitende« Gruppe ständig in der Größe und in der administrativen Zusammensetzung. Zu Zeiten »reichte« sie bis zu den Einrichtungen, Dienstleistungen und Kooperation anderer Forschungseinheiten, zu anderen Zeiten zog sie sich in sich selbst zurück, manchmal bis zu dem Punkt, wo nur mehr ein Wissenschaftler, eine halbe technische Assistentin und ein kaum sichtbares *senior member* der Gruppe mit der Problemstellung beschäftigt waren.

Während meines Aufenthaltes fanden die Forschungsarbeiten in zumindest vier verschiedenen Laboratorien des Zentrums statt, ohne die »Service«-Labors, die chemische Routinebestimmungen machten, mitzuzählen. Im Prinzip besaß jeder Wissenschaftler des Zentrums ein kleines Labor, das mit dem Büro verbunden war; darüber hinaus besaßen die Einheiten meist mehrere größere Einrichtungen, die sich die Mitglieder teilten. Im allgemeinen wurden meist mehrere Forschungsprobleme parallel bearbeitet, jeder Wissenschaftler schien mit einer Anzahl verschiedener Projekte beschäftigt. Diesen auf der Spur zu bleiben war ein Problem sowohl für die Wissenschaftler selbst als auch für mich; oft kam es zu einem Hin und Her zwischen im Gebäude verstreuten Einrichtungen, um »ein Auge auf« die Instrumente oder technischen Assistenten zu haben, mit deren Hilfe die Versuche durchgeführt wurden, und um alle möglichen experimentellen Probleme zu lösen und Fehlschläge zu korrigieren.

Zusätzlich zu den Beobachtungen (wobei, wie erläutert, hier immer auch das Zu*hören* gemeint ist) habe ich Laborprotokolle, Manuskriptfassungen und publizierte Resultate der beobachteten Forschungen gesammelt. Zu Fragen, die aus den Beobachtungen resultierten, habe ich Interviews mit den Mitgliedern fünf weiterer Forschungseinheiten auf verschiedenen Gebieten durchgeführt. In der vorliegenden Arbeit erscheint nur ein Teil dieses Materials analysiert. Die verwendeten Beispiele stammen aus den Aufzeichnungen, die ich während und nach den Beobachtungen machte, aus Bandaufnahmen von Gesprächen und Interviews sowie aus dem gesammelten schriftlichen Material. Die Informationen wurden, wo angebracht, mit den betreffenden Teilnehmern verifiziert – was manchmal zu dem Versuch einer Neuverhandlung dessen führte, was »wirklich« passiert war und was von mir darüber veröffentlicht werden sollte.

Soweit möglich, habe ich versucht, die Rede der Wissenschaftler in deren Worten wiederzugeben. Es wäre jedoch falsch zu behaupten, daß die Notizen des Beobachters eine wörtliche Darstellung der Ereignisse geben können. Wo Bandaufnahmen unpraktisch oder unmöglich sind (und ein Jahr an Beobachtungen kann man nicht auf Band aufnehmen), da sind die Notizen des Beobachters nicht mehr als eilige, unvollständige Skizzen, in denen viele im Labor gesprochenen Worte fehlen und manchmal Fehler auftreten. Da es oft sachdienlicher ist, zuzuhören, anstatt auf Hochtouren in das Notizbuch zu kritzeln, beschreibt man die Beobachtungsnotizen am besten als Am-Ort-Rekonstruktionen des Geschehens, wobei diese auf Worten, Interpretationen und Korrekturen basieren, die sich aus der unmittelbaren Situation ergeben.

Dieses »Hand«-Verfahren der Datenaufnahme geht nicht sehr weit in Richtung eines methodologischen Relativismus, falls man mit diesem im strikten Sinn der Ethnoscience auch systematische lexikographische Angaben meint. Es sei jedoch daran erinnert, daß das Problem einer sensitiven Methode nicht nur im Verstehen liegt, sondern ebenso darin, die Situation sprechen zu lassen. Es handelt sich darum, sowohl Sinn zu konservieren als auch in phänomengetreuer Weise zu präsentieren. Bandaufnahmen lösen nur das erstere Problem der Konservierung der Informationsquelle, nicht aber das der phänomengetreuen Präsentation.

Um exzessive Rekonstruktionen zu vermeiden, habe ich das Material nicht in Form einer Fallgeschichte der beobachteten Forschung geordnet (wiewohl meine Notizen manchen Versuchsserien von ihrer Konzeption durch die Forscher bis zum vorläufigen Ende in Form einer Publikation folgen). Statt dessen präsentiere ich die Laborbeispiele in einem Format, das an ihre Quelle erinnert: nämlich das alltägliche Räsonieren der Wissenschaftler im Labor. Da dieses Räsonieren die Auswahlprozesse indiziert, durch die Wissen im Labor konstruiert wird, kann man unter

dem Gesichtspunkt der verschiedenen Aspekte dieses Räsonierens auch eine Reihe von Ergebnissen über das Wie der Wissensproduktion diskutieren.
Ich werde in Kapitel 2 mit Beispielen für den situations- und umständekontingenten Charakter der Fabrikation von Wissen beginnen – ein Argument, das die Selektionen des Labors als kontextgebunden und die Praxis der Wissenschaft daher als *lokal* darstellt. Kapitel 3 stellt einen Exkurs über die Rolle von Metapher und Analogie im Laborräsonieren dar, wobei diese vor allem für die inhaltliche Orientierung kontextgebundener Selektionen wichtig erscheinen. In Kapitel 4 wird argumentiert, daß die Selektionen des Labors gleichzeitig auch in einem Feld von sozialen Beziehungen situiert sind, das von den beteiligten Wissenschaftlern ausgeht. Das Kapitel resultiert in einer Kritik des etablierten Konzepts der Wissenschaftlergemeinde *(scientific community)* als Einheit der kognitiven und sozialen Organisation der Wissenschaft ebenso wie in einer Kritik quasi-ökonomischer Modelle, die mit diesem Konzept verbunden sind. Anstelle der Idee der Wissenschaftlergemeinde werden der Begriff variabler *transwissenschaftlicher* Handlungsfelder eingeführt und die Ressourcebeziehungen erläutert, die diese Felder aufspannen und durchziehen.
Kapitel 5 und 6 analysieren die Transformationen eines wissenschaftlichen Resultats zwischen Laboroperationen und wissenschaftlichem Papier – dem hauptsächlichen Endprodukt von Forschungsresultaten. Mit anderen Worten, wir vergleichen das »wilde« Räsonieren des Labors mit der »zahmen« (und doch interessendurchsetzten) Rhetorik, durch die Wissenschaftler ihre privaten Laborkonstruktionen in öffentliche Produkte umwandeln. Kapitel 7 stellt in Einklang mit den Ergebnissen von Kapitel 2–6 die Frage, ob wir nicht eine Dichotomie revidieren müssen, die uns in den letzten beiden Jahrzehnten besonders teuer geworden ist: nämlich die zwischen den Natur- und den Sozial- bzw. Humanwissenschaften, zwischen der symbolisch »geladenen«, zumindest zum Teil hermeneutischen Vorgangsweise als Kennzeichen der letzteren und den monologisch-instrumentellen Verfahren, die wir den ersteren zuschreiben.
Ich werde in der Folge wie bisher durchwegs von »Wissen-

schaft«, »Naturwissenschaft« oder »Technologie« ohne nähere Präzisierung sprechen und dabei legitimerweise nur diejenigen Teilgebiete dieser Disziplinengruppen meinen, die auch tatsächlich beobachtet wurden. Der geneigte Leser sei hiermit daran erinnert, daß die präsentierten Resultate letztlich auf der Analyse einer kleinen Zahl von Wissenschaftlern beruhen, die in einem Forschungslabor auf wenigen Problemgebieten arbeiten, und daher der Verallgemeinerung durch weitere Studien bedürfen (der ungeneigte Leser wird sich selbst daran erinnern). Von Zeit zu Zeit werde ich auch in den folgenden Kapiteln versuchen, »falsche« Annahmen und Vorgangsweisen aus der Wissenschaftsforschung »auszutreiben«, in der Hoffnung, sie durch »richtigere« zu ersetzen. Der Leser mag in Rechnung stellen, daß es oft die »Ausgetriebenen« sind, die wir am besten kennen und von denen wir am meisten gelernt haben.

Kapitel 2

Wissenschaft als opportunistische Rationalität: Die lokale Ansässigkeit und die Situationsgebundenheit der Forschung

2.1 Raum und Zeit gehören ins Bild: Die indexikalische Logik und der Opportunismus der Forschung

Welche Übersetzungen sind es, aus denen Laborselektionen im Forschungsprozeß hervorgehen? Wie wird ein im Prinzip offenes Feld von Möglichkeiten im Labor »geschlossen«, so daß es überhaupt zu einer bestimmten Selektion kommt? Ich habe in Kapitel 1 darauf hingewiesen, daß die konkrete Forschungssituation einen Schlüssel zum Verständnis dazu bietet, wie Entscheidungen im Labor getroffen werden. Bei genauerer Betrachtung erweisen sich die Selektionen des Labors als lokal, sie hängen ab vom Kontext der Forschung und der konkreten Untersuchungssituation. Sie zeigen sich als idiosynkratische Selektionen. Viel deutet darauf hin, daß Entscheidungskriterien das offene Feld von Möglichkeiten nicht zur »Schließung« bringen, sondern selbst von ihm bestimmt werden. Kurz, bei genauerer Betrachtung des Forschungsprozesses erscheint es notwendig, Raum und Zeit wieder ins Bild wissenschaftlicher Operationen zu bringen und diese als lokal situierte, »ansässige« Praktiken zu sehen, die durch die physische Tatsache ihrer Durchführung-am-Ort sowie durch eine örtliche Geschichte gekennzeichnet sind.

In jüngster Zeit ist der Begriff der Situation sowie die Idee der lokalen Situiertheit vor allem in der mikrosoziologischen Forschung benutzt worden, wo er für das steht, was Ethnomethodologen die »Indexikalität« sozialer Praktiken genannt haben. Der Begriff eines indexikalischen Ausdrucks wurde von Bar-Hillel übernommen; ursprünglich stammt er von Peirce, der mit ihm auf das Phänomen verwies, daß Zeichen in verschiedenen Kontexten verschiedene Bedeutung annehmen können und umgekehrt dieselbe Bedeutung durch verschiedene Zeichen ausgedrückt werden kann (1931–35, Bd. 2: 143).[1] In der Ethnomethodologie bezeichnet »Indexikalität« die Situiertheit von Äußerungen in einem Kontext von Raum, Zeit und »tacit rules«. Im Gegensatz zur Korrespondenztheorie von Zeichenbedeutungen werden diese in der Ethnomethodologie als »situational determiniert« gesehen, was heißt, daß sie insofern vom konkreten Kontext abhängen, als sie »sich nur innerhalb einer endlosen Folge praktischen Handelns« durch die Interaktionen der Teilnehmer »entfalten« (Mehan und Wood, 1975: 23).

Im folgenden werde ich den Terminus »Indexikalität« verwenden, um auf die situationale Kontingenz und die lokale »Ansässigkeit« wissenschaftlicher Operationen zu verweisen. Diese Indexikalität stellt wissenschaftliche Produkte als durch bestimmte Akteure an einem bestimmten Ort und zu einer bestimmten Zeit fabriziert und verhandelt dar. Sie verweist darauf, daß diese Produkte von bestimmten Interessen der Beteiligten ebenso getragen werden wie von lokalen anstatt universell geltenden Interpretationen der Akteure sowie darauf, daß diese Akteure gerade mit den Grenzen der jeweiligen Lokalität als Ressource umgehen und sie gegebenenfalls strategisch manipulieren. Die situationale Kontingenz und Kontextualität wissenschaftlicher Operationen bedeutet auch, daß die Produkte der Wissenschaftler durch die indexikalische Logik ihrer Erzeugung gezeichnet sind und nicht etwa Auswuchs einer spezifisch wissenschaftlichen Rationalität, die mit der Rationalität sozialen Alltagshandelns in Widerspruch stünde. Die naturwissenschaftliche Methode erscheint der sozialwissenschaftlichen Methode dadurch ähnlicher, als man gemeinhin annimmt – und die Produkte der Naturwissenschaft gleichen denen der Sozialwissenschaft mehr, als man denkt.

Wie kann man diese indexikalische Logik im Detail illustrieren? Ein erster Aspekt der Indexikalität ist der implizierte Opportunismus, der den Operationsmodus des Naturwissenschaftlers dem eines *bricoleur* oder *tinkerer* ähnlich macht:

»... ein *tinkerer* ... weiß nicht, was er produzieren wird, aber er verwendet alles, was er um sich herum findet ..., um irgendein praktikables Objekt herzustellen ... [Im Gegensatz zum Ingenieur] bringt es der *tin-*

kerer immer fertig, mit dem, was ihm gerade in die Hände kommt, auszukommen. Was er letztlich daraus macht, ist im allgemeinen nicht mit einem speziellen Projekt verbunden; es resultiert aus einer Reihe kontingenter Ereignisse, aus allen Gelegenheiten, die sich für ihn ergeben – oft verwendet der *tinkerer,* ohne ein wohldefiniertes Langzeitprojekt im Auge zu haben, das Material in ungebräuchlicher Weise, um daraus ein neues Objekt zu produzieren ... [Diese Gegenstände] repräsentieren nicht das perfekte Produkt eines planvollen *engineering,* sondern mehr ein ›Flickwerk‹ von Resten, die zusammengefügt wurden, je nachdem, wie sich die Gelegenheit ergab ...«[2]

Tinkerer sind Opportunisten. Sie sind sich der materialen Gelegenheiten, die sich an einem bestimmten Ort ergeben, bewußt und nutzen diese für ihre Projekte. Gleichzeitig wissen sie, was »machbar« ist, und passen ihre Projekte dem an oder entwickeln sie entsprechend. Dabei sind sie ständig damit beschäftigt, funktionierende Resultate zu produzieren für Ziele, auf die sie sich im Augenblick eingelassen haben.

Wissenschaftler an der Arbeit im Forschungslabor verwenden ähnliche Produktionsstrategien. Ihren Produktionsmodus opportunistisch zu nennen, heißt nicht, ihnen Karrierismus, Unsystematizität oder ähnliche Konnotationen des Terminus anzulasten. Letztere Charakteristiken mögen zutreffen oder auch nicht, stehen aber hier nicht zur Debatte. Der hier gemeinte Opportunismus kennzeichnet einen Prozeß und nicht Individuen. Er bezieht sich auf die Indexikalität von Forschungsprodukten im Sinne ihrer *Abhängigkeit von Gelegenheiten,* im Gegensatz etwa zur Idee, daß die Forschungssituation für die Art der erhaltenen Resultate unwesentlich ist. Es ist die Genese der Forschungsresultate, die opportunistisch ist.

Wie im Falle des *tinkering,* manifestiert sich die Gelegenheitsgenealogie von Forschungsresultaten zunächst in der Rolle, die von lokalen Ressourcen und Einrichtungen gespielt wird. Zum Beispiel gab es in dem Forschungszentrum, an dem ich meine Beobachtungen durchführte, ein *Pilot-plant*-Labor, in dem Proteine in halb-industriellen Größenordnungen generiert, modifiziert und getestet werden konnten. Das Labor wurde von den Wissenschaftlern als wertvolle »Gelegenheit« eingeschätzt – bestimmte Arten von Forschung wären ohne diese Einrichtung »unmöglich« gewesen. Das Labor war gut ausgerüstet, hatte sein eigenes geschultes technisches Personal und wurde von einem älteren, erfahrenen technischen Bediensteten beaufsichtigt, der als äußerst verläßlich und »clever« galt – alles zusätzliche Vorteile. Als Konsequenz dieser Ausgangslage ging einige Energie der beobachteten Wissenschaftler darauf aus, Zugang zu diesem Labor zu erhalten, um diese »Möglichkeit« entsprechend »auszunutzen«. Forschungsziele, die die Benutzung des Labors erforderten, schienen jedenfalls besonders eifrig verfolgt und auch erdacht zu werden. Ein neu gekauftes Elektronenmikroskop auf der Basis von Laserstrahlen übte eine ähnliche Anziehungskraft aus.

Man braucht wohl nicht zu betonen, daß die Wissenschaftler, die diese Ressourcen jeweils kontrollierten, ähnliche Anstrengungen darauf verwendeten, andere von ihrem Gebrauch abzuhalten – und damit eine ohnehin knappe Ressource noch knapper zu machen. Aber es sind nicht nur seltene und daher attraktive Instrumente und Einrichtungen, die den Verlauf der Forschung beeinflussen. Während meiner Beobachtungszeit entstand ein wissenschaftliches Papier über die funktionalen Eigenschaften bestimmter Proteine, das fast ausschließlich auf chemischen Bestimmungen basierte, die von einem der *service-labs* des Zentrums hergestellt worden waren. Der Autor des Papiers machte klar, daß er, hätte er die Arbeiten selbst durchführen müssen, eine ganz andere Versuchsserie gewählt hätte als die, die das *service-lab* durchgeführt hatte. Aber da dessen Bestimmungsdienste praktisch »frei verfügbar« waren, so sagte er, würde er diese auch, wo immer möglich, einsetzen.

Präferenz wird auch denjenigen Meßinstrumenten und Apparaten gegeben, von denen die Wissenschaftler wissen, daß sie »irgendwo herumstehen«. Projekte nehmen eine bestimmte Wende, weil, wie die Wissenschaftler erklären, »wir eine Meßvorrichtung hatten, die in einem anderen Projekt entwickelt worden war und die wir benutzen konnten«. Bestimmte Messungen wurden gemacht, weil »die Maschinen da waren, es war also leicht, einfach hinunterzugehen und sie zu verwenden«; und gewisse Resultate wurden erzielt, da »na ja, wir haben nach einer Möglichkeit gesucht, den Schaum loszuwerden, und es (das Instrument) war eben da...« Naturgemäß werden die an einem Ort zu einem

Das Büro eines Wissenschaftlers

bestimmten Zeitpunkt vorhandenen Ressourcen und Instrumente nicht nur einfach genommen und eingesetzt. Sie sind auch Gegenstand von Verhandlungs- und Manipulationsprozessen. Ausrüstungsgegenstände, die für bestimmte Zwecke angeschafft werden, werden oft für andere Ziele adaptiert oder auch »zweckentfremdet« verwendet.

Als zum Beispiel ein Dichtemeßgerät defekt war, nahm der beteiligte Wissenschaftler eine Zentrifuge, zentrifugierte das zu messende Material und berechnete dann eine Dichteapproximation aus der Differenz von Volumenmessungen vor und nach dem Zentrifugieren. Da das Zentrifugieren einer Kompression des Materials unter kontrollierten und standardisierten Bedingungen gleichkommt, erwies sich die Idee, unscheinbar wie sie aussah, in ihrem Erfolg als ganz genial. In einem ähnlichen Fall borgte sich ein Wissenschaftler ein Druckmeßgerät aus, das er zufällig in einem der »Privat«-Labors gesehen hatte, und »mißbrauchte« es dazu, die Gasabsorptionskapazität einer Substanz zu bestimmen (4-20/25). Auch im Falle von Chemikalien wurden diejenigen, die gerade vorrätig waren, routinemäßig für eigentlich erwünschte, aber nicht vorrätige Chemikalien substituiert, um die Weiterführung der Versuche nicht aufzuhalten.

Ideen mögen weniger greifbar sein als Forschungsprodukte, aber sie werden im Labor nicht weniger häufig durch die Umstände (wörtlich: »das was herumsteht«) hervorgerufen als diese. Zum Teil werden sie einfach durch die Einrichtungen und Ressourcen angeregt, die am Ort der Forschung zur Verfügung stehen. Sie »ergeben« sich auch aus der Dynamik der Interaktion zwischen den Teilnehmern oder sind das kontingente Resultat anderer Gelegenheiten. Die Wissenschaftler selbst beziehen sich auf dieses Phänomen, wenn sie davon sprechen, daß ihnen eine Idee in einer bestimmten Situation »eingefallen« ist, daß sie auf eine Idee »gestoßen« sind, während sie mit etwas anderem beschäftigt waren, oder daß sie die Idee in einem Papier »gefunden« hätten, auf das sie zufällig »gekommen« waren. Wissenschaftshistoriker haben die Genese von Ideen aus situationsspezifischen Faktoren beschrieben; es erscheint kaum nötig, sie noch weiter zu illustrieren.

Statt dessen wollen wir uns die Rolle ansehen, die die weitere

Umwelt insofern spielt, als sie bestimmte Randbedingungen schafft, innerhalb deren neue Forschungsresultate erzeugt werden, und Kriterien nahelegt, die sich in den Entscheidungsübersetzungen des Labors wiederfinden. Diese Bedingungen und Kriterien reflektieren oft kurzfristige Anliegen von ausschließlich lokaler Relevanz. Um ein Beispiel zu geben: Als ich einen *chemical engineer* fragte, ob das Interesse an Wassereinsparung (Nordkalifornien befand sich damals im dritten Jahr einer Dürre) eine Rolle bei seinem Versuch gespielt hatte, Schaum anstatt Wasser bei der Oberflächenbehandlung bestimmter Pflanzen einzusetzen, sagte er:

»Aber ja, Wassereinsparung und Umweltverschmutzung oder [deren] Reduzierung. Zuerst einmal Wassereinsparung, siehst du, und zweitens, je kürzer du das Material exponierst und je weniger Wasser du der Oberfläche aussetzt, desto weniger tritt aus. Und wir haben gehofft, daß wir, indem wir einen Ersatz für Wasser verwenden – der in dem Fall Schaum war... daß du dann weniger Austritt aus den Pflanzen bekommen würdest. Aber ich meine, das erste war das Wasser... Anders ausgedrückt, das Volumen vom Schaum im Verhältnis zum Flüssigkeitsvolumen zur Herstellung von Schaum ist etwa wie 20:1, so daß man mit einem Zwanzigstel des Wasservolumens [das bei Nichtgebrauch von Schaum nötig gewesen wäre] ein Volumen ausfüllen oder eine Oberfläche behandeln könnte« (9–28/2).

Ein anderes Beispiel ergibt sich aus einer lokal im Forschungszentrum ansässigen, das heißt seit längerem »üblichen« Präferenz, bei bestimmten chemischen Zusammensetzungen nur wenige sorgfältig ausgesuchte Ingredienzien zu verwenden und auf diese Weise die Wahrscheinlichkeit von unerwünschten Nebeneffekten aus der Interaktion der Ingredienzien möglichst zu reduzieren. (Die Alternativstrategie besteht darin, komplexe – und damit oft den praktischen Verhältnissen besser angepaßte – Zusammensetzungen zu wählen und eventuelle Nebeneffekte durch Zusätze zu neutralisieren.) Ein Chemiker sagte zum Beispiel auf die Frage, ob ich die erstgenannte Strategie richtig wiedergegeben hätte und er sie anwende:

»Absolut richtig. Nicht wahr, beim Versuch, die Entwicklung von Lycinolalanin zu verhindern, da haben wir damit begonnen, Systein dazuzugeben. Und von daher dachten wir – na schön, vielleicht können wir das gleiche mit Sulfit hinkriegen, das ist billiger und einfacher. Und dann dachten wir, ach nein, wenn wir nur die Luft draußen halten, dann können wir doch das gleiche erreichen. Und darauf lief's dann auch hinaus. In Wirklichkeit haben wir nur die Einwirkungsmenge reduziert und trotzdem das gleiche Ergebnis bekommen. Weißt du, wenn du die Luftinkorporation kontrollierst, kontrolliere ich fast die ganze Reaktion« (9–30/4).

Das auffälligste Beispiel während meiner Beobachtungen bezog sich auf die Form und die Menge der benutzten Energie. Wie man vielleicht erwarten wird, tauchten Erwägungen zum Energieverbrauch im »kognitiven« Reich des Labors in Zusammenhang mit der allgemeinen Energiekrise auf. Die Aufmerksamkeit, die man auf Fragen des Energieverbrauchs bei einem Forschungsprojekt verwandte, schien das jeweilige Ausmaß der Krise (die während meines Aufenthalts im Labor anscheinend ernst war) widerzuspiegeln.
Zum Beispiel ist ein wichtiger Schritt bei der Proteinrückgewinnung das Ausfällen aus einer Lösung, das meist durch Hitzekoagulation geschieht. Einer der Wissenschaftler, die an den Proteinen arbeiteten, war auf ein Papier gestoßen, das die Verwendung von $FeCl_3$ als wirksames Mittel der Proteinausfällung aus Abwässern bei geringer Temperatur erwähnte. Auf dem Hintergrund der Energieknappheit erschien ihm die Verwendung von Eisenchlorid als ausgezeichnete Alternative zur Hitzekoagulation, die angesichts der geringen Proteinausbeute des Ausgangsmaterials übermäßig viel Energie verbraucht hätte. Da der Wissenschaftler größere Mengen an Protein für biologische Assay-Versuche mit Ratten benötigte und da er dachte, die Methode könne auf großes Interesse stoßen, wenn sie auch in anderen als den ursprünglich vorgesehenen Bereichen angewendet würde, begann er prompt eine Reihe von Experimenten mit $FeCl_3$. In derselben Testserie favorisierte er Filtrationsmethoden gegenüber dem Zentrifugieren wegen der implizierten Energieersparnis (4–4/4).
Ich möchte diesen Abschnitt mit der Bemerkung abschließen, daß den Wissenschaftlern die situational kontingente Natur ihrer Produkte wohl bewußt ist. Wie angedeutet, beziehen sie sich auf die Entstehungssituation, wenn sie ein in Frage gestelltes Resultat

erklären; sie identifizieren praktisch das Ergebnis mit der indexikalischen Selektivität, durch die es konstituiert wurde. Wissenschaftler spielen auch mit den kontextuellen Beschränkungen, wenn sie versuchen, ihre eigenen Möglichkeiten und Gelegenheiten im Wettbewerb mit anderen zu erweitern.

Der *tinkerer* ist daher nicht ein passiver Opportunist, der nur auf lokale Möglichkeiten reagiert. Zum Beispiel sagte mir ein Mitglied der Proteingruppe während einer Diskussion über künftige Pläne und Projekte, daß er auf ein russisches Papier gestoßen sei, »das hoffentlich hier niemand kennt«. Er meinte, daß die Resultate eines seiner zu dem Zeitpunkt laufenden Versuche signifikant verbessert werden könnten, wenn er den Pflanzensaft verwendete, der in jenem Papier erwähnt war. Was diese Erwähnung zu einer fruchtbaren »Idee« machte, war genau die Tatsache, daß »niemand hier« von dem möglichen Effekt des Pflanzensaftes wußte. Als ich ihn fragte, ob er die Quelle der »Idee« zu zitieren gedenke, sagte er, er werde »das Papier irgendwo erwähnen« (1–28/1).

Ideen müssen nicht gestohlen werden in einem Universum, in dem spezifische Überschreitungen kontextueller Beschränkungen nicht nur als Routinestrategie der Ressourcenmobilisierung dienen, sondern auch als solche eine Quelle für den Kredit- bzw. Reputationszuwachs des Initiators sein können. Ein solcher Einsatz der Literatur steckt wohl hinter dem Prahlen mancher Wissenschaftler, daß ihnen – im Gegensatz zu den meisten Kollegen – »Arbeiten, die in anderen Sprachen publiziert sind, nicht entgehen«, wobei sie dies als eine ihrer »größten Stärken« ansehen. Oder hinter der Äußerung, daß es eine »Tragödie« sei, wenn sie Literatur, um die sie sich bemüht haben, nicht bekommen. Dazu etwa die Worte einer Biochemikerin, die mir sagte:

». . . es gibt einen gewissen . . . einen hohen Prozentsatz, vielleicht, äh . . . 40% der Dinge, die ich anfordere, die ich nie bekomme . . . Die Autoren senden einem keinen Reprint, die Bibliothek kann es nicht auftreiben – aus dem einen oder anderen Grund krieg' ich es nicht. Das macht mich wahnsinnig, aber ich habe das Zitat, so daß, wenn der Zeitpunkt kommt und es wirklich kritisch wird, es zu kennen, dann renne ich Türen ein und krieg' es schließlich. Aber, weißt du, wenn ich das bei allem, was ich nicht bekomme, machen würde, würde ich nichts tun als [das]« (9–29/9).

Da sie die nötige Zeit nicht investieren konnte, entging ihr, wie sie wußte, ein guter Teil des relevanten Materials. Die Barrieren, die der Internationalität der Wissenschaft selbst in der veröffentlichten Literatur entgegenstehen, sind nicht allein und vielleicht nicht einmal in erster Linie sprachlicher Natur. Wissenschaftler spielen mit diesen Schranken, wenn sie sie von Zeit zu Zeit gezielt überschreiten, um ihre Originalität zu polstern oder ihre Arbeiten aufzuwerten.

Lokale Strukturen bestimmen die Szene, aus der Laborbedeutungen entstehen, und setzen die Grenzen, innerhalb deren die Wissenschaftler operieren. Sie stellen aber auch eine Ressource der wissenschaftlichen Produktionsweise dar.

2.2 Lokale Idiosynkrasien

Es gibt eine Anzahl weiterer räumlicher und zeitlicher Kontingenzen, die für die Entscheidungen und Selektionen relevant sind, aus denen naturwissenschaftliche Resultate hervorgehen. Manche sind derartige Routinen, daß sie kaum bemerkt werden – zum Beispiel können lokale Arbeitsgesetze Versuche nach 16.30 Uhr oder am Wochenende verhindern, so daß Tiefgefrieren oder andere Konservierungsverfahren, die nicht eigens in den Ergebnispapieren erwähnt werden, eingesetzt werden müssen, um die unmethodischen Unterbrechungen zu kompensieren. Vom Standpunkt eines Vergleichs zwischen den methodischen Verfahren der Natur- und Sozialwissenschaften interessanter sind lokal-idiosynkratische Phänomene, die in der Wissenschaftssoziologie fast vollständig ignoriert werden.

Wie jede andere Organisation entwickeln Forschungslaboratorien lokale Interpretationen methodischer Regeln, ein lokales *Know-how* dessen, was die Regel meint und wie man sie im Labor am besten anwendet. Zum Beispiel besaß das von mir untersuchte Forschungszentrum mehrere *Service*-Laboratorien, die, wie erwähnt, notwendige Standardanalysen der chemischen Zusammensetzung durchführten. Viele dieser Analysen waren »offizieller« Natur; sie waren von der Association of Official Analytical Chemists oder einer ähnlichen Gruppe getestet, dokumentiert und empfohlen worden. Als ein Wissenschaftler, der aus einem anderen Gebiet an die Institution kam, diese Dienste das erste Mal benutzte, stellte er zu seiner Überraschung fest, daß die Tests ohne Wiederholung durchgeführt wurden. Dies geschah offenbar in der Annahme, daß solche Standard-Routineverfahren weder Risiko noch Unsicherheit mit sich brächten.

Seine eigene Interpretation ging in die umgekehrte Richtung: Messungen werden genau deshalb zur Routine, so erklärte er, weil sie wichtig sind, was heißt, daß vor allem *Genauigkeit* von ihnen gefordert werden muß. Präzision ohne Replikation, sagte er, sei »Quatsch«. Er erläuterte sein Argument durch ein Beispiel: Einzelne chemische Ingredienzien einer Substanz werden oft als Prozentanteil der Trockensubstanz angegeben. Wenn eine einfache Maßzahl, wie etwa der Wasseranteil einer Substanz, auch nur geringfügig ungenau ist, dann wird der Fehler die Maßzahlen für alle anderen Ingredienzien beeinflussen. Daher, sagte er, »nehme ich, wenn ich eine Zahl in der Literatur lese, automatisch an, daß es sich um einen Mittelwert [der auf mehreren Replikationen basiert] handelt«.

In diesem Fall hielt jede der beiden Seiten an ihrer Interpretation fest. Um seinem Argument Rechnung zu tragen, ließ der Wissenschaftler wiederholt dieselbe Analyse vom Analyse-Labor zweimal machen, wobei er verschiedene Codierungen der Proben benutzte, um keinen Verdacht zu erregen. Die Differenz zweier lokal entwickelter Interpretationssysteme wurde jedoch erst dadurch offensichtlich, daß die Erwartungen eines Wissenschaftlers, der von einem System in das andere gekommen war, ständig verletzt wurden (2–17).

Lokale Idiosynkrasien spielen auch bei Fragen von Zusammensetzung und Quantität eine Rolle; das heißt, welche Substanzen in einem Experiment verwendet werden und wieviel davon. Zwar existieren in manchen Bereichen Standardvorschriften, aber sie sind gegenüber idiosynkratischen Interpretationen nicht immun. Wissenschaftler lassen diese Standardformeln oft höchstens für Routineanalysen gelten mit der Behauptung, daß solche Formeln »zu alt« seien oder »zu weit hinter den gegenwärtigen Erkenntnissen hinterherhinken«, und zwar wegen der Zeit, die es braucht, bis eine Methode offiziell anerkannt wird. Aber es gibt noch ein grundsätzlicheres Bedenken. In den Worten eines Biochemikers:

»Die grundlegenderen Arbeiten werden meist ... über etwas Ähnliches gemacht und nicht über dasselbe. Weißt du, wenn [eine Arbeit] über das gemacht wird, woran ich interessiert bin, dann ist's nicht wert, sie nochmal zu machen. Daher wird sie [die Arbeit] meist über ein ähnliches Problem gemacht ... Und ich denke, es ist wohl so, daß man [die Methode] fast immer irgendwie adaptieren muß. Sicher, gelegentlich findet man etwas [eine Methode], die perfekt paßt, um das Problem zu lösen – aber ich würde sagen, das ist die Ausnahme eher denn die Regel« (30–9/5).

Das Interesse an Distinktion anstelle von Gleichartigkeiten in den Verfahrensweisen nährt lokale Idiosynkrasien; aber auch das experimentelle Material trägt dazu bei. Dieses Material wird gewöhnlich lokal angepflanzt (Pflanzen), gezüchtet (Tiere) oder produziert (Substanzen, die im Labor präpariert oder isoliert wurden); es stellt daher eine zusätzliche Quelle von Variabilität dar. Zum Beispiel stammte das Pflanzenprotein bei den beobachteten Experimenten von einer lokalen Pflanzenart, ebenso wie viele der Ausgangsmaterialien, die von Wissenschaftlern in anderen Gruppen verwendet wurden. Wie der Leiter der *chemical engineering group* sagte:

»Die große Variabilität besteht darin, das Rohmaterial zu bekommen. Es ist uns niemals gelungen, das gleiche Rohmaterial zweimal zu bekommen, und das ist das ... [unverständlich] ... mit dem jeder Forscher fertig werden muß. Es ist dasselbe in der Mikrobiologie. Man muß sich immer, wenn man etwas tut, an derselben Stelle kratzen, und alles muß ganz genau gleich sein, oder das Resultat ist sinnlos« (7–30/3).

Die Variation im Ausgangsmaterial der biologischen Wissenschaften wurde oft von Forschern und denen, die Wissenschaft studieren, als Ärgernis bezeichnet. Aber abgesehen von ihrer Rolle als »Ärgernis« fördert diese Variabilität die Differenziertheit und Distinktivität der Forschungsprodukte, die die Wissenschaftler selbst suchen. Und im Gegensatz zu der Rolle, die ihr manchmal bei der Erklärung von Variabilität in wisssenschaftlichen Resultaten zugeschrieben wird, ist sie bei weitem nicht der einzige Faktor, der zu den Idiosynkrasien der Forschung beiträgt. Ein anderer konstituierender Faktor ist das oft hochge-

schätzte *Know-how* der Wissenschaftler. Er zeigt sich insbesondere bei Fragen der Zusammensetzung und Quantifizierung.
Bevor zum Beispiel das oben bereits erwähnte Protein einer Hitzebehandlung und Fermentation unterzogen wurde, hatte man im Labor zum späteren Vergleich verschiedene Proben mit verschiedenen Substanzen hergestellt. Die Anzahl und Quantität dieser Substanzen entsprach dem Versuch, den Reaktionsprozeß unter Kontrolle zu bekommen, wobei die Wissenschaftler ihre Kenntnisse darüber einsetzten, welche Substanzen/Quantitäten in früheren Versuchen mit welchem Erfolg benutzt worden waren – ebenso wie sie zum Teil aber auch einfach zu erraten versuchten, was im gegebenen Fall erfolgversprechend sein würde. Auch die in diesen Versuchen gewählten Verfahrensweisen wurden durch lokal ansässige Routineinterpretationen beeinflußt. Zum Beispiel wurde an jener Institution die Zeit, die man benötigt, um Substanzen zu mischen, bevor sie in die Fermentationszelle kommen, der »Fermentationszeit« zugerechnet, während sie anderenorts getrennt angegeben wird.

In derselben Versuchsreihe wurde auch das Gewicht und das Volumen der Proben sofort nach der Temperatureinwirkung gemessen. Der Wissenschaftler, der von einer anderen Institution an das Forschungszentrum gekommen war, hielt diese Verfahrensweise für »problematisch«, da sich das Volumen während der Abkühlungsperiode ändert. Die Resultate hängen offenbar davon ab, *wann* eine Messung durchgeführt wird. Auch die Zeitdauer, während der man das Versuchsmaterial einer bestimmten Behandlung aussetzt, wurde gewählt aufgrund lokaler Erfahrungen mit dem, was am besten »funktioniert«.

Auch die Vorbehandlung experimenteller Substanzen illustriert diese lokalen Differenzen. Im obigen Beispiel wurden die für die Fermentation benutzten Organismen mehrere Wochen lang aufbewahrt und gebraucht, während sie in anderen Forschungslabors nach maximal einer Woche ausgetauscht werden. Man beachte, daß solche Variationen dem Wissenschaftler zufolge, den ich danach befragte, nicht bedeuten, daß die Aufbewahrungszeit eines Mikroorganismus für die erhaltenen Resultate irrelevant wäre. Vielmehr stellen diese Variationen Differenzen in den lokalen Interpretationen darüber dar, was relevant ist und warum (1–26/2).

Das Argument könnte nun auf Meßinstrumente und Apparate als weitere Quellen potentieller lokaler Variationen ausgeweitet werden. Ich möchte statt dessen betonen, daß zumindest manche dieser Variationen in Veröffentlichungen genannt werden, zum Beispiel durch die Angabe von Markennamen oder die Adresse der Firma, die einen bestimmten Bestandteil des Experimentes geliefert hat, und durch detaillierte Beschreibungen der verschiedenen Verfahren. Mein Argument hier ist nicht, daß wissenschaftliche Verfahren *privater* Natur sind, sondern daß die Resultate der Natur- und technologischen Wissenschaften idiosynkratischer Herkunft sind. Mit anderen Worten, die Selektionen des Forschungsprozesses entsprechen Interpretationen, die Kristallisationspunkte in einem lokalen Kontingenzraum darstellen. Entgegen unseren Erwartungen sind die Kriterien dafür, »was eine Rolle spielt« und »was keine Rolle spielt«, in wissenschaftlichen Bereichen offenbar weder voll definiert noch standardisiert.

Zusammenfassend können wir sagen, daß sich diese Interpretationen auf zumindest drei Selektionsbereiche beziehen. Sie umfassen

1. Fragen der *Bestandteile,* das heißt Fragen, die sich auf die Wahl einer bestimmten Substanz, bestimmter Ingredienzien oder bestimmter Instrumente beziehen;
2. Fragen der *Quantität* und *Zeit,* zum Beispiel die Frage, wieviel von einer Substanz verwendet wird, wie lange man sie einer bestimmten Behandlung unterzieht oder wann eine Messung durchgeführt bzw. eine Probe genommen werden soll;
3. Fragen der *Kontrolle,* das heißt Fragen, die sich auf methodologische Optionen beziehen, wie zum Beispiel die Option für die Einfachheit einer Zusammensetzung oder für ihre Komplexität, die Option für strikte oder für indirekte Vergleichbarkeit; etc.

Angesichts dieser Wahlmöglichkeiten kann Forschung in den Natur- und technologischen Wissenschaften nicht in zwei Bereiche aufgeteilt werden, von denen einer für situativ kontingente Selektionen und Kontexteinflüsse offen wäre, während sich der andere mit der internen, objektiven und standardisierten Ausführung der Untersuchung beschäftigt. Da diese Wahlmöglichkeiten während des gesamten Untersuchungsprozesses bestehen, gibt es keinen »Kern« der Forschung, der, sei es auch nur im Prinzip, von den Umständen der Forschungsproduktion unberührt bliebe. Auch die autoritativen Schriften eines Spezialgebietes und dessen *tacit knowledge*, die man sich als allgemein bekannt und vorausgesetzt denken könnte, lassen diese Wahlmöglichkeiten offen. Geschlossen werden sie erst in der lokalen Situation mit Hilfe idiosynkratischer, an einem bestimmten Ort verankerter Interpretationen.

2.3 Die lokale Herkunft und die Oszillation von Entscheidungskriterien

Wenn idiosynkratische Interpretationen und eine opportunistische Logik die Selektionen des Labors markieren, welche Rolle spielen dann Entscheidungskriterien bei diesen Selektionen? Der Annahme nach haben Entscheidungskriterien mehr als lokale Relevanz; sie dämpfen lokale Kontingenzen, indem sie angeben, welche Entscheidungen in den offenen Fragen des Labors getroffen werden *sollten.* Sehen wir uns nochmals an, worin ein Entscheidungskriterium besteht. Die Entwicklung eines Stücks »Wissen« involviert, wie bereits dargelegt, eine Reihe von Entscheidungen und Verhandlungen; das heißt, sie erfordert die Auswahl von Alternativen. Diese Auswahl kann aber umgekehrt nur auf der Basis von weiteren Selektionen vorgenommen werden. Mit anderen Worten, Selektionen müssen in weitere Selektionen übersetzt werden.

Zum Beispiel wurde die Wahl zwischen einem Filter und einer Zentrifuge zur Eliminierung chemischer Ausfällungssubstanzen von Proteinproben von dem betreffenden Wissenschaftler in ein Problem des Energieaufwandes übersetzt. Er wählte das energiesparende Instrument und bezog sich damit auf ein Kriterium der Energieeffizienz.

Aber dieses Kriterium ist selbst nichts als eine weitere Selektion, da man sich leicht andere Übersetzungen des Problems vorstellen kann. Als sich in der Tat herausstellte, daß der Versuch mit dem energieeffizienteren Filter nicht funktionierte, griff der Wissenschaftler auf die Zentrifuge zurück und hielt sich damit an ein Kriterium der praktischen Durchführbarkeit. Die Wissenschaftler selbst untersuchen solche Entscheidungskriterien oft in Hinblick auf mögliche Alternativen, zum Beispiel, wenn eine frühere Entscheidung im Forschungsverlauf in Frage gestellt wird oder wenn ein Forschungsresultat im Lichte der Entscheidungen evaluiert wird, die es hervorgerufen haben.

Entscheidungskriterien können daher als Übersetzungen von Selektionen in weitere Selektionen gesehen werden. Ohne Zweifel treten manche dieser Übersetzungen häufiger auf als andere. Zum Beispiel wurde während meiner Beobachtungen häufig Bezug genommen auf die Kosten eines Verfahrens, dessen Durchführbarkeit, auf Einfachheit und darauf, ob bzw. wie etwas »geht« oder »läuft«. Aber die Bezugnahme auf allgemeine Kriterien schließt den Einfluß lokaler Kontingenzen nicht aus.

Zunächst werden Entscheidungskriterien aus spezifischen Situationen heraus und in Hinblick auf spezifische Aspekte der in Frage stehenden Forschung entwickelt. Dies hat den Effekt, daß das allgemeine Kriterium meist in spezifischer Form zur Debatte steht, im Falle des Kriteriums »Kosten« etwa in Form eines Äquivalentes wie Geld, Zeit, Personalaufwand etc. Diese Äquivalente liefern die indexikalische Bedeutung des Kriteriums: Sie *sind* das Kriterium in der spezifischen Situation. Wir können auch sagen, daß allgemeine Kriterien wie etwa das der Kosten nicht mehr darstellen als Schematisierungen spezifischer Übersetzungen. Letztere variieren nicht nur mit dem Problem (von dem etwa der »teure« Aspekt und das Äquivalent der »Kosten« abhängt), sondern sie sind auch von lokalen Interpretationen abhängig (in dem Sinn, daß bestimmte Übersetzungen lokale Präferenz erhalten).

In dem von mir untersuchten Forschungslabor war es zum Beispiel leichter, Geld für teuere technische Instrumente zu erhalten als äquivalente Summen für die Anstellung von technischen Assistenten oder studentischen Hilfskräften. Als Konsequenz dieser institutionsspezifischen Übersetzung des Kostenkriteriums in Personalaufwand, nicht aber in Instrumentenkosten, zogen die Wissenschaftler instrumentelle Verfahren arbeitsintensiven Prozeduren vor. Und an der Anzahl der technischen Instrumente gemessen, die ungebraucht herumstanden, hatte das Forschungszentrum einen Überschuß an wissenschaftlichen Apparaten.

Auch die in vorhergehenden Beispielen angeführten lokalen Interpretationen in Hinblick auf die Zusammensetzung, die Quantität, die Dauer und die Kontrolle experimenteller Aspekte stellen solche Übersetzungen dar. Die Auswahl einer Substanz, einer Technik oder einer Formel für chemische Bestandteile, »weil sie funktioniert«, verweist uns – wie erwähnt – auf die Relevanz von *Erfolg* anstelle von Wahrheit in der alltäglichen Laborarbeit. Dieser Erfolg ist jedoch selbst, wie ein Wissenschaftler es ausdrückte, »a different trip for everyone of us«; und was »funktioniert«, also zum Erfolg beiträgt, hängt ab von den lokalen Anliegen und Bedingungen, die sich wiederum in den entsprechenden Übersetzungen manifestieren.

Sieht man Entscheidungskriterien nicht als handlungsleitende Maximen an, sondern als Schematisierungen von in Wahlhandlungen manifesten spezifischen Erwägungen, die jeweils an die lokale Laborsituation gebunden sind, dann können wir auch nicht ohne weiteres annehmen, daß dieselben Kriterien konsistent über verschiedene Situationen hinweg angewandt werden. Es wird dann auch nicht überraschen, daß wissenschaftliches Räsonieren offenbar eher durch die Variabilität solcher Kriterien gekennzeichnet ist als durch deren Konstanz. Genauer gesagt, erscheint es oft durch eine Oszillation zwischen entgegengesetzten Kriterien markiert. Ein gutes Beispiel dafür lieferte in dem von mir untersuchten Labor ein durch und durch »angewandter« Forschungsschwerpunkt, der dazu bestimmt war, die Eignung bestimmter Pflanzenproteine für den menschlichen Verzehr zu testen. Eine längere Versuchsserie zielte darauf ab, das Verhalten und die Wirkung dieser Proteine in ihrer Verwendung als Nahrungsmittelzusatz zu untersuchen. Die Versuche wurden in einem Speziallabor zur Erforschung der Backqualitäten verschiedener Nahrungsmittel durchgeführt, das zur Unterstreichung der praktischen Relevanz der Ergebnisse des Forschungszentrums neben anderen Labors eingerichtet worden war.

Im vorliegenden Fall zielte eine der Fragestellungen darauf ab, wie der Zusatz verschieden behandelter Proteine verschiedenen Ursprungs die Beschaffenheit von Testbroten beeinflussen würde. In Hinblick darauf, daß die Experimente nicht bloß irgendwelche chemische Mixturen von ausschließlich wissenschaftlichem Interesse, sondern tatsächliche »Brote« (wenn auch nur in Probengröße) einschlossen, würde man nun annehmen, daß die Grundproben (ohne Zusatz) im Alltag erhältliche Standardbrote simulierten – daß also das Kriterium für die Auswahl und Quantität der Ingredienzien auf der üblichen Zusammensetzung von normalen Bäckereibroten basierte.

Der verantwortliche Wissenschaftler nahm jedoch nicht die praktische Anwendbarkeit, sondern die experimentelle Kontrolle zum Ausgangspunkt seiner Überlegungen für die Wahl der Ingredienzien: Er wählte nur Bestandteile, die »absolut notwendig« waren. Er testete daher im Endeffekt Proteine als Nahrungsmittelzusatz in »Broten« einer Art, die nicht existiert und die, außer im Falle einer Hungersnot, nicht als »Nahrung« bezeichnet werden könnte. Das Prinzip hinter sechs Monaten Forschung und mehreren wissenschaftlichen Papieren war somit das der Grundlagenwissenschaft. Nach expliziten Definitionen war das Projekt ein Versuch, herauszufinden, wie sich die Proben unter maximal kontrollierten Bedingungen verhalten würden – obwohl dieses Prinzip in scharfem Kontrast zu dem sonstigen Charakter des Projekts als »angewandter« Forschung stand – und obwohl die behauptete praktische Relevanz der Resultate als ursprüngliches Motiv für die Durchführung der Versuche angegeben wurde (12–29).

Kriterienwechsel dieser Art sind der Wissenschaftsforschung nicht neu. Hier geht es darum zu betonen, daß sie weder eine Ausnahme darstellen noch ein Kennzeichen fehlgerichteter, »subversiver« Forschungsstrategien, in denen etwa die persönlichen Interessen des Forschers über das siegen, was »richtig und angemessen« ist. Die Oszillation von Entscheidungskriterien in Abhängigkeit von gelegenheitserzeugten Präferenzen und Möglichkeiten scheint vielmehr ein allgemeines Merkmal wissenschaftlicher Praxis zu sein. Sie ist nur häufig weniger sichtbar als im obigen Fall, da viele Laborselektionen nicht explizit thematisiert werden. Implizite Kriterienwechsel ziehen keine Aufmerksamkeit auf sich; oft entnimmt man sie erst nach Monaten aus irgendwelchen Seitenbemerkungen der Wissenschaftler oder sonstigen Andeutungen.

In dem oben berichteten Fall der Ersetzung von Hitze-Koagulation durch Eisenchlorid als Proteinausfällungsmittel bei niedrigen Temperaturen begründeten die Wissenschaftler die Wahl mit der Kostenreduktion durch Energieeinsparung bei der Generierung größerer Proteinmengen. Nach mehreren Monaten erfolgreichen Testens erwähnte der zuständige Wissenschaftler einmal nebenbei, er habe »keine Ahnung, was das Eisenchlorid koste«, und er sei daran auch »nicht interessiert«. In diesem Projekt wurden »Kosten« als Energiekosten definiert, im übrigen aber weitgehend ignoriert. Man beachte allerdings, daß solche Wiedergaben des Geschehens insofern irreführend sind, als seitens der Wissenschaftler im besagten Fall ein allgemeines Kriterium »Kosten« nicht zur Debatte stand. Vielmehr war immer nur von spezifischen Aufwandsaspekten die Rede; man könnte sagen, von Bindestrich-Kosten (Energie-Kosten, Personal-Kosten). Nicht alle berücksichtigten Aufwandsaspekte werden im Labor explizit thematisiert, und nicht alle tatsächlichen Kosten (vom Standpunkt der Budget-Abteilung oder des Sozialwissenschaftlers) werden wie erwähnt berücksichtigt. Die situationsspezifischen Nennungen stellen nicht eine einfache Unterklasse/Oberklasse der eventuellen situationsunabhängigen Kategorisierungen der Wissenschaftler dar; ebensowenig stehen sie in einem einfachen Subsumtionsverhältnis zu den Kategorisierungen der jeweiligen Forschungsadministration oder den Zuschreibungen der Wissenschaftsforschung. Laborselektionen werden in der Regel nicht in den letztgenannten Kategorisierungen entsprechende allgemeine Kriterien übersetzt, sondern mehrstufig in die Bedingungen und Anliegen der konkreten Umwelt übertragen.

Kehren wir nun zum letzten Beispiel zurück, so leugne ich nicht, daß die »Idee« der Verwendung von $FeCl_3$ in den Augen der Wissenschaftler diskreditiert worden wäre, hätten sich ihnen auffallend hohe Kosten des Materials aufgedrängt. Ohne derartige unübersehbare Hinderungsgründe wurde die Wahl von $FeCl_3$ jedoch nicht in Kostenbegriffen thematisiert, sondern vornehmlich in Realisierungsfragen übersetzt (6–8/2).

Die Oszillation von Entscheidungskriterien in der wissenschaftlichen Arbeit läßt sich auch aus der veröffentlichten Literatur rekonstruieren, wenn man sich diese genau ansieht. Ein Beispiel stellen Arbeiten im Bereich der *Single-cell*-Proteine dar. Die treibende Kraft hinter diesen Forschungen besteht darin, daß für den menschlichen Verzehr geeignete Proteine aus den Zellen bestimmter überschüssig vorhandener Mikroorganismen isoliert werden können. Dazu ist es notwendig, die Zellwände des Mikroorganismus zu durchbrechen. Gegenwärtig erreicht man das mit Hilfe einer Homogenisierungsmethode, die flüssiges CO_2 als Kühlmittel verwendet[3], eine Methode, die etwa 10 000 Dollar pro 1000 g mikrobielles Protein kostet. Damit es sich für den menschlichen Verzehr besser eignet, wird das resultierende Protein chemisch modifiziert. Und bevor diese Modifizierung stattfinden kann, wird das Protein mit potentiell toxischen organischen Mitteln behandelt.[4]

Das Bild, das wir daher aus diesen langfristigen Forschungsbemühungen erhalten, ist das eines »billigen« Proteins zu äußerst teuren Herstellungskosten, das mit Hilfe toxischer Substanzen »für den menschlichen Verzehr geeignet« gemacht wird. Man kann nur hoffen, daß die Food and Drug Administration diese mikrobiellen Proteine daran hindert, je auf den Markt zu kommen. Man braucht kaum zu betonen, daß Wissenschaftler die Ziele ihrer Forschungsarbeit jeweils der Richtung anpassen, die die Untersuchungen nehmen. Ursprüngliche Entscheidungsargumente geraten dabei ins Schwanken und kippen nicht selten in ihr Gegenteil um.[5] Die gelegenheitsabhängige Wahl der entscheidenden Argumente und die Oszillation von Entscheidungskriterien greifen dabei ineinander; es handelt sich um zwei Seiten desselben Phänomens.

2.4 Der vernachlässigte Ort der Forschung: Organisation versus Laborsituation

Zusammen mit dem *context of discovery* im Labor wird auch die situations- und gelegenheitsspezifische Erzeugung von Laborselektionen (illustriert durch den Opportunismus, die lokalen Idiosynkrasien und die Kriterienwechsel der Forschung) in der relevanten Literatur vernachlässigt. Diese Vernachlässigung der Situationsgenese sozialen Handelns ist nicht auf Wissenschaftsstudien beschränkt. Wie Goffman in einer »The Neglected Situa-

tion« genannten Arbeit hervorhebt, implizieren die meisten soziologischen Studien, daß »soziale Situationen weder eigene Eigenschaften noch eine eigene Struktur haben, sondern nur den geometrischen Schnittpunkt von Akteuren darstellen, die sprechen und bestimmte soziale Attribute tragen«. Etablierte soziologische Variablen wie Alter, Geschlecht oder soziale Klasse werden auf Hoch-/Tief-Skalen gemessen; der Durchschnitt der entsprechenden Werte dieser Variablen soll bestimmen, was in der Situation passiert. Entgegen dieser Praxis haben Goffman und andere darauf hingewiesen, daß soziale Situationen in Hinblick auf die verbale Interaktion eine Realität *sui generis* darstellen. Diese Realität bringt Restriktionen, Organisation und eine Dynamik mit sich, die nicht aus den Werten vorausgesagt werden kann, die die Teilnehmer auf einer Anzahl von vorgegebenen Dimensionen einnehmen.[6] Man vergleiche hier auch den Begriff des »Milieus«, wie er von Grathoff (1979) entwickelt wurde.[7]
Dem Argument, daß die Forschungssituation in relevanten Wissenschaftsstudien vernachlässigt worden ist, kann entgegnet werden, daß wissenschaftliche *Organisationen* sowohl in der Wissenschaftssoziologie als auch in der Sozialgeschichte der Wissenschaft häufig untersucht worden sind.[8] Die kognitive Wissenschaftssoziologie hat sich insbesondere in den letzten Jahren für die Rolle zu interessieren begonnen, die Organisationen bei der Steuerung wissenschaftlicher Forschung spielen.[9] Organisationen sind jedoch im allgemeinen zu groß, um in dem hier bevorzugten mikroskopischen Detail analysiert werden zu können. Überdies bezieht sich die von Goffman erhobene Frage auf eine Unbestimmtheit sozialen Handelns jenseits der und über die Determinanten hinaus, die wir etwa aus Organisationscharakteristiken ableiten können.
Diese Unbestimmtheit wurde in Kapitel 1 mit dem Unvermögen der Wissenschaftsstudien in Zusammenhang gebracht, die Erzeugung und Akzeptierung von Wissen unter ein kleines Set von allgemeingültigen Kriterien zu subsumieren. Hier sei betont, daß der Ursprung dieser Unbestimmtheit in lokalen Interpretationen und der Dynamik der Interaktion innerhalb bestimmter Situationen liegt; sie findet sich somit geradezu im Kern von Organisationen. Wählen wir eine Untersuchungseinheit, die größer ist als

die tatsächliche Handlungssituation, so kann diese Unbestimmtheit nicht mehr wahrgenommen werden.
Die Organisationstheorie weiß seit langem, daß man nicht unterstellen kann, daß die verschiedenen Mitglieder einer Organisation ein gemeinsames Organisationsziel teilen oder daß die offizielle Zielsetzung einer Organisation auch tatsächlich die Handlungen der Mitglieder integriert. Selbst wenn Organisationsziele mehr als ein öffentliches Selbstbild darstellen, werden sie von verschiedenen Organisationsteilnehmern zu verschiedenen Zeitpunkten verschieden interpretiert. Organisationen stellen Nischen für die Aktivitäten verschiedener Gruppen dar und bieten Handlungsmöglichkeiten an. Aber die Existenz organisationsgestifteter Einheiten erübrigt nicht die Notwendigkeit, das Geschehen in den Nischen im Detail zu analysieren.[10] Meines Erachtens können wir nur aus dem Studium der entsprechenden Situationen die Bedeutung und die Konsequenzen der formalen Charakteristiken der Organisation ersehen. Zum Beispiel weisen im wissenschaftlichen Labor diese Bedeutungen konsistent über die Organisation hinaus auf transwissenschaftliche Interaktions- und Kommunikationsfelder, wie in Kapitel 4 erläutert wird. Die Bezugsrahmen, die von den Wissenschaftlern selbst hergestellt werden, überschreiten die Organisationsgrenzen ständig; sie erzeugen Handlungsarenen, die sowohl größer als auch kleiner sind als die Einheit, die durch Organisationsgrenzen umschrieben wird.
Es ist eine kuriose Tatsache, daß soziale Realität um so komplexer, um so variabler und in gewisser Hinsicht um so ungeordneter erscheint, je näher wir ihrer Mikroebene kommen, und nicht, wie man annehmen möchte, je mehr wir die großen Fragen gesellschaftlicher Makrostrukturen berühren.[11] Man ist versucht, die »Natur« von Organisationen mit der Unbestimmtheit sozialen Handelns dadurch in Zusammenhang zu bringen, daß man die Organisation als Mittel ansieht, diese Unbestimmtheit durch Struktur und Kontrolle zu regulieren. Diese Annahme scheint denjenigen organisationssoziologischen Ansätzen zugrunde zu liegen, die Organisationshandeln als durch Normen und formalisierte Verfahren effektiv reguliert ansehen. Zwar kann man die entsprechenden Regeln oft auf Kontrollinteressen sozialer Akteure zurückverfolgen, doch ist die Annahme unrichtig, daß die

situationale Logik und Kontingenz sozialen Handelns durch formale Regeln wirksam eliminiert würde.

Ebensowenig kann man auf die ähnlich vereinfachende Annahme zurückgreifen, daß Situationskontingenz durch die Ausübung von Macht gezähmt werden könne. Mehrere neuere organisationssoziologische Studien haben das erstaunliche Ausmaß interpretativer Kontingenz innerhalb des strukturellen Rahmens von formalen Regeln und Definitionen dokumentiert.[12] Die folgende Zusammenfassung der Interaktionen zwischen einem Wissenschaftler und dem Leiter einer anderen Forschungsgruppe während einer Periode von neun Monaten demonstriert den Spielraum, der trotz eindeutiger formaler Regeln und klar definierten Machtbeziehungen in einer wissenschaftlichen Organisation verbleiben kann. Sie demonstriert auch die verschiedenen Situationsdefinitionen und Situationsresultate, die aus diesem Spielraum entstehen.

2.5 Variable Regeln und Macht

Das Forschungszentrum unterhielt mehrere Großlabors, die für die Erzeugung von Substanzen eingerichtet waren, deren Eigenschaften normale Laboroperationen unmöglich machten. Diese Labors wurden auch zur Simulierung industrieller Erzeugungsbedingungen verwendet. Die Ausrüstung solcher Laboratorien ist teuer, die Schulung von Laborassistenten und technischem Personal, das in der Lage ist, die instrumentellen Anlagen zu bedienen, kann Jahre dauern. Die Wissenschaftler maßen, wie wir gehört haben, diesen Einrichtungen den Wert einer knappen Ressource zu. Sie sprachen von ihnen als »seltene Gelegenheit«, und diejenigen Wissenschaftler, die sich Zugang zu den Laboratorien gesichert hatten, erschienen nicht darauf bedacht, diesen Zugang mit anderen zu teilen.

Laboratorien und wissenschaftliche Instrumente waren in dem Forschungszentrum den einzelnen Forschungseinheiten zugeordnet und unterstanden der Verantwortung des jeweiligen Gruppenleiters. Sie mußten jedoch anderen Forschungseinheiten bzw. Einzelwissenschaftlern zur Verfügung gestellt werden, wenn sie von diesen gebraucht wurden. Der privaten Aneignung knapper Ressourcen war somit ein Riegel vorgeschoben; allerdings ein formaler Riegel, festgehalten in den Organisations»gesetzen«. In der Praxis funktionierte die Organisationsregel nicht. Watkins[13] zeichnete als Leiter einer Forschungseinheit für eines der Großlaboratorien verantwortlich. Neben seiner offiziellen Zuständigkeit schien er aber auch persönlich daran interessiert, die Nutzung des Labors effektiv zu kontrollieren. Unter den Wissenschaftlern ging die Rede, er mache es jedem außerhalb seiner Gruppe extrem schwer, die Einrichtung zu benutzen.

Watkins kontrollierte auch das technische Personal des Labors. Jahre zuvor hatte er Kelly angestellt (der zu diesem Zeitpunkt einen *job* innehatte, den er nicht mochte) und hatte ihn zum Vorgesetzten der anderen Laborassistenten gemacht. Kelly tat nichts ohne Watkins' Anordnung oder Autorisierung; er selbst hielt den Rest des technischen Personals »in Schuß«, wie man sagte. Watkins galt als Wissenschaftler von internationalem Ruf; alle paar Wochen flog er nach Washington, um als Regierungsberater zu fungieren. Mit Hilfe persönlicher Macht hatte Watkins die offizielle Regel der garantierten Ressourcenteilung pervertiert. Er hatte einen Zustand der »Deregulierung« erzeugt, in dem alles möglich war – je nach dem Ergebnis individueller Verhandlungen mit Watkins und je nach der jeweiligen Situation.

Kurz nachdem Dietrich zu der Gruppe von Wissenschaftlern gestoßen war, die ich hauptsächlich beobachtete, verfiel er auf die Idee, Watkins' Labor für Proteingewinnungs-Versuche zu benutzen. Die Idee erzeugte wenig Enthusiasmus bei seinen Vorgesetzten, die beide einst Mitglied von Watkins' Gruppe gewesen waren und aus ungenannten Gründen schlecht auf ihn zu sprechen waren. Aber Dietrich ließ sich von seiner Idee nicht abbringen und erzielte auch in Kürze Watkins' Kooperationsbereitschaft. Man nahm an, daß Watkins an der Beobachtung der Experimente und daran, seine Laborassistenten mit den experimentellen Verfahren bekannt zu machen, interessiert war, weil er selbst mehrere Jahre auf dem Gebiet der Proteingewinnung gearbeitet hatte (wenn auch auf der Basis anderer Ausgangsmaterialien als Dietrich und seine Kollegen). Jedenfalls »erlaubte« Watkins die Benutzung »seines« Labors und »seines« Personals.

Wenige Monate später wollte Dietrich das Labor nochmals benutzen, jedoch ohne Watkins' direkte Beteiligung. Watkins war dafür bekannt, auf der Koautorenschaft jedes Papiers zu bestehen, für das Untersuchungen in seinen Labors gemacht worden waren. Dietrich suchte nach einem Weg, diese ungewünschte »Zusammenarbeit« zu vermeiden. Zu diesem Zweck behauptete er, daß ihm das Protein ausgegangen sei und er eine weitere Runde der Proteingenerierung benötige; sein *eigentliches* Interesse war, einen wichtigen Schritt in das Experiment aufzunehmen, durch den die Farbe und der biologische Wert des gewonnenen Proteins verändert würde. Einem entsprechenden Ansuchen um die Benutzung des Laboratoriums stellte Watkins die erwarteten Schwierigkeiten in den Weg. Er behauptete zunächst, seine eigene Gruppe brauche das Labor.

Nach längerem Schweigen stimmte er jedoch plötzlich dem Ansuchen zu und setzte die Experimente sofort für den nächsten Tag an. Dies ließ Dietrich zu wenig Zeit für eine angemessene Vorbereitung; er wagte jedoch nicht, durch ein Ersuchen um Terminverschiebung die Benutzung des Labors zu riskieren. Watkins war am Tag der Experimente nicht in Berkeley. Er instruierte jedoch vorher Kelly und einen Wissenschaftler seiner Gruppe, sicherzustellen, daß Dietrich das Labor zu keinen anderen als den ursprünglichen Testverfahren benutzte. Dietrich informierte Kelly nicht über den neuen Schritt, den er in die Experimente einschließen wollte, und Kelly verwendete das Flußdiagramm aus der ersten Versuchsserie, um die instrumentellen Operationen zu leiten. Als der Zeitpunkt für den neuen Versuchsschritt gekommen war, versuchte Dietrich ihn einzuschmuggeln, indem er wie nebenbei erwähnte, daß es sich um eine Sache handele, die »offensichtlich« notwendig wäre. Während er noch mit Kelly darüber verhandelte, erschien plötzlich der Wissenschaftler im Labor, den Watkins neben Kelly als seinen »Aufpasser« bestimmt hatte, um sich nach dem Fortgang der Experimente zu erkundigen. Dietrich vermutete, daß Kelly ihn gerufen hatte, um ihn über den neuen Schritt zu informieren. Das Endergebnis war, daß Dietrich seinen Plan fallenlassen mußte.

Eine dritte Runde dieses Austauschs kam einige Monate später zustande, als Dietrich Watkins das Papier zeigte, das er auf der

Basis der ersten Experimentreihe geschrieben hatte. Watkins war ja Koautor des Papiers, da sein Laboratorium benutzt worden war. Nachdem er die Versuchsergebnisse gelesen hatte, drängte diesmal Watkins Dietrich, die Experimente zu wiederholen. Dietrich interpretierte dies als einen Versuch Watkins', sicherzustellen, daß das entwickelte Verfahren auch wirklich funktioniere und daß Watkins' Techniker damit umgehen konnten. Er meinte, daß Watkins nun das Potential des entwickelten Verfahrens erkannt hätte. Nach einigem Nachdenken willigte Dietrich in die Wiederholung ein. Er hatte sich dafür entschieden, den Zusatzschritt noch einmal zu versuchen, diesmal aber in einer revidierten und genügend vorgetesteten Version, von der er annahm, daß sie unbemerkt bleiben würde. Und dieses Mal gelang ihm auch der Versuch.

Watkins' Haltung gegenüber Dietrich und dessen Interessen an dem Laboratorium erschien zu Beginn neutral, sodann hochgradig unwillig und negativ und schließlich positiv, als Watkins vorschlug, daß Dietrich das Labor benutzen sollte. Diese Variationen ergaben sich trotz der Tatsache, daß es jedesmal um dieselben Experimente ging, und trotz einer direkt anwendbaren offiziellen Regel sowie einer rigiden Machtkonstellation. Innerhalb der Unbestimmtheit, die durch Watkins' Pervertierung der Regel entstanden war, mußten Watkins und Dietrich das Ergebnis ihrer Interaktion gemäß ihren sich über den besagten Zeitraum wandelnden Interessen und Interpretationen jedesmal neu und mit wechselndem Erfolg aushandeln. Offizielle Regeln scheinen in solchen Prozessen eher als Verhandlungspunkte bzw. Verhandlungsressourcen auf denn als stabilisierende Handlungsanleitungen, nach denen sich die Akteure auch tatsächlich richten. Regeln werden in Verhandlungsprozessen aktiv manipuliert, was heißt, daß sie unterstützt, verstärkt, modifiziert, gedehnt, verdreht, vernachlässigt oder überhaupt ignoriert werden können. Ihre Rolle ist variabel; selbst die Frage, ob man sich zur Unterstützung der eigenen Rechte auf eine existierende Regel berufen kann, hängt von der spezifischen Situation ab. Im vorliegenden Beispiel konnte Dietrich sich zum Beispiel nicht einfach an die Direktion des Forschungszentrums wenden und sein Recht auf Zugang zu Watkins' Labor verlangen. Eine solche Strategie hätte seinen sozialen Beziehungen geschadet (ebenso wie denen seines Forschungsleiters) und damit seiner Ansicht nach den Erfolg des gesamten Projektes sowie künftiger Forschungen in Frage gestellt.

Wird die strikte Einhaltung einer Regel in einer Hinsicht durchgesetzt, so entstehen oft in anderer Hinsicht kompensatorische Änderungen, die den Effekt der Regel neutralisieren. So wurde etwa in dem untersuchten Forschungszentrum die strikte Regel, daß Manuskripte von zwei wissenschaftlichen Mitgliedern der Institution begutachtet werden mußten, bevor sie bei einer Zeitschrift eingereicht werden konnten, durch das Recht der Wissenschaftler neutralisiert, die Gutachter selbst auszuwählen. Die Regel konnte somit im Dienste der eigenen Absichten und Interessen angewandt werden. Wenn zum Beispiel Dietrich ein Papier ohne weiteren Aufwand und Aufschub veröffentlichen wollte, suchte er sich Gutachter aus, die bekannterweise »easygoing« waren. Wollten er und seine Koautoren »sichergehen«, wählten sie *einen* »kritischen« Gutachter. *Zwei* kritische Gutachter auszuwählen, wurde als riskant betrachtet, da daraus zwei negative Gutachten und als Folge der Ruf, ein »schlechtes« Papier geschrieben zu haben, resultieren konnten. Die Wissenschaftler konnten somit den Sinn der Regel außer Kraft setzen, wann immer sie wollten, und damit die Kontrolle über das, was sie publizierten, zurückgewinnen. Kurz, ohne den Regeln jede Bedeutung als Instrumente sozialen Handelns absprechen zu wollen, muß man doch darauf hinweisen, daß sie die grundlegende Unbestimmtheit und Kontingenz dieses Handelns nicht weg- oder ausregulieren – so wenig sie Aushandelnsprozesse eliminieren, die durch diese Regeln überflüssig gemacht werden sollten.

Formale Regeln strukturieren Interaktionsprozesse, statt sie eindeutig zu regulieren. Kommt diese Regulierung dann vielleicht durch die Machtausübung derjenigen zustande, die bestimmte Aspekte einer Organisation formal oder informell kontrollieren? Die Ausübung von Macht setzt das Vorhandensein von zumindest etwas potentieller Gegenmacht auf seiten derer voraus, gegen die sie gerichtet ist. Dies wird auch durch die Dynamik der Interaktion im vorhergehenden Beispiel illustriert. Trotz einer rigiden Machtkonstellation, die Watkins eindeutig die Überhand zu geben schien, war Dietrich keineswegs Verlierer. Wie Coleman gezeigt hat, kann die Mobilisierung von potentiellen Machtressourcen durch »Machtlose« eine wirksame Strategie sozialen Wandels sein, während der Effekt eines leichten Sieges einer Partei über eine andere oft nur provisorisch und von kurzer Dauer ist.[14]

Um eine Formulierung von Crozier u. a. zu wählen: Macht ist eine symmetrische, wenn auch ungleichgewichtige Beziehung. Diese Symmetrie erfordert, daß Macht in sozialen Interaktionen konkret und spezifisch analysiert wird, als komplexe Funktion, deren Effekt weder eindeutig negativ ist (ein Punkt, den Foucault betont) noch die in Frage stehenden Beziehungen in eindeutiger Weise reguliert.[15] Da Handlungskontexte und Situationen ständig wechseln, können auch mit Hilfe von Macht günstige Handlungsergebnisse nicht dadurch sichergestellt werden, daß Interaktion zur automatischen Reproduktion transformiert wird. Vielmehr *muß Macht ausgespielt werden* innerhalb ständig wechselnder Spielkonstellationen – das heißt, daß Indeterminiertheit und situationale Kontingenz durch Macht nicht eliminiert werden können.

2.6 Zusammenfassung

Variable Regeln, die Oszillation von Entscheidungskriterien, lokale Forschungsidiosynkrasien, der Opportunismus des Prozesses und das Spiel der Wissenschaftler mit kontextuellen Grenzen sind verschiedene Aspekte einer *opportunistischen Logik* der Forschung. Andere Laborstudien beginnen diese opportunistische Logik der Forschung zu bestätigen.[16] Wissenschaftliche Ergebnisse stellen, wie erwähnt, das Produkt komplexer Selektionsprozesse dar, die in dem illustrierten indexikalischen Sinn kontextuell kontingent sind. Sobald die Selektionen des Labors sich zu einem wissenschaftlichen Resultat kristallisiert haben, ist die Kontextualität und Indexikalität der Selektionen nicht mehr sichtbar. Die Wissenschaftler selbst lösen ihre Produkte aus dieser Kontextabhängigkeit, wenn sie sie im wissenschaftlichen Papier in »findings« umwandeln, von denen sie »berichten«.

Um dem wissenschaftlichen Produkt seine Kontextualität und Indexikalität zurückzugeben, muß man ins Labor gehen und seine *Herkunft* beobachten. In Hinblick auf die opportunistische Logik, die wir dabei am Werk finden, erscheint die »wissenschaftliche Methode« als eine lokalsituierte, lokal sich entwikkelnde Praxisform und nicht als Paradigma einer alle Grenzen transzendierenden Universalität. Sie ist nicht kontextfrei, sondern kontextgeprägt.

Kapitel 3

Wissenschaft als Analogie-Räsonieren: Die Zirkulation von Selektionen und die Metapher-Theorie der Innovation

Seven Beauties is Miss Wertmuller's *King Kong*, her *Nashville*, her *8½*, her *Navigator*, her *City Lights*.
Vincent Canby, Sunday New York Times

3.1 Die Metapher-Theorie der Innovation

Für Nietzsche lag der Ursprung aller Ideen im *Gleichsetzen des Ungleichen.* »Das Wesentliche an unserem Denken«, meinte er, »liegt darin, neues Material in alte Schemata zu passen ... gleich*zumachen,* was neu ist«. Nietzsche setzte hinzu, daß die Wahrheit selbst nicht mehr als »eine mobile Armee von Metaphern, Metonymen, Anthromorphismen« sei, deren Ursprung im »Gleichmachen« wir vergessen haben.[1] Die Metapher-Theorie der Innovation hat den figurativen Diskurs als Quelle des Neuen wiederentdeckt; aber sie hat vergessen, daß es sich um ein Gleich*machen* handelt, einen Prozeß der Erzeugung, der Erfolg haben oder fehlschlagen kann. Im folgenden werde ich an der Metapher-Theorie kritisieren, daß sie das Auftreten einer »Idee« mit dem Ereignis »Innovation« gleichsetzt. Sie wird uns aber nicht nur als eine der vorherrschenden Innovationstheorien interessieren, sondern auch als Theorie, die etwas über die *Zirkulation* wissenschaftlicher Selektionen (oder Ideen) zwischen verschiedenen Forschungskontexten zu sagen hat. Ich beginne zunächst mit einer Darstellung der Metapher-Theorie als Theorie der Innovation und stelle diese dann der Handhabung von Metapher und Analogie im Labor gegenüber.

Man stelle sich zwei Wissenschaftler vor, die sich über ihrem *bag lunch* über den Fortschritt der Proteinarbeit des einen unterhalten. Dieser nimmt eine seiner Proteinproben von einem Laborgestell und zeigt sie dem anderen. Er sagt, daß er sich nicht erklären kann, warum er in seinen Experimenten bei verschiedener Temperatur verschiedene Volumen bekommt. Der andere meint, daß vielleicht die Härte der Proteinpartikel dafür maßgebend sein könnte, und entwickelt dies mit einer Reihe von Argumenten über den Zusammenhang zwischen Partikelgröße und Partikelverhalten. »Also«, sagt der erste der beiden, während er das »am schlimmsten« aussehende *sample* in seinen Händen dreht, »das Protein da schaut ja wirklich wie *Sand* aus!«

Bilder wie dieses haben in der jüngsten Literatur einige Aufmerksamkeit erregt, und zwar wegen der Rolle, die ihnen bei der Entstehung wissenschaftlicher Innovationen zugesprochen wird. »Wenn das Protein wie Sand ausschaut«, überlegte der Wissenschaftler, um dessen Proben es sich handelte, »muß es denaturiert sein. Wenn es tatsächlich denaturiert ist, dann kann sich das nur so auswirken, daß es die Probe verdünnt. Wenn es die Proben verdünnt, wie Sand das tun würde, dann würde das die *dilution theory* bestätigen, an die alle zu glauben scheinen. Wenn es aber *nicht* denselben Effekt hat wie Sand, dann kann man damit diesen Verdünnungsquatsch widerlegen, und ich kann meine eigene Interpretation vorschlagen.« Zwei Stunden später hatte der Wissenschaftler sein ursprüngliches Projekt stehengelassen, war in den Lagerraum gegangen, um chemisch reinen Sand zu finden, hatte ein »quick and dirty experiment« begonnen, das das Verhalten der Sand- und Proteinproben unter Hitzeeinwirkung vergleichen sollte, und dabei fast ein Mixgerät zerstört, in dem der Sand dauerhafte Kratzer hinterließ.

Aber er hatte auch ein starkes Argument für seine Interpretation gewonnen, denn das Verhalten der mit Sand gemischten Proben unterschied sich signifikant von den mit Protein gemischten Proben. Zwar war dieses Resultat wegen des »Probier«-Charakters des Experiments nur vorläufiger Natur. Der Vergleich zwischen Protein und Sand führte jedoch zu einer ausgedehnten Untersuchung des Verhaltens von Proteinpartikeln und letztlich zu einer neuen Theorie von Protein-Additiven.

Die Metapher-Theorie der Innovation besagt, daß figurative Vergleiche wie der zwischen Protein und Sand die eigentliche Quelle konzeptueller Innovationen darstellen.[2] Durch eine Metapher werden zwei Phänomene, die normalerweise nicht miteinander assoziiert sind, plötzlich in irgendeiner Art von Übereinstimmung gesehen. Durch diese halberahnte Ähnlichkeit zwischen bisher nicht miteinander verbundenen Ideen können die mit jedem dieser Objekte verbundenen Wissens- und Glaubenssysteme wechselseitig zum Tragen gebracht werden und dadurch eine kreative Erweiterung des Wissens bewirken. Das obige Beispiel ist etwas komplizierter, da die Ähnlichkeit zwischen Protein und Sand ein Experiment zur Bloßlegung einer vermuteten *Un*ähnlichkeit der betreffenden Partikel in Hinblick auf die Eigenschaft der Denaturiertheit nahelegte. Aber dies geschah dadurch, daß Wissen über die Denaturierungseigenschaften eines Phänomens (Sand) auf ein anderes Phänomen (Protein) übertragen wurde, dessen Eigenschaften Objekt der Untersuchung waren.

Im literarischen Gebrauch von Metaphern wird derselbe Effekt durch die Assoziationen erzeugt, die mit einem konzeptuellen Objekt verbunden sind. Zum Beispiel wird in Dantes »Die Hölle ist ein See von Eis«[3] das vorherige Bild des Lesers von der Hölle um diejenigen Assoziationen erweitert, die normalerweise mit einem »See von Eis« verbunden sind. Diese kreative Erweiterung von Assoziationen beschränkt sich nicht auf das verglichene Objekt, denn der Vergleich ändert auch das Bild desjenigen Objektes, das zum Vergleich herangezogen wurde. Nicht nur erscheint die Hölle mehr wie ein See von Eis; auch der See von Eis wird der Hölle ähnlicher. Diese konzeptuelle *Wechselwirkung* als eine im wesentlichen symmetrische Beziehung stellt den Kern der Metapher-Theorie der Innovation dar.

Symmetrische Einflüsse und konzeptuelle Wechselwirkungen kennzeichnen allerdings nicht nur metaphorische Klassifikationen, sondern Analogie-Räsonieren (oder Ähnlichkeitsklassifikationen) überhaupt. Das Analogie-Räsonieren basiert auf einer Ähnlichkeitslogik, in der der Begriff der Ähnlichkeit sowohl ein primitiver als auch ein logisch grundlegender ist: primitiv in dem Sinn, daß er nicht mehr weiter reduziert oder erklärt werden kann, und grundlegend in dem Sinne, daß er vom Beginn des Spracherwerbs her vorausgesetzt werden muß.[4] Es scheint, daß man metaphorische Klassifikationen von anderen Arten des Analogie-Räsonierens am besten durch das Ausmaß der *Distanz* unterscheidet, die zwischen den beiden durch die Ähnlichkeitsklassifikation zusammengebrachten Systemen besteht.

Im Grenzfall des »primären Erkennens«[5] können wir nicht länger zwischen zwei konzeptuellen Systemen unterscheiden. Das primäre Erkennen bezieht sich auf das Sehen von etwas *als* etwas, das heißt, auf das Erkennen verschiedener Segmente unserer natürlichen und sozialen Umwelt durch deren Identifikation in der Alltagssprache oder in einer Fachsprache. Ein Wissenschaftler, der auf seine Proteinproben blickend sagt: »Das Zeug ist weiß geworden«, gibt ein Beispiel für eine solche Stimulus-Identifikation als Ereignis einer bestimmten Art. Man beachte, daß die Definition des primären Erkennens über Begriffe der Ähnlichkeit die These von der »Theorie-Geladenheit« der Beobachtung stützt.[6]

Eine zweite Art von Ähnlichkeitsklassifikationen haben wir vor uns, wenn wir eine Situation »interpretieren« oder ein Phänomen »erklären«. Der Wissenschaftler, der aus der weißen Farbe seiner Proben schließt, daß das »Protein ausgefällt wurde«, gibt ein Beispiel für eine solche Interpretation. Wenn wir schließen, daß eine gegebene Situation einer bestimmten Interpretation entspricht, so stellen wir in gewisser Weise fest, daß die gegenwärtige Situation denjenigen analog ist, von denen wir die Interpretation ursprünglich abgeleitet haben. Mit anderen Worten: die ursprüngliche Situation dient als eine Art von Paradigma, mit dem die neue Situation zusammengepaßt wird.

Wichtiger noch ist die Beobachtung, daß wir von dem paradigmatischen Fall auf unbeobachtete Aspekte der neuen Situation schließen können. Im Prinzip ist dieses Ziehen von Schlußfolgerungen symmetrisch, denn die Assoziationskontexte der interpretierenden und der interpretierten Situation können sich gegenseitig beeinflussen. Im Labor geschieht das zum Beispiel dann, wenn das Ergebnis eines widerspenstigen Experiments eine Modifikation der Interpretation suggeriert, die den ursprünglich mit dem Experiment verbundenen Erwartungen zugrunde lag. Wichtig ist, daß die involvierten Ähnlichkeitsklassifikationen hier *wörtlich* genommen und gebraucht werden. Das Protein wird als buchstäblich ausgefällt verstanden; die beobachtete Situation

geht offenbar in der Ähnlichkeitsklasse auf, die auf sie angewendet wurde.
Allerdings behält die klassifizierte Situation trotz dieser Tendenz zur Assimilation eine gewisse Unabhängigkeit, solange sie unabhängig beschreibbar ist. Das sieht man dann, wenn Interpretationen modifiziert, revidiert oder erweitert werden. So entdeckte man etwa in obigem Beispiel, daß das Protein nicht nur ausgefällt, sondern durch das Ausfällungsmittel auch verändert worden war. Aufgrund dieser Unabhängigkeit zwischen einer Situation und der sie klassifizierenden Interpretation kann man auch sagen, daß diese Art von Ähnlichkeitsklassifikationen mehr Distanz einschließt als das primäre Erkennen.
Metaphern können nun als diejenige Form der Ähnlichkeitsklassifikation bezeichnet werden, die die größte Distanz zwischen den beteiligten konzeptuellen Objekten beinhaltet. Im Falle der Metapher ist es somit absurd oder falsch, den Vergleich *wörtlich* zu nehmen. Das primäre Erkennen »erkennt« ein Geschehen als bestimmtes Geschehen. Die Interpretation klassifiziert ein Geschehen als Fall eines »in Wirklichkeit« anderen Geschehens. Metaphern klassifizieren Ereignisse als ähnlich, aber *nicht wirklich* gleich. So wurde etwa im oben zitierten Beispiel das Protein nie wirklich als Sand angesehen. Man beachte allerdings, daß Metaphern im Laufe der Zeit oder aus bestimmten Gründen zu wörtlichen Interpretationen werden können.
Nach Hesse[7] liefert selbst das primäre Erkennen keine »stabile und unabhängige Liste von primitiven Beobachtungsprädikaten«. Erst recht schaffen natürlich interpretative und metaphorische Klassifikationen keine Ähnlichkeitsbeziehungen, die hinsichtlich der ursprünglich implizierten Distanz nicht geändert werden könnten. Es ist klar, daß ein gut Teil der wissenschaftlichen Arbeit darauf verwendet wird, zu zeigen, warum und in welchem Ausmaß irgendein Untersuchungsobjekt ein Ereignis einer bestimmten Klasse darstellt. Ähnlichkeitsbeziehungen werden nicht nur wahrgenommen; aber sie sind auch nicht versteckt, um ein für allemal entdeckt zu werden, wie Koestler anzunehmen scheint.[8] Auch die plötzliche Ähnlichkeit, die ein Wissenschaftler feststellt, enthält Überzeugungs- und Entscheidungselemente, die geändert werden können.[9] In diesem Sinne sind die Ähnlich-

Die Labors zweier Wissenschaftler neben ihren persönlichen Büros

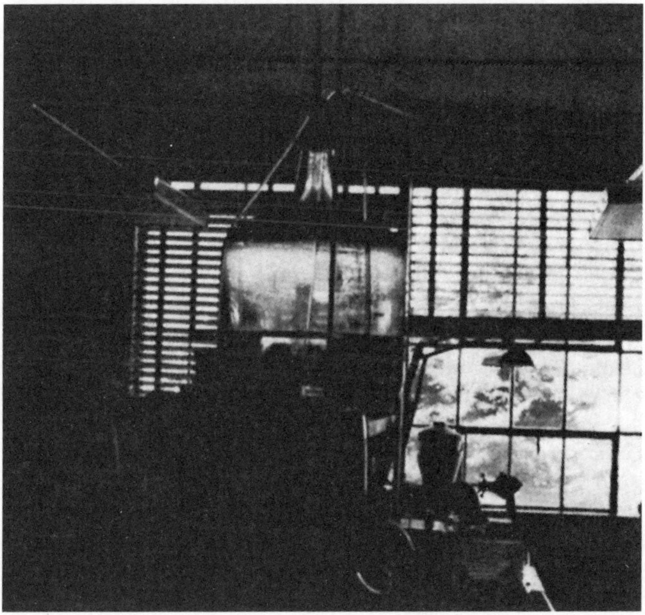

keiten, die Metaphern und Analogien zugrunde liegen, komplex statt primitiv, fragil und vorläufig statt stabil.

Das zeigt sich bei Metaphern aufgrund ihres figurativen Charakters deutlicher als bei wörtlichen Interpretationen. Allerdings sei nochmals darauf verwiesen, daß Metaphern uns hier nicht wegen des figurativen Charakters der von ihnen etablierten Ähnlichkeitsbeziehungen interessieren, sondern wegen der konzeptuellen Wechselwirkung und der daraus folgenden Wissenserweiterung, zu der sie führen. Diese konzeptuelle Wechselwirkung ist nicht auf Metaphern beschränkt; vielmehr stellt sie ein Merkmal der »Übertragung von Begriffen« im allgemeinen dar.[10]

Konzeptuelle Objekte werden regelmäßig auf Ereignisse jenseits ihres ursprünglichen Anwendungsbereiches übertragen. Sie werden in Kontexte verschoben, die sich von den Situationen ihrer Etablierung unterscheiden, und sie werden auf Probleme erweitert, für die sie ursprünglich nicht zuständig erschienen. Es ist diese Verschiebung, die sich in der unterschiedlichen Beschreibung der beiden durch Analogie-Räsonieren zusammengebrachten Objekte wiederfindet. Die Möglichkeit der konzeptuellen Interaktion ergibt sich aus der Differenz der beiden Wissensuniversen, die diesen unterschiedlichen Beschreibungen zugrunde liegen.

Eine Voraussetzung für konzeptuelle Wechselwirkung ist somit die Analogie, aber nicht unbedingt die figurative Analogie (Metapher). Wenn zwei Problemsituationen ähnlich erscheinen, so können die Erfahrungen aus dem einen Bereich auf den anderen übertragen werden. Diese Erweiterung auf nicht-figurative Analogien erscheint aus zwei Gründen wichtig. Erstens gewinnt man den Eindruck, daß das nicht-figurative Analogie-Räsonieren im Labor gegenüber dem reinen metaphorischen Räsonieren vorherrscht. Zweitens kann die Erweiterung von Wissen mit Hilfe von Analogien gleichzeitig als ein Prozeß gesehen werden, der Selektionen (oder Ideen) in neuen Kontexten zirkulieren läßt und sie dabei transformiert. Wahrgenommene Analogien stellen das Vehikel dar, durch das wissenschaftliche Objekte von einem vorhergehenden (Forschungs-) Kontext in einen neuen (Forschungs-) Kontext transferiert werden. Die Wechselwirkung, auf die sich die Metapher-Theorie der Innovation beruft, ist Teil des

Transformationsprozesses, der wissenschaftliche Objekte in neuen Kontexten zirkulieren läßt. An ihn schließt sich nicht nur die Bildung wissenschaftlicher Innovationen an, sondern auch diejenige Erhärtung von Wissen, die als »Konsensbildung« bezeichnet wird.

3.2 Die Innovationsberichte der Wissenschaftler

Aus dem vorhergehenden Abschnitt folgt, daß die Metapher-Theorie der Innovation auf das Analogie-Räsonieren ausgedehnt werden muß, da konzeptuelle Interaktionen und die von ihnen genährte Wissenserweiterung nicht auf figurative Ähnlichkeitsbeziehungen beschränkt werden können. Im folgenden werde ich zeigen, daß die Innovationsberichte der Wissenschaftler ein solcherart erweitertes Analogie-Räsonieren aufweisen. Ersucht man Wissenschaftler, über den Ursprung einiger ihrer Forschungen zu berichten, die sie selbst als innovativ bezeichnen, so findet man in diesen Berichten häufig, daß ihnen zu Beginn des Projekts eine Ähnlichkeit zwischen zwei bisher nicht miteinander verbundenen Problemkontexten aufgefallen war.
Betrachten wir die Geschichte des Biochemikers Holzman, der von seiner Arbeit über die Isolierung bestimmter Hormone in einem Mikroorganismus berichtet. Er führte die Forschungen auf die Idee einer Kollegin zurück, daß die bekannten und spektakulären Transformationen dieses Organismus von Steroiden ausgelöst werden könnten. Diese Kollegin, eine Biologin namens Bekker, war am Problem des *slime mould* besonders interessiert:

»Sie ist nicht die einzige, die sich für diesen Organismus interessiert. Viele Biologen sind von ihm angetan, weil er einen Modellfall für Differenzierung abgibt. Infolge irgendeiner Hormonstimulierung wird er von einem Tier zu einer Pflanze.«

Becker wußte, daß Steroide an der Reproduktion der verschiedensten Lebensformen beteiligt sind. Als sie schwanger wurde, »kam« ihr »der Gedanke«, daß das damals noch unbekannte Hormon, das die Transformation des Organismus auslöste, ein Steroid sein könnte:

»Ihre ursprüngliche Entdeckung war, daß sie, als sie schwanger war, mit ihrem eigenen Urin [der Steroide enthält] die Umwandlung des Organismus auslösen konnte. Die Idee, daß Steroide bei der Reproduktion selbst der niedrigsten Lebewesen beteiligt sind, ist nicht neu ... obwohl die meisten Biologen sie noch immer nicht akzeptieren. Aber wie auch immer, sie, äh, probierte es, und es funktionierte. Ich meine, was da passiert, ist ziemlich spektakulär. Diese Käfer sind wie Amöben, sie kriechen auf Agar-Platten herum, und einer von ihnen macht ein Hormon; welches, war damals noch unbekannt. Wenn eine dieser Kreaturen das Hormon macht, dann lagern sich die anderen Kreaturen um dieses Individuum herum. Mit anderen Worten, die Substanz wirkt wie eine Anziehungskraft. Und nachdem sie alle beisammen sind, geschieht diese phänomenale Transformation von amöboiden, tierähnlichen Kreaturen zu einem regulären Schimmelpilz, weißt du ...«

Die Isolierung des Hormons im Labor wurde durch die Tatsache kompliziert, daß weitere Versuche, den Organismus mit Beckers Urin zu stimulieren, nicht funktionierten. Dazu Holzman:

»Es war kein echter Effekt. Niemand hat [ihn] je wiederholen können. Sie hatte die richtige Ahnung, daß Steroide dabei eine Rolle spielten, aber sie hatte die falschen Beobachtungen.«

In der Folge versuchte Holzman, das Hormon auf eine direktere Weise zu isolieren:

»Wie auch immer, sie brachte mir also diesen Schwangerschaftsurin. Ich arbeitete damals über, äh, Steroid-Hormone im Urin, neben anderen Dingen, und ich wußte, wie man sie isoliert. Ich hab' also meine Methoden angewandt, und was ich aus dem Urin herausgebracht habe, hat überhaupt nicht funktioniert. Ich hatte einige Hormone in Reinform im Labor, und die haben auch nicht funktioniert. Dann hatte ich die Idee, direkt mit dem Organismus zu arbeiten. Während der Zeit, während der sich diese Individuen sammeln, da muß ja mehr von dem Hormon vorhanden sein. Also dachte ich, daß, wenn wir, äh, direkt mit dem Organismus arbeiten und daraus den Teil isolieren, der biologisch aktiv ist, der die Anziehungskraft ausübt, dann werden wir herausfinden, was das für ein Hormon ist. Also haben wir das getan und dabei die Methoden verwendet, die ich im Laufe der Jahre entwickelt hatte ... Du mußt Fraktionierungsmethoden verwenden, weißt du. Bei der Frage, welchen Anteil man behält und welchen man wegwirft, muß man eine Bioassay-Methode haben. Also – nachdem du sie separiert hast, nimmst du die einzelnen Fraktionen und testest sie, um zu sehen, ob sie eine Aggregation hervorrufen. Wir haben das zusammen gemacht, und bei Gott, eine der Fraktionen hatte die Fähigkeit, so eine Aggregation hervorzurufen. Und das war zufällig ein Steroid. Seit damals hat man andere Steroide aus allen Arten von diesen Mikroorganismen isoliert. Die zeigen auch Sexualhormonaktivität. Sie sind nicht verwandt mit den Sexualhormonen, die Frauen während der Schwangerschaft haben. Sie sind Steroide, aber sie gehören zu einer anderen Klasse von Steroiden« (6–18/5).

Die Ähnlichkeit, die Beckers Versuch zugrunde lag, den Organismus mit Hilfe ihres Schwangerschaftsurins zu stimulieren, ist die zwischen der Transformation jenes Organismus und der Reproduktion in anderen Lebensformen. Da an der letzteren oft Steroide beteiligt sind, hatte Becker »die richtige Ahnung«, daß Steroide auch an der Transformation des *slime mould* beteiligt sein könnten. Die Idee basierte auf der Herstellung einer Ähnlichkeit zwischen zwei Problemkontexten und auf der Übertragung eines Elementes aus dem einen Kontext in den anderen.
Der folgende Bericht zeigt ein ähnliches Muster. Er stammt von demselben Biochemiker und bezieht sich auf die Gruppe, die er leitete:

»Das passierte, als wir schon eine kleine Gruppe hatten, und ich war daran interessiert, herauszufinden, wie Steroide in Pflanzen synthetisiert werden. Diese sind nun Pflanzen-Steroide, und es gibt da alle Arten von Theorien darüber, wie sie erzeugt werden. Aber niemand hatte wirklich eine Ahnung. Wir arbeiteten also vor uns hin und machten dabei ziemlich alltäglichen Kram, bis einer meiner Kollegen . . . eine Menge Radioaktivität fand, eingeschlossen in einer bestimmten Fraktion, die in solch geringen Quantitäten vorhanden war, daß wir das Material nicht identifizieren konnten. Aber als wir uns unter uns darüber unterhielten, da sind wir zu dem Ergebnis gekommen, daß es Cholesterol sein könnte. Da war ein anderer Mann in der Gruppe, der sich mit ganz anderen Problemen beschäftigte und eine ähnliche Beobachtung gemacht hatte . . . dann haben sie ihre Ressourcen zusammengetan – und, äh, natürlich, auch meine –, und zusammen sind wir dann zu dem Ergebnis gekommen, daß es in der Tat Cholesterol war. Das hat dann zu einer ganzen Serie von Experimenten Anlaß gegeben, die darin gipfelten, daß Cholesterol – das bis dahin als ein tierisches Produkt angesehen worden war, das in Pflanzen nicht vorkommt – in der Tat diejenige Substanz ist, aus der alle Pflanzen-Steroide entstehen. Und das ist, äh, sehr bedeutsam: Wir können jetzt die Biosynthese der Pflanzen-Steroide ganz leicht verfolgen, indem wir radioaktives Cholesterol zur Anwendung bringen und uns anschauen, welche Transformationen es durchmachen muß, bis es eines von den vielen, vielen Steroiden wird, die in Pflanzen vorkommen.«

Als ich fragte, wie die Gruppe zu dem gemeinsamen Ergebnis gekommen sei, sagte er:

»Weißt du, bis dahin hatte ich an Menschen gearbeitet. Und, obwohl das zu dem Zeitpunkt, an dem ich anfing, nicht sehr klar war, wurde es immer offensichtlicher – von meiner eigenen Arbeit her und von der anderer Leute –, daß Cholesterol bei Tieren und Menschen die Schlüsselsubstanz war, aus der alle anderen Steroide entstehen.
Allerdings glaubte man damals, daß ›Pflanzen keine Cholesterole enthalten‹. Also zuerst kam die Entdeckung meines Kollegen, daß sich Radioaktivität in einer bestimmten Fraktion ansammelt ... *die Verbindung* [zwischen der beobachteten Radioaktivität und der Idee, daß es sich bei der Substanz um Cholesterol handelte] *bestand darin, daß genau das vorlag, was man bei Tieren erwarten würde.* Es war das, was wir genauso wie andere Leute bis dahin beobachtet hatten. Aber daß dasselbe bei Pflanzen vorkommen konnte, war vollkommen unerwartet. Denn bis dahin hatte noch niemand auch nur den Verdacht geschöpft, daß Pflanzen Cholesterol enthalten« (14–5/2, Hervorhebungen von mir).

Die beobachtete akkumulierte Radioaktivität in einem bestimmten Teil des Pflanzenmaterials stellte einen Problemkontext dar, der dem der Cholesterol-Bildung in Tieren ähnlich genug war, um die »Idee« nahezulegen, daß Cholesterol trotz vorherrschender gegenteiliger Meinungen auch in Pflanzen gebildet würde. (Die Attraktivität dieser Idee ergab sich zumindest zum Teil aus ihrer Opposition zur vorherrschenden Meinung.) Wir finden somit wiederum die Zirkulation eines wissenschaftlichen Elementes von einem Problemkontext zu einem anderen, wobei die wahrgenommene Ähnlichkeit des letzteren zum ursprünglichen Kontext den Transfer sowohl stimuliert als auch legitimiert. Die beiden Beispiele können auch in Hinblick auf das Resultat des Transfers erläutert werden: In beiden Fällen fanden die Wissenschaftler eine Erklärung für ein unbekanntes Phänomen dadurch, daß sie es mit einem bekannten Phänomen assimilierten – mit der Wirkung von Steroiden bei der Reproduktion einerseits und mit der Rolle radioaktiven Cholesterols bei Tieren andererseits. Andere Berichte der Wissenschaftler über den Ursprung einiger ihrer »in-

novativen« Forschungsresultate beziehen sich nicht auf Erklärungen, implizieren aber dennoch dasselbe Muster der Zirkulation wissenschaftlicher Objekte durch Analogie-Räsonieren.
Im folgenden Bericht, der eine Zusammenfassung meinerseits von Kommentaren der beobachteten Wissenschaftler während der Untersuchungsperiode darstellt, ist das transponierte Element ein enzymatisches Verfahren. Walter, der an Protein-Technologien arbeitete, stellte fest, daß ein bestimmtes Pflanzenprotein einen erwartungsgemäß hohen Anteil von toxischem Solanin enthielt. Er ignorierte zunächst das »Problem«, da es keine unmittelbaren Folgen für die stattfindenden Untersuchungen oder die geplanten Publikationen hatte. Nichtsdestoweniger »störte« ihn die Sache, und gelegentlich sprach er von der Notwendigkeit, das Solanin zu eliminieren oder zumindest zu reduzieren. Zu einem Zeitpunkt überlegte er, ob sich das Solanin nicht als Nebenprodukt einer Versuchsserie eliminieren ließe, die er ohnehin vorhatte.
Er diskutierte die Sache mit Holzman, der mehrere Jahre lang an Solanin gearbeitet hatte. Holzman kommentierte den Vorschlag Walters als aussichtslos, erwähnte aber, daß er in seinem eigenen Labor eine ähnliche toxische Substanz aus einer anderen Pflanze mit Hilfe einer enzymatischen Methode erfolgreich eliminiert hätte, eine Arbeit, die noch publiziert werden müßte.
Walter griff die »Idee«, Holzmans enzymatische Methode zur Eliminierung des Solanins aus seinen Proteinen zu verwenden, unmittelbar auf:

»Ich glaube, ich habe den Vorteil, daß ich der einzige bin, der die Information hat [über die Existenz und den Erfolg der Holzmanschen enzymatischen Methode], und der einzige, der ihre Implikationen versteht [für die Eliminierung von Solanin].«

Beide Wissenschaftler hielten es für hochwahrscheinlich, daß eine äquivalente enzymatische Prozedur auch in Walters Fall funktionieren würde. Holzman war »nicht daran interessiert«, die entsprechenden Arbeiten selbst zu machen, er war »zu sehr auf Chromatographie und seine eigenen Projekte eingestellt«. Für Walter stellte sich Holzmans Desinteresse als eine ausgezeichnete Gelegenheit dar, nicht nur »das Problem zu lösen«, sondern auch

sich selbst durch die Nutzung einer Idee, die ansonsten unverarbeitet bleiben würde, zu profilieren.
Man beachte, daß Walter das enzymatische Verfahren sofort als Schlüssel zur Lösung seines Problems ansah, trotz der Tatsache, daß das Verfahren für den Gebrauch bei einer *anderen* Pflanze und für eine *andere* toxische Substanz entwickelt worden war. Die Ähnlichkeiten zwischen dem Problemkontext der Solanin-Elimination und dem Problemkontext, für den Holzman die Methode entwickelt hatte, erschienen jedenfalls ausgeprägt genug, um die Übertragung der »Idee« nahezulegen. Allerdings erforderte der »Transfer« sowohl eine Modifikation der Methode als auch eine Adaption der Problemstellung und stellte sich somit eher als *Transformation* denn als einfache Übertragung dar.
Während des Beobachtungszeitraums ergaben sich eine ganze Reihe von Fällen dieser Art. Zum Beispiel erhielt einer der Wissenschaftler, der an der Generierung von Pflanzenproteinen beteiligt war, einen Bericht von einer Reise seines Forschungsleiters, der verschiedene Forschungsgruppen in industrialisierten und nichtindustrialisierten Ländern besucht hatte. Wie der Wissenschaftler sagte, erwähnte der Bericht nebenbei, daß »die Leute in N.N. versuchen, *soft drinks* mit Protein anzureichern, und dabei festgestellt haben, daß die Proteinfarbe heller wurde, wenn sie dem Prozeß Zitronensäure hinzufügten«. Diese Industrieforschungsgruppe hatte vom untersuchten Forschungszentrum Proben für die erwähnten Protein-Anreicherungsversuche erhalten. Da der eingangs erwähnte Wissenschaftler daran interessiert war, ein möglichst helles Proteinpulver zu erhalten, erschien ihm die einfache Idee der Verwendung von Zitronensäure als nicht-verschmutzendes Koagulationsmittel vielversprechend genug, um eine Serie von Experimenten daraufhin anzulegen (3–5/1).
Während die vorhergehenden Beispiele die Zirkulation von Methoden von einem Kontext zum anderen betreffen, bezieht sich der folgende Bericht (der aus der *Food-engineering*-Gruppe der beobachteten Institution stammt) auf die Übertragung einer bestimmten Problemlösung. Der Leiter der Gruppe, Ferraro, berichtete vom Ursprung eines seiner gegenwärtigen Forschungsprojekte im Bereich der Süßmaisverarbeitung. Das Problem beschrieb er folgendermaßen:

»Das Maiskorn wird mit einem Messer abgeschnitten, [und dadurch] bekommt man ein hohes Maß an austretender Flüssigkeit während des Waschschrittes, und das Produkt verliert allen Geschmack ... Das ist etwas, das jedem klar ist, [der in] der Nahrungsmittelindustrie gearbeitet hat und Maisverarbeitungsfabriken gesehen hat.«

Die Wissenschaftler begannen, sich diesen Prozeß anzusehen, nachdem »einige Leute von oben« ihnen nahegelegt hatten, sie sollten sich doch mit einem »großen Projekt« beschäftigen. Ferraro, dessen Hintergrund im Bereich des *chemical engineering* liegt, fuhr fort:

»Also wir sagten dazu: O.K., wir werden euch zeigen, daß wir ein Großprojekt zustande bringen können ... Wir haben eine Gruppe gebildet und angefangen, nach Möglichkeiten zu suchen, den Prozeß komplett zu verändern ... Es ist intuitiv offensichtlich, daß man das Maiskorn intakt halten muß, denn wenn man es aufbricht, tritt alles aus. Also hatten wir nach einem Prozeß zu suchen, mit dem man das Korn vom Kolben bekam, ohne den Kornkörper zu beschädigen. Wir sind in die Literatur gegangen und haben Patente gefunden, massenhaft. Man hatte den Kolben gefroren und die Körner heruntergebrochen, [es gab] eine Anzahl von Schnittechniken, und so weiter ... R. hatte die Idee, den Kolben in zwei Hälften zu teilen und die Körner mit einem Gürtel herunterzuwischen. Also, sie haben mit so einem Gürtel angefangen und sind die verschiedenen Arten von Gürteln durchgegangen, bevor sie schließlich auf einen kamen, der funktioniert hat. So haben wir also nun eine Technologie zumindest im Anfangsstadium, mit der man Einheitskörner erzeugen kann. Aber gleich am Anfang des Projektes, nach der ersten Saison, sind wir daraufgekommen, daß der Maiskolben selbst, so, wie er angelegt war, die Entfernung der Körner durch rollende oder pflückende Bewegungen, wie wir sie genannt haben, scheitern lassen mußte.«

Ferraro kannte die Verfahren gut, die man bei der Lösung der Probleme mechanischen Erntens angewandt hatte; diese Kenntnisse erlaubten es ihm, eine Problemlösung aus dem Erntebereich auf seine Fragestellung zu transferieren:

»In der Tomatenindustrie war das mechanische Ernten nur deshalb erfolgreich, weil sie imstande waren, eine [Tomaten-]Art zu entwickeln, die mechanisch geerntet werden *konnte.* Und das, was mir einfiel, war, mal herumzufragen, herauszufinden, ob es nicht eine Maiskornart [gab], die nur lose gehalten wird und daher geeigneter ist für die Art von

mechanischem Ablösen, die wir im Sinn hatten. Ich habe ein paar Leute überall im Land angerufen, mit denen ich früher gearbeitet hatte und die etwas vom Süßmais verstanden. Nach zwei oder drei Anrufen hat man mich an einen der wichtigsten Maiszüchter im Land verwiesen.
Es stellte sich heraus, daß dieser Mensch seit 25 Jahren Mais züchtet und dabei auf eine Art aus ist, die nur lose gehalten wird für den Frischmarktkonsum. Das war ein Süßmais ohne die kleinen Faserstücke am Unterteil des Korns, die einem in den Zähnen stecken bleiben. Der hat Mais mit zwei Reihen, vier Reihen, quadratischen Kolben gezüchtet. Er zieht also [diesen Mais] aus der Tasche und zeigt [ihn] mir, und es ist genau die Art, wo das Korn richtig herausrollt, wenn es den richtigen Reifegrad für die Verarbeitung hat. Er hatte gerade die Samenmenge so weit vergrößert, daß er im Winter nach Florida gehen und seine erste Handvoll für kommerzielle Tests züchten konnte. Wir haben die erste Handvoll bekommen, und dieses Jahr haben wir das erste Pfund Samen bekommen. Wir haben es evaluieren können, und es ist in der Tat die Art von Rohmaterial, die [mechanische] Verfahren möglich machen wird« (7–30).

Weitere Illustrationen der Art von Analogie-Räsonieren, das hier eine Rolle spielt, sind wohl nicht nötig. Es ist auch klar, daß die Wissenserweiterung, die daraus resultiert, im wesentlichen in beide Richtungen verläuft. Die bekannte Wirkung der Steroide in der Reproduktion bestimmter Lebensformen hatte nicht nur eine möglicherweise ähnliche Rolle des Hormons bei der Transformation des *slime mould* nahegelegt, sondern es wandelte sich auch das Wissen über Hormone durch die nachfolgende Isolierung einer Serie von Steroiden aus allen Arten von Mikroorganismen. Ähnliche Veränderungen ergaben sich auch in Hinblick auf das Cholesterol, das enzymatische Verfahren zur Entfernung toxischer Komponenten aus bestimmten Pflanzen und den Bleich- und Präzipitationseffekt der Zitronensäure. Allerdings legen die Berichte auch nahe, daß diese Transformationen von Wissen nicht allein aus konzeptuellen Interaktionen resultieren, sondern aus einem Prozeß der Produktion und Reproduktion von Erkenntnisansprüchen.

3.3 Analogiebeziehungen und die opportunistische Logik der Forschung

»Gewöhnlich beginnt ein Stück Forschung dann, wenn etwas in unserer Vorstellung zündet: Wir wissen irgend etwas nicht, und es erscheint uns besonders faszinierend zu versuchen, es herauszufinden. Zum Teil erscheint wohl das Ding an sich selbst wichtig und faszinierend, zum Teil hat man eine Ahnung, daß man es herausfinden kann. Eben da zündet der Funke – *die Ahnung, daß man es tatsächlich herausfinden kann, übt einen besonderen Reiz auf einen aus, der ganz unwiderstehbar ist.* Das kommt wie der Blitz, und wie in der Liebe weiß man, daß man drin ist« (William Cooper, *The Struggles of Albert Woods;* Hervorhebungen von mir).

Sehen wir uns nun die Berichte der Wissenschaftler über ihre Innovationen aus einer anderen Blickrichtung an, als Berichte über Ereignisse im Forschungserzeugungsprozeß. Was bedeutet das Auftreten einer »Idee«, die auf Analogie-Räsonieren basiert, in diesem Prozeß? Dabei fällt vor allem auf, daß die durch eine Analogie oder eine Metapher übertragenen »Ideen« den Charakter von Problem*lösungen* haben. Die Bedeutung des Analogie-Räsonierens im vorliegenden Kontext liegt ja gerade darin, daß Wissen aus einem untersuchten, gut bekannten Fall auf eine weniger bekannte, unklare Situation angewandt wird. Somit mobilisiert die Analogierelation eine Ressource, die eine Gelegenheit für den Erfolg schafft: Da sich das durch die Metapher oder Analogie mobilisierte Wissen bereits in einem ähnlichen Kontext bewährt hat, erscheint es wahrscheinlich, daß es unter Voraussetzung angemessener Modifikationen auch in der neuen Situation »zum Funktionieren« gebracht werden kann.
Es ist genau dieses *Erfolgsversprechen,* auf das sich Albert Woods in obigem Zitat aus William Coopers Geschichte eines Chemikers bezieht. Es ist die Ahnung, daß man etwas *in der Tat* herausfinden kann, die die unwiderstehliche Anziehungskraft ausübt. Und diese *unrealisierte Möglichkeit,* dieses »unausgeführte Können«[12] steckt wohl auch dahinter, wenn Wissenschaftler eine durch Analogie übertragene Idee als »gut« oder »hochinteressant« bezeichnen.
Daraus ergibt sich in unmittelbarer Konsequenz ein entscheiden-

der Unterschied zwischen den »Ideen« des Labors und den »Hypothesen« der Wissenschaftsmethodologie und Philosophie. Wenn sich die mittels einer Analogierelation verbundenen »Ideen« als nicht realisierte Lösungen mit Erfolgsversprechen darstellen, dann nimmt die mit solchen Ideen verbundene Forschung eine eigenartige *Post-hoc*-Qualität an; das heißt, die Untersuchung eines Problems wird vorgenommen, *nachdem* dessen Lösung bereits gefunden ist. Die Auffassung solcher »Ideen« als nicht realisierte Lösungen steht in scharfem Gegensatz zu der Auffassung, daß wir es, logisch gesprochen, mit Hypothesen oder *Ex-ante*-Vermutungen zu tun haben, die im Forschungsprozeß einem Test unterzogen werden.

Hypothesen werden dem Modell nach an der Realität gemessen, die über sie das Urteil »wahr« oder »falsch« oder deren mildere Substitute »bestätigt/nicht bestätigt« oder »haltbar/unhaltbar« sprechen soll. Sie erfordern, daß die in einer Untersuchung gesammelten Daten als unabhängige Richter über die in den Hypothesen enthaltenen Propositionen urteilen können. Von »Ideen«, die durch Analogierelationen mobilisierte, nicht realisierte Lösungen darstellen, kann eine solche Unabhängigkeit nicht vorausgesetzt werden. Unrealisierte Lösungen werden nicht an unabhängigen Daten gemessen, sondern *zum Funktionieren gebracht* mit Hilfe von Selektionen, die die antizipierte Lösung aktiv nachkonstruieren. Sie werden von verschiedenen Wissenschaftlern, in Abhängigkeit von praktischen Umständen, auf verschiedene Weise und mit verschiedenem Erfolg in die Praxis umgesetzt.

Ich will nicht den Eindruck erwecken, daß die Realisierung einer Lösung ein einfaches, glattes oder kurzes Unternehmen wäre. Vielmehr will ich darauf hinweisen, daß »eine Lösung realisieren« andere Fragen aufwirft als diejenigen, die durch die Sprache des Hypothesentestens spezifiziert werden. Die Laborargumente, in die die Realisierung einer Problemlösung eingebettet erscheint, beziehen sich auf Laborinstrumente, Arbeitsteilung, Publikationsmöglichkeiten und die Investitionen der Wissenschaftler. Kurz, sie beziehen sich auf einen Erzeugungsprozeß, dessen Produkte danach spezifiziert werden, was getan werden *kann*. Das Vorhandensein einer Lösung eliminiert weder Probleme noch Suchprozesse oder Fehlschläge aus dem Forschungsprozeß, aber es macht aus dem offenen Boden ungelöster Forschungsfragen das geschlossene Programm eines Fabrikationsdurchgangs. Es ist die Lösung – und nicht das Problem –, die diesen Fabrikationsprozeß anleitet, und es ist die von der Realisierungs*möglichkeit* ausgehende Kraft, die ihn vorantreibt. Wohin er sich entwickelt, scheint überdies davon abzuhängen, wo die größten Realisierungsmöglichkeiten liegen.

Der Opportunismus der Forschung ist somit gerichtet, wiewohl die Richtung häufig wechseln kann. Für die Wissenschaftler stellt die nicht-realisierte Lösung ein Organisationsprinzip ihrer nachfolgenden Handlungen und Selektionen dar. Sie liefert die Perspektive, von der aus neue Wertigkeiten eingeführt werden und alte Prioritäten einer Revision unterzogen werden können. Sie macht manche Entscheidungsübersetzungen überzeugend und degradiert andere. Sie erzeugt, im wörtlichen Sinn, Ordnung, indem sie Entscheidungsparameter für die nachfolgenden Handlungen nahelegt.

Man beachte, daß durchgängige Handlungskonsistenz nicht zu den charakteristischen Merkmalen dieser opportunistischen Logik gehört. Die Selektionen des Forschungsprozesses werden nicht im Abstrakten vorgenommen, sondern in Hinblick auf die praktischen Probleme und Möglichkeiten, die durch nicht realisierte Lösungen mobilisiert werden.

Daher ist es möglich, daß ganze Forschungsrichtungen auf Entscheidungsübersetzungen aufbauen, die sich gegenseitig widersprechen. Oder daß Faktoren wie Kosten und Toxizität in einem Forschungsprojekt sowohl in Erwägung gezogen als auch nicht in Erwägung gezogen werden. Man beachte, daß solche Diskrepanzen meist nicht mit dem Argument abgetan werden können, die Wissenschaftler hätten keine andere Wahl als die der diskrepanten Selektion gehabt. Das läßt sich am Beispiel alternativer Koagulationsmethoden illustrieren, auf das ich in Abschnitt 3.6 zurückkommen werde.

3.4 Der Opportunismus und die Konservativität des Analogie-Räsonierens

Bezeichnet man die Logik der Forschung als opportunistisch, so bringt man nicht nur die Orts- und Zeitgebundenheit wissenschaftlicher Verfahrensweise ins Spiel und ersetzt die Annahme einer spezifisch »wissenschaftlichen« Rationalität durch die Beobachtung von lokal situiertem indexikalischem Räsonieren. Man weist auch auf die Organisation wissenschaftlicher Selektion durch diejenigen Gelegenheiten hin, die mit der Wahrnehmung einer Ähnlichkeitsrelation verbunden sein können. Diese Gelegenheiten werden im Labor aktiv gesucht; Wissenschaftler sind nicht tändelnd und desinteressiert mit der *bricolage* von Materialien beschäftigt, die sich ihnen quasi aufdrängen. Die Auffassung der Wissenschaftler von »Ideen« als erfolgversprechende »Lösungen« und »Möglichkeiten« spricht von ihrem persönlichen Interesse; ebenso wie ihre Beschäftigung mit dem *Risiko,* das bei der Realisierung dieser Lösungen eingegangen werden muß.

Wie bereits erwähnt, werden durch den *Post-hoc*-Charakter von lösungsinitiierten Untersuchungen Fehler und Mißerfolge nicht ausgeschlossen. Lösungen sind Problemübersetzungen[13], die selbst problematisch sind, da sie Durchführungsprobleme aufwerfen. So brachte zum Beispiel die Realisierung der Idee, daß Steroide bei der Transformation des *slime mould* involviert sind, die schwierigen Aufgaben mit sich, a) die Steroide zu isolieren und b) sie richtig zu identifizieren. Der Verdacht, daß ein Problem in bestimmter Weise gelöst werden könnte, erweist sich nicht immer als korrekt, wie etwa der Fall des *slime mould* gezeigt hat. Außerdem müssen sich Wissenschaftler auch mit Problemen beschäftigen, wenn keine attraktive oder zumindest zufriedenstellende Lösung in Sicht ist. Um Albert Woods[14] zu paraphrasieren, Wissenschaftler können sich nicht nur dafür bereithalten, daß etwas oder jemand bei ihnen einen Funken zündet. Es kann ihnen passieren, daß sie selbst den Funken zünden müssen und das innerhalb eines beschränkten Zeitraums. Auch das impliziert ein gewisses Risiko von Fehlschlägen.

Die von mir beobachteten Wissenschaftler erwähnten dieses Risiko häufig genug. Bei der Diskussion neuer Ideen wurde zum

Beispiel auf alle die Umstände verwiesen, die dieses Risiko vergrößern oder verkleinern konnten. Mit dem Ausmaß, in dem eine Idee »interessant« erscheint, hat etwa die Wahrscheinlichkeit zu tun, daß man den Forschungsleiter von ihrem Wert überzeugen kann, daß sich die benötigten Laborassistenten rekrutieren lassen, daß man notwendige Geräte auftreiben kann, daß man als erster publizieren wird, daß man die Zeit haben wird, die Arbeit durchzuführen etc. In den Worten Renés, eines Chemikers, der über seine eigenen innovativen Ideen sagte:

»Du versuchst, zwischen ihnen zu differenzieren. Man kann eine Idee am Tag haben oder ... [in] zwei Tagen oder eine in der Woche, und du triffst unter ihnen eine Auswahl [in Hinblick auf] deine Zeit und deine Möglichkeiten, sie auszuwerten. Du weißt, wir haben Ideenkarteien, entweder im Kopf oder auf Papier; jedenfalls kannst du nicht eine Menge Zeit auf Dinge verwenden, die du nicht durchführen oder beweisen oder verifizieren kannst. *Also versuchst du, deine Interessen auf diejenige Idee zu beschränken, von der du weißt, daß sie am produktivsten sein wird, so schnell wie möglich und innerhalb des Rahmens der Möglichkeiten, die du an der Hand hast«* (9–27/9, Hervorhebungen von mir).

Der Biochemiker Holzman sagte dazu, daß er meistens wisse, was er fallenlassen und was er aufgreifen müsse. Eine Menge erfolgloser Wissenschaftler, meinte er, »sind nicht dumm, sie arbeiten nur an den falschen Dingen«. Für ihn galt, »wenn du gegen eine ungeheuere Konkurrenz anrennst, dann hat es keinen Sinn zu kämpfen. In der Zwischenzeit kann ich diese Erfolgsfaktoren einschätzen, und mein eigenes Erfolgsgeheimnis ist, daß ich an Dingen arbeite, von denen es nicht zu unwahrscheinlich ist, daß sie sich machen lassen werden« (9–29/4). Den Wissenschaftlern waren die Risiken, die mit ihren auf Analogien basierenden »Ideen« verbunden sind, nicht nur bewußt; es beschäftigte sie auch, diese Risiken *gering* zu halten.

Wenn Wissenschaftler sich durch eine realisierte Problemlösung leiten lassen, begeben sie sich nicht irrational auf eine Reise mit unbekanntem Ziel und unbekannter Ankunftszeit, bei der die Chancen, überhaupt irgendwohin zu gelangen, gering sind. Statt dessen wählen sie ein bekanntes Ziel, bei dem überdies wahrscheinlich ist, daß sie nicht nur zeitgerecht, sondern sogar vor anderen am Bestimmungsort eintreffen werden. Es gibt, soweit ich sehe, keinen Grund für die Annahme, daß Wissenschaftler ihrer Natur nach oder aufgrund von Sachnotwendigkeiten gern ein Risiko eingingen. Forschung als Unternehmen mit hohem Risiko anzusehen, mag die Gefühle derer reflektieren, die Forschung in der Hoffnung auf ein ganz spezifisches Resultat hin finanzieren. Es reflektiert jedoch nicht das Räsonieren der Wissenschaftler im Labor.

Wissenschaftler können ihren persönlichen Erfolg auf nahezu jeder Problemlösung aufbauen, vorausgesetzt, es gelingt ihnen, die Lösung im Labor zu realisieren. Entsprechend richten sich viele ihrer Erwägungen darauf, die Bedingungen zu gewährleisten, die ihnen erlauben, »am produktivsten zu sein, so schnell wie möglich innerhalb des Rahmens der vorhandenen Möglichkeiten«. Analogieübertragungen liefern einen festen Boden für ein solcherart kontrolliertes Risiko, da sie Lösungsmöglichkeiten mobilisieren, die sich in einem anderen Kontext bereits bewährt haben.

Analogieausgelöste Innovationen sind somit konservativ, und zwar in zweierlei Hinsicht: Erstens beginnt man mit einer nichtrealisierten Lösung anstatt mit einem offenen Problem; und zweitens überläßt man sich derjenigen »Idee«, die die größte Aussicht auf Erfolg hat, anstatt sich Risiken und Unsicherheiten auszusetzen. Anders gesagt, das Interesse einer »innovativen Idee« besteht nicht darin, daß sie neu ist, sondern daß sie *alt* ist – sie mobilisiert vorhandenes, womöglich etabliertes Wissen. Analogieübertragungen lassen frühere Selektionen zirkulieren, und diese werden dadurch ebenso reproduziert wie transformiert. Daher sind analogieerzeugte »Entdeckungen« – sofern es sich dabei um eine Expansion früherer Selektionen in neue Territorien handelt – gleichzeitig Teil des Prozesses der »Konsensbildung« und Erhärtung von Wissen. Führt die Umkontextierung zu einer Transformation wissenschaftlicher Objekte, so ist sie Teil wissenschaftlichen Wandels. In beiden Fällen werden die zirkulierenden Objekte einem Verarbeitungsprozeß unterzogen, aus dem neue wissenschaftliche Objekte entstehen. Für den Wissenschaftler stellen sie eine Ressource dar, die im Forschungserzeugungsprozeß mobilisiert wird.

Ich wiederhole: Bei der analogieerzeugten Erweiterung von Wissen spielen somit nicht nur »konzeptuelle« Interaktionen eine Rolle, sondern auch eine Mobilisierung von Ressourcen mit dem Ziel, Laborproduktionen »zum Funktionieren zu bringen«. Diese Ressourcen sind nicht nur »Ideen«, sondern gleichzeitig auch Laborinstrumente, das Ausgangsmaterial, das man von einem Kollegen bekommt, ausprobierte Laboroperationen, erfolgreiche Formeln chemischer Zusammensetzung, Quantifizier- und Instrumentieranleitungen, eventuell ein Wissenschaftler, den man konsultieren kann – kurz, Produktionsmittel des Wissenschaftlers in der Forschungsarbeit.

Im Falle des *slime mould* empfahl die Idee, daß Steroide dabei eine Rolle spielen könnten, eine Serie von Isolierungsmethoden sowie die Nutzung eines Labors mit den nötigen Instrumenten; sie legte nahe, »wer« an der Arbeit »interessiert« sein könnte und »wo« man sie gegebenenfalls publizieren könnte. Sie löste den Versuch aus, mit Hormonen in Reinform zu arbeiten, und führte letztlich zur »Entdeckung«, daß die beteiligten Steroide von denen schwangerer Frauen differierten. Ebenso wie sich das Herstellen einer Analogie nicht darauf reduziert, daß man eine »Idee« hat – sie erforderte zum Beispiel im Falle von Beckers Steroid-Vermutung die Mobilisierung von Wissenschaftlern, die bereit waren, diese »Idee« im Labor zu verfolgen –, so reduzieren sich »konzeptuelle Interaktionen« nicht auf kognitive Assoziationen. Ungleich konzeptuell gestifteten literarischen Analogien mit assoziationserweiternden Konsequenzen, entstammt die analogieverwurzelte Innovation in der Wissenschaft einem technischen Erzeugungsprozeß. Der Prozeß ist materialer Natur, und er hat materiale Konsequenzen.

3.5 Ethnotheorien der Kreativität und die Annahmen hinter der Metapher-Erklärung von Innovationen

»Du fragst mich, was am Anfang stand – ich erinnere mich an den Ursprung von allem, denn das ist nicht etwas, in das man einfach hineinrutscht! Du hast eine Vorstellung, die auf jemandes anderen Arbeit basiert, du stehst auf jemand anderes Schulter, du reimst dir zwei Aspekte von etwas anderem zusammen. Aber wenn eine Idee auftritt, dann tritt

sie auf. So was entwickelt sich nicht einfach aus einer Folge von Routineuntersuchungen!
Es sind vielleicht ein halbes Dutzend Entwicklungen, an denen wir beteiligt waren, und ich meine, jede von ihnen hatte ihren eigenen Ursprung. *Es gibt da kein Schema für den Ursprung von Ideen!«* (Hervorhebung von mir).

Wir haben uns bisher mit der Metapher-Theorie der Innovation aus der Sicht der Wissenschaftslogik beschäftigt und gesehen, daß sie auf die allgemeine Form des Analogie-Räsonierens erweitert werden muß. Wir haben dieses Analogie-Räsonieren in den verschiedensten Berichten von Wissenschaftlern über den Ursprung ihrer »Innovationen« bestätigt gefunden. Wir haben das Analogie-Räsonieren als »konservative« Innovationsstrategie bezeichnet; das mit der Zirkulation bereits bewährter wissenschaftlicher Objekte verbundene Risiko ist kontrolliert, die Zirkulation bedeutet überdies Reproduktion und Erhärtung von Selektionen. Wir haben schließlich die Rolle analoger und metaphorischer Transfers im Forschungsprozeß als nicht allein konzeptuelle interpretiert. Wir können nun zur Metapher- bzw. Analogie-Theorie der Innovation zurückkehren und ihre Annahmen untersuchen. Zuvor sehen wir uns einige Ethnotheorien der Innovation an, wie sie von den Wissenschaftlern selbst vorgeschlagen werden.
Das Zitat am Beginn dieses Abschnitts stammt von einem Chemiker, René, der seinen Ruf der Entwicklung eines mikrobiologischen *assay* (Tests) von Proteinen unter Verwendung des Mikroorganismus *Tetrahymena pyriformis W.* verdankt. Im Prinzip entspricht die in seiner obigen Aussage enthaltene Innovationstheorie einer Version der »Blitz«-Theorie der Kreativität, die besagt, daß Ideen mehr oder weniger »aus heiterem Himmel« auftauchen, jedenfalls aber nicht eine logische Folge vorheriger Untersuchungen darstellen. Bevor die Unterhaltung jedoch beendet war, unterstellte René zwei weitere Innovationstheorien. Zum Beispiel:

». . .was Innovationen betrifft, ich glaube, das bedeutet . . . wahrnehmen, was der Stand [der Dinge] ist, und das tun, was nach deinen Überlegungen den nächsten logischen Schritt darstellt . . . Vielleicht liegt Kreativität genau darin – alles zusammenfassen, es zusammenstellen und eine neue

Antwort bekommen ... *Es ist eine logische, eine logische Folge von Ereignissen,* die für jemand anderen nicht so logisch [aussehen mag] und dann als ›kreativ‹ gilt. Aber ich glaube, das meiste davon besteht darin, den Pfad entlangzugehen, den Weg zu untersuchen und sich klarzuwerden, wo man gerade ist« (Hervorhebung von mir).

Später, während er die sich aufdrängende »Beobachtung« eines Optimums anläßlich eines Experimentes über den physikalischen Effekt der Humidität beschrieb, bei dem man eine linear abnehmende Beziehung erwartet hatte, sagte derselbe Wissenschaftler:

»... das war also eine Anomalie, nicht? *Der Trick bei all dem, was man Innovationen nennen könnte, besteht darin, nach Anomalien zu suchen* – was ist anders an *dieser* Serie von Merkmalen? Und ich meine, man kann alle diese Leistungen [der Wissenschaft] charakterisieren, indem man sagt: man hat etwas probiert, man hat etwas getan, man hat eine Anomalie gefunden, und man hat den Grund für die Anomalie [untersucht]. Untersuche die Anomalie!« (8–5/1, Hervorhebung von mir).

Zusätzlich zur Theorie, daß Innovationen »wie der Blitz aus heiterem Himmel« auftreten, haben wir somit eine »logische« Innovationstheorie, nach der Entdeckungen nicht mehr sind als ein Schritt in einer logischen Folge von Ereignissen, sowie eine »Anomalie«-Theorie, nach der Innovationen durch das Auftreten unerwarteter Ereignisse und Beziehungen gezeugt werden. Zwar scheinen sich diese Ethnotheorien der Innovation, die von ein und demselben Wissenschaftler in Hinblick auf denselben Forschungskontext unterstellt wurden, logisch zu widersprechen, doch ist diese Widersprüchlichkeit nicht notwendiger Natur. »Ideen« können durch Anomalien, die nach einer Erklärung verlangen, ausgelöst werden. Ethnotheorie 2 und 3 schließen sich somit nicht aus. Und während das Auftreten einer »innovativen Idee« aus der Sicht ihrer Vorhersagbarkeit als Zufallsphänomen erscheinen mag, kann es beim historischen Rückblick als notwendiges Glied in einer logischen Sequenz von Ereignissen erscheinen. Somit stehen auch die Ethnotheorien 1 und 2 nicht in notwendigem Widerspruch zueinander. René mag sich den Untersuchungsprozeß aus drei verschiedenen Blickwinkeln angesehen haben, wobei die entwickelten Theorien Antworten auf unterschiedliche Fragestellungen darstellen können.

Betrachten wir nun die Innovationstheorie des Wissenschaftsforschers, die sich auf Metapher und Analogie beruft. Sie fügt dem durch Ethnotheorien gemachten Bild ein weiteres Detail hinzu, indem sie uns darüber belehrt, *wie* eine »Idee« zur kreativen Erweiterung von Wissen führt. Allerdings geht sie dabei selektiv vor, analog den Ethnotheorien der Innovation. Zum Beispiel sagt sie uns nicht, *wann* die Chance besteht, daß eine innovative Idee auftritt, wie das die Anomalie-Theorie tut. Ebensowenig betrachtet sie die Frage, *in welcher Relation* eine innovative Idee zur unmittelbar vorhergehenden Untersuchung steht, wie das in der logischen Theorie der Innovation geschieht.

Wichtiger erscheint mir, daß die Metapher-/Analogie-Erklärung der Innovation auf einer Reihe von Annahmen beruht, die den praktischen Prozeß der Forschung mehr verschleiern als erhellen. Metapher-/Analogie-Theorien der Innovation sind auf klar identifizierbare, erfolgreiche Endprodukte der Forschung zugeschnitten. Sie setzen die Existenz von Innovationen voraus, die etikettiert sind, einen Urheber haben und zeitlich anhand von Publikationen datiert sind. Mit anderen Worten, Metapher-/Analogie-Theorien der Innovation nehmen an, daß das »Wer«, »Wann« und »Was« einer »Innovation« oder »Entdeckung« geklärt ist (oder geklärt werden kann), und sie beantworten die Frage »Wie« durch Verweis auf die konzeptuelle Interaktion und die daraus resultierende Wissenserweiterung, die durch die Herstellung einer Ähnlichkeitsbeziehung induziert wird.

Demgegenüber muß man beachten, daß »Innovationen« in einen Zusammenhang konstruktiver *und* destruktiver Arbeit eingebettet sind. Sieht man sich diesen Zusammenhang genauer an, so wird deutlich, daß Fragen der Datierung und der Urheberschaft weder durch die bloße Existenz eines Phänomens, das als Innovation bezeichnet wird, noch durch empirische Beobachtung geklärt werden können. Statt dessen erfordern Antworten auf solche Fragen Entscheidungen über die Wesentlichkeit und Unwesentlichkeit bestimmter Ereignisse in Hinblick auf das Endprodukt einer deklarierten Innovation.

So kann man etwa nicht unterstellen, daß es sich bei derjenigen Person, die die Analogie-Relation herstellt, die die Experimente durchführt und die aus den Arbeiten Kredit gewinnt, um ein und denselben Wissenschaftler handelt. Der in einem früheren Kapitel zitierte Vergleich zwischen Protein und Sand wurde von einem Wissenschaftler hergestellt, der nichts mit den besagten Untersuchungen zu tun hatte, und ergab sich aus einem lockeren Gespräch zwischen Kollegen. Fragen der Urheberschaft einer »Idee« sind auch unter Wissenschaftlern oft nicht geklärt, und man braucht nicht erst auf Prioritätsstreitigkeiten zu verweisen, um dies zu illustrieren. In den Berichten der Wissenschaftler über »ihre eigenen« Innovationen blieben die Urheberschaften oft verwischt. So begann der Biochemiker, der über die Entdeckung des Cholesterols in Pflanzen berichtete, mit der Aussage, ». . . [meine Kollegen haben] ihre Ressourcen zusammengetan – und, äh, natürlich, auch meine –, und *zusammen* sind wir dann zu dem Ergebnis gekommen, daß es in der Tat Cholesterol war«, um 15 Minuten später mit der Aussage zu enden, »*meine* Idee, daß Cholesterol in allen Pflanzen vorhanden ist . . .«

Fragen der Urheberschaft und der Datierung von Innovationen sind das Schlachtfeld der Wissenschaftshistoriker und brauchen den Theoretiker nicht zu berühren, der an der Logik konzeptueller Interaktionen interessiert ist. Allerdings werden sie den Sozialwissenschaftler beschäftigen, der den Forschungsprozeß beobachtet. Schreibt man die Innovation dem Wissenschaftler zu, der spaßend auf eine Ähnlichkeit hinweist, oder demjenigen, der die Ähnlichkeit mit einem funktionierenden Verfahren in Zusammenhang bringt? Dem *Post-doctoral*-Forscher, der ein Experiment durchführt, oder den Technikern, die seine Arbeit teilen, bzw. dem Forschungsleiter, der sie beaufsichtigt? Und was betrachtet man als »Ursprung«, abgesehen von der Frage, wer der Urheber war? Warum nicht die »Beobachtung«, daß der Urin schwangerer Frauen die Transformation des Mikroorganismus stimuliert, anstelle der »Idee«, daß Steroide an der Transformation beteiligt sein können?

Es ist klar, daß diese Fragen analytischer und nicht praktischer Natur sind. In der Praxis werden die entsprechenden Entscheidungen routinemäßig *ad hoc* getroffen und variieren dabei je nach dem Zweck und dem Beobachter. Die Metapher-/Analogie-Theorie der Innovation spezifiziert nicht die Entscheidungskriterien, die in einem solchen Fall herangezogen werden sollen. Der

Beobachter im Labor verfügt noch nicht über das integrierende Prinzip eines anerkannten und identifizierten Endproduktes, von dem aus die Zuschreibungen vorgenommen und Geschichte rekonstruiert werden könnte.
Damit ist eine weitere Annahme der Metapher-/Analogie-Theorie der Innovation angesprochen, die insbesondere deren Anspruch betrifft, eine »Innovations«-Theorie zu sein. Wie erläutert, versucht die Theorie den (konzeptuellen) Ursprung von Innovationen zu erklären, indem sie von erfolgreichen Endprodukten der Forschung – diejenigen, die sich als »Innovationen« qualifiziert haben – ausgeht. Nachdem sie solcherart den Innovationscharakter einer Arbeit unproblematisch voraussetzt, der selbst das Produkt langwieriger und *historisch variabler* Zuschreibungen darstellt, springt die Theorie zum »Ursprung« der Arbeit, den sie im konzeptuellen Bereich lokalisiert. Anders ausgedrückt, die Theorie *identifiziert* die Innovation mit dem konzeptuellen Ereignis einer Analogie oder einer Metapher und ignoriert dabei völlig den Forschungsprozeß, der die beiden Endpunkte des Beginnes und des Resultates zusammenfügt.[15]
Fragen der Datierung und Urheberschaft verweisen uns auf diesen Prozeß, sie betreffen jedoch nur einen Teil der allgemeinen Frage, wie ein Forschungsresultat zu einer »Innovation« wird. Man wird schwerlich annehmen können, daß diese Frage ohne entsprechende Betrachtung des Produktions- und Reproduktionsprozesses der Forschung beantwortet werden kann, denn es geschieht *in diesem Prozeß*, daß Laborideen zu »Innovationen« werden.

3.6 Eine Metapher-/Analogie-Theorie des Fehlschlags

Um die letztgenannte These zu erläutern, wollen wir einen Moment lang annehmen, daß wir uns nicht für eine Theorie wissenschaftlicher Innovationen, sondern für eine Theorie wissenschaftlicher Fehlschläge und Mißerfolge interessieren. Im Forschungslabor lassen sich Fehlschläge häufig genug ausmachen. In der Tat brauchen wir nur einen der »Innovations«-Berichte von vorhin in seinen Forschungszusammenhang zu stellen und diesen immer größer werden zu lassen. Dann bekommen wir am Ende eine Genealogie von *Fehlschlägen*, die an einem Punkt erfolgreiche Innovationen zu sein schienen (oder waren). So war etwa die »Idee« der Verwendung von $FeCl_3$ als Proteinausfällungsmittel (siehe Kapitel 2) in eine Kette ähnlicher »Ideen« eingebettet, von denen jede Analogie-Übertragungen beinhaltete und die meistens zu spezifischen Forschungsanstrengungen führten.

Betrachten wir diese Kette (willkürlich) von dem Zeitpunkt an, an dem die »Idee« darin bestand, eine auf Phosphorsäure basierende Methode zu verwenden. Das Verfahren war gerade in einem biochemischen Kontext dokumentiert und publiziert worden. Es erschien dem betreffenden Wissenschaftler vor allem deshalb attraktiv, weil der Autor der Publikation am selben Forschungszentrum arbeitete und daher zwecks Beantwortung von Fragen und Überlieferung von *know-how* konsultiert werden konnte. Eventuell konnte man sogar eine Zusammenarbeit zustande bringen und mit ihrer Hilfe Zugang zu Geräten, Material und eingeübten Laborassistenten erhalten.

Das Interesse an der Methode ließ allerdings nach, als man feststellte, daß deren ursprünglicher Anwendungskontext mit dem neuen Vorhaben nicht genügend übereinstimmte. Zum Beispiel mußten die Experimente unter Stickstoffeinwirkung durchgeführt werden, was sich im Großlabor, das für die Generierung großer Proteinmengen gebraucht wurde, als schwierig erwies. Überdies ergab sich aus einem anderen Papier, daß die Phosphorsäure toxische Nebeneffekte erzeugen würde. Schließlich konnte sich die Methode, im Großen angewandt, als sehr teuer erweisen. Nichtsdestoweniger wurde sie weiter verfolgt, bis einer der Wissenschaftler zufällig von der Verwendung von Eisenchlorid las und sich davon als der »besseren Idee« unmittelbar einnehmen ließ.

Die »Entdeckung« von $FeCl_3$ besiegelte nicht nur das Schicksal der Phosphorsäure als einer Nicht-Lösung, sie markierte auch einen Wechsel des Forschungsschwerpunktes. Wie in Kapitel 2 erläutert, wurde die Generierung von Protein aus pflanzlichen Materialien zu einem eigenen Forschungsziel und ersetzte damit das ursprüngliche Interesse an biologischen *assays* mit Ratten (für

die die hohe Menge an Protein benötigt wurde). Die Eisenchlorid-Methode wurde in nachfolgenden Experimenten zum Funktionieren gebracht, das resultierende Protein erwies sich als hochgradig löslich – eine wünschenswerte Eigenschaft.
$FeCl_3$ erwies sich somit als Erfolg und blieb auch während der gesamten Beobachtungsperiode ein solcher, wie sich etwa aus einem schnell publizierten Papier, das für die Methode warb, ersehen läßt. Genauer ausgedrückt, es erwies sich als Erfolg unter dem Gesichtspunkt der Proteingenerierung. Dieser Erfolg war jedoch solange nicht abgesichert, als das Protein nicht von Verfahrensrückständen gereinigt werden konnte. Daher wurden einige Anstrengungen darauf verwendet, das Protein in Reinform überzuführen und den Erfolg der besagten Methode dadurch zu erhärten.
Dazu bot sich eine Idee an, die allerdings *ad hoc* geboren wurde, als man am Vorabend eines Durchgangs der Großlabor-Experimente feststellte, daß am Forschungszentrum der benötigte Adsorptionsagent offenbar ausgegangen war. Da der Zeitpunkt für die Experimente nicht mehr verschoben werden konnte, war es auch nicht möglich, auf die Lieferung der Chemikalien zu warten. In den folgenden, etwas nervösen Debatten regte einer der Teilnehmer ein Adsorptionsmittel an, das er bei seinen früheren Proteinarbeiten eingesetzt hatte. Die anderen Anwesenden waren von der Idee wenig begeistert; sie erwarteten, wie sie sagten, Schwierigkeiten mit der Entfernung des Adsorptionsmittels von den Proteinen. Doch nachdem sie mit dem Gebrauch einmal begonnen hatten, setzten sie den Versuch, das Protein mit Hilfe dieses Adsorptionsagenten zu reinigen, über mehrere Monate hindurch fort.
Einmal wurde mir das Resultat enthusiastisch als »besser als alles bisher Erreichte« beschrieben, wobei diese Äußerung auch einen Seitenhieb auf eine andere Gruppe des Zentrums enthielt, der es »seit 25 Jahren« nicht gelungen war, ein ähnlich »schönes« Protein zu isolieren und zu reinigen. Der Erfolg war jedoch von kurzer Lebensdauer; nachdem sie sich die Resultate der chemischen Analysen angesehen hatten, qualifizierten ihn die Wissenschaftler als Artefakt. Kurz darauf gaben sie überhaupt den Versuch auf, mit diesem Adsorptionsmittel weiterzuarbeiten.

Während die Versuche mit dem Adsorptionsmittel noch in Gang waren, wurde, wie bereits erwähnt, aus dem Reisebericht des Forschungsleiters die »Idee« aufgegriffen, Zitronensäure zu verwenden. Wie sich herausstellte, ließ sich die Zitronensäure nicht nur anstelle des Adsorptionsmittels einsetzen, um die störenden Verunreinigungen des Proteins zu mindern, sondern sie konnte auch als Ersatz für das Eisenchlorid zur Proteingenerierung herangezogen werden. Entsprechende Experimente begannen gegen Ende meiner Beobachtungen und markieren den Anfang vom Ende des Erfolges von $FeCl_3$. Dieser Zersetzungsprozeß war erst 18 Monate später komplett, als die entsprechenden Daten analysiert und in einem Papier publiziert wurden, das die Vorteile der Zitronensäure über das Eisenchlorid aufzeigte.
Sein Niedergang deutete sich erstmals an, als sich die Wissenschaftler noch während des Beobachtungszeitraums dem Aluminiumsulfat anstelle von Eisenchlorid zuwandten. Die Idee war im Gespräch mit einem Besucher aus Israel aufgekommen, der bemerkte, man habe bei Umweltforschungsprojekten in seinem Land Aluminiumsulfat verwendet. Da das resultierende Protein eine geringere Stickstofflöslichkeit und andere weniger wünschenswerte Eigenschaften als das mit Hilfe von Eisenchlorid erhaltene Protein aufwies, wurde die Methode als Fehlschlag qualifiziert. Als solcher verstärkte er zu jener Zeit den Erfolg des Eisenchlorids, statt ihn zu bedrohen. Auch hielt der Fehlschlag die Wissenschaftler nicht davon ab, die Aluminiumsulfat-Resultate in einem Papier zu publizieren, das verschiedene Methoden verglich.
Seither wurden zwei weitere Forschungsrichtungen verfolgt. Die eine zielt auf die chemische Modifizierung des Proteinmoleküls, ein Verfahren, das das »engineering« der Proteineigenschaften möglich macht. Als Konsequenz dieser Methode könnten alle bisher »erfolgreichen« Methoden hinfällig werden, da die Proteinmerkmale nicht länger entscheidend für deren Erfolg oder Fehlschlag sind (sie können quasi nach Belieben modifiziert werden). Auch diese mögliche Dekonstruktion hat die Wissenschaftler nicht daran gehindert, die Zitronensäure als erfolgreiche Koagulationsmethode in einem Papier zu empfehlen, das zum Zeitpunkt der Abfassung dieser Zeilen einer Zeitschrift zur Begut-

achtung vorliegt. Der zweite Forschungsstrang beinhaltet die enzymatische Erweichung und nachfolgende mechanische Zerstörung der Zellwände bestimmter Mikroorganismen mit dem Ziel, Protein aus dem Zellsaft zu gewinnen. Da diese Mikroorganismen in großen Mengen zur Verfügung stehen, weist auch diese Methode auf eine Dekonstruktion von Eisenchlorid bzw. ihres gegenwärtigen Substituts, der Zitronensäure, hin.

Die letzten beiden Verfahren sind zu neu, um ihr Schicksal voraussagen zu können – wiewohl es Anzeichen gibt, daß das chemische »engineering« der Proteine wegen entsprechender Gefahren wieder aufgegeben werden könnte.[16] Doch demonstriert bereits der beobachtete Laborprozeß, den ich oben fragmentarisch wiedergegeben habe, daß man das Labor nicht verlassen muß, um die Zerstörung und Ersetzung bis dahin erfolgreicher »Innovationen« zu erfahren: Die Wissenschaftler selbst sind alltäglich mit solchen Dekonstruktionen und Transformationen beschäftigt.

Dazu kommt, daß viele Ideen, die im Labor zunächst als »innovativ« und »vielversprechend« erscheinen, bereits wieder vor der experimentellen Realisierung aufgegeben werden oder sich experimentell nicht umsetzen lassen. Die obige Genealogie von Methoden der Proteingenerierung, die mit dem anfangs vorgesehenen Gebrauch der Phosphorsäure beginnt und sich über das Eisenchlorid bis zum Aluminiumsulfat und der Zitronensäure fortsetzt, schließt beide Arten von Fehlschlägen ein. Da der Ursprung jeder dieser Methoden durch die Zirkulation von Selektionen oder die Übertragung von Wissen von einem Kontext in einen anderen mit Hilfe einer Ähnlichkeitsrelation gekennzeichnet ist, stellt sich die Frage, ob man nicht eine Theorie aufstellen könnte, die den Ursprung *wissenschaftlicher Fehlschläge* auf das Auftreten von Analogie-Räsonieren zurückführt?

Das Argument hier ist einfach, aber nicht ohne Konsequenzen: durch Metaphern und Analogien erzeugte Ideenübertragungen sind Routinemerkmale von sowohl wissenschaftlichem als auch Alltagsräsonieren. Sie treten anscheinend ebensooft im Falle von »Sackgassen«, »Blindgängern« oder »degenerativen Problemverschiebungen« auf wie im Falle erfolgreicher »Innovationen« oder Forschungsabschlüsse. Das heißt, eine Theorie der Innovation, die sich auf deren Erklärung in Begriffen konzeptueller Wechselwirkungen aufgrund von Analogie-Relationen beschränkt, muß erkennen, daß sie gleichzeitig eine *Theorie des Fehlschlages* und *des Mißerfolges* darstellt. Sie differenziert nicht zwischen den variierenden Schicksalen, die durch Analogien erzeugte »Ideen« im Labor erleiden. Ohne Betrachtung des entsprechenden Produktions- und Reproduktionsprozesses bleibt das Schicksal von »Ideen« unsicher.

Ich habe gesagt, daß auf Metapher und Analogie basierende »Ideen« dem Forschungsprozeß eine Richtung geben, indem sie Ressourcen mobilisieren und Investitionsmöglichkeiten eröffnen. Die Schließung dieses Prozesses erfolgt durch die *aktiven Konstruktionen* des Labors: das heißt durch Verhandlungsprozesse und instrumentelle Fabrikation. Innovationen stellen nicht den Beginn, sondern das *vergängliche Endprodukt* dieses Prozesses dar.

3.7 Schlußfolgerungen

Welche Schlußfolgerungen können wir aus dem Gesagten in Hinblick auf die Metapher-Theorie der Innovation ziehen? Wir haben gesehen, daß bei der Schöpfung einer Metapher oder einer Analogie ein Quellen-Modell (Harré) in Anspruch genommen wird, das Licht auf die neue Situation wirft. Das ist unzweifelhaft ein Grund dafür, warum die alte Rhetorik, die Demagogie und, allgemeiner, die Kunst des Überredens systematischen Gebrauch von Analogien und Metaphern machen.[17] Aber die Schöpfung einer Metapher oder die Herstellung einer Analogie ist nicht als solche selbst bereits ein Stück »wissenschaftlicher Innovation«. Forschungsprodukte, die als wissenschaftliche Innovationen klassifiziert werden wollen, müssen ein entscheidendes Element materiell und interpersonell *erzeugten* Erfolgs aufweisen: Erfolg bei der Konstruktion im Labor, Erfolg bei der Annahme durch andere Wissenschaftler und schließlich Erfolg beim Überzeugen der Historiker, daß das Produkt in der Tat eine »Innovation« darstellt.

Die Metapher-Theorie der Innovation läßt die Fabrikationen und Verhandlungen, die Konstruktionen und Dekonstruktionen, die

»wissenschaftlichen Innovationen« entweder zur Durchsetzung verhelfen oder sie zerstören, außer acht. Ich habe darauf verwiesen, daß die Metapher-Theorie der Innovation auf Analogien im allgemeinen erweitert werden muß; aber sie muß auch *beschränkt* werden in ihrem Anspruch, daß sie eine Erklärung wissenschaftlicher Innovation darstellt. Die Bezugnahme auf Metaphern und Analogien sagt uns etwas über die Quellen und Konsequenzen von Problemverschiebungen und über die Zirkulation und Transformation von Selektionen im wissenschaftlichen und alltäglichen Räsonieren. Sie stellt dar, warum sich Wissenschaftler von einer »Idee«, die aus einer Analogie entstanden ist und als »Lösung« angesehen wird, gefangennehmen lassen und warum sie bei ihren Forschungen auf »Gelegenheiten« hinarbeiten, die Analogien und Metaphern bieten. Aber der Hinweis auf Metaphern und Analogien sagt nichts darüber aus, ob eine Problemverschiebung, in Lakatos' Begriffen[18], progressiv oder degenerativ sein wird; das heißt darüber, ob sie als Fehlschlag oder als Innovation angesehen werden wird. Die Untersuchungen von Metaphern bzw. Analogien in der Wissenschaft umgehen das Problem der Innovation, indem sie sich nur mit denjenigen konzeptuellen Übertragungen beschäftigen, die sich in Forschungsfabrikationen umgewandelt, erfolgreich reproduziert und überdies ihren Weg in die wissenschaftshistorische Literatur gefunden haben. Sie umgehen es auch, indem sie die Zuschreibungsprozesse ignorieren, mittels derer sich ein wissenschaftliches Resultat erst als Innovation konstituiert.

Wenn die Rolle von Metaphern/Analogien im Forschungsprozeß nicht in Innovationsleistungen besteht, worin liegt sie dann? Meiner Meinung nach darin, *die Gelegenheitsgrenzen des Labors durch die Mobilisierung bisher unbeachteter Ressourcen und Kapazitäten zu erweitern.* Mit dem Begriff der opportunistischen Rationalität der Forschung haben wir bisher die Funktion umschrieben, die den lokal ansässigen (instrumentellen, personellen, erfahrungsmäßigen) Gegebenheiten ebenso wie Umweltbedingungen (eine Energiekrise) in der Wissenserzeugung zukommt. Diese Gegebenheiten können durch Analogie-Räsonieren auf unbedachte Möglichkeiten ausgedehnt, die Laboruntersuchungen entsprechend durch Erfolgsvermutungen gezielt strukturiert werden. Durch Analogie-Räsonieren wird der Opportunismus der Forschung somit auf spontan vermittelte Gelegenheiten (Problem»lösungen«) erweitert, die es erlauben, situative Beschränkungen (auch der Überlegungen des Wissenschaftlers) zu transzendieren. Daher impliziert der Opportunismus der Wissenschaft auch keine reine Situationslogik, sondern eine Gelegenheitsrationalität.

Kapitel 4

Wissenschaft als transwissenschaftliche Rationalität: Von der Wissenschaftlergemeinde zum transwissenschaftlichen Feld

Gina:	Look at the tiny star out there ... For all we know that star disappeared millions of years ago and it's taken that light, travelling 186 000 miles a second, millions of years to reach us.
Kleinman:	You're saying that star may not still be out there?
Gina:	That's right.
Kleinman:	Even though I see it with my own eyes?
Gina:	That's right.
Kleinman:	That's very scary, because if I see something with my own eyes, I like to think it's there.
	...
Gina:	Kleinman, who knows what's real?
Kleinman:	What's real is what you can touch with your hands.
Gina:	Oh? (He kisses her; she responds passionately) That'll be six dollars, please.

Woody Allen, *Death (A Play)*

4.1 Die Wissenschaftlergemeinde als Einbettungskontext der Forschung

In der Einleitung haben wir die konstruktive – anstatt deskriptive – Natur wissenschaftlicher Operationen durch deren Entscheidungsgeladenheit im Kontext präzisiert. Kapitel 2 hat in weiterer Präzisierung die Kontextualität wissenschaftlicher Entscheidungen als opportunistische Rationalität ausgewiesen. Im letzten Kapitel haben wir gesehen, wie die opportunistische Logik des Labors mittels Analogie-Räsonieren auf Lösungsmöglichkeiten und Erfolgsgelegenheiten erweitert und durch sie zielmäßig ausgerichtet wird. Im folgenden werden wir die praktische Rationalität der Wissenschaftler um einen weiteren Aspekt erweitern. Wir werden uns mit den sozialen Beziehungen beschäftigen, in denen die Gelegenheitslogik des Labors eingebettet erscheint. Es ist klar, daß Orte sozialen Handelns keine naturgegebenen Grenzen aufweisen, die den Handlungsraum beschränken. Naturwissenschaftliche Selektionen haben einen lokal umschriebenen »Sitz« (das Forschungslabor). Gleichzeitig erscheinen sie jedoch in ein Feld sozialer Beziehungen eingebettet, die die Laborwände ständig überschreiten. Die im Labor beobachteten lokalen Kontingenzen werden von Beziehungen getragen, die selbst nicht im Labor ansässig erscheinen. Was wissen wir über diesen kontextuellen Rahmen der Wissenserzeugung, und was können wir aus der direkten Beobachtung von Wissenschaftlern an der Arbeit lernen? Während der Ort der Forschung in empirischen Untersuchungen der Wissenschaft notorisch vernachlässigt wurde, kann man dasselbe nicht von erweiterten wissenschaftlichen Kontextstrukturen behaupten. Letztere haben im Bereich der *social studies of science* sowohl einen etablierten Namen als auch eine lange Forschungstradition. Die Idee, daß professionelle Gruppierungen (genannt *Wissenschaftlergemeinden)* die relevanten Einheiten der sozialen und kognitiven Organisation der Wissenschaft darstellen, durchdringt praktisch die gesamte Wissenschaftsforschung.

Die meisten zeitgenössischen Wissenschaftsforschungen operieren mit dem Begriff der Spezialistengemeinde, selbst wenn sie verschiedene Ziele verfolgen und ihre theoretischen und methodologischen Orientierungen wechselseitig disputieren. So verwenden sowohl Zitations- und Kommunikationsstudien als auch Arbeiten im Gefolge Kuhns, sowohl Untersuchungen des »sozialen Systems« der Wissenschaft als auch Analysen der sozialen und kognitiven Institutionalisierung wissenschaftlicher Disziplinen einen Begriff der Wissenschaftlergemeinde. Die Identifizierung und Definition der Wissenschaftlergemeinde sowie die Feststellung ihres Integrationsmechanismus erscheint als ein Grundanliegen dieser Studien.

Zitationsstudien identifizieren Spezialistengemeinden mit den Zitatmustern, die sie in der wissenschaftlichen Literatur finden. Dabei tendiert man dazu, Zitationsbeziehungen als Beziehungen intellektueller Abhängigkeit zu interpretieren.[1] Einzelne *Cluster* solcher Beziehungen bilden die »Spezialgebiete«, »Problembereiche«, »Forschungsgebiete« oder »Forschungsnetze«, mit denen Spezialistengemeinden gleichgesetzt werden.[2] Eine ähnliche Konzeption findet man in Kuhn (1962), der Wissenschaftlergemeinden über geteilte Paradigmen definiert und umgekehrt Paradigmen über das technische Wissen und die technischen Traditionen expliziert, die eine Gemeinschaft von Wissenschaftlern vereinen. Diese Zirkularität in den Definitionen Kuhns hat Anlaß zu neuerlichen Definitionsversuchen gegeben, etwa durch Rückgriff auf den Begriff der Argumentation oder durch den Begriff von »problem networks«, denen soziale Eigenschaften zugeordnet werden.[3]

Einen weiteren Schwerpunkt der Untersuchung von Wissenschaftlergemeinden findet man in Ansätzen, die primär am sozialen System der Wissenschaft interessiert sind. Nach Hagstrom (1965) basiert das System auf dem nicht kontraktmäßig abgesicherten Austausch von Informationen gegen Belohnungen, nach Storer (1966) auf dem Tausch von Innovationen gegen Anerkennung. Ein dritter Forschungsstrang untersucht Mobilität, Karrieremuster und informelle Kommunikationsbeziehungen innerhalb von Wissenschaftlergemeinden.[4]

Im allgemeinen werden Wissenschaftlergemeinden als kleinere soziale Systeme mit verschwommenen Grenzen und internen Integrationsmechanismen aufgefaßt, wobei diese Systeme häufig durch die in der wissenschaftlichen Literatur aufscheinenden Spezialgebiete umschrieben werden.[5] Das ursprüngliche Verdienst von Mertons struktural-funktionaler Wissenschaftssoziologie bestand darin, die Wissenschaftsforschung auf die soziale Organisation der Wissenschaftler aufmerksam zu machen. Mertons Richtlinien folgend, haben Wissenschaftssoziologen in der Folge unterstellt, daß Wissenschaftlergemeinden die grundlegenden Zellen der Organisation der Wissenschaft darstellen. Vermutlich läßt sich einiges aus der Untersuchung derjenigen Gruppierungen von Wissenschaftlern lernen, die, wie auch immer, mit bestimmten Spezialgebieten assoziiert werden. Aber stellen diese Wissenschaftlergemeinden auch die Einheiten dar, innerhalb derer Forschungstätigkeit im Labor kontextuell organisiert erscheint?

In einer vor kurzem erschienenen Studie von Kommunikationsmustern in einer Anzahl von Forschungsinstitutionen argumentiert Whitley, daß relativ weite Organisationseinheiten wie die der Spezialistengemeinde für die Wissenschaftler nicht nur weitgehend irrelevant, sondern ihnen oft auch unbekannt sind.[6] Edge hat den Versuch der »korrekten Definition eines Spezialgebietes« ein sinnloses Konzept genannt und angeregt, ihn durch eine radikal teilnehmerorientierte Perspektive über wissenschaftliche Kollektive zu ersetzen. Worin bestehen aber diese Organisationseinheiten wissenschaftlicher Arbeit, die wir für den Begriff der Spezialistengruppe substituieren sollen? Meine Strategie bei der Beantwortung dieser Frage besteht darin, zunächst mit einer theoretischen und methodologischen Kritik des gegenwärtig verwendeten Konzeptes der Wissenschaftlergemeinde zu beginnen; sodann werde ich auf der Basis von Laborbeobachtungen den Begriff eines *transwissenschaftlichen* bzw. *transepistemischen Feldes* einführen, das durch Ressourcenbeziehungen organisiert ist. Um auf die oben gestellte Frage zu antworten, ist es notwendig, aber nicht hinreichend, die Idee der Spezialistengemeinde zu kritisieren. Denn wenn Spezialistengemeinden der Ort der sozialen und kognitiven Organisation wissenschaftlicher Arbeit wären, könnten wir die beobachtbaren Beziehungen zwischen Wissenschaftlern und Nicht-Spezialisten als irrelevant für die Wissenserzeugung betrachten. Ich werde behaupten, daß das Ignorieren dieser Beziehungen einen radikalen Fehler darstellt, und werde das dadurch zu zeigen versuchen, daß ich einige eigenartige Konsequenzen und Beschränkungen des Konzeptes der Spezialistengemeinde aufweise. Anschließend werde ich anhand von Laborbeobachtungen darlegen, daß sich die transwissenschaftliche und transepistemische Verbindung der Forschung im wissenschaftlichen Resultat wiederfindet und daher in ein Konzept der sozialen Organisation der Wissenschaft eingebaut werden muß.

4.2 Quasi-ökonomische Modelle: Vom Gemeinde-Geschenkaustausch zum Gemeinde-Kapitalismus

Strenggenommen hat man bisher das Problem der erweiterten kontextuellen Organisation wissenschaftlichen Handelns im Rahmen zweier Fragen gestellt: Die erste bezieht sich auf die Organisations*einheit* und wurde im allgemeinen mit der Suche nach Wissenschaftlergemeinden beantwortet; die zweite bezieht sich auf den Integrations*mechanismus*, der die entsprechenden Kollektive kennzeichnet. In Antworten auf die zweite Frage haben ökonomische Analogien seit dem Beginn der Wissenschaftssoziologie dominiert. Der Wandel dieser Analogien ist in sich selbst interessant: die frühen Vorstellungen von relativ isolierten ökonomischen Mechanismen (wie Wettbewerb) wurden zunächst durch die Annahme einer vorkapitalistischen Ökonomie ersetzt, auf die schließlich strikt kapitalistische Versionen einer Ökonomie der Wissensproduktion folgten.[7]

Einer der ersten, der die Idee eines quasi-ökonomischen Wettbewerbs in der Wissenschaft vertrat, war Merton selbst, dessen Arbeiten gemeinhin mit dem Beginn der Wissenschaftssoziologie assoziiert werden. Die Idee wurde in Mertons Studie über die Prioritätskämpfe von Wissenschaftlern entwickelt und in seiner Arbeit über den Matthew-Effect verfeinert. Es ging nun um unvollständigen Wettbewerb, das heißt den Anerkennungszuwachs derer, die bereits ihre Reputation etabliert haben.[8] Eine explizite Anlehnung an vorkapitalistische Modelle findet man in Hagstrom (1965), der das normativ-funktionale Verhalten der Wissenschaftler auf einen Mechanismus zurückführt, durch den kreative wissenschaftliche Leistungen gegen eine Anzahl systemspezifischer Belohnungen ausgetauscht werden. Hagstrom illustriert diesen Tauschmechanismus mit dem Bild des Geschenkaustausches in einer normativ integrierten Gemeinschaft und nicht mit der Idee der Profitmaximierung auf einem antagonistischen Markt. Die Existenz des Wettbewerbs läuft der Vorstellung eines Geschenke austauschenden Gemeinschaftslebens nicht zuwider, denn es handelt sich um einen Wettbewerb zwischen Leistungserbringern um die am höchsten bewerteten Leistungen. Letztere hat nichts mit der Appropriation von Mehrwert oder

Die Arbeitsbank eines Chemikers

und eines Mikrobiologen

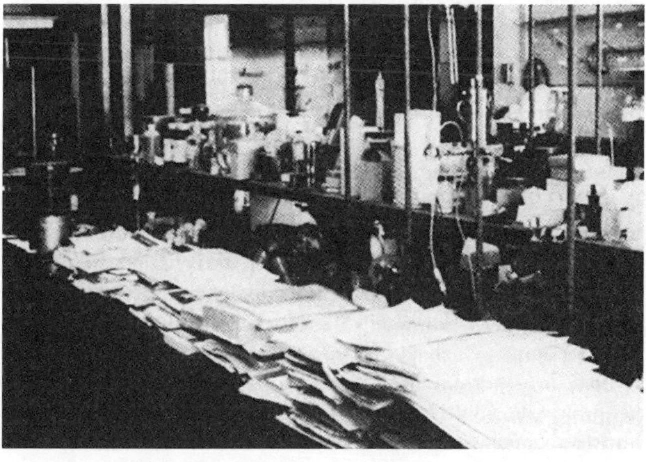

knappen Ressourcen durch den Kapitalisten zu tun. Eine Wiederholung der Grundidee dieses Modells findet man bei einer Reihe von Autoren, insbesondere bei Storer (1966), der Wissenschaft als eine Form der *l'art pour l'art* beschreibt. Bei Storer findet sich die archaische Tauschökonomie mit der Vorstellung kombiniert, daß Wissenschaft eine Antwort auf den Wunsch, kreativ zu sein, darstellt, den er in der Natur des Menschen verankert.

Der Übergang von der vorkapitalistischen Tauschökonomie zur kapitalistischen Marktökonomie erfolgte 10 Jahre später durch Bourdieu (1975 a). Das Spezialgebiet wurde nicht länger als Gemeinschaft von Spezialisten gesehen, die miteinander um kreative Leistungen wettstreiten, sondern als Ort eines antagonistischen Kampfes um die Monopolisierung wissenschaftlichen Kredits. Das Konzept des »Kredits« darf nicht mit der »Anerkennung« früherer Wissenschaftsstudien verwechselt werden. Anerkennung war als spezifische Form der Belohnung definiert und durch einen Wirkungsmechanismus abgestützt, der dem psychologischen *Stimulus-response*-Modell entnommen schien. Belohnungen dienten in diesem Modell dazu, erwünschte Verhaltensweisen selektiv zu verstärken. Entsprechend nahm man an, daß wissenschaftliche Anerkennung die Leistungsorientierung der Wissenschaftler und ihre Suche nach Wahrheit verstärke, die man für funktional für das Wissenschaftssystem hielt.

Im Gegensatz dazu definiert Bourdieu Kredit als eine Form symbolischen Kapitals, die Wissenschaftler dadurch erlangen, daß sie in einem Gebiet ihre technischen Definitionen und legitimen Repräsentationen wissenschaftlicher Objekte durchsetzen. Das Kapital setzt sich sowohl aus wissenschaftlicher Kompetenz als auch aus sozialer Autorität zusammen und kann wie monetäres Kapital in alle möglichen Ressourcen umgewandelt werden, die für die Fortführung wissenschaftlicher Produktion notwendig sind. Vor allem ist wichtig, daß Wissenschaftler aktiv damit beschäftigt sind, durch Herrschafts- und Monopolisierungsstrategien, die sich gegen andere relevante »Wissenschaftsproduzenten« auf den Märkten von Spezialgebieten und wissenschaftlichen Disziplinen richten, ihr symbolisches Kapital zu vermehren. Während Anerkennung als funktionaler Sortiermechanismus zur Selektion normgerechten wissenschaftlichen Verhaltens in einem im wesentlichen kooperativen Universum dient und damit das Überleben des Systems sichert, regiert Bourdieus symbolisches Kapital auf einem antagonistischen Markt. Allerdings dient es dennoch dem »Fortschritt der Vernunft«, zumindest in den Naturwissenschaften. Die wissenschaftlichen Produzenten und Klienten »kontrollieren sich gegenseitig« und fördern damit die Wahrheit – gemäß einer Anregung von Polanyi, die von Bourdieu aufgenommen wird.

Keine derartigen Annahmen finden sich bei Latour und Woolgar (1979), die den Begriff der *Glaubwürdigkeit (credibility)* einführen, um auf die Reproduktion des in Frage stehenden Kapitals zu verweisen. Wissenschaftler investieren in Gebiete und Fragestellungen, die das größte Ausmaß an Kredit versprechen. Dieser aus der Produktion von Informationsmehrwert (neue Information) gewonnene Kredit ist ausschließlich dazu bestimmt, neuerlich investiert zu werden – was heißt, daß Wissenschaftler weder an Wahrheit noch an Forschungsinhalten noch an Informationsmehrwert *per se* interessiert sind. Sie sind auch nicht an Anerkennung *per se* interessiert. *Was* von Interesse ist, ist vielmehr die Beschleunigung und Expansion des Reproduktionszyklus, der neue und glaubwürdige Informationen produziert; das heißt Informationen, für die die Kosten eines Gegeneinwandes so hoch wie möglich liegen. Reproduktion um der Reproduktion willen ist das Kennzeichen des reinen wissenchaftlichen Kapitalismus.[9]

Andere Versionen einer wissenschaftlichen Marktökonomie auf der Basis des Bourdieu-Modells wurden bisher kaum entwikkelt.[10]

Die bisherigen quasi-ökonomischen Modelle der Wissenschaft sind noch nicht bis an ihre Grenzen vorangetrieben worden. Zum Beispiel fehlt in diesen Modellen bisher jede Analyse spätkapitalistischer Entwicklungen, wie sie etwa in der wachsenden Bedeutung der Rolle des Staates, der partiellen Rückverteilung ökonomischen Mehrwertes oder in Problemen der Legitimation und Motivation gesehen werden können. Angesichts des Auftretens antiwissenschaftlicher Bewegungen, des anscheinenden Legitimationsverlustes der Wissenschaft, der Inflation wissenschaftlicher Autorität und der Expansion staatlicher Forschungspolitik erscheint der Einbezug spätkapitalistischer Phänomene nicht irrelevant für quasi-ökonomische Modelle der Wissenschaft. Im allgemeinen liegt die Stärke dieser Modelle darin, Ähnlichkeiten zwischen der Wissenschaft und anderen sozialen Bereichen zu demonstrieren; sie liegt *nicht* darin, die Komplexität ökonomischer Theoriebildung zu erhöhen.[11] Allerdings kann eine Analogie auch übermäßig vereinfacht werden und sich vergeßlich gegenüber Argumenten zeigen, die das Quellenmodell ernsthaft in Frage gestellt oder modifiziert haben. In der folgenden Kritik quasi-ökonomischer Modelle der Wissenschaft werde ich zuerst auf die vereinfachte Konzeption des Individuums in den betreffenden Modellen hinweisen. Sodann werden wir uns mit dem Internalismus und orthodoxen Funktionalismus beschäftigen, die sich als Konsequenzen selbst bei radikalen Versionen des Modells ergeben.

4.3 Die Kritik des kapitalistischen Marktmodells der Wissenschaftlergemeinde

In der klassischen Version des *homo oeconomicus* maximiert das Individuum Profit. Dabei unterstellt man dem Individuum entweder einen unersättlichen Appetit auf die Vermehrung von Eigentum, oder man nimmt an, daß die Akkumulation um der Akkumulation willen stattfindet. Im ersteren Fall haben wir es offenbar mit einer Annahme über die menschliche Natur zu tun, der Konkurrenz, Machtstreben und Ausbeutungstendenzen nachgesagt werden. Im zweiten Fall erscheint das individuelle ökonomische Verhalten als eine Konsequenz von Marktnotwendigkeiten, die wiederum die Konsequenz bekannter historischer Entwicklungen sind.
Ausgefeilte Versionen des *homo oeconomicus* bevorzugen die zweitgenannte Interpretation und substituieren überdies die Idee des »satisficing« unter Bedingungen beschränkter Information für die der rationalen Profitmaximierung.[12] Demnach geben sich Akteure mit der erstbesten Lösung zufrieden, auf die sie innerhalb der Grenzen einer durch unvollständige Information gekennzeichneten Rationalität stoßen. Das Modell bleibt jedoch individualistisch und voluntaristisch. Es ignoriert ein Ergebnis

der mikrosoziologischen Forschung, daß nämlich Handlungsresultate innerhalb eines Kontextes *sozial* erzeugt bzw. *interaktiv* ausgehandelt und nicht *individuell* kalkuliert werden. Es ignoriert überdies, daß Handlungsresultate oft nicht *bewußt* »kalkuliert« werden, womit die Idee des »satisficing« ebenso problematisch wird wie die des »maximizing«.

In Bourdieus Theorie der sozialen Praxis ersetzt der Begriff eines klassenspezifisch erworbenen Habitus (die Summe der Reaktionsdispositionen) die Idee, daß das Individuum Handlungsresultate kalkuliert.[13] Jedoch leidet auch dieser Versuch darunter, daß die Ergebnisse sozialen Handelns anscheinend nicht aus den Merkmalen vorhergesagt werden können, die Individuen erworben haben. Es ist üblich, Intentionalität und Reflexivität Individuen zuzuschreiben und aus dieser Zuschreibung Erklärungen sozialen Handelns in Begriffen individueller Disposition und Motivation herzuleiten. Mikrosoziologische Untersuchungen sozialen Handelns in der Situation zeigen jedoch, daß auch Handlungsmotive und Handlungsneigungen von der Gegenwart anderer und der Dynamik der Situation bestimmt werden. Es ist diese Dynamik der *Interaktion*, die individualistische Entscheidungstheorien verbietet, ob diese nun auf der Idee bewußter Kalkulation oder unbewußter habitueller Selektion basieren.

Damit ist nicht geleugnet, daß sich Handlungsteilnehmer zu bestimmten Zeitpunkten als strategisch Handelnde darstellen.[14] Aber das Ausmaß, in dem dies der Fall ist, scheint selbst eine Funktion sozialer Praxis zu sein – etwa der spezifischen Gegebenheiten einer bestimmten Situation. Im allgemeinen hat natürlich das ganze Spektrum von Problemen, die mit einem Konzept sozialen Handelns verbunden sind, das an die ökonomische Theorie angepaßt ist, nichts mit Wissenschaftsstudien im spezifischen zu tun. Und es ist auch nicht wahrscheinlich, daß Wissenschaftsstudien zu einer Lösung von Problemen beitragen werden, die nicht ihre eigenen sind. Zwar haben manche Wissenschaftsforscher versucht, sich vor diesen Problemen in acht zu nehmen, indem sie die Analyse auf der Makro- statt auf der Mikroebene ansetzten. So kann man sich etwa die Erklärung des Systems der Wissenschaft und nicht die Erklärung des Verhaltens individueller Wissenschaftler zum Ziel setzen.[15]

Beschreibt man jedoch ein System in Begriffen der Kapital-Akkumulation und Kapital-Umwandlung, so erfordert dies, daß man entweder korrespondierendes individuelles Verhalten unterstellt oder daß man einen Mechanismus angibt, der erklärt, wie die Akkumulation und Reproduktion von Kapitalien auf Systemebene *ohne* entsprechendes Verhalten der das System konstitutierenden Einheiten (die Wissenschaftler) zustande kommt. Quasiökonomische Modelle der Wissenschaft werden deshalb konsistent in Begriffen *individuellen* Verhaltens interpretiert, weil ein plausibler Mechanismus dieser Art bisher nicht vorgeschlagen wurde. Ein solcher ist auch schwer vorzustellen, da Begriffe wie Akkumulation, Investition und der Austausch von Vertrauen oder symbolischen Kapitalen von vornherein *nicht Systeme beschreiben*, sondern Handlungen von Individuen zum Bezugspunkt haben. Daher müssen wir annehmen, daß die kapitalistische Produktionsweise, die der Wissenschaftlergemeinde zugeschrieben wird, durch das kleinkrämerische, aber durchgängige Unternehmertum individueller Wissenschaftler zustande kommt; das heißt durch deren bewußtes oder habituelles Interesse an der Akkumulation symbolischer Profite oder an der Erneuerung und Beschleunigung des Kapitalzyklus. Dann aber enden wir bei all den Problemen, die mit den Merkmalen des *homo oeconomicus* verknüpft sind, seit er zum Fundament größerer sozialer Theorien geworden ist.
Aber die ökonomische Analogie stellt auch Fragen, die für ihre Anwendung im Wissenschaftsbereich spezifisch sind. Der Vorteil einer Analogie liegt, wie wir gehört haben, darin, daß wir durch sie Wissen aus einem besser bekannten Kontext für ein ähnliches, aber wenig bekanntes Phänomen fruchtbar machen können. Allerdings muß das übertragene Wissen intern konsistent bleiben, sonst gerät der Transfer zu nicht mehr als einer Ersetzung von Termen (wie etwa »symbolisches Kapital« für »wissenschaftliche Anerkennung«). In der ökonomischen Theorie ist der Begriff des Kapitals mit der Idee der Ausbeutung (definiert als Aneignung von Mehrwert) verbunden ebenso wie mit dem Begriff der Entfremdung und der Klassenstruktur. Ohne Konzept von Ausbeutung und sozialer Klasse, so scheint mir, verliert das kapitalistische Modell seine entscheidensten Merkmale. Wie aber sollen wir

uns Ausbeutung und Klassenstruktur in einem wissenschaftlichen Spezialgebiet vorstellen, das der Annahme nach von kapitalistischen Marktmechanismen regiert wird?

Nun könnte man Ausbeutung in der Wissenschaft verstehen als die Aneignung der Produkte untergeordneter Wissenschaftler und Techniker durch Wissenschaftler in vorgesetzten Positionen. Letztere können durch Veröffentlichung symbolischen Profit aus den Arbeiten der ersteren ziehen und diesen Profit akkumulieren. Ein solches Modell würde jedoch verlangen, daß sich wissenschaftliche Kapitalisten von wissenschaftlichen Arbeitern durch das Kriterium des Besitzes von (symbolischem) Kapital und der Kontrolle über die wissenschaftlichen Produktionsmittel unterscheiden lassen. Die Schwierigkeit dabei ist, daß der Besitz eines solchen Kapitals und einer solchen Kontrolle (operational definiert als Kredit oder Glaubwürdigkeit, als Anzahl der Publikationen und Zitate oder als Zugang zu Labor- und anderen Ressourcen) ein geteiltes – wenn auch abgestuftes – Merkmal all derer ist, auf die der Terminus »Wissenschaftler« im allgemeinen angewandt wird. Um zwischen Arbeitern und Kapitalisten zu differenzieren, müßten wir ein bestimmtes *Ausmaß* symbolischen Kapitals definieren und Wissenschaftler danach der einen oder der anderen Kategorie zuordnen, ob sie mit ihrem Anteil an Kapital oder Kontrolle unter oder über die Markierung fallen. Es ist schwer zu sehen, wie ein solches Unterscheidungskriterium anders als arbiträr ausfallen könnte.

Ein Teil der Schwierigkeit ergibt sich daraus, daß der Begriff des symbolischen Kapitals eine Vielzahl von Komponenten aufweist, die weder klar definiert sind noch zu eindeutigen Konsequenzen führen. Zum Beispiel impliziert Kontrolle über wissenschaftliche Produktionsmittel nicht notwendigerweise auch hohe professionelle Anerkennung, und Wissenschaftler mit hoher Autorität sind nicht notwendigerweise diejenigen, die die Forschungsprodukte anderer Wissenschaftler appropriieren. Die größere Schwierigkeit ergibt sich jedoch aus dem eingeschränkten Bezugssystem des kapitalistischen Marktmodells, das eine in zeitgenössischen Wissenschaftsstudien kritisierte *internalistische* Auffassung des Wissenschaftssystems perpetuiert.

Dieser Internalismus ist nicht länger auf die einst dominante Unterscheidung zwischen sozialen und kognitiven Aspekten der Wissenschaft zurückzuführen, wohl aber auf eine weiterhin bestehende ausschließliche Blickrichtung auf die Wissenschaftlergemeinde. Wissenschaftlergemeinden sind zu Märkten geworden, in denen Produzenten wie Klienten Kollegen in einem oder mehreren Spezialgebieten sind. Normativ-funktionale Integrationsmechanismen wurden durch Wettbewerbskämpfe auf den Wissenschaftsmärkten ersetzt. Wissenschaftler wurden zu Kapitalisten, aber sie werden immer noch behandelt, als wären sie in einem selbst-genügsamen, quasi unabhängigen System isoliert. Da wir innerhalb des Systems keine Klassendifferenzierung in rechtfertigbarer Weise vornehmen können, sehen wir uns schließlich mit Gemeinden von Kleinkapitalisten konfrontiert, die sich irgendwie erhalten, indem sie sich wechselseitig selbst ausbeuten – oder nicht ausbeuten?

In der ökonomischen Theorie wäre die Existenz eines solchen *Gemeinschaftskapitalismus* sicherlich eine Kuriosität, zumal gerade diejenigen in auffallender Weise in unserem Bild fehlen, die die tatsächlichen Ressourcen bereitstellen, in die symbolisches Kapital umgewandelt werden muß, bevor es sich erneuern kann. Im kapitalistischen Modell der Wissenschaft kommt diesen Agenturen und Gruppen die Rolle einer *unsichtbaren Hand* zu, die mit nichts in Verbindung steht und die keine offizielle Aufgabe im Gemeinschaftsgeschäft hat. Ihr unsichtbares Wirken ist um so überraschender, als sie nicht nur die Verteilung von Forschungsgeldern entscheidend zu beeinflussen scheint, sondern auch das eigentliche Geschäft unserer Kapitalisten (nämlich deren Forschungsziele und -aufgaben).

Mein letzter Kritikpunkt bezieht sich spezifisch auf die eindeutige Beziehung, die manche kapitalistische Marktmodelle zwischen dem Status der von einem Wissenschaftler produzierten Information und dessen Zugang zu Positionen, Karrieremöglichkeiten, Forschungsgeldern, Zitaten oder wissenschaftlicher Anerkennung herstellen. Dabei geht man davon aus, daß die mit einer wissenschaftlichen Aussage verbundene Glaubwürdigkeit gegen die oben erwähnten Ressourcen eingetauscht werden kann, welche umgekehrt wiederum in die Produktion neuer glaubwürdiger Informationen investiert werden. Je glaubwürdiger (»härter«) die

Aussage, desto höher steht sie »im Kurs«, desto einträglicher kann sie gegen Positionen und Forschungsressourcen ausgetauscht werden. Allerdings könnte uns die Annahme, daß man in der Wissenschaft Karriere macht, indem man die »härteren Fakten« produziert und sie gegen Positionen und Ressourcen eintauscht, direkt bei der berühmten Stratifikationstheorie von Kingsley Davis u. a. landen lassen, nach der diejenigen, die in einer Gesellschaft Besseres leisten, auch die besseren Positionen innehaben und verdienen. Zwar könnte ein solcher Stratifikationsmechanismus in der Tat funktional für die Erreichung gesellschaftlicher Ziele genannt werden, doch haben Jahrzehnte soziologischer Forschung seine Existenz nicht nachweisen können. Sicherlich liegt der Reiz gegenwärtiger quasi-ökonomischer Modelle der Wissenschaft zum Teil darin, daß sie Macht und Dominanzphänomene als dem Wissenschaftsunternehmen inhärent begreifen. Aber indem sie ihre Perspektive auf Wissenschaftlergemeinden beschränken, akkreditierte Faktenaussagen als Angelpunkt wissenschaftlicher Bemühungen ansehen und implizieren, daß zwischen dem Glaubwürdigkeitsstatus eines wissenschaftlichen Produkts und den Ressourcen und Positionen, die seinem Urheber zugänglich sind, eine eindeutige Beziehung besteht, werden Macht und Herrschaft ein weiteres Mal »funktionalisiert«. Sie kommen nur denjenigen zu, die »harte« wissenschaftliche Leistungen liefern, und dienen ausschließlich der Beschleunigung der Produktion neuer wissenschaftlicher Informationen.

4.4 Das ökonomische Räsonieren der Wissenschaftler oder: Wer sind die Unternehmer in der Forschung?

Kehren wir nun ins Labor zurück, so finden wir im Räsonieren der Wissenschaftler nicht selten ökonomische Begriffe enthalten, und man stellt sich die Frage, ob dies der Vorstellung vom Wissenschaftler als Unternehmer und (symbolischen) Kapitalisten nicht Plausibilität verleiht. Wir müssen uns daher bei der Kritik von Modellen, die Wissenschaft als Kleinkapitalismus-in-der-Gemeinschaft porträtieren, mit dem ökonomischen Räsonieren der Wissenschaftler beschäftigen und es einzuschätzen versuchen.

Man hört Wissenschaftler darüber reden, daß sie in ein Forschungsgebiet, ein Experiment oder ein Projekt »viel investiert« haben. Sie sprechen von den »Risiken«, »Kosten« und dem »Nutzen« ihrer Bemühungen und davon, ihre Resultate einer Zeitschrift oder einer Förderungsorganisation »verkaufen« zu wollen. Sie scheinen zu wissen, für welche Produkte eine hohe »Nachfrage« besteht und in welchen Gebieten »nichts zu gewinnen« ist. Es kann vorkommen, daß sie heiße »Ware« auf den »Markt« bringen wollen und dafür »Kredit« erzielen wollen. Reflektiert diese Sprache das Eindringen ökonomischer – und spezifisch kapitalistischer – Mechanismen in einen bisher nicht ökonomisierten Bereich? Haben sich diese Mechanismen zwischen 1965 und 1975 von einer archaischen Geschenkökonomie in eine kapitalistische Wettbewerbs- und Monopolökonomie entwickelt; das heißt von Hagstroms Modell zu dem von Bourdieu und seinen Nachfolgern zehn Jahre später? Oder haben wir es hier mit einem Phänomen zu tun, für das es auch andere und nicht weniger plausible Interpretationen gibt?
Wie mir scheint, muß man im Labor zumindest zwei verschiedene Arten ökonomischen Räsonierens unterscheiden. Ökonomische Begriffe werden häufig in Situationen angewendet, in denen Wissenschaftler *über* ihre Forschungsstrategien sprechen, in denen sie über die Art, wie Forschungsentscheidungen getroffen werden, *reflektieren* (im Gegensatz zu Situationen, in denen sie diese Entscheidungen treffen). Man erinnere sich an den Biochemiker, der mir von seiner Entdeckung berichtete, daß Cholesterol nicht nur in Tieren, sondern auch in Pflanzen vorhanden sei. Im Verlauf seiner Geschichte fragte ich ihn, wie er überhaupt darauf gekommen war, diese »Idee« zu verfolgen. Er antwortete, indem er darüber zu reflektieren begann, wie erfolgreiche Wissenschaftler solche Entscheidungen vornehmen. Ich wiederhole zwei seiner Punkte:

»*Wir kalkulieren immer unser Risiko, obwohl wir gar nicht wissen, wie wir es kalkulieren* sollen. Das ist nur so ein Gefühl, weißt du, und in der Zwischenzeit bin ich darin ganz gut. Aufgrund langjähriger Erfahrung kann ich mehr oder weniger sagen, was ich besser fallenlassen und was ich aufnehmen sollte. Ich glaube, das ist das Problem mit vielen erfolglosen Wissenschaftlern – sie sind nicht dumm, sie arbeiten nur an den falschen Dingen ... Ein anderer Faktor ist der: Wenn du gegen eine ungeheuere Konkurrenz anrennst, dann hat es keinen Sinn zu kämpfen. *In der Zwischenzeit kann ich diese Erfolgsfaktoren einschätzen*, und mein eigenes Erfolgsgeheimnis ist, daß *ich an Dingen arbeite, von denen es nicht zu unwahrscheinlich ist, daß sie sich machen lassen werden ...«* (9-29/4, Hervorhebung von mir).

Wir haben ein ähnliches Argument von einem Chemiker gehört, der über die Entwicklung der Papier-Chromatographie als einer »offensichtlich guten Sache« berichtete. Als ich ihn fragte, worin seiner Ansicht nach eine erfolgreiche Idee bestehe und wie er sie auswähle, sagte er:

»Du versuchst, zwischen ihnen zu differenzieren. Man kann eine Idee am Tag haben oder ... [in] zwei Tagen oder eine in der Woche, und du triffst unter ihnen eine Auswahl [in Hinblick auf] deine Zeit und deine Möglichkeiten, sie auszuwerten. Du weißt, wir haben Ideenkarteien, entweder im Kopf oder auf Papier; jedenfalls kannst du nicht eine Menge Zeit auf Dinge verwenden, die du nicht durchführen oder beweisen oder verifizieren kannst. *Also versuchst du, deine Interessen auf diejenige Idee zu beschränken, von der du weißt, daß sie am produktivsten sein wird, so schnell wie möglich und innerhalb des Rahmens der Möglichkeiten, die du an der Hand hast«* (9-27/9, Hervorhebung von mir).

Als ich einen Kollegen des Chemikers fragte, ob auch er seinen Ideen auf der Spur bleibe, erhielt ich eine ähnliche Antwort:

Frage:
»Hast du immer mehr Ideen auf Lager, als du bearbeiten kannst?«
Antwort:
»Ja, ja. Und ich versuche die Dinge auszuwählen, die unter gegebenen Umständen machbar sind. Anders gesagt, ich muß abschätzen, wieviel Zeit ich habe, welche Art von Einrichtungen vorhanden sind, was die Konkurrenz macht. All dies geschieht nicht durch mathematische Berechnung, sondern nur [durch] ein *Abwägen, weißt du, der Erfolgswahrscheinlichkeit«* (8-29/5, Hervorhebung von mir).

Interessant an diesen Zitaten erscheint nicht nur, daß Wissenschaftler beanspruchen, ihre Risiken und Vorteile zu berechnen oder zwischen Ideen nach deren Erfolgswahrscheinlichkeit zu unterscheiden. Wichtig erscheint mir, daß sie so ihre Weise der *Entscheidungsfindung beschreiben* und sich dadurch nach den Vernunftkriterien des Alltags als rational erweisen. Handlungsergebnisse vorauszuberechnen, Alternativen abzuwägen, Entscheidungen nur nach Einschätzung von deren Konsequenzen zu treffen, all das gehört zum überlegten Handeln – zu der im Alltag erwarteten Entscheidungsrationalität. Da Rationalität meist mit ökonomischer Rationalität (Kosten-/Nutzen-Berechnung, Zielmaximierung und Mittel-Instrumentalität) gleichgesetzt wird, finden sich ökonomische Begriffe häufig im Entscheidungsdiskurs. Diese Art von quasi-ökonomischer Argumentation ist somit für Wissenschaftler nicht spezifisch. Sie illustriert meines Erachtens zwar die der Alltagsrationalität entsprechende opportunistische Logik der Forschung, nicht aber den Kapitalismus der Wissenschaftler.

Man findet im Labor jedoch auch noch eine implizitere Form ökonomischen Räsonierens, von der ich im folgenden Beispiele geben möchte. So sagt etwa ein Wissenschaftler, der mit einem Kollegen ein Experiment diskutiert hat:

»Ich bin an dem Problem interessiert, aber die Experimente sind zu einfach ... Das ist Arbeit für einen Techniker oder einen Laborassistenten. Das reizt mich nicht und aus demselben Grund auch Holzman nicht« (3-20/3).

Ein zweiter Gesprächsauszug bezieht sich auf Publikationsstrategien. Ein Wissenschaftler geriet mit seiner Vorgesetzten in eine Auseinandersetzung über die Wahl der Zeitschrift, in der ein Papier, das man zusammen geschrieben hatte, publiziert werden sollte. Er verteidigte seine Wahl mit Argumenten, die zwar nicht den Disput, wohl aber die strategischen Überlegungen und Anliegen des Wissenschaftlers erhellen:

»Der Grund ist ... wenn ich's jetzt nicht tue [publiziere], und Alix publiziert das Zeug später, nachdem ich nicht mehr hier bin, dann wird sie ›Senior‹-Autor sein, weil ihre Laborantin einen Teil der Arbeit gemacht hat. Wenn ich das Material über dieses Protein herausnehme und *jetzt* ein Papier über die funktionalen Eigenschaften publiziere, bin *ich* der erste [Autor], weil ich von *diesen* Arbeiten das meiste selber gemacht habe. Also werd' ich das tun und den Rest [des Materials, an dem die Laborantin gearbeitet hatte] in einen anderen Artikel geben« (8-24/4).

Ein drittes Beispiel kann man dem Kommentar eines Wissenschaftlers entnehmen, den dieser nach einem Vortrag über den

Gebrauch eines neuen Elektronenmikroskops, das das Forschungszentrum angeschafft hatte, abgab. Der Wissenschaftler meinte, das neue Mikroskop sei »viel teurer und interessanter« als das, das er zur Verfügung hatte; er mußte jedoch letzteres verwenden, da es ebenfalls erst vor kurzem angeschafft worden war und die Ausgabe gerechtfertigt werden mußte. Das neue »interessierte« ihn jedoch »wirklich«, und er beschrieb den Laser-Mechanismus, auf dem es basierte und den er vielleicht zur Untersuchung der Partikelstruktur der Proteine einsetzen konnte. Er wiederholte, daß das Mikroskop »sehr teuer und interessant in seinen Anwendungen« sei und versuchte später, eine Kooperation mit dem Wissenschaftler zu arrangieren, der für es verantwortlich zeichnete (2-2/1).
Die folgenden beiden Äußerungen berichten aus dem Beobachtungsprotokoll. Bei einem Experiment über die Stabilität bestimmter funktionaler Eigenschaften des Proteins ergab sich:

»Ein neuer Aspekt ist aufgetreten. Koenig hat viel über funktionale Eigenschaften gearbeitet, und das hier [die untersuchte Eigenschaft] ist eine. R. sagt, er wollte immer schon im größeren Ausmaß über funktionale Eigenschaften arbeiten. Koenig hat in Cornell eine Position ausgeschrieben, für die sich R. beworben hat.«

Und kurz darauf:

»R. sagt, er freut sich schon darauf, das Papier über funktionale Eigenschaften zu schreiben. Er will nächste Woche anfangen. Der Grund ist, daß er es Koenig geben könnte, wenn er ihn im Juni auf dem Kongreß trifft« (4-18, 28/2).

Das letzte Beispiel illustriert einen ähnlichen Punkt. Walter hatte sich für eine Position an der Universität beworben und war eingeladen worden, einen Vortrag zu halten. Er sagte, er wolle seine Kompetenz und seine »professionellen Qualitäten« auf zwei Gebieten betonen und die Bedeutung der Probleme herausstellen, an denen er arbeite. Insbesondere würde er sich

»auf meine künftigen Interessen konzentrieren ... Es gibt da eine berühmte MIT-Studie über Protein-Ressourcen und Forschungsnotwendigkeiten. Bis 1985 sind dafür zwei Millionen Dollar angesetzt ... [ich] möchte zeigen, daß ich von den 14 Forschungsprioritäten an fünf arbeite ... um ihnen zu zeigen, daß ich an den Top-Problemen arbeite und daß ich nicht nur etwas weiß, sondern ihnen auch Geld beschaffen könnte ...« (7-25/3).

Ganz allgemein ausgedrückt, liegt die Ökonomie in diesen Gesprächsstücken in der Beschäftigung mit Wert. Ob es sich dabei um Experimente handelte, die zu einfach waren, um sich für einen Wissenschaftler zu lohnen, oder darum, ein Papier als Senior- anstatt als Junior-Autor zu publizieren, um den Gebrauch eines teuren und daher seltenen Instrumentes anstelle des üblichen oder, wie in den letzten drei Auszügen, um die Bewerbung für eine Position: es geht um die Erhaltung, Erhöhung oder Außendarstellung des Wertes der betreffenden Wissenschaftler.
Dabei beschäftigt man sich häufig mit dem *Namen*, den jemand oder etwas hat; die Frage, mit welchem Namen man sich am besten assoziiert, durchdringt Laborargumente. Der Name eines berühmten Koautors, einer Zeitschrift mit Prestige oder eines guteingeführten Verlags wiegt in der wissenschaftlichen Wertrechnung ebenso schwer wie der Name einer angesehenen Universität oder eines *department head*. In der Tat scheint die Frage, *wer* ein Wissenschaftler *ist*, im Curriculum vitae buchstäblich durch eine Liste von Namen beantwortet zu werden: Universitäten, die man besucht hat, Grade, die man erworben hat, Institutionen, in denen man Positionen innehatte, Gesellschaften, bei denen man Mitglied ist, Stipendien, die man erhalten hat etc. Der Name ist assoziiert mit der Reputation, der Herkunft, der Abstammung und dem Wert, der sich durch Erbschaft überträgt.
Man beachte, daß es sich in derartigen wissenschaftlichen Kalkulationen nicht um den Wert eines Produkts, sondern um den Wert der Wissenschaftler selbst handelt. Der Herkunfts- und Abstammungs-»Stammbaum«, den das Curriculum vitae darstellt, zieht Bilanz über den Wissenschaftler, nicht über ein Produkt. Die Qualität, die bei der Wahl eines Experiments, eines Apparates oder eines Vortragsthemas zur Debatte steht, ist die Qualität des Wissenschaftlers. Und der Erfolg, auf den Wissenschaftler am häufigsten Bezug nehmen, ist ihr eigener. Will man die ökonomische Analogie anwenden, so kann man sagen, daß die Beschäftigung der Wissenschaftler mit ihren Investitionen und Profiten,

mit dem Risiko und der Produktivität einer Forschungsrichtung, mit Gelegenheiten und mit dem Interesse ihrer Resultate in der Tat auf einen Markt verweist. Aber dabei handelt es sich um einen Markt von Positionen, auf dem die Ware der Wissenschaftler ist, und nicht um einen Markt für die Produkte von freien – oder halb-freien – Unternehmern.
Wissenschaftler sagen von sich[16]:

»Ich bin in *dieses Geschäft* eingestiegen mit der Idee, *hidden variables* ein für allemal abzutun« (Hervorhebung von mir).

Und wie sich herausstellt, meinen sie damit:

»Ich hab' nach einer Post-doc-Stelle gesucht oder irgendwas, wohin ich gehen konnte, nachdem ich meine Dissertation in Astrophysik beendet hatte, und ich wollte irgendwie an der Fundierung der Quantenmechanik arbeiten, obwohl ich wirklich nichts Genaues im Sinn hatte, bis ich las, daß ...« (Hervorhebung von mir).

In traditionellen Begriffen ausgedrückt, können wir sagen, daß das ökonomische Räsonieren der Wissenschaftler deren *Karriere*anliegen darstellt. In zahlreichen Kommentaren wird dieses Anliegen direkt genannt:

»Wir waren gute Freunde, er ist viel älter als ich, aber *wir hatten beide mehr oder weniger unsere Karriere davon abhängig gemacht.* Ich hatte meine Karriere darauf gesetzt, daß ich in der Lage sein würde, die Reaktion des Instruments vorauszusagen, daß das Instrument funktionieren würde und in der von mir gesagten Weise sensitiv sein würde, und er verwendet den größten Teil, fast seine ganzen Anstrengungen darauf, das Instrument zu bauen« (Hervorhebung von mir).

Ich empfehle hier nicht eine Rückkehr zum Konzept der Karriere, wiewohl es gut dieselben Aspekte wissenschaftlichen Verhaltens erklären mag wie die Metapher vom symbolischen Kapitalismus. Ich empfehle vielmehr, das Bild vom Unternehmer-Wissenschaftler in der Kapitalistengemeinschaft gegen ein Bild einzutauschen, das die grundlegenden Abhängigkeiten wissenschaftlicher Arbeit ernst nimmt und uns über die Spezialistengemeinde hinausführt. Stellen wir diese Abhängigkeiten nicht in Rechnung, so dürfte es schwierig sein, bekannte Phänomene wie die strukturelle Arbeitslosigkeit von Wissenschaftlern in den Vereinigten Staaten und in anderen Ländern oder die zunehmende Vergewerkschaftung von Wissenschaftlern zu interpretieren. Wer sind die Unternehmer in einem System, in dem die Fähigkeit des Wissenschaftlers zu arbeiten, einschließlich seiner Fähigkeit, Forschungsgelder aufzutreiben, von Organisations- und Administrationsentscheidungen abhängt?

Ich nehme im folgenden noch einmal das Beispiel des Biochemikers Holzman, der über seinen Statusverlust beim Wechsel von einer Organisation zu einer anderen berichtet:

»Am National Institute of Health, da war ich unter einem Menschen, der dieselbe Position hatte, die ich heute habe. Mit anderen Worten, ich war auf der untersten Ebene, und er war zwischen mir und der Spitze. Also er hat mir vertraut, er hat meine Arbeit geschätzt und gefördert, und das ist es, was wichtig ist. Aber die Leute über ihm wußten kaum, was sich überhaupt tat. Als nächstes kam das CAL-TECH. Dort hatte die Person direkt über mir, der Professor, Vertrauen zu mir und ein gewisses Ausmaß von Bewunderung für mich. Er hat mir vollständig freie Hand gegeben. Als ich hierher kam, war es genau das Gegenteil. Ich war starr vor Staunen. Weißt du, man hat mich mit Mißtrauen betrachtet, und, äh, sie haben mir meine Gelder weggenommen, meine Instrumente, *ich war ganz auf mich gestellt. Es war, wie wenn man im Gefängnis sitzt...«* (9–29/5, Hervorhebung von mir).

Im folgenden wechselte Holzman vom California Institute of Technology an das Forschungszentrum in Berkeley:

»... das Geld ging aus, und vielleicht war sein [des Direktors] Vorgänger gegen mich oder er hat eine Feindseligkeit entwickelt, jedenfalls haben sie nur gesagt, ›das war's‹. Eines Tages kamen sie ins Labor und sagten: *›Du bist bereit zu packen, oder?* Komm 'rauf nach Berkeley.‹ Ich sagte: ›Warum, was ist passiert?‹, und sie haben einfach eines Tages beschlossen, daß sie sich meinen Aufenthalt am CAL-TECH nicht mehr leisten konnten. Es war also eine administrative Entscheidung. Vielleicht ist ihnen tatsächlich das Geld ausgegangen« (9-29/6, Hervorhebung von mir).

Übrigens ändert ein Wechsel zum Besseren eines Wissenschaftlers nicht die zugrundeliegende Abhängigkeit wissenschaftlicher Arbeit. Als Beispiel nehme man Holzmans Beschreibung seiner »plötzlichen Anerkennung«:

»Gestern war ich sehr überrascht. Ich war bei M. [dem Direktor], und der Mensch hat seine Ideen vollkommen geändert. Ich hab' ihm gestern mehr oder weniger gesagt, was ich ihm sagte, als ich hier anfing; und während er bei unserem ersten Treffen nur Verachtung übrig hatte für alles, was ich vorschlug, war er gestern bereit, zuzuhören. Er hat mich ermutigt; er hat sogar angeregt, daß ich einige Sachen stehenlasse, die ich jetzt tue, die mehr oder weniger angewandt sind und die es meiner Meinung nach nicht wert sind, daß man sich mit ihnen beschäftigt.«

Er bot die folgende Erklärung für den Umschwung an:

»Naja, er [der Direktor] hat einen Persönlichkeitswandel durchgemacht [lacht]. Vielleicht haben das ARS und die Regierung im allgemeinen einen Persönlichkeitswandel durchgemacht. Die Regierung ist aufgerüttelt worden« (9-29/6).

Was sich in diesem Umschwung ausdrückt, ist das zunehmende Interesse seiner Arbeit für diejenigen, die sie unterstützen und dementsprechend seine Möglichkeiten kontrollieren, wissenschaftlich zu arbeiten. Es mag erwähnenswert sein, daß Holzman eine Spitzenposition im Labor innehatte (Forschungsleiter) und als international renommierter Wissenschaftler gilt.

4.5 Die Arbeits-Interpretation der Wissenschaft

Es gibt natürlich auch einen Ansatz, der wissenschaftliche Tätigkeit in erster Linie als lohnabhängige Arbeit betrachtet. Entsprechend behandelt man Wissenschaftler nicht, wie die Hauptrichtungen der Wissenschaftssoziologie seit Merton, als autonom, sondern sucht anderswo nach den Besonderheiten wissenschaftlicher Tätigkeit.[17] Man findet sie etwa in einem Unterschied zwischen *Handarbeit* und *Kopfarbeit*[18] oder in der Rolle und sozioökonomischen Funktion von Intellektuellen in der industriellen Gesellschaft.[19] Wenigstens drei verschiedene Positionen könner unterschieden werden.

Gemäß der ersten Position besteht die sozioökonomische Funktion der Forschung darin, Kapitalverwertungsinteressen durch eine Verbesserung der Effizienz technischer und organisatorischer Produktionsmittel sowie durch Produktentwicklung zu fördern.[20] Daher sind Wissenschaftler mit den Eigentümern des Kapitals liiert und nicht mit anderen Gesellschaftsmitgliedern.

Als Resultat dieser Liaison erfreuen sich Wissenschaftler gewisser Privilegien; zum Beispiel eines hohen Einkommens und Prestiges. Da Wissenschaftler diesen Nutzen letztlich nur aus dem Unterschied zwischen Handarbeit und Kopfarbeit ziehen, setzt man diesen Unterschied absolut. Wissenschaftsgläubige »Ideologien« reflektieren die unterstellte Unvereinbarkeit, wenn sie etwa behaupten, daß der wissenschaftliche Fortschritt – und nicht Kapitalverwertungsinteressen – die Forschungsproduktion bestimmt. Man beachte, daß in diesem Ansatz der symbolische Profit des Wissenschaftlers mit der Funktion der Wissenschaft für die Ökonomie sowie mit der Verbindung zwischen Wissenschaftlern und Industrie assoziiert wird.

Die zweite Position führt zu einer weniger pessimistischen Prognose über den allgemein gesellschaftlichen Charakter der Wissenschaft; sie kehrt die vorherige Interpretation der Konsequenzen der Lohnabhängigkeit wissenschaftlicher Arbeit um. Demnach erscheint die Instrumentalisierung der Wissenschaft durch die Industrie als ein Indiz für den *beschränkten* Einfluß aller lohnabhängigen Arbeiter (Wissenschaftler eingeschlossen) darauf, was produziert und wie es produziert wird. Wenn wissenschaftliche Arbeit dazu eingesetzt werden kann, Mehrwert zu produzieren und Profite zu akkumulieren, so gilt das gleiche für andere Arten von Arbeit. Alle Arbeit produziert nicht nur Gebrauchswerte für die Produktion und den Konsum, sondern auch die Mittel für die Weiterführung der Kapitalverwertung.

Wissenschaftler mögen privilegierte Arbeitskonditionen besitzen, aber sie teilen mit anderen Arbeitern die unangenehmen Konsequenzen der technischen Entwicklung und tragen mit ihrer eigenen Tätigkeit zur zunehmenden Organisation und Bürokratisierung wissenschaftlicher Arbeit bei. Arbeitsteilung, kollektive oder institutionelle Urheberschaft, die Abwertung wissenschaftlicher Tätigkeit durch zunehmende Zahlen von Universitätsabsolventen sowie die strukturelle Arbeitslosigkeit der Wissenschaftler werden als Anzeichen dafür gesehen, daß sich die Kluft zwischen den Arbeitsbedingungen der Wissenschaftler und denen anderer Arbeiter zu schließen beginnt. Wissenschaftler in privilegierten Positionen mögen sich der grundlegenden Gleichheit aller lohnabhängigen Arbeit (noch) nicht bewußt sein, aber diese Haltung kann sich ändern, wenn sich die Bedingungen ändern. Überdies wird von Wissenschaftlern im Lichte ihrer speziellen Qualifikationen auch oft erwartet, daß sie eine führende Rolle in der Artikulation und Organisation von Arbeitnehmerinteressen einnehmen.[21]

Ein dritter Ansatz bringt Wissenschaftler weder mit anderen Arbeitnehmern noch mit den Eigentümern des Kapitals in Verbindung, sondern betrachtet sie als Träger einer neuen Mittelklasse, deren Position ebenso ambivalent ist wie die der alten Mittelklasse von Handelsleuten und Gewerbetreibenden. Dabei wird die Stellung der Wissenschaftler jedoch nicht mit der von Händlern und Handwerkern gleichgesetzt wie im Modell einer vorkapitalistischen Tauschökonomie innerhalb der Wissenschaftssoziologie. Man betrachte zu diesem Ansatz die Literatur über wissenschaftliche Professionen und (bürokratische) Organisation sowie die Literatur über den Status und die Funktion von Intellektuellen in Hinblick auf Machtphänomene und den modernen Staat.[22]

Zusammenfassend könnte man sagen, daß die drei genannten Konzeptionen Wissenschaftler entweder mit der Arbeiterklasse, mit einer neuen Mittelklasse oder mit den Eigentümern des Kapitals assoziieren, und zwar je nach der Bedeutung, die sie den verschiedenen Privilegien der Wissenschaftler und den Konsequenzen dieser Privilegien zumessen. Werden diese Privilegien als Belohnung dafür angesehen, daß man seine Seele dem Kapital verschreibt, dann erscheinen Wissenschaftler mit den Eigentümern an den Produktionsmitteln liiert. Nimmt man an, daß sich diese Privilegien verringern und auf eine Minorität von Wissenschaftlern im akademischen Bereich beschränkt sind, dann werden Wissenschaftler mit anderen lohnabhängigen Arbeitern zusammengefaßt. Faßt man schließlich diese Privilegien als konstitutiv für die Entwicklung eines Klassenbewußtseins und Klassenverhaltens auf, so wird man am ehesten geneigt sein, die Wissenschaftler einer neuen Mittelklasse zuzurechnen oder zur eigenständigen Gruppe von »Intellektuellen« zu erklären.

Die Wissenschaftssoziologie fügt diesem Bild einiges hinzu, so etwa Aussagen über die Organisation und Verteilung der Privilegien in Form eines Austauschs wissenschaftlicher Produkte um Anerkennung oder in Form einer Konkurrenz um symbolisches

Kapital. Allerdings geschieht dies, wie wir gesehen haben, um den Preis, Wissenschaftler mit vorkapitalistischen oder kapitalistischen Unternehmern gleichzusetzen, die in Unternehmer-Gemeinschaften mit Gleichgesinnten operieren; also um den Preis, die grundlegenden Abhängigkeiten wissenschaftlicher Arbeit zu ignorieren. Die kapitalistischen oder vorkapitalistischen Tauschmärkte für die Produkte von *peers* sind nicht unabhängig von den Märkten für wissenschaftliche Arbeitskräfte oder für die Finanzierung der Forschung. Ebensowenig sind sie eindeutig abhängig in dem Sinne, daß etwa die Fähigkeit, das eigene Produkt erfolgreich an *community peers* zu verkaufen, das einzige Kriterium für den Erhalt einer Position, das Weiterkommen in der Karriere oder das Erlangen von Forschungsgeldern wäre.

Die Arbeits-Interpretation der Wissenschaft hat zwar die Abhängigkeit wissenschaftlicher Arbeit zum Ausgangspunkt der Analyse genommen. Aber wegen ihrer eingeschränkten Definition von Abhängigkeit als *Lohn*abhängigkeit und ihres vorherrschenden Interesses an der Klassenlage der Wissenschaftler trägt die Arbeits-Interpretation der Wissenschaft wenig bei zur Untersuchung *konkreter* wissenschaftlicher Arbeit. Insbesondere hat sie, von wenigen Ausnahmen abgesehen, den Inhalt wissenschaftlicher Arbeit außer Betracht gelassen. Wo er aber ins Bild gebracht wird, wie etwa in Sohn-Rethels Studien, führt die Apriori-Unterscheidung zwischen Handarbeit (der Arbeiterklasse) und Kopfarbeit (der Wissenschaftler) zu einer ähnlichen Entkontextualisierung wie in der Wissenschaftstheorie. Für Sohn-Rethel ist Kopfarbeit abstraktes quantitatives Denken, dessen historischen Ursprung er in der Abstraktheit des ökonomischen Warentausches lokalisiert. Dieser wiederum ist abstrakt, weil er den Gebrauch der Ware während der Transaktion verbietet. Seine Abstraktheit drängte sich dem Denken zu demjenigen Zeitpunkt auf, als Tauschbeziehungen durch Münzgeld vermittelt zu werden begannen. Die ausgetauschten Waren »beschreiben eine reine lineare Bewegung durch den abstrakten – d. h. leeren, kontinuierlichen und homogenen – Raum und die Zeit als abstrakte Substanzen, die dadurch keine materielle Änderung erleiden und keiner, außer quantitativer, Differenzierung fähig sind«.

Sohn-Rethel nimmt die Ähnlichkeit zwischen dem solcherart beschriebenen Warentausch und dem Galileischen Konzept der »inertial motion« zum Beweis für die These, daß die grundlegenden Konzepte der Naturwissenschaft (wie Zeit und Raum, Materie, Bewegung und Quantität) von den physischen Aktivitäten des Warentausches, der der Wissenschaft vorausging, herrühren. Uns interessiert hier jedoch nicht, ob sich die historische Beweisführung Sohn-Rethels halten läßt. Uns interessiert vielmehr die Gleichsetzung wissenschaftlicher Arbeit mit Kopfarbeit und dieser wiederum mit abstraktem quantitativem Denken. Aufgrund dieser Gleichsetzungen erscheint die Wissenschaft in Sohn-Rethels Analyse als ein Wesen, das zwar aus sozialen Verhältnissen geboren wurde, ansonsten aber einen durch und durch »nicht-sozialen« Charakter hat: Die Reduktion auf reines Denken spricht sie frei von der sozialen Situiertheit und Konstruiertheit in der *Gegenwart*, von der hier berichtet wird.[23]

4.6 Die teilnehmerzentrierte Perspektive

Wir haben gesehen, daß die Idee eines innerhalb der Wissenschaftlergemeinde operierenden kapitalistischen Marktmechanismus zum Internalismus und orthodoxen Funktionalismus führt und ein simplizistisches Modell des Individuums unterstellt. Wir haben auch gesehen, daß das ökonomische Räsonieren der Wissenschaftler, wenn es nicht einfach überlegt-rationales Wahlhandeln ausdrückt, über die Grenzen der Spezialistengemeinde hinaus auf grundlegende Abhängigkeiten der wissenschaftlichen Arbeit verweist. Was ist dann aber der konzeptuelle Status des Begriffs einer Spezialistengemeinde, wie er in der Wissenschaftsforschung verwendet wird? Und was bedeutet es, die vorherrschende Betrachtung der sozialen und kognitiven Organisation der Wissenschaft in Begriffen der Spezialistengemeinde durch eine radikal teilnehmerorientierte Perspektive zu ersetzen?

Ich weise zunächst darauf hin, daß sich die Idee der Wissenschaftlergemeinde (oder der Spezialistengemeinde) auf eine logische Klasse bezieht, deren Mitglieder (die Spezialisten) durch Merkmale identifiziert werden, die ihnen von der Wissenschaftsforschung zugeschrieben werden. Das heißt, das Konzept der

Spezialistengemeinde ist ein typisches Beispiel für eine von *Außenstehenden* gebildete *Ähnlichkeitsklasse* oder, um einen bequemen Terminus der Linguistik zu borgen, für ein etisches Konzept. Die Unterscheidung zwischen »etic« (von phon*etic*) und »emic« (von phon*emic*) wird in der Linguistik und Anthropologie dazu verwendet, die Differenz zwischen »kontextfreien« (etischen) Beschreibungen der Welt (wie die Analyse des Farbspektrums durch die Physiker) und »kontextspezifischen« (emischen) strukturalen Klassen (wie die Farbkategorisierungen verschiedener Kulturen) zu bezeichnen.[24] Hier kann die Unterscheidung dazu verwendet werden, auf den Unterschied aufmerksam zu machen zwischen *taxonomischen Kollektiven*[25], die im Kopf des Soziologen existieren, und denjenigen lokal signifikanten Gruppen, die die Teilnehmer selbst für relevant erachten.
Taxonomische Kollektive müssen nicht auf tatsächliche Beziehungen verweisen, und die Ähnlichkeiten, nach denen Soziologen ihre Mitglieder klassifiziert haben, können für die Teilnehmer selbst ohne Bedeutung sein. Nach Harré müssen taxonomische Kollektive daher auch keine empirische Referenz aufweisen; die Termini, mit denen solche Kollektive bezeichnet werden, haben oft rhetorische Funktion.[26] Damit wird nicht geleugnet, daß der Begriff der Spezialistengemeinde in bestimmten Theorien eine wichtige Rolle einnehmen kann, etwa in Hinblick auf die professionelle Organisation von Wissenschaftlern. Man besteht nur darauf, daß die für wissenschaftliche Arbeit als relevant zu erachtenden Gruppierungen empirischer Natur sein sollten; das heißt, sie sollten signifikant sein in Hinblick auf die kontextuellen Einbindungen der Wissenschaftler im Rahmen ihrer Arbeit und sollten nicht primär auf von außen herangetragenen Ähnlichkeits-Klassifikationen basieren.
Nun gibt es natürlich in einigen Gebieten der Wissenschaftssoziologie, insbesondere im Bereich von Zitationsstudien, beständig Anstrengungen, Spezialistengemeinden empirisch zu spezifizieren.[27] Wie jedoch Edge und andere Kritiker dieser Richtung gezeigt haben, lassen sich Zitations-*Cluster* nicht unproblematisch mit tatsächlichen Netzen »intellektueller Abhängigkeit« gleichsetzen, was immer sonst sie messen mögen. Zitationsstudien ignorieren den literarischen und rhetorischen Charakter

wissenschaftlicher Texte und dessen Konsequenzen für die Bewertung eines Zitats. Ohne Zweifel erscheint die Sozialstruktur von Zitaten in einem beliebigen Set wissenschaftlicher Texte von beträchtlichem Interesse für die Analyse des literarischen Charakters der Wissenschaft. Es kann jedoch gezeigt werden, daß die Sozialstruktur der Zitate die Struktur der tatsächlichen Beziehungen, aus denen eine bestimmte wissenschaftliche Arbeit hervortritt, weder konserviert noch *zu reflektieren sucht* (siehe Kapitel 5 und 6).

Selbst wenn man daher Wissenschaftlergemeinden in der Wissenschaftsforschung der Absicht nach als empirische Klassen konzipiert hat, so sieht man die resultierenden Gruppierungen für den gegenwärtigen Zweck besser als taxonomische Kollektive an. Man kann sie vielleicht als theoretische Entitäten bezeichnen, deren Existenz und Relevanz außerhalb der *social studies of science* hypothetisch sein muß und deren Definition, wie ich darstellen werde, jedenfalls unvollständig ist. Es gibt allerdings noch eine zweite Dimension, auf der sich die der Suche nach Wissenschaftlergemeinden zugrundeliegenden Perspektiven vom hier vertretenen Ansatz unterscheiden. Gemeint ist der Unterschied zwischen einer makroskopischen und einer mikroskopischen Perspektive oder besser zwischen Ansätzen, die eine »Vogelperspektive« einnehmen, und solchen, die »am Boden« der Teilnehmer bleiben. Spezifiziert man das »System« der Wissenschaft in Begriffen der Wissenschaftlergemeinde und deren Organisationsprinzipien, so zeigt man von Anfang an ein Interesse an der Makroebene sozialer Strukturen. Im Gegensatz dazu versucht die hier vertretene Perspektive, soziale Phänomene auf der Mikroebene zu spezifizieren und Konzepte der »Sozialstruktur« aus der Analyse einer Vielzahl von Mikroereignissen herzuleiten.[28] Es ist gut möglich, daß sich Aussagen über die »Sozialstruktur«, die auf Aussagen über mikrosoziale Situationen aufbauen, sehr von solchen Strukturbehauptungen unterscheiden, die die unbeteiligte und ferne Makroperspektive erzeugt. Erstere mögen zum Beispiel auf die Makrorepräsentation der Teilnehmer eingehen und die Frage stellen, welche Realität der »Sozialstruktur« unabhängig von den wechselseitig aufeinander bezogenen Realisierungen der Teilnehmer zukommen kann.[29]

4.7 Das transwissenschaftliche und transepistemische Feld

Ich kann nun einige vorläufige Resultate der Laborbeobachtungen offerieren, von denen ich meine, daß sie die Irrelevanz – in der Tat Sinnlosigkeit – des Begriffs der Spezialistengemeinde in der tatsächlichen wissenschaftlichen Arbeit illustrieren. Wissenschaftliche Laborarbeit erscheint von Beziehungen und Aktivitäten durchsponnen, die den Ort der Forschung ständig überschreiten. Wie manifestiert sich diese erweiterte Kontextualität wissenschaftlichen Handelns für den Beobachter? Wir sehen Wissenschaftler Briefe schreiben, Papiere versenden und Forschungsanträge stellen. Wir hören sie am Telefon mit Leuten überall im Land sprechen, und wir sehen sie zu Besuchen und Konferenzen an die verschiedensten Orte reisen. Wir sind Zuhörer, wenn sie von diesen Treffen berichten, und wir sehen sie Forschungsanträge modifizieren und Papiere revidieren. Wir lesen die abgelegte Korrespondenz und finden etwas über Beraterverträge mit der Industrie, über Rohmaterialien, die zur Verfügung gestellt, und Proben, die ausgetauscht wurden. Wir fragen die Wissenschaftler über die Korrespondenz aus und über ihre Reisen und anderen Aktivitäten, bei denen sie das Labor verlassen, und wir stellen fest, daß sie ihre *Ex-situ*-Aktivitäten als *Rahmen* für ihre wissenschaftliche Arbeit angeben.

Wissenschaftler machen ihre Laborarbeit einsichtig, indem sie sich auf Verpflichtungen außerhalb des Labors beziehen (und sie erklären ihre *Ex-situ*-Engagements unter Bezug auf die Laborarbeit). Aber das Räsonieren der Wissenschaftler führt uns nicht nur über die Laborwände hinaus, sondern auch über die Grenzen des Spezialgebietes, unter das ein Wissenschaftler – oder ein Forschungsprojekt – subsumiert wird. Womit wir es zu tun haben, sind Handlungsarenen, die sowohl *transepistemisch* als auch *transwissenschaftlich* sind. Sie schließen »gemischte« Gruppen und Argumente ein, die sich nicht einfach in eine Kategorie der »Wissenschaft« oder dem »Spezialgebiet« angehöriger Angelegenheiten einerseits und eine Kategorie »sonstiger« Geschäfte andererseits zerlegen lassen. Ich verwende den Begriff *epistemisch* für diejenigen Betrachtungen, die (der Annahme nach) den

»wahrheits«ähnlichen Charakter wissenschaftlicher Resultate fördern. *Trans*epistemische Argumente wären daher solche, die über (der Annahme nach) »wahrheits«fördernde Betrachtungen hinaus auch andere Erwägungen einschließen. Mit dem Begriff der Wissenschaftlergemeinde (oder des wissenschaftlichen Gebietes) bezeichnet man, wie wir gehört haben, diejenigen Bezugsgruppen von Spezialisten, an denen sich Wissenschaftler – wie unterstellt wird – in ihrer Forschungstätigkeit orientieren. Ich verwende den Begriff *transwissenschaftlich*, um darauf hinzuweisen, daß die für technische Entscheidungen relevanten Gruppen über die Spezialisten bzw. Wissenschaftler einer Disziplin hinaus auch andere Personenkreise einschließen.
Seien wir wieder spezifischer. Das Umschreiben eines Forschungsantrages als Resultat des Besuches eines Wissenschaftlers bei den entsprechenden Stellen in Washington beinhaltet meist mehr als ein Umändern des Titels. Es heißt, daß eine Neukonzeptualisierung wesentlicher Teile des *Inhaltes* der geplanten Forschung vorgenommen werden muß. Ein Wissenschaftler, der seine Verfahrensweisen umstellt, um so der Orientierung des Vorstands eines Institutes zu entsprechen, an dem er sich um eine Position beworben hat, ändert damit auch die zukünftigen Ergebnisse dieser Forschung. Und Untersuchungen, die je nach der perzipierten Reaktion der Industrie, mit der man einen Forschungskontrakt hat, verfolgt oder aufgegeben werden, können ein ganzes Forschungsprogramm in die eine oder andere Richtung steuern. In jedem dieser Fälle hat der externe Kontakt, die Karrierestrategie, die Verhandlung über Forschungsgelder unmittelbare technische Konsequenzen.
Wie es keinen Grund gibt für die Annahme, daß die Interaktionen zwischen Mitgliedern eines Spezialgebietes rein »kognitiver« Natur sind, so gibt es auch keinen Grund zu glauben, daß die Interaktionen zwischen Spezialgebiet-Angehörigen und anderen Wissenschaftlern *oder* Nichtwissenschaftlern auf den Transfer von Geldern oder auf sonstige »nicht-kognitive« Geschäfte beschränkt sind. Beamte in Förderungsorganisationen und Vertreter der Industrie verhandeln mit den Spezialisten auch über die Angemessenheit einer bestimmten technischen Entscheidung, und die Kollegen des Spezialgebietes diskutieren miteinan-

der regelmäßig finanzielle, personelle und andere »nicht-wissenschaftliche« Probleme. Wenn wir aber nicht annehmen können, daß die »kognitiven« oder »technischen« Selektionen wissenschaftlicher Arbeit ausschließlich durch die Spezialgebiet-Mitgliedschaftsgruppen eines Wissenschaftlers bestimmt werden, so ergibt es auch keinen Sinn, den relevanten Einbettungskontext der Wissensproduktion im Labor in Wissenschaftlergemeinden zu suchen.

Das Räsonieren der Wissenschaftler im Labor kann nicht in Einklang gebracht werden mit einer Zerlegung in Mitglieder der Spezialistengemeinde einerseits und andere Wissenschaftler oder Nichtwissenschaftler andererseits. Die technischen Selektionen des Labors verweisen uns auf *transepistemische* und *transwissenschaftliche* Handlungsarenen, deren Grenzen sowohl *weiter* als auch *enger* verlaufen als die der in der Wissenschaftsforschung vorausgesetzten Gemeinschaften. *Enger* insofern, als die Anliegen der Wissenschaftler meist um wenige zentrale Personen und Operationen kreisen, die in direkter und indirekter Kommunikation behandelt werden. Beziehungen zu älteren Wissenschaftlern, die für die Karriere wichtig sind, zur Administration, zum technischen und Dienstpersonal, zu Verlagen und zu Beamten in Förderungsorganisationen sind dafür Beispiele. Aber die entsprechenden Transaktionsfelder haben auch einen *weiteren* Einzugsbereich als das Spezialgebiet, insofern sie, wie erwähnt, Wissenschaftler aus anderen Gebieten und Nichtwissenschaftler einschließen.

Es ist entscheidend, sich klar zu machen, daß die Transaktionen in diesen Handlungsarenen sich nicht zu einem bestimmten Spiel aufsummieren müssen, das nach einem kohärenten Set von Regeln in Verfolgung eines klar definierten Zieles gespielt wird. Vielmehr gewinnt man den Eindruck eines Spielfeldes, auf dem unterschiedliche Leute gleichzeitig verschiedene Spiele spielen. Es sind nicht die gemeinsamen Merkmale der Spieler, die wie im Fall einer logischen Klasse das Bild kohärent machen. Die Spiele entwickeln sich vielmehr aus dem, was *zwischen den Teilnehmern* geschieht, in einer Folge andauernder miteinander verflochtener Spielszenen.[30] Das Handlungsfeld selbst bleibt dabei insofern ein theoretisches Konstrukt, als es nicht unabhängig von den sozialen Arenen, in denen die Transaktionen stattfinden, identifiziert werden kann. Es ist nicht mehr als die Gesamtzahl der Beziehungen, die der Betrachter aus der Vogelperspektive von den Vorstellungen der Akteure über ihre wechselseitigen Transaktionen rekonstruieren kann. Wie bereits angedeutet, geht es in der vorliegenden Untersuchung nicht um einen solchen Rekonstruktionsversuch, sondern eher darum, Fragmente des Feldes aus der Sicht der Beteiligten zu erschließen. In diesem Zusammenhang möchte ich mich noch mit zwei Aspekten der transepistemischen und transwissenschaftlichen Handlungsarenen (der Fragmente) beschäftigen. Der erste betrifft die Art der symbolischen Beziehungen in den Arenen, der zweite beschäftigt sich mit der Relevanz der transepistemischen und transwissenschaftlichen Einbindung wissenschaftlicher Arbeit in die Fabrikation von Wissen.

4.8 Ressourcebeziehungen

Worin bestehen nun die symbolischen Beziehungen, die ein Handlungsfeld aufspannen, das nicht durch die gemeinsamen Merkmale der Beteiligten integriert wird, sondern durch deren Transaktionen (dadurch, daß zwischen ihnen etwas vermittelt, verhandelt, ausgetauscht oder übertragen wird)? Wie konstruieren die Handelnden selbst die in Frage stehenden Transaktionen? Es wäre wohl falsch, anzunehmen, daß die Transaktionsbeziehungen, die eine Handlungsarena ausmachen, eine und nur eine Funktion haben. Jedoch erschien in den beobachteten Transaktionen ein Aspekt besonders bedeutsam: In ihnen wurden *Ressourcen* vermittelt, auf die die Beteiligten in der einen oder anderen Hinsicht angewiesen zu sein glaubten. Man kann die entsprechenden Beziehungen daher als Ressourcebeziehungen charakterisieren und transepistemische bzw. transwissenschaftliche Handlungsarenen als einen Ort ansehen, der durch die Etablierung, Definition, Erneuerung oder Modifikation von Ressourcebeziehungen gekennzeichnet wird.
Viele Studien des Kommunikationssystems der Wissenschaft gehen von der Annahme aus, daß Wissenschaftler in der Forschung auf die Arbeiten anderer Wissenschaftler angewiesen sind. Barnes

hat vor kurzem auf die historische Bedeutung wissenschaftlicher Erkenntnis als Ressource hingewiesen, die die Akteure mit Berechnung einsetzen, um ihre Interessen zu fördern; und Bourdieu hat uns auf die sozialen und kulturellen Ressourcen (das symbolische Kapital) aufmerksam gemacht, die Wissenschaftler in ihre Arbeit einbringen und aus ihr ziehen.[31] Ressourcen gelten somit in verschiedenen Richtungen der Wissenschaftsforschung als bedeutsam. Wir beschäftigen uns jedoch hier nicht mit Wissen im allgemeinen als gesellschaftliche Ressource noch mit den symbolischen Ressourcen, die in wissenschaftliche Arbeit investiert werden. Wir beschäftigen uns mit Transaktionen in transwissenschaftlichen und transepistemischen Handlungsfeldern und mit den Ressource*beziehungen*, die durch sie etabliert werden.

Es ist klar, daß Ressourcebeziehungen verschiedenartige Ressourcen zum Inhalt haben können; im Prinzip können alle Arten von Ressourcen zwischen allen Arten von Akteuren zur Debatte stehen. Die entsprechenden Beziehungen erscheinen ähnlich konstruiert, unabhängig davon, ob es sich nun um Beziehungen zwischen Spezialisten oder solchen zwischen Wissenschaftlern und Nichtwissenschaftlern (nach professioneller Rolle und Zugehörigkeit) handelt oder um symbolische, finanzielle oder anderweitige Ressourcen. Ein Beispiel für eine Ressourcebeziehung innerhalb eines Spezialgebietes liefert Pickerings Studie der jüngsten Durchsetzung der Charmonium-Erklärung gewisser neuentdeckter Elementarteilchen in der Hochenergie-Physik.[32] Pickering zufolge hat sich das Charm-Modell gegenüber rivalisierenden Erklärungsversuchen vor allem deshalb durchgesetzt, weil es erstens einen frischen Strom lösbarer *puzzles* – das heißt Stoff für die Weiterführung normalwissenschaftlicher Aktivitäten – geliefert hat und weil es zweitens vorhergehende wissenschaftliche Arbeiten, die das Quark-Konzept verwendet haben, rechtfertigen konnte. Es scheint, daß die Mehrzahl der relevanten Hochenergie-Physiker das Charm-Modell als eine Ressource angesehen haben, die sie in eigene Forschungstätigkeiten umwandeln konnten und die ihr eventuelles früheres Interesse für Quarks legitimierte. Das alternative Colour-Modell lehnten sie nach Pikkering ab, weil es weder interessenlegitimierende noch interessenerschließende Funktionen (Lösungen) aufwies. Das Beispiel stimmt mit meinen eigenen Beobachtungen überein, daß Wissenschaftler auf die Anregungen von Kollegen als »Gelegenheiten« – oder deren Gegenteil – reagieren. Das heißt, sie bewerten Resultate von Kollegen in Hinblick auf die *nicht realisierten Möglichkeiten*, die diese im Gewebe ihrer eigenen anhaltenden Forschungen für sie erschließen.

Aber es gibt auch andere Arten von Ressourcebeziehungen. Man betrachte den Fall eines *Post-doctoral*-Forschers aus Indien, der mir sagte, er werde vom Leiter des Labors, von dem er in Hinblick auf die Verlängerung seines Visums und seines Vertrages abhängig war, »ausgenutzt«. Der *post-doc* führte in einem bestimmten Projekt alle Untersuchungen durch, beaufsichtigte Studenten und Laboranten und hatte Ideen, die allgemein als »innovativ« betrachtet wurden. Sein Name erschien auf den Papieren, aber nicht auf den Patenten, die aus den Untersuchungen resultierten, und es war der Leiter der Gruppe, der entschied, wann und wo publiziert wurde und wer eine Arbeit auf einer Konferenz präsentierte. Aber nicht nur der Leiter benutzte den *post-doc*, etwa um Projekte zum Laufen zu bringen oder Hilfspersonal und Studenten auf Trab zu halten; auch der *post-doc* benutzte den Leiter das Labors, und zwar um seine Karriere zu fördern. Er war ans Labor gekommen, um Zugang zu Forschungsgeldern, aktuellen Forschungsthemen und Zeitschriften zu erlangen und weil er dachte, daß diese Verbindung mit einer prestigereichen Institution ihm in der Zukunft bei seiner Rückkehr nach Indien eine gutbezahlte Position mit hohem Prestige eintragen würde. Kurz, der *post-doc* schien den Leiter des Labors als Ressource in seinem Karriereprojekt nutzen zu wollen, indem er sich ihm als Ressource in der Laborarbeit darstellte und entsprechend einsetzen ließ. Beide Parteien schienen die Bilanz ihrer jeweiligen Ressourcen-Verhandlungen aufmerksam zu überwachen, um sicherzugehen, daß das Ergebnis für ihre jeweiligen Interessen nicht abträglich war.

Andere Beispiele für Ressourcebeziehungen kann man beobachten, wenn wissenschaftliche Positionen besetzt werden, wenn Forschungsgelder vergeben werden, ja sogar wenn ein Wissenschaftler für einen Vortrag ausgewählt wird. Für die wissenschaftliche Institution kann die Wahl eines Kandidaten davon abhängen, ob dieser sich als Ressource anbietet, die in andere, die Institution oder relevante Fakultätsmitglieder interessierende Ressourcen umgewandelt werden kann (wie etwa in Studenten, Forschungsgelder, politische oder wissenschaftliche Unterstützung). Für die Förderungsorganisation kann sich der Ressourcewert von Antragstellern darauf beziehen, ob man ihnen vertrauen kann, auf »seriöse« Weise Forschung zu betreiben, so daß man die Finanzierung dieser Forschung und deren Resultate öffentlich legitimieren kann. Für den Verleger kann die Veröffentlichung eines wissenschaftlichen Buches davon abhängen, ob die Arbeit und deren Autor als Ressource bei der Rekrutierung von Käufern wahrgenommen werden.

Man beachte, daß es sich in den erwähnten Fällen nicht um irgendeinen »intrinsischen Wert« der Arbeiten/Personen handelt, sondern um die Konvertierbarkeit des als Ressource erachteten Phänomens in lokal relevante andere Ressourcen, für die der Begriff des Wertes oder des Nutzens des ursprünglichen Gutes seine spezifisch indexikalische Bedeutung annimmt. Man beachte auch, daß es sich bei dieser Konvertierbarkeit um eine *kontinuierlich* und im allgemeinen *reziprok erzeugte* Leistung in zumindest dreierlei Hinsicht handelt. Erstens muß diese Konvertierbarkeit als kontinuierlich erzeugt angesehen werden, weil die Definition dessen, was als Ressource gilt, in den betreffenden Beziehungen selbst auf dem Spiel steht. Phänomene *sind* nicht Ressourcen, sondern sie werden als Ressourcen definiert, und diese Definitionen werden oftmals neu verhandelt und müssen, wenn sie sich stabilisieren sollen, von entsprechenden Praktiken getragen werden. Zweitens – und dieser Punkt steht mit dem ersten in Verbindung – müssen auch Ressourcebeziehungen kontinuierlich erneuert werden. Man betrachte etwa den überproportionalen Aufwand, den manche Forschergruppen in die Erneuerung ihrer Ressourcebeziehung mit Finanzierungsorganisationen stecken, indem sie »am laufenden Band« Forschungsanträge produzieren. Schließlich und im Zusammenhang mit den ersten beiden Aspekten erscheinen auch die Wissenschaftler wesentlich damit beschäftigt, Ressourcebeziehungen aufzubauen, zu festigen und auszudehnen und dabei die Konvertierbarkeit der jeweiligen Ressourcen entsprechend zu manipulieren.

Die Interessen, die der Definition eines Phänomens als Ressource zugrunde liegen, die Äquivalenzen, die zwischen verschieden definierten Ressourcen hergestellt werden und, allgemeiner, die Konvertibilität von Ressourcen sind somit Bestandteil der Verhandlung in Ressourcebeziehungen. Dies heißt unter anderem, daß wir uns nicht unproblematisch auf jemandes Interesse berufen können, um zu *erklären*, warum ein bestimmtes Gut als Ressource aufgefaßt und angenommen wurde.[33] Ressourcebeziehungen werden hier also nicht im Sinne gemeinsamer Ziele der Beteiligten verstanden. Sie scheinen sich vielmehr aus Interessens*fusionen* zu ergeben, die selbst Inhalt von Verhandlungen sind. Solche Interessensfusionen sind nicht durch Gemeinsamkeit und Kooperation, sondern durch Konflikt gekennzeichnet. Die Balance, die in ihnen erzielt wird, ist oberflächlich und fragil. Im Falle der Beziehung zwischen dem *post-doc* und dem Laborleiter schimmerte dieser Konflikt immer wieder durch und brach offen aus, wann immer das Gleichgewicht bei besonderen Anlässen gestört erschien. Ressourcebeziehungen stellen sich oft zwischen Konkurrenten in einem Spezialgebiet her oder zwischen Teilnehmern verschiedenartiger Institutionen und Bereiche, die allein schon aufgrund ihrer verschiedenartigen Perspektiven latent gegensätzliche Interessen hegen können. Schwankungen zwischen Konflikt und temporärer Kooperativität, zwischen der Spaltung und der Fusion von Interessen, die wechselseitig ausgehandelt werden, sind routinemäßige Begleiterscheinungen der Verhandlungsprozesse, die Ressourcebeziehungen kennzeichnen.

4.9 Die Verschiebung von Entscheidungen und die transepistemische Verbindung

Wir haben beobachtet, daß uns das Räsonieren der Wissenschaftler im Labor auf transepistemische bzw. transwissenschaftliche Bereiche verweist und daß ein wichtiger Aspekt der Transaktionen in diesen Bereichen in deren Ressourcecharakter besteht. Es stellt sich nun die Frage, *inwiefern* die transepistemische/transwissenschaftliche Einbindung wissenschaftlichen Räsonierens für die Erzeugung von Wissen relevant ist und *warum* die entsprechenden Handlungsarenen einen Großteil der Aufmerksamkeit verdienen, die man bisher für Spezialistengemeinden aufgewendet hat.

Die Frage läßt sich dahingehend beantworten, daß transepistemische/transwissenschaftliche Handlungsarenen den Ort der *Entscheidungsübersetzungen* bzw. *Entscheidungsverschiebungen* des Labors darstellen. Entscheidungsprobleme schließen, wie erläutert, Übersetzungen der Fragestellung in Entscheidungsprobleme höherer Ordnung ein (siehe Kapitel 1.3). Anders ausgedrückt, sie involvieren die Verschiebung (Deplacierung) von Entscheidungen in einen anderen Bereich. Konkret heißt das, daß Wissenschaftler sich in diejenigen Situationen versetzen, die durch eine zur Debatte stehende technische Entscheidung möglicherweise beeinflußt werden, und die Entscheidung aus der Perspektive ihrer neuen Position betrachten. Dazu ein Beispiel: Besteht die Frage darin, welches von zwei verschiedenen Elektronenmikroskopen für eine Untersuchung herangezogen wird, so mögen sich die Wissenschaftler darauf einigen, daß die »eigentliche« Frage darin besteht, ob ihre Arbeit in Richtung auf eine Erforschung der Teilchenstruktur der Proteine gehen soll (die das »Laser-Mikroskop« erfordert) oder nicht. Letzteres wiederum mag davon abhängen, ob sich beteiligte Wissenschaftler zu dem für die Strukturuntersuchungen anvisierten Zeitpunkt noch an der Forschungsinstitution befinden oder der Voraussicht nach eine andere Position angenommen haben werden. Die ursprüngliche Frage wurde ersetzt durch die Frage zukünftiger Entwicklung der Arbeit und diese wiederum durch die Frage der An- bzw. Abwesenheit vom Forschungsort. Man kann auch sagen, die in Frage stehenden Selektionen wurden in einen jeweils anderen Bereich versetzt (deplaciert).

Elektronenmikroskop 1	vs.	Elektronenmikroskop 2
	↓	
Partikelstruktur	vs.	Oberflächenstruktur
	↓	
Verbleib im Forschungszentrum	vs.	Annahme einer neuen Position

Eine Folge von Entscheidungsverschiebungen kann nun *Entscheidungspfad* genannt werden. Entscheidungspfade verbinden spezifische Laborselektionen mit einer Vielzahl von Bereichen, die solcherart als im ursprünglichen Laborbestreben impliziert erscheinen. Anders ausgedrückt, Entscheidungspfade stellen die Verbindungswege her, auf denen (wenn sie offen sind) sich die Wissenschaftler zwischen verschiedenen Kontexten bewegen und deren jeweilige Merkmale sie in die Untersuchungsarbeit importieren. Die »gefundenen« Ergebnisse der Wissenschaftler gedeihen somit auf einer internen Umwelt, die zwar an der Oberfläche der Ergebnisse nicht sichtbar ist, aber dennoch den »Nährboden« für die erfolgreiche Realisierung der Ergebnisse abgibt. Die interne und unsichtbare Umwelt der Ergebnisse entspricht den transwissenschaftlichen Verflechtungen der Forscher und dem transepistemischen Einbettungskontext wissenschaftlicher Untersuchungen.

Bevor wir uns nun noch etwas ausführlicher mit einem Beispiel beschäftigen, seien zwei Schwierigkeiten genannt: Erstens werden viele Laborentscheidungen routinemäßig getroffen, ohne je Thema wissenschaftlicher Überlegungen oder Diskussionen zu werden. Wissenschaftler sprechen von solchen Selektionen als von dem, was man »normalerweise«, »natürlicherweise« oder »logischerweise« tun würde. Das bedeutet, daß ein Teil der in den normalen Verlauf wissenschaftlichen Handelns eingelassenen Selektivität nur sichtbar wird, wenn etwas den »natürlichen« Verlauf der Ereignisse unterbricht. Die zweite Schwierigkeit besteht darin, daß wir die Entscheidungsübersetzungen bzw. Entscheidungsverschiebungen des Labors aus den transwissenschaftlichen Engagements der Wissenschaftler nicht einfach *ablesen* können. Gesichtspunkte, die in transepistemischen Interaktionen verhandelt, und Problemübersetzungen, die in ihnen ausgearbeitet werden, können in der tatsächlichen Laborarbeit neu verhandelt und modifiziert werden. Entscheidungskriterien, die in den transwissenschaftlichen Verpflichtungen der Wissenschaftler verkörpert sind, können im Prozeß der Forschung revidiert, ignoriert oder umgeworfen werden. Überdies gilt, daß oft nicht eindeutig definiert ist, welche Relevanz Interessenfusionen, die sich durch Ressourcebeziehungen herstellen, für Forschungsentscheidungen haben. Konsistenz herzustellen zwischen ihren Arbeitsentscheidungen und dem Einbettungskontext der Forschung stellt für die Wissenschaftler selbst ein Problem dar. Wissenschaftler »glauben«, »meinen«, »denken« und »hoffen«, daß eine bestimmte Problemübersetzung, ein gewähltes Verfahren oder ein im Labor konstruiertes Produkt mit den Interessen derer, denen sie verpflichtet sind, übereinstimmen wird; aber sie *wissen oft nicht genau,* was von ihnen erwartet wird. Also reorientieren sie ihre »Vermutungen« jeweils entsprechend den Reaktionen, die sie bekommen; und das Ganze mag darauf hinauslaufen, daß sie diejenigen, die an ihrer Arbeit »interessiert« sind, dazu überreden, woran sie interessiert sein sollten.

Allerdings kann man diese Unbestimmtheit, wie in Kapitel 1.6 erläutert, auch als entscheidend für die Genese neuer Informationen ansehen. Wenn Laborselektionen durch ein Set spezifischer Kriterien, die unter spezifizierbaren Bedingungen anwendbar sind, vorausbestimmt wären, dann würde Forschung auf die vorprogrammierte Ausführung der entsprechenden Bedingungen reduziert. Die Existenz der Unbestimmtheit, die uns an der Voraussage von Forschungsentscheidungen hindert, muß somit nicht beklagt werden. Sie kann auch als Bedingung für die Möglichkeit der Entstehung neuer Informationen gesehen werden.

4.10 Die Struktur von Entscheidungsproblemen in der wissenschaftlichen Arbeit: ein weiteres Beispiel

Ich möchte nun die transepistemische und transwissenschaftliche Verbindung technischer Laborarbeit anhand eines Beispiels illustrieren, das aus dem Bereich der Biologie/Biotechnologie stammt.[34] Im Zentrum der Experimente stand der Bindungsmechanismus des Biopolymers Chitin. Das Polymer gehört zu den Zellulosen, die vom menschlichen Körper nicht verdaut werden. Die Frage war, ob und bis zu welchem Grad es sich als Trägersubstanz für andere Substanzen eignet, die im Körper eine gewisse Funktion haben, aber nicht von ihm absorbiert werden sollen. Ferner, unter welchen Umständen Chitin im Körper zur kontrollierten Abgabe von Stoffen eingesetzt werden kann, die, in gro-

ßen Konzentrationen eingenommen, weniger als optimal wirksam erscheinen oder abträgliche Nebeneffekte hervorrufen. Das erste Papier, das sich aus den Untersuchungen ergab, berichtet über drei *In-vivo*-Untersuchungen und eine *In-vitro*-Studie; die *In-vivo*-Studie basierte auf Experimenten mit mongolischen Wüstenmäusen (*meriones unguiculates*, engl. *gerbils*). Um die Bindungsmerkmale des Chitins zu testen, wählten die Wissenschaftler eine rote Farbe. Das Chitin und die Farbe wurden in die Diät der Mäuse gemischt und die Exkretionsrate mit Hilfe von Farbmeßmethoden bestimmt. Die Rate diente als Indikator für das Ausmaß, in dem Chitin die entsprechende Substanz gebunden und deren Absorption verhindert hatte.
Aus dem wenigen, das ich über die Experimente gesagt habe, ergeben sich bereits Hinweise auf eine Anzahl von technischen Entscheidungen, die in die Fragestellung und Durchführung der Untersuchung eingelassen waren und die sie zusammen mit anderen Selektionen konstituieren. Warum zum Beispiel wählten die Forscher das Biopolymer Chitin? Warum drei *In-vivo*-Fütterungsexperimente gegenüber einem *In-vitro*-Versuch, und warum mongolische Wüstenmäuse anstelle von Ratten? Warum wählten sie eine Farbe anstatt anderer Substanzen, und warum mußte die Farbe rot sein?
Betrachten wir einen Moment lang diese letzte Entscheidung, die, an den Argumenten der Wissenschaftler gemessen, eine relativ einfache Struktur aufweist. Warum wählte Dietrich, der drei der vier Experimente leitete, Rot?

»Ich habe Rot genommen ... ich hab' das mit Tom besprochen, und ich hab' nur gesagt, was soll ich tun, und er sagte, die Fäkalien sind meist grünlich, und daher war es vernünftig, etwas sehr Helles zu nehmen, [aber] Gelb oder so was würdest du nicht nehmen. Also ... *Rot* war für mich irgendwie eine gute Alternative, weil du es [am besten] sehen konntest, in der Diät wie auch in den Fäkalien, und das hab' ich einfach angenommen, ohne irgendeinen Beweis zu haben.
Also ich hab' nach der hellestmöglichen Farbe gesucht, die sich am besten zeigen würde, das war der Grund« (200/3).

Aus diesem und anderen Kommentaren geht hervor, daß sich eine dunkle Farbe, hätten die Wissenschaftler sie gewählt, nicht leicht hätte von der dunkelgrünlichen Farbe der Fäkalien unterscheiden lassen. Hätten sie Weiß oder Gelb gewählt, so war das Resultat zweifelhaft. Um die Frage zu lösen, welche Farbe das Färbemittel haben sollte, betrachteten die Wissenschaftler die Farbe der Exkremente. Die Entscheidung (E) wurde in einen Bereich verschoben, der in die Wahl »verwickelt« war, dessen Eigenschaften daher Implikationen für die Lösung des ursprünglichen Entscheidungsproblems zugestanden wurden.

E_1 (Farbe des Färbemittels)

↓

E_2 (Farbe, die »gesehen« = gemessen werden kann)

↓

E_3 (Farbe der Fäkalien)

Entscheidungen scheinen somit getroffen zu werden, indem man sich in einen in die Entscheidung »verwickelten« Bereich versetzt und die in Frage stehenden Alternativen aus der Sicht ihrer Konsequenzen im implizierten Bereich betrachtet. Ich betone dieses »sich in den Implikationskontext versetzen«, weil es nochmals darauf hinweist, warum die gängige Annahme, Wissenschaftler ließen sich von einer kleinen Zahl fixer Entscheidungskriterien leiten, wenig fruchtbar erscheint. Aus dem oben Gesagten geht hervor, daß sie sich meist keineswegs »von Entscheidungskriterien leiten lassen«. Vielmehr versetzen sie sich in die implizierte Situation, übernehmen deren Perspektive und betrachten das Problem aus der Sicht der *konkreten* »Scherereien« und Möglichkeiten, die sich ihnen dabei darbieten. Die Beschreibung entspricht dem Modell, das George Herbert Mead mit der »Übernahme der Perspektive des anderen« umschrieben und für die zwischenmenschliche Interaktion entworfen hat; es scheint mir am ehesten geeignet, wissenschaftliches Entscheidungsverhalten zu illustrieren. Es sind nämlich die dem Hineinversetzen, dem Perspektivenwechsel entnommenen konkreten Gegebenheiten des Implikationskontextes, die bestimmen, welche technischen Entscheidungen getroffen werden und wie daher die Untersuchungsergebnisse aussehen werden. Entscheidungskriterien stellen demgegenüber – und ich wiederhole hier das in Kap. 2.3

Gesagte – *Post-hoc-* und *Ex-ante-*Generalisierungen dar, die durch ein anderes Problem bestimmt sind: durch das des Erklärens und Berichtens von Selektionen.

Betrachten wir nun noch ein etwas aufwendigeres Beispiel wissenschaftlichen Entscheidungs-Räsonierens in diesem Projekt, nämlich die Frage, warum die Wissenschaftler in den *In-vivo-*Experimenten *gerbils* und nicht Ratten verwendeten. Abbildung 4.1 faßt eine Anzahl von Argumenten zusammen, die seitens der Wissenschaftler zu verschiedenen Gelegenheiten dazu geäußert wurden. Die Abbildung approximiert die Struktur des Räsonierens der Wissenschaftler; sie offeriert nicht eine Geschichte der Entwicklung ihres Denkens oder des tatsächlichen Entscheidungsverlaufs im Labor. Sie illustriert die Behauptung, daß die im technischen Räsonieren der Wissenschaftler vorgefundenen und durch Entscheidungspfade verbundenen Handlungsbereiche epistemische Argumente sowie die Spezialgebietsgruppen transzendieren und somit, wie in den vorherigen Abschnitten erläutert, als transepistemisch und transwissenschaftlich angesehen werden können. Betrachten wir nun die in Abbildung 4.1 angeführten Argumente, beginnend mit dem Kopf der Seite; die ungekürzten Äußerungen finden sich in Anhang 3.

Mehrere Kommentare der Wissenschaftler enthielten das Argument, daß die Kosten für die Verwendung von Ratten in den *In-vivo-*Experimenten höher lägen als die für die Mäuse und daß man das wenige zur Verfügung stehende Forschungsgeld besser für andere Zwecke verwenden sollte. Die Frage »Ratten versus Mäuse« war in eine »Geldfrage« transformiert worden; sie war, wie es schien, ersetzt worden durch offensichtlich nicht-epistemische Erwägungen (im Sinne der Definition von Abschnitt 4.7). Ich hatte angenommen, daß die transepistemischen und transwissenschaftlichen Verbindungen wissenschaftlicher Arbeit bei der Betrachtung von Forschungsentscheidungen nicht gleich ins Auge springen würden. Letztere sollten sich als technisch legitimiert darstellen; transzendierende Verbindungen sollten sich erst aus der Analyse von Selektionen höherer Ordnung ergeben, die uns progressiv aus den Technikalitäten des Labors herausführen sollten. Hört man jedoch Wissenschaftler im Labor räsonieren, so findet man, daß sie mit nicht-epistemischen Erwägungen häufig

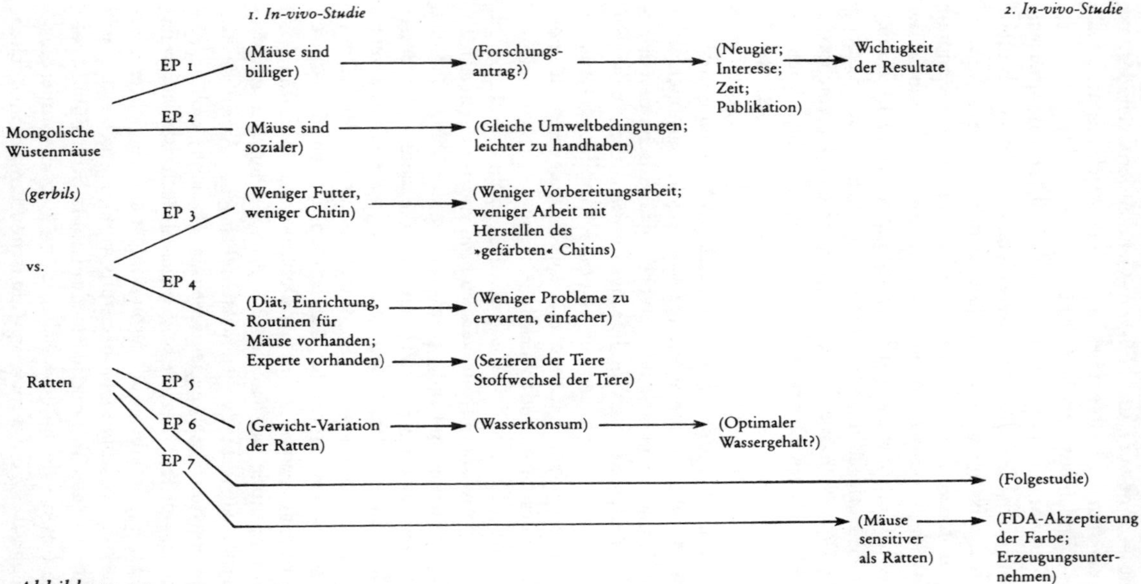

Abbildung 4.1
Auszug aus den Argumenten der Wissenschaftler für die Wahl von mongolischen Wüstenmäusen (EP = Entscheidungspfad)

und gerne zur Hand sind, wie das der erste Entscheidungspfad in Abbildung 4.1 illustriert. Man findet allerdings auch, daß mehr epistemische Argumente hinter den offensichtlich nicht-technischen Erwägungen versteckt sein können. Als ich fragte, warum man angesichts knapper Mittel nicht um Forschungsgeld angesucht habe und gewartet habe, bis sich die »Geldfrage« erledigt hätte, wurden mir *Neugier* und das große *Interesse* wiederholt als Begründung angegeben. Auch die Zeit, die man gerade zur Verfügung hatte, aber später vielleicht nicht haben würde, wurde erwähnt. Außerdem hielt man es für wichtig, möglichst schnell ein »Chitin-Papier« zu publizieren. Letzteres wurde damit in Zusammenhang gebracht, daß man dabei war, für die Verwendung von Chitin zu werben (»to promote«), und daß es sich bei der Thematik wie auch beim Chitin »um eine neue Sache handle«. Gibt man diesen Argumenten eine wohlwollende Interpretation, so kann man das Neugier- und Interesse-Argument als epistemisch bezeichnen; in diese Richtung weist zum Beispiel die weitere Abstützung des Interessenarguments durch die Wichtigkeit der zu erwartenden Resultate (siehe auch Entscheidungspfad 1, Anhang 3). Das Zeitargument erscheint demgegenüber als nicht-epistemisch, das Publikations-Argument zumindest zweideutig. Die hier angeführte »Neuheit« des Problems müßte weiter erläutert werden, das »Werben« für das Chitin schien in der Situation, in der die Äußerung gemacht wurde, auch einiges mit der Karriere-Strategie des betreffenden Wissenschaftlers zu tun zu haben. Man sieht hier, daß die Gliederung in epistemische und nicht-epistemische Argumente insbesondere dann fraglich wird, wenn sie nicht durch korrespondierende Zuschreibungen der Wissenschaftler abgestützt werden kann. Für unseren Zweck genügt es jedoch zu zeigen, wie Entscheidungsverschiebungen aussehen und daß sie nicht notwendigerweise nur in eine Richtung (von der Wissenschaft zur Gesellschaft) vorgenommen werden. Der Entscheidungspfad kann offenbar mit einer »Geldfrage« beginnen und mit dem wissenschaftlichen Interesse der möglichen Resultate enden – und umgekehrt.
Dies illustriert auch der zweite Argumentationsstrang in Abbildung 4.1, der an die Behauptung der Wissenschaftler anschließt, die Wüstenmäuse seien »sozialer« als Ratten. Im Zusammenhang

mit der Frage »Mäuse versus Ratten« tauchte auch die Frage der Behandlung und Pflege der beiden Tierarten auf. Dazu wurde angeführt, daß die Mäuse weniger aggressiv, gewalttätig und neurotisch als Ratten wären. Daher könnten mehrere von ihnen zusammen in einem Käfig gehalten und gleichzeitig gehandhabt (z. B. gefüttert) werden. Ratten müßten demgegenüber in separaten Käfigen gehalten und auch getrennt gefüttert, gewogen, untersucht usw. werden. Dabei handelte es sich nicht nur um ein Argument zugunsten derjenigen Tiere, deren »Haltung« einfacher erschien. Es handelte sich *auch* darum, die Umweltbedingungen für die Versuchstiere so ähnlich wie möglich zu gestalten, was nach Meinung der Wissenschaftler durch die gemeinsame Haltung aller Wiederholungen (vier bis sechs Tiere) in einem Käfig erleichtert wurde, indem die Tiere Futter, Wasser und andere Einflüsse teilten. Auch hier wiederum verbinden sich pragmatische Argumente (welche Tiergruppe kann leichter gehandhabt werden) mit epistemischen (welche Tiergruppe erlaubt größere experimentelle Kontrolle).

Unterminiert das Ergebnis, daß nicht-epistemische Entscheidungsübersetzungen im Labor zu epistemischen Fragen weiterführen können, nicht die Behauptung von der transepistemischen Einbettung der Forschung? Ich denke nicht, denn man findet ebenso epistemische Erwägungen in nicht-epistemische übertragen. In der Tat ist es empirisch oft schwer und vermutlich unwichtig herauszufinden, in welchem Bereich der *Ursprung* eines Pfades von Entscheidungsverschiebungen liegt. Demgemäß hätte man vermutlich einige der Pfeile in Abbildung 4.1 auch in die umgekehrte Richtung laufen lassen können. So ist es durchaus denkbar, daß in Entscheidungspfad 4 das Vorhaben, die Tiere zu sezieren, sowie mögliche Probleme mit dem Stoffwechsel der Versuchstiere ein Argument für die Wahl derjenigen Tiergattung darstellte, für die man einen Experten zur Verfügung hatte; umgekehrt kann das Vorhandensein eines »*Gerbil*-Experten« als Argument dafür gegolten haben, Sezierarbeiten überhaupt in Erwägung zu ziehen. Ähnlich mögen sich die Wissenschaftler in der Frage der Auswahl einer Tiergattung die Bedingungen im Labor vor Augen gehalten und die Frage gestellt haben, für welche der beiden Arten die existierenden Einrichtungen besser geeignet wären. Oder sie mögen sich in die Situation versetzt haben, die Nahrung der Tiere vorzubereiten, sie zu füttern, zu wiegen und ihre Fäkalien zu sammeln. Das mag dann zur Frage Anlaß gegeben haben, ob im Labor eine etablierte Routine für eine der beiden Arten existierte, was die Arbeit erleichtern würde.

Ohne auf die Entscheidungspfade in Darstellung 4.1 weiter eingehen zu müssen, kann man somit sagen, daß die Verbindung zwischen epistemischen und nicht-epistemischen Erwägungen im Labor in beide Richtungen verläuft und es nicht wichtig erscheint, wo wir den jeweiligen Verbindungsweg betreten. Es mag für den Wissenschaftler geradezu darauf ankommen, diejenigen Verbindungen zwischen implizierten epistemischen und nicht-epistemischen Bereichen zu eruieren, die die Interessen der Beteiligten in annehmbarer Weise artikulieren und fusionieren.

Damit wären wir bei den *transwissenschaftlichen* Beziehungen der Wissenschaftler oder, anders ausgedrückt, bei denjenigen Bezugsgruppen, in die die *wissenschaftliche* Arbeit eingebettet scheint. Nach den transwissenschaftlichen Beziehungen zu fragen heißt die Frage stellen, wer die Akteure sind, die in eine bestimmte Untersuchung »verwickelt« sind, in ihr angesprochen werden. Im vorliegenden Fall haben wir Dietrich und Tom, den *Gerbil*-Experten, genannt. Darüber hinaus gab es noch mehrere *Graduate*-Studenten und Studentinnen, ein bis zwei Laboranten sowie die Food and Drug Administration, das Seagrant Office sowie ein Unternehmen und dessen Forschungsdirektor. Gelten Studenten als Mitglieder der relevanten Spezialistengemeinden? Aber nehmen wir dies ruhig an. Wie steht es mit dem Seagrant Office, der Food and Drug Administration und dem Unternehmen, dessen Name hier nicht genannt werden soll? Sicherlich können diese nicht einfach unter die Rubrik der Wissenschaftlergemeinde subsumiert werden, wiewohl sie zur Bearbeitung eines Teils ihrer Anliegen Wissenschaftler anstellen mögen. Man nimmt jedenfalls an, daß nicht-epistemische Anliegen solchen institutionellen Akteuren am Herzen liegen und daß Wissenschaftler von ihnen vor allem zu dem Zweck beschäftigt werden, eine wirksame Durchführung ihrer nicht-epistemischen Anliegen zu garantieren.

Ich will mich auf eine kurze Illustration beschränken. Im ersten

In-vivo-Experiment war das Problem aufgetaucht, daß die Mäuse unerklärlicherweise Haar und Gewicht verloren, nachdem sie wenige Tage lang auf die Untersuchungsdiät gesetzt worden waren. Das Experiment mußte nach 13 Fütterungstagen abgebrochen werden; man erwartete, daß die Tiere sonst unter unkontrollierten Bedingungen eingehen würden. Abbruch hieß, daß die Mäuse getötet und für spätere pathologische Untersuchungen eingefroren wurden. Die Farbe, die man der Diät beigemischt hatte, war von der Food and Drug Administration für den menschlichen Genuß freigegeben worden. In der Folge drehte sich ein Hauptpunkt der Diskussionen unter den Beteiligten um die Frage, wie die Food and Drug Administration zur Freigabe der Farbe gekommen sein konnte (sie veröffentlicht ihre Informationsbasis nicht) und welche Gegenargumente sie der Behauptung entgegenhalten würde, daß die Farbe die Ursache für die rapide Verschlechterung des Zustandes der Tiere gewesen sei. Die Wissenschaftler nahmen an, daß ein ähnliches Problem in den von der Food and Drug Administration herangezogenen Forschungen, die vermutlich an Ratten gemacht worden waren, nicht aufgetreten war, da ansonsten die Freigabe unverständlich gewesen wäre. Hatte man nun etwas entdeckt, was der Food and Drug Administration verborgen geblieben war, weil sie Ratten verwendete? Waren die Wüstenmäuse einfach sensitiver für eine chemische Verbindung (die Farbe), die vielleicht nur leicht toxisch war, und konnte man annehmen, daß diese Sensitivität auf eine Tiergattung beschränkt war?

Um diesen Fragen nachzugehen, rief der Leiter der Forschung bei dem Unternehmen an, das die Farbe auf den Markt brachte, und erkundigte sich nach möglichem Beweismaterial zu diesem Problem. Er wurde jedoch, wie er sagte, »vollständig abgeblockt« und erhielt von dem Forschungsleiter des Herstellerunternehmens keinerlei Informationen. Argumente, die sich auf dieses Unternehmen und die Food and Drug Administration bezogen, gingen jedoch fortwährend in die weiteren Entscheidungsprozesse ein. Zum Beispiel wurde in der Folge die Annahme, daß die Food and Drug Administration sich vermutlich auf Experimente mit Ratten gestützt hatte, als Argument dafür angesehen, die *In-vivo*-Experimente mit Mäusen fortzusetzen. Gleichzeitig diente sie als Argument dafür, den direkten Angriff auf diejenigen, die »hinter« dem Färbemittel standen (zum Beispiel das Herstellungsunternehmen und die Food and Drug Administration) zu vermeiden (Abbildung 4.1, Entscheidungspfad 7). So sagte etwa Dietrich, man werde »in gröbere Probleme rennen«, wenn man »die Farbenleute« angreifen und dazu *gerbils* verwenden wolle. In diesem Zusammenhang erhielt auch das Seagrant Office Bedeutung, das in einem vorhergehenden Forschungsantrag auf den Vorschlag, *gerbils* zu verwenden, »mit Fragen« reagiert hatte. Auch dessen Haltung wurde als Argument dafür gewertet, die Versuche mit den Mäusen weiterzuverfolgen, die genannten Institutionen zunächst jedoch nicht mit den Untersuchungen und deren Ergebnissen zu konfrontieren.

Ich beende nun diese Illustration mit ein paar zusammenfassenden Bemerkungen: Erstens möchte ich behaupten, daß die Entscheidungsverschiebungen bzw. Entscheidungsübersetzungen des Labors auf ein transepistemisches Feld von Argumenten und ein transwissenschaftliches Feld von Akteuren verweisen, in deren Einbettungskontext Laborarbeit vonstatten geht. Anhand von Entscheidungspfaden zwischen den jeweils transformierten Entscheidungsrahmen lassen sich die Verbindungswege nachzeichnen, auf denen wissenschaftliche Argumente die Grenzen verschiedener lokaler Sinnprovinzen passieren.

Zweitens möchte ich behaupten, daß diese Sinnprovinzen nicht separate »Faktoren« abgeben, die zu additiven Modellen einer spezifisch wissenschaftlichen Rationalität kombiniert werden können. Wissenschaftliche Entscheidungen werden nicht durch eine kleine Zahl systemspezifischer Kriterien gesteuert; vielmehr kommen sie zustande durch das Ausarbeiten (oft im buchstäblichen Sinn von Labortätigkeiten) der Implikationen einer technischen Wahl an einem anderen Ort, zu einem anderen Zeitpunkt, in einer anderen Sinnprovinz der sozialen Welt.

Drittens möchte ich darauf hinweisen, daß es die Wissenschaftler selbst sind, die, wie man sagen könnte, ständig von einer dieser Sinnprovinzen zur nächsten überwechseln. Es ist ihr Anliegen und ihr Bestreben, die entsprechenden Verbindungen herzustellen und dabei ihre eigenen, bei der Herstellung artikulierten Interessen sowie die der anderen Beteiligten zu fusionieren oder zu differenzieren. Kein stabiles Set von wissenschaftsinternen Entscheidungskriterien scheint ihnen die Aufgabe abnehmen zu können. Warum nicht? Die Antwort wurde bereits gegeben. Entscheidungskriterien werden nur in Form kontextuell-kontingenter Entscheidungsübersetzungen relevant, das heißt als Entscheidungsverschiebungen in Bereiche, deren inhaltliche Merkmale – und nicht deren zugeschriebene Ähnlichkeit mit anderen Bereichen – für die Entscheidung maßgeblich sind. Wohin uns diese Übersetzungen führen und was wir über sie systematisch aussagen können, ist keine logische oder philosophische, sondern eine empirische Frage.

4.11 Schlußfolgerungen

Es ist, wie man betonen muß, keineswegs neu, zwischen wissenschaftlicher Konstruktionsarbeit und anderen Bereichen der sozialen Welt eine Verbindung zu postulieren. Wissenschaftshistoriker haben auf solche Verbindungen aus sich überlappenden Entwicklungen innerhalb und außerhalb der Wissenschaft geschlossen, und Wissenssoziologen haben sie bis dato mit einer Anzahl von Interessenmodellen zu erklären versucht. Es ist jedoch überraschend, daß die vermuteten Verbindungen bisher keinerlei theoretischen Niederschlag im wichtigsten konzeptuellen Instrument der Wissenschaftsforschung gefunden haben. Ich meine den Begriff der Wissenschaftlergemeinde und das mit ihm verbundene Integrations- bzw. Operationsmodell. Diesen Niederschlag zu suchen ist Ziel des hier eingeführten Begriffs von transwissenschaftlichen/transepistemischen Feldern bzw. Handlungsarenen, die durch Ressourcebeziehungen aufgespannt und durch die Entscheidungspfade wissenschaftlichen Labor-Räsonierens miteinander verbunden sind. Der Versuch soll auch zeigen, daß die Situationslogik des Labors den weiteren Kontext wissenschaftlichen Handelns nicht ignoriert, sondern diesen vielmehr bindet und in wissenschaftliche Arbeit transformiert. Paradoxerweise ist es das *interne* Funktionieren der Wissenschaft, das den *Internalismus* unserer Besessenheit mit Wissenschaftlergemeinden und Spezialgebieten am schärfsten kritisiert.

Kapitel 5

Wissenschaft als literarische Räson

5.1 Das wissenschaftliche »Produkt«

Wir haben wissenschaftliche Arbeit im Forschungslabor durch eine opportunistische Rationalität gekennzeichnet, die in transepistemische Argumentationszusammenhänge eingebettet ist. Darin orchestrieren Wissenschaftler die Artikulation und Fusion von Interessen, die transwissenschaftliche Ressourcebeziehungen charakterisieren. Eine solche Beschreibung läßt sich jedoch nicht nur auf die »Werkstattarbeit« der Wissenschaftler anwenden. Ähnliche Räsonier-Prozesse findet man im wissenschaftlichen Papier, dem abtrennbaren und getrennt in Erscheinung tretenden Endprodukt dieser Werkstattarbeit. Das wissenschaftliche Papier stellt das meist als ausschließlich relevant erklärte Resultat eines Prozesses dar, in den wir normalerweise nicht eindringen können. Für eine Untersuchung der Fabrikation von Wissen muß die Fabrikation des wissenschaftlichen Papiers von speziellem Interesse erscheinen. Insbesondere wird man sich für die Mechanismen interessieren, die die Laborarbeit in die Eintragungen des wissenschaftlichen Papiers transformieren.

Es ist klar, daß weder die Selektivität konstruktiver Operationen noch die mit ihr verbundene opportunistische Räson vor dem wissenschaftlichen Papier haltmachen. In diesem Sinn ist das wissenschaftliche Papier ein Erzeugnis des Labors ähnlich anderen Laborerzeugnissen, etwa einer isolierten chemischen Substanz oder einem Meßresultat. Gleichzeitig enthalten jedoch die schriftlichen Produkte der Wissenschaftler ihre eigene Argumentation, die mit dem praktischen Räsonieren der Laborarbeit kontrastiert.

Unterschiede bestehen nicht nur zwischen den stückweisen *Ad-hoc*-Projektionen der Laboräußerungen und der edierten, polierten Kohärenz des schriftlichen Diskurses. Das Labor-Räsonieren stellt die Anliegen wissenschaftlicher Arbeit in wilder Naturwüchsigkeit dar. Diese Naturwüchsigkeit erscheint in wissenschaftlichen Papieren nicht nur gezähmt, sie ändert auch ihre Gefolgschaft. Das Papier orientiert sich, wie man sich vorstellen kann, an den autoritativen Schriften eines Spezialgebietes und nicht an den Laboranliegen, in denen es seinen Ursprung hat. Es orientiert sich an diesen Schriften *und* macht den Versuch, einen Teil von ihnen effektiv zu eliminieren und durch den eigenen Beitrag zu substituieren. Im wissenschaftlichen Papier steckt mehr, als auf seiner zivilisierten Oberfläche sichtbar erscheint. So findet sich im wissenschaftlichen Papier ein gut Teil einer literarischen Strategie verkörpert, der von der Leserschaft weitgehend unbemerkt bleibt.

Was meint man, wenn man sagt, das wissenschaftliche Papier enthält ein gut Teil literarischer Strategie? Literaturwissenschaftliche und linguistische Untersuchungen philosophischer und sozialwissenschaftlicher Papiere haben ergeben, daß die Sprache in diesen Disziplinen nicht als neutrales Ausdrucksmittel technischer Resultate angesehen werden kann.[1] Es gibt zum gegenwärtigen Zeitpunkt wenige Analysen von Papieren in den Natur- und technologischen Wissenschaften.[2] Diejenigen, die existieren, zeigen, daß die entsprechenden Papiere in Hinblick auf die Einteilung in Abschnitte, die Wahl des Vokabulars und die grammatikalischen Ausdrucksmittel standardisiert erscheinen. Literarische Fähigkeiten erweisen sich als wenig entwickelt, wenn man diese durch individuelle Variation oder stilistische Feinheiten definiert.

Definiert man literarische Kompetenz jedoch als Verfügung über ein Repertoire von Überzeugungstechniken, so findet man, daß es naturwissenschaftlichen und technologischen Schriften an solchen Mitteln nicht mangelt; ihr Resultat kann man in jedem wissenschaftlichen Text am Werk sehen. Zum Beispiel weiß man, daß Wissenschaftler ihre Sprache demonstrativ »neutralisieren«. Analysen wissenschaftlicher Texte verweisen auf die Strategie der Verwendung einer simplifizierenden Sprache, der Trennung von »Information« und »Interpretation«, des Gebrauchs des Passivs und des Autorenplurals, der Verdoppelung (im Sinne des Offerierens beider Seiten eines Argumentes) und der Vermeidung expliziter Wertaussagen.[3]

Handbücher, die Wissenschaftler darin unterweisen, wie man eine wissenschaftliche Abhandlung schreibt, beklagen manche dieser Gewohnheiten (wie die Verwendung des Passivs) und verstärken andere (wie zum Beispiel »kurze und bündige« Formulierungen).[4] Viele wissenschaftliche Ausdrucksstrategien haben objektivierende Wirkung, wobei hiermit nichts über die Intentionen ihrer Urheber, wohl aber etwas über wissenschaftliche Konventionen gesagt ist.[5]

Allerdings beruhen die Überzeugungseffekte des wissenschaftlichen Papiers nicht allein auf linguistischen Manipulationen. Das wissenschaftliche Papier wird als *Bericht* über die Ergebnisse von Forschungsarbeiten definiert, und es ist diese institutionelle Definition, die einen Teil seiner Glaubwürdigkeit begründet. Mit Cicourel meine ich, daß man die formalen Merkmale eines Textes, der als Bericht klassifiziert wird, nur verstehen lernt, wenn man die Beziehung zwischen dem Text und der Realität, in der er seinen Ursprung hat, untersucht.[6] Wie Bourdieu gezeigt hat, stellen die formalen Merkmale einer Arbeit gleichzeitig soziale Strategien dar, die aus der alleinigen Betrachtung des Textes nicht erschlossen werden können.[7]

Im folgenden werden wir uns für die schriftlichen Produkte der Wissenschaftler als denjenigen Teil wissenschaftlichen Räsonierens interessieren, der das Labor verläßt, zirkuliert und möglicherweise in nachfolgende wissenschaftliche Arbeiten integriert wird. Gleichzeitig werden wir uns die Transformationen und Rekonstruktionen ansehen, die zwischen den Selektionen des Labors und den im Papier präsentierten Argumenten stehen. Es geht somit um den Anspruch des Papiers, in Hinblick auf die durchgeführten Forschungen eine zusammenfassende Berichterstattung zu geben.

Daß zwischen diesen Forschungen und dem im Papier Berichteten Diskrepanzen bestehen, ist seit langem bekannt. Merton verfolgt die Verwunderung über diese Diskrepanzen zurück bis auf Bacon und Leibniz[8], und Medawar ist wegen der Beobachtung berühmt, daß die Konventionen des wissenschaftlichen Papiers das, was im wissenschaftlichen Labor passiert, nicht nur »verdekken, sondern in aktiver Weise falsch darstellen« (1969: 169). Worin allerdings diese Diskrepanzen bestehen, ist keineswegs klar.

Manch ein Wissenschaftssoziologe wird mit uns übereinstimmen, daß das wissenschaftliche Papier nicht nur einen »Bericht« darstellt. In welcher Hinsicht es jedoch *kein* Bericht sein soll, darüber fehlen empirische Spezifikationen.[9] Ein Teil der Schwierigkeit besteht darin, daß wir nicht genau wissen, was es heißen soll, über eine Forschung »zu berichten« – trotz der umfangreichen Literatur über (wissenschaftliche) Kommunikation und trotz relevanter Anstrengungen im Bereich der *artificial intelligence* und anderer kognitiver Disziplinen.[10] Ein anderer Teil der Schwierigkeit besteht darin, daß uns Beobachtungen der Laborprozesse fehlen, die im wissenschaftlichen Papier der Annahme nach repräsentiert – oder falsch repräsentiert – werden.
Charakteristischerweise findet man einige der besten Beispiele für die literarischen Strategien der Wissenschaftler in der *Einleitung* des wissenschaftlichen Papiers. Die *Einleitung* des Papiers entspricht der Auswahl eines Forschungsthemas im Labor; sie liefert den Lesern der Publikation eine Begründung für die Durchführung der Forschung. In den folgenden Abschnitten wird es um diese *Einleitung* gehen. Ich werde versuchen, an das praktische Räsonieren zu erinnern, das die Auswahl eines Forschungsschwerpunktes im Labor begleitete, und die literarischen Strategien zu analysieren, durch die es in der *Einleitung* transformiert wird. Kapitel 6 wird die »Transformationsarbeit« der Wissenschaftler weiterverfolgen, indem es andere Teile des Papiers mit dessen Gegenstücken im Labor konfrontiert.
Die im folgenden analysierten Forschungen wurden ausgewählt, weil meine Aufzeichnungen über die entsprechenden Arbeiten vollständig waren[11] und weil mir die Wissenschaftler alle Fassungen des aus den Arbeiten resultierenden Manuskripts zur Verfügung stellten. Die Anzahl dieser Fassungen (einschließlich der von Koautoren, Kollegen oder Gutachtern kommentierten Manuskripte) beträgt 16; für den gegenwärtigen Zweck genügt es jedoch, die erste und die letzte und endgültige Version des Papiers zu untersuchen. Die Laborarbeiten, auf die sich das Papier bezieht, wurden weitgehend zwischen November 1976 und April 1977 durchgeführt. Die erste Fassung des Papiers, die »aus der Hand gegeben« wurde, ist mit dem 13. Mai 1977 datiert. Die endgültige Fassung wurde am 14. September abgeschlossen, am

Teil einer »experimentellen« Anlage

Routineanalysen chemischer Zusammensetzung

4. Oktober eingereicht und am 28. Oktober 1977 unter der Voraussetzung, daß eine Literaturangabe ergänzt würde, zur Publikation akzeptiert. Da das Papier erst im folgenden Jahr erschien, konnte ich dessen Wirkungen in Form von Zitaten nicht in die Analyse einbeziehen. Anhaltspunkte für die Reaktion der Fachkollegen gibt jedoch die Tatsache, daß es ohne Korrektur schnell zur Publikation akzeptiert wurde. Von den drei Koautoren hatten zwei Vorstandspositionen in Zeitschriften und wissenschaftlichen Gesellschaften.[12] Der älteste Autor hatte mehr als 250 Papiere publiziert und war Regierungsberater. Der jüngste (und für die Arbeiten vornehmlich verantwortliche) Autor war 33 Jahre alt und wies in seiner Publikationsliste 40 wissenschaftliche Artikel auf. Das Papier bezieht sich auf den technologischen Teil der beobachteten Arbeiten, der darin bestand, eine alternative Methode der Protein-Rückgewinnung aus unkonventionellen Quellen zu entwickeln.

5.2 Die Begründung eines Forschungsschwerpunktes im Labor

Zur Genese der Forschung, die in Kapitel 3 kurz vorgestellt wurde, gehören Walter, ein Chemiker/Technologe, Wissenschaftler aus anderen Gruppen des Zentrums, ein Universitätsinstitut, ein weiteres Forschungsinstitut, das mit der landwirtschaftlichen Industrie in Verbindung steht, Herausgeber von Zeitschriften und der allgemeine Kreis von »Interessenten«, an den die Untersuchung adressiert war – viele nicht direkt anwesend im Labor. Die Quellen der Geschichte sind meine Aufzeichnungen von Laboraktivitäten, von Antworten auf meine Fragen, von Kommentaren und Bemerkungen der Wissenschaftler. In diese fügen sich die beabsichtigten Forschungsresultate als vorweggenommene Ressource in das Gewebe von Geschäften und Anliegen der beteiligten Wissenschaftler ein. Man betrachte zunächst, wie Walter das Zustandekommen der Forschungen begründet:

Frage:
»Hattest du von Anfang an vor, an diesen Proteingewinnungsmethoden zu arbeiten?«

Walter:
»Nein, ursprünglich wollte ich keine derartigen Untersuchungen machen.
Vielmehr hat sich ergeben, daß ich das Protein, das ich für die Assay-Arbeiten und die Texturmessungen und [derartige] Dinge brauchte, selber hätte generieren müssen, weil ich es nicht aus der landwirtschaftlichen Industrie bekommen konnte. Aber ursprünglich wollte ich aus dieser Arbeit kein eigenes Papier machen ... Ich wollte sie so schnell wie möglich hinter mich kriegen und hab' daran gedacht, einfach mit Fuller zusammenzuarbeiten« (14–1).

Walter hatte sich zunächst entschlossen, sich auf Fullers *Know-how* zu verlassen und die Versuche wegen der benötigten Mengen in einem der Großlabors des Zentrums durchzuführen; dabei stieß er jedoch auf eine Reihe von Problemen, die Fullers Methode verursacht hätte (siehe Abschnitt 3.6). Zu etwa demselben Zeitpunkt las er zufällig, daß

»sie Eisenchlorid bei der Proteinausfällung aus Abwässern benutzen. Das muß billig sein, oder sie würden es nicht verwenden. Und ich hab' gelesen, daß das bei geringer Temperatur ohne Hitzebehandlung gemacht werden kann.«

Walter hatte etwa zur selben Zeit einiges über den explodierenden Energieaufwand im Landwirtschaftsbereich gelesen und schien von der Idee energiesparender Verfahren fasziniert. Als ich fragte, warum er dachte, daß die Verwendung von Eisenchlorid eine solch ausgezeichnete Idee sei, sagte er:

»In Europa [wo diese Art der Protein-Rückgewinnung extensiv betrieben wird] verwendet jeder, der Protein gewinnt, Hitze-Koagulation. Da die Proteinkonzentration aber nur 0,5 % ausmacht, braucht man enorme Mengen der Lösung, um 1000 g Protein zu bekommen ... Sie wissen, daß das ein Problem ist, und versuchen, die Flüssigkeit *vor* der Hitze-Koagulation zu konzentrieren – aber das ist auch teuer. Und das Resultat ist ein unlösliches Protein, das lauter Probleme verursacht!« (4–4/4).

Die Idee war einfach: »Wenn man das Protein nicht diesen hohen Temperaturen aussetzen muß, muß die Löslichkeit höher sein, und der ganze Prozeß muß in Hinblick auf Energie viel interessanter sein.« Der Reiz einer Proteingewinnungsmethode, die weniger Energie benötigt und in Proteinen mit hoher Stickstofflöslichkeit resultiert, lag auf der Hand. Es war für Walter nicht schwer, die anderen Mitglieder der Gruppe von seinem Vorhaben zu überzeugen. Aber es gab auch andere Gründe, die von den in der Folge beteiligten vier Wissenschaftlern genannt wurden. Ein Beispiel erhalten wir von Walter selbst.

Da Walter nach einiger Zeit an die Universität zurückkehren wollte, von der er gekommen war, behielt er, wie er sagte, den Stellenwert seiner Arbeit in Hinblick auf die Erfordernisse seiner Universitätskarriere ständig im Hintergrund seiner Überlegungen. Insbesondere machte er sich Sorgen über das Fehlen rein technologischer Arbeiten in seinem »Profil«. Nachdem er auf das Eisenchlorid gestoßen war, sagte er einmal:

»Mich hat auch schon die Tatsache beschäftigt, daß ich in meinen Proteinarbeiten bis zu diesem Zeitpunkt überhaupt keine technologischen Themen behandelt hatte. Ich dachte, daß ich, wenn ich ohnehin in das *Pilot-plant*-Labor muß und das Protein selber zu generieren habe, daß ich dann genausogut einige Vergleiche machen könnte und sehen, ob das mit dem Eisenchlorid funktioniert. Das würde die Lücke schließen ...« (14–13/1).

Zu einem anderen Zeitpunkt ergab sich, daß Walter mit einem Forschungsinstitut, das von der landwirtschaftlichen Industrie finanziert wurde, einen Beratervertrag für die Bearbeitung von einigen Problemen hatte, die es dort mit der Proteingewinnung gab. Er sagte:

»Ich weiß, daß ihr [Gewinnungs-]Verfahren schlecht ist, und ich weiß von den *pre-tests,* die ich gemacht habe, daß die Löslichkeit ihres Proteins sehr gering ist. Sie sollten sich besonders für diese Arbeit interessieren ...« (6–3/2).

Er wußte, daß er »irgendwann einmal irgendwas für den Vertrag liefern mußte«, und die neue Methode schien genau das, was sie brauchten. Er wollte jedoch die Methode auch publizieren und befürchtete, daß die Industrie »da nicht mitmachen« werde. (Er löste das Problem, indem er die Betroffenen von der Methode in Kenntnis setzte und gleichzeitig auch davon, daß er sie wegen der anderen Beteiligten am Forschungszentrum publizieren *mußte.*)

Aber es gab noch einen anderen Grund für die Anziehungskraft, die das neue Verfahren auf Walter ausübte. Wie andere auch, betrachtete Walter die teure Ausrüstung und das gut trainierte Personal des Großlabors als höchst attraktiv; um so mehr, als der Zugang zum Labor nicht leicht zu erhalten war, wie wir in Kapitel 2.5 gesehen haben. Mehrfach sprach er davon, daß ihm jedes Projekt, das ihm erlauben würde, diese »Gelegenheit auszunützen«, willkommen wäre. Die neue Protein-Gewinnungsmethode stellte eine solche Gelegenheit dar (27–1/1).

Es ist klar, daß solche »Gründe« oft *nach* Entscheidungen gegeben werden, die eher »stattfinden«, als daß sie »getroffen« würden. Durch sie wird das Auftreten des Eisenchlorids jedoch in ein rationales Gewebe eingebunden, das gleichzeitig einen Handlungskontext umschreibt. Laboraktivitäten finden in einem Raum möglicher Selektionen statt, der durch das Begründungs-Räsonieren der Wissenschaftler aufgespannt wird. Was dabei aus der Sicht einer getroffenen Entscheidung als nachträglich erscheint, kann sich zugleich als handlungsrelevanter Vorgriff erweisen.

Aber es gibt noch zwei weitere Aspekte, die hier betont werden müssen. Erstens gilt, daß die Gegebenheiten, mit denen Walter die Verfolgung der »gebotenen« Forschungsmöglichkeiten begründete, diesen den Charakter von *Ressourcen* bei der Erfüllung von Anforderungen und »Aufträgen« verleihen: die Anforderung, ein technologisches Thema zu bearbeiten, Protein zu generieren, einen Beratervertrag zu erfüllen, eine Gelegenheit zu nutzen. In Begriffen des Kapitels 3 formuliert: die Forschungsmöglichkeiten haben den Charakter von *Lösungen* von Problemen, die allerdings, wie man sieht, keineswegs nur im technischen Bereich liegen. Ich illustriere hiermit nochmals die *transepistemische* Einbettung von Laborselektionen im Räsonieren der Wissenschaftler.

Zweitens gilt, daß die von Walter zur Begründung gegebenen Anforderungen eine Reihe von Akteuren sichtbar werden lassen, die im Labor eine versteckte Rolle spielten. So etwa der Universitätsprofessor, den Walter häufig in Verbindung mit seinen Ängsten hinsichtlich der Abdeckung eines technologischen Themas in seinen Arbeiten nannte, oder der Forschungsdirektor des Institutes, mit dem er einen Beratervertrag hatte. Ebenso erwähnt – wenn auch oben nicht zitiert – wurden Wissenschaftler am Forschungszentrum (einschließlich dem Leiter von Walters Gruppe), die sich an den Experimenten interessiert zeigten, für die das Protein gebraucht wurde. Dazu kamen zwei namhafte Wissenschaftler, mit denen Walter ein eventuell daraus resultierendes Papier zu publizieren gedachte, sowie ein Kollege, der ihm das mögliche Interesse von Zeitschriften interpretierte.

Auch hier verweise ich wiederum auf die über die betreffenden Spezialgebiete sowie über die Wissenschaftlergemeinde insgesamt hinausgehende *transwissenschaftliche* Zusammensetzung der genannten Personen. Die Tatsache, daß es sich bei ihnen um ausgebildete Wissenschaftler handelte, sollte darüber nicht hinwegtäuschen. Der Universitätsprofessor war an der Angelegenheit nicht als Fachkollege (der er übrigens nicht war) beteiligt, sondern als Entscheidungsträger über und möglicher Widerstand bei Walters Aufstieg zum Associate Professor. Der Forschungsdirektor des industriefinanzierten Instituts stand Walter nicht als Wissenschaftler, sondern als Verwalter von Vertragsbedingungen gegenüber. Selbst der Kollege, den Walter um Auskunft über einzelne Zeitschriften bat, diente nicht mit wissenschaftlichen Informationen, sondern als Sprachrohr der Publikationsorgane hinsichtlich ihrer Anwendungsinteressen.

Es ist klar, daß die entsprechenden Akteure von der vorgesehenen Fusion von Interessen überzeugt werden mußten. (Aus einer früheren Anmerkung wissen wir, daß sich der Forschungsdirektor des Instituts, mit dem ein Kontrakt bestand, offenbar – an seiner Reaktion gemessen – *nicht* überzeugen ließ.) Die Interessenfusion basiert auf der Konvertibilität der »Ressource« des Wissenschaftlers (dem erwarteten Forschungsresultat) in Ressourcen, die die betreffenden Akteure interessieren. Um einen anderweitig eingeführten Ausdruck zu verwenden[13] – Ressourcen, die nicht umgewandelt werden können, bleiben sozial *ad hoc*; sie eignen sich nicht zum Anschlußhandeln auf seiten der mit ihnen konfrontierten Beteiligten.

5.3 Die Begründung eines Forschungsschwerpunktes im wissenschaftlichen Papier

Im Gegensatz zu den immer wieder abreißenden, inhaltlich verschiedenen Fäden des Räsonierens im Labor weist das wissenschaftliche Papier einen streng regulierten Argumentationsfluß innerhalb einer sequentiellen Struktur auf. Diese Struktur ist weit verbreitet. Eine Titelseite lokalisiert das Papier zunächst im Schnittpunkt der Dimensionen Autor(en), Institution(en), Zeitschrift und Thema, das durch den Titel und den *running head* doppelt determiniert ist. Die folgende Seite wiederholt alles außer dem Namen der Institution(en) und enthält das *Abstract*, gefolgt von der *Einleitung*. Abschnitte über *Material und Methoden* sowie *Ergebnisse und Diskussion* erscheinen in gehörigem Abstand, gefolgt vom *Literaturverzeichnis*, *Acknowledgements* und einer Anzahl von *Tabellen* und *Abbildungen*.

Dies stellt, mit wenigen Abweichungen, die Standardform eines naturwissenschaftlichen Papiers in den USA dar, die im vorliegenden Fall von der ersten bis zur endgültigen Fassung gleich blieb. Die Abschnitte über Methoden und Ergebnisse werden im allgemeinen weiter unterteilt, wobei in den Titeln der Unterabschnitte zum ersten Mal der Inhalt der Arbeit berührt wird. Das einzige Sondermerkmal des hier analysierten Papiers ist, daß es auf S. 2 eine »Interpretative Zusammenfassung« für den »internen Gebrauch« am Forschungszentrum enthielt.

Somit hält das wissenschaftliche Papier verschiedene Anliegen in den dafür vorgesehenen Unterteilungen sauber auseinander, im Gegensatz etwa zu den »gemischten« Inhalten, die wir im Labor vorfinden. Anstatt die über die gesamte Forschungsperiode verstreuten Bemerkungen der Wissenschaftler über den Ursprung eines Forschungsschwerpunkts zusammenzusuchen und zu ordnen, brauchen wir nur den richtigen Unterabschnitt des Papiers zu identifizieren. Anstatt die eigenen Labornotizen in eine lesbare und verständliche Darstellung der »Begründung« des Forschungsvorhabens umzuformen, brauchen wir uns nur die Geschichte anzuhören, die im relevanten Teil des Papiers erzählt wird. Zwar wird man vergeblich nach irgendeinem Teil des Papiers suchen, der die Angaben der Wissenschaftler über die Begründung eines ihrer Forschungsvorhaben direkt reflektiert. Man wird jedoch schnell einen Textabschnitt finden, dessen Rolle der der Angaben der Wissenschaftler gleichkommt: Es handelt sich um die *Einleitung*. In der *Einleitung* wird ein Forschungsanliegen – gereinigt von persönlichen Interessen und Situationskontingenzen – in einen neuen, rationalen Rahmen eingegliedert. Es wird, wie man sagen könnte, neu kontextiert, das heißt in einen neuen Kontext verwoben.

Lesen wir die *Einleitung* der ersten Fassung des hier analysierten Papiers (siehe Anhang 1), so fallen zunächst zwei Dinge auf. Erstens eine eindeutige Struktur von Absätzen oder Paragraphen, die in abnehmender Allgemeinheit angeordnet erscheinen. Die Absatz-Inhalte beginnen auf allgemeinster Ebene (Protein aus Kartoffelpflanzen) und schreiten fort zur spezifischen Frage einer alternativen Koagulationsmethode, gefolgt von einem Handlungsauftrag (die Methode zu finden). Zweitens fällt auf, daß diese Inhalte fast ausschließlich unter Verwendung der Kategorien Quantität und Qualität präsentiert werden.[14]

Das gebotene Argument erscheint eindeutig und direkt und lautet wie folgt: Es gibt ungeheure Quantitäten eines Proteins hoher Qualität auf der Welt (Zeile 2–11), eine Ressource, die weitgehend verschwendet wird (Z. 12 ff.). In Hinblick auf das vorhandene Rohmaterial, den Ertrag, verglichen mit anderen Pflanzenproteinen, und die Kosten zahlt sich die Gewinnung dieses Proteins aus, wie das durch kommerzielle Proteingewinnung »in verschiedenen europäischen Ländern« bestätigt wird (Z. 38–53). Die gegenwärtige Methode der Protein-Gewinnung hat jedoch ernsthafte Nachteile, wie z.B. die geringe Stickstofflöslichkeit und beschränkte Anwendbarkeit des resultierenden Proteins, die Energiekosten und möglicherweise karzinogene Nebeneffekte (Z. 54–69). Eisenchlorid wäre ein alternatives Koagulationsmittel (Z. 70 ff.), das überdies die Nachteile der gegenwärtigen Methode in Vorteile umkehren könnte. Außerdem gleicht die »ernährungsmäßige Bedeutung« des Eisens, das die neue Methode beinhaltet, die möglichen karzinogenen Effekte der Hitzebehandlung mehr als aus (Z. 65–67 und 74–76).

Die grammatikalische Zeit, in der dieser Zustand der Welt vorherrschend beschrieben wird, ist die Gegenwart. Nur eine direkte

Empfehlung (Z. 28–29) und ein seltener Bedingungssatz verweisen auf eine mögliche Welt:

»Wenn die verbleibenden 70–80% des Materials in Nährstoffe umgewandelt werden könnten, ließen sich die gesamten Nahrungs-Ressourcen stark vermehren ...« (Z. 18–20).
»Eisenchlorid ... könnte ein anderes wesentliches Koagulationsmittel für die Gewinnung von PPC sein« (Z. 70–71).

Der Schlußsatz (Z. 79 ff.) präsentiert die Arbeit als Ergebnis des Versuchs der Autoren, diese mögliche Welt herbeizuführen – »Ziel dieser Arbeit war es, eine alternative Präzipitationsmethode zu finden«, mit der sich Proteinkonzentrate vergleichbarer Menge, aber besserer Eigenschaften ergaben. Die Wahl der Vergangenheitsform legt hier nahe, daß diese Methode in der Tat gefunden wurde, wiewohl sie hier nicht identifiziert wird.
Der Übergang von vornehmlich quantitativen Aussagen zu ausdrücklich qualitativen Evaluierungen erfolgt in den Absätzen 5 und 6; er markiert den dramatischen Höhepunkt der Einleitung und leitet über zur Lösung der angeführten Probleme, der Verwendung von Eisenchlorid. Wie es einem Einleitungsdiskurs zukommt, dem getrennte Abschnitte über *Material und Methoden* sowie *Ergebnisse und Diskussion* folgen, wird die Lösung hier nicht im einzelnen ausgeführt. Nichtsdestoweniger weist die *Einleitung* eine vollständige und in sich geschlossene literarische Struktur auf: Sie stellt eine Spannung her und skizziert deren Auflösung; sie identifiziert Gut und Böse und gibt einen organisierten Handlungsverlauf an. Die nachfolgenden Abschnitte bieten eher das Bild von ergänzenden *Anhängen* zu dieser Struktur, als daß sie die dramatische Struktur des Werkes selbst entfalteten.[15]
Betrachten wir nun einige wesentliche Unterschiede zwischen der Argumentationsweise der *Einleitung* und dem Räsonieren, das wir im Labor vorgefunden haben (eine genauere Untersuchung der literarischen Struktur der Einleitung folgt später). Im Labor hatten die Wissenschaftler eine Anzahl voneinander unabhängiger, parallel an sie herangetragener Anforderungen bzw. »Aufgaben« (»etwas, das man tun muß«) angeführt, zu denen sie die Möglichkeiten der neuen Methoden in Beziehung setzten: Es

war eine Methode zur Gewinnung großer Mengen Proteins zu finden; man mußte mit irgendwelchen relevanten Resultaten einen Beratervertrag erfüllen, es galt, ein technologisches Thema zu bearbeiten, um sich für eine Position zu qualifizieren; es sollte eine Methode der Proteingewinnung geben, die mit geringeren Energiekosten und höherer Löslichkeit des Konzentrats verbunden war. Zweitens hatten die Wissenschaftler bestehende »Möglichkeiten« (wie die Ressource des Großlaboratoriums) angeführt, mit denen sie ihr Forschungsvorhaben ebenso begründeten wie mit den genannten Anforderungen und Notwendigkeiten.
Im Labor waren wir somit mit einer Vielzahl von Begründungsargumenten konfrontiert, die die Wissenschaftler anscheinend nach Belieben auch nach der Wahl ihres Forschungsvorhabens noch auffächern konnten und die sich nicht unter ein bestimmtes Interesse subsumieren ließen. Manche der implizierten Interessen standen sogar im potentiellen Widerspruch zueinander – wie etwa das Interesse, große Mengen an Protein zu generieren, und das Interesse, die neue Methode zu publizieren. Letzteres erforderte Zeit für eine eingehende Untersuchung, eventuell sogar die Entwicklung des Verfahrens, ersteres eine schnelle Abwicklung und Beendigung der Versuche. Überdies blieben die Begründungsargumente des Labors *persönlichen* Interessen verhaftet, die einen Großteil des Begründungszusammenhangs ausmachten.
In der von der *Einleitung* erzählten Geschichte erscheint der vielfältige Begründungszusammenhang des Labors zunächst auf eine einzige Argumentationslinie reduziert. Von den von den Wissenschaftlern angeführten Anforderungen bleibt nur die Notwendigkeit für eine verbesserte Proteingewinnungsmethode. Diese Notwendigkeit wird allerdings »tiefgehend« und ausführlich begründet. Im Gegensatz dazu hatten im Labor die meisten Begründungsargumente die Form oberflächlich hingeworfener Bemerkungen, es sei denn, ich stellte Nachfragen, die »in die Tiefe« gingen. Schließlich gilt, daß, abgesehen von den Autoren, keiner der im Labor aufgetretenen Akteure im Text erscheint. Auch die Rolle der Autoren erscheint weitestgehend auf deren Nennung auf der Titelseite beschränkt. Im Text selbst herrschen Passiv-Formulierungen vor oder solche, in denen Objekte als grammatikalisches Subjekt (Akteur) auftreten – so daß man sagen kann,

daß praktisch alle Akteure des Labors aus dem Text verschwunden sind. Es ist klar, daß es hier nicht darum geht, Wissenschaftlern die Absicht zu unterstellen, das Laborgeschehen falsch zu präsentieren. Die vom wissenschaftlichen Text erweckten Eindrücke folgen eher dem Muster: »Warum versuchst du mir vorzumachen, du führest nach Lemberg, indem du mir sagst, du führest nach Krakau, wenn du doch tatsächlich nach Krakau fährst?«, das unter anderem von Lacan beschrieben wurde.[16] Das beste Beispiel dafür ist vielleicht die Umkehr der Begründungsdynamik des Labors in der *Einleitung* des Papiers. Im Labor reagierten die Wissenschaftler auf das Zufallsereignis einer Erfolgsgelegenheit, die sie als Lösung für alle möglichen sich stellenden Probleme ansahen. Im Papier ist es die Forderung nach einer alternativen Protein-Gewinnungsmethode, die die Arbeit begründet.

Die Wissenschaftler im Labor hatten nicht mit dem Problem verschwendeter Ressourcen oder den gesundheitsschädlichen Wirkungen hitzekoagulierter Proteinkonzentrate begonnen und nach einer Lösung gesucht. Als ich Walter danach befragte, ob er nach einer Methode ohne Hitzeeinwirkung gesucht hatte, die die im Text genannte Forderung nach Energiereduktion und höherer Stickstofflöslichkeit der Proteinkonzentrate erfüllte, sagte er:

»Nein. Ich glaube, ich war ursprünglich nicht clever genug, um zu sehen, daß es besser wäre, das Protein ohne Hitzeeinwirkung zu generieren. Ich hab' vermutlich zuerst über das Eisenchlorid gelesen. Man muß durch etwas angeregt werden, um zu sehen ...« (14–14/1).

Der Eindruck einer problemgenerierten Lösung, nach der man gesucht (geforscht) und die man nicht etwa zufällig angetroffen hat, wird im Text durch die hierarchische Organisation der Argumente erzeugt, die die Lösung als *abgeleitet* anstatt als ursprünglich erscheinen läßt. Dieser Eindruck wird auch erzeugt durch bestimmte Formulierungen, wie die am Ende der *Einleitung* gestellte Aufgabe, die besagt, daß es »das Ziel dieser Arbeit war, eine alternative Ausfällungsmethode *zu finden* ...« (Z. 79). Im Labor sind es somit die durch die Entdeckung von $FeCl_3$ wachgerufenen Möglichkeiten, die zu dem Auftrag führen, das Potential experimentell zu realisieren; in der *Einleitung* ist es dagegen die

Sendung der Wissenschaftler, die Möglichkeit einer alternativen Proteingewinnungsmethode zu erkunden (siehe Abbildung 5.1). Diese Umkehrung resultiert jedoch nicht aus einer absichtlich falschen Darstellung, sondern ist Teil der literarischen Strategie des Textes, auf die im folgenden noch genauer eingegangen wird.

5.4 Die erste und die letzte Fassung: Die Zerstreuung literarischer Intentionen

Ich lade nun den Leser ein, die endgültige Fassung der *Einleitung* zu lesen (siehe Anhang 2) und sie mit der ersten Version zu vergleichen, die wir bisher untersucht haben. Man gewinnt aus der letzten Fassung den Eindruck, daß sie die grammatischen Intentionen der ersten Fassung zerstreut und deren »Unverblümtheit« zurücknimmt. Bei genauerer Betrachtung zeigen sich in der endgültigen Fassung eine Reihe von Modifikationen, die der Rhetorik der ursprünglichen Darstellung zuwiderlaufen. Drei größere Modifikationsstrategien lassen sich unterscheiden: Erstens werden bestimmte Aussagen der ursprünglichen Fassung *eliminiert*, zweitens wird die *Modalität* bestimmter Behauptungen *verändert*, und drittens erscheinen die ursprünglichen Aussagen durcheinander gemischt und *neu zusammengestellt*.

Aus der Endversion eliminiert wurden zwei Arten von Aussagen: Argumente, die ein anderes Argument verstärkt hatten, sowie Argumente, die als »schwach« oder »gefährlich« empfunden wurden. (Manche Argumente waren beides.) Zum Beispiel hatten vier der vierzehn aus der Endversion eliminierten Aussagen die negativen Merkmale der vorherrschenden Protein-Gewinnungsmethode akzentuiert, indem sie deren »Nachteile« oder die »Vorteile« des $FeCl_3$ als eine »wichtige« Alternative hervorstrichen (Z. 61 ff.). Eine zweite Gruppe eliminierter Aussagen verstärkte das vorhergehende Argument, wie etwa der Satz »Wenn die verbleibenden 70–80% in Nährstoffe umgewandelt werden könnten ...«, der unmittelbar auf den Satz folgte »Nach Kramer und Krull (1977) werden nur 20–30% der Pflanzen direkt für die menschliche Ernährung verwendet ...« (Z. 16 ff.). Die erstere Aussage wurde gestrichen, weil sie sich »von selbst« ergab. Aber

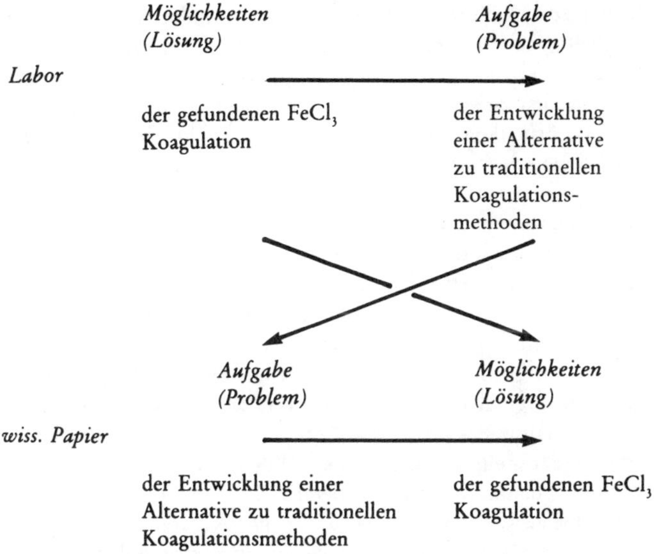

Abbildung 5.1
Der Ursprung eines Forschungsvorhabens im Labor und in der *Einleitung* des wissenschaftlichen Papiers.

auch die zweitgenannte Aussage konnte sich nicht auf Dauer halten. Sie wurde zu einem späteren Zeitpunkt gestrichen, weil sie »gefährlich« erschien und womöglich Kritik und Opposition hervorrufen würde. Solche zweistufigen Modifikationsprozesse sind nicht selten. Man beachte, daß die Eliminierung »gefährlicher« Argumente den Charakter der *Einleitung* als dramatische Inszenierung bedeutend abschwächt.

Ein ähnlicher Effekt resultiert aus der zweiten Modifikationsstrategie, die darin besteht, daß Notwendigkeitsaussagen durch Möglichkeitsaussagen und umfassendere Behauptungen durch weniger anspruchsvoll gestellte Behauptungen ersetzt werden.

Anstelle der Äußerung, daß etwas so »ist«, finden wir daß »es für möglich gehalten wird«; anstelle von »sollte« finden wir »könnte« (Z. 6 und 29 der ersten Fassung). Ausdrücke wie »hauptsächlich« werden zu »gewöhnlich« oder »üblich« verbessert, und die »gute« Löslichkeit des PPC erscheint nurmehr als »verstärkte«. Die Wissenschaftler halten ihre Behauptungen zurück oder fassen sie in Termini, die Zögern und Zweifel bezeichnen.
Schließlich wird die dramatische Wirksamkeit der ursprünglichen Produktion noch dadurch reduziert, daß die mehrere Revisionsdurchgänge überlebenden Aussagen gegenüber der Erstfassung durcheinandergemischt und neu zusammengestellt werden. Der Argumentationsgang verliert dadurch an Klarheit und Eindeutigkeit. Zum Beispiel enthält der erste Absatz der Endfassung Aussagen aus drei Absätzen der ersten Version des Papiers. Als Konsequenz daraus argumentiert der endgültige Einleitungsparagraph nicht mehr auf allgemeinster Ebene weltweit vorhandener Protein-Quantitäten sowie genereller Protein-Qualität, sondern zeigt eine ausgeprägte Baumstruktur: Die Argumentation bewegt sich von der Weltproduktion des Proteins zur Produktion in den Vereinigten Staaten, sodann zu demjenigen Anteil der US-Produktion, der aus Verarbeitungsrückständen besteht, sowie zu dem Proteinanteil, der aus diesen Rückständen gewonnen werden kann. In anderen Absätzen führt das Durcheinandermischen zu ähnlichen Änderungen[17] (siehe Abbildung 5.2).
Durch die Eliminierung und Neuanordnung von Aussagen kommt es überdies in der Endversion zu einer gegenüber der Erstversion veränderten Abfolge von Absätzen, die nicht länger von den allgemeinsten zu den spezifischsten Inhalten voranschreiten. In der Endversion erscheinen die Absätze *ineinander geschachtelt*, insofern vorhergehende Themen in späteren Absätzen wieder aufgenommen werden. Die Endfassung der *Einleitung* »schleicht sich«, wie man sagen könnte, spiralenförmig an das Ziel heran, das sie der Untersuchung gibt; sie kommt ihm immer näher, weicht aber dann wieder von ihm zurück. Dieses »Anschleichen« wird durch die weiche Form der aus Strategie 2 resultierenden Aussagen verstärkt. Der dramatische Höhepunkt erscheint entsprechend zerstreut (auf mehrere Absätze) und jedenfalls schwer zu identifizieren.

Erstfassung des Manuskripts:

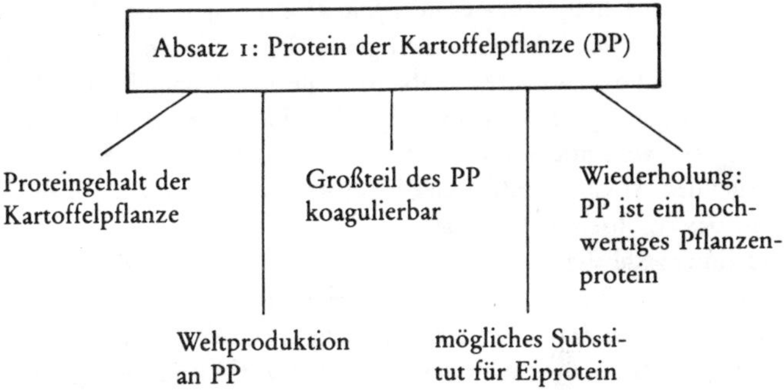

Endfassung des Manuskripts:

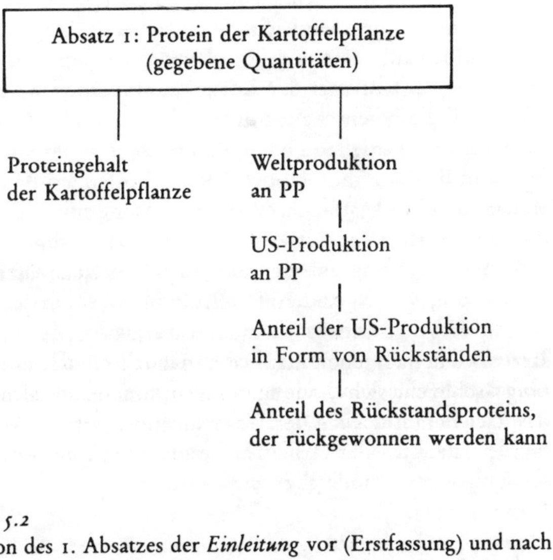

Abbildung 5.2
Organisation des 1. Absatzes der *Einleitung* vor (Erstfassung) und nach (Endfassung) dem Umstellen der Inhalte (siehe Anhang 1 und 2)

So kommt es etwa in Absatz 1 und 2 der Endversion nicht, wie in der ursprünglichen Fassung, zu einer expliziten Situationsdefinition in Begriffen enormer nutzungsbereiter, aber verschwendeter Ressourcen. Absatz 3 kündigt die Präferenz für $FeCl_3$ an, wenn behauptet wird, es »habe Vorteile im Vergleich« zu HCl (Z. 30 ff.). Aber diese Botschaft wird durch das nachfolgende Eingehen auf andere irrelevante Methoden wieder verdeckt. Im folgenden Absatz werden die Energiekosten sowie die Unlöslichkeit des resultierenden Proteins als Nachteil der Hitze-Koagulationsmethode angeführt und dem Eisenchlorid die mögliche Verbesserung des biologischen Wertes der Proteine zugeschrieben. Aber auch die Relevanz dieser Aussage wird verdeckt, und zwar durch die Distanz, die zwischen ihr und der erst im letzten Absatz erfolgenden Darstellung des Zieles der Untersuchung besteht. Zwischen beiden liegen Paragraph 5 und 6. In ersterem wird die Qualität von Kartoffel-Protein in allgemeinen Termini diskutiert, die in der ersten *Einleitung* zu Beginn erwähnt wurden. Absatz 6 folgt mit dem Verweis auf eine veraltete ökonomische Analyse der verschiedenen Ausfällungsmethoden. Durch seine Betonung des Vergleichs sowie die Datierung bereitet Absatz 6 jedoch auf das Ziel der Studie vor, das nach Absatz 7 darin besteht, die Effektivität der Koagulationsmethoden »zu vergleichen« und die Eigenschaften der resultierenden Protein-Konzentrate auf verschiedenen Dimensionen »zu evaluieren«.
Mit dem dramatischen Höhepunkt im vorletzten Abschnitt der ersten *Einleitung* ist auch dessen Auflösung mit Hilfe der Entdeckung einer »alternativen« Koagulationsmethode als erster Schritt in Richtung auf eine mögliche Welt adäquater Ressourcennutzung verschwunden: Der Auftrag besteht in der veröffentlichten Arbeit nurmehr darin, eine vergleichende Analyse und Evaluierung vorzunehmen. Dabei handelt es sich nicht nur um eine rhetorische Verkleidung des Auftrags, den sich die Autoren ursprünglich stellten. Das Papier schließt, wie wir später sehen werden, damit, jeder expliziten Empfehlung einer »alternativen« Koagulationsmethode abzuschwören:

»Die endgültige Auswahl einer Koagulationsmethode für Kartoffelprotein wird von einer Analyse abhängen, die die ernährungsmäßig wertvollen und abträglichen, aber auch die ökonomischen, technischen und funktionalen Parameter sowie die der chemischen Zusammensetzung in Betracht zieht, und zwar entsprechend den Bedingungen, die von der endgültigen Verwendung des PPC gesetzt werden« (Z. 97 ff., Anhang 2).

Die Änderungen im *Abstract* der ersten Version verdoppeln die Änderungen, die in der *Einleitung* vorgenommen wurden. Die auffallendsten Unterschiede ergeben sich in Hinblick auf das *Interpretive Summary.* In der ersten Fassung des Papiers besteht dieses aus einer kondensierten Version der *Einleitung.* Die endgültige »interpretierende« Zusammenfassung ist, mit den Autoren gesprochen, »nicht mehr als ein etwas ausführlicherer Titel« des Papiers (siehe Abbildung 5.3). In diesem Fall hat die Eliminationsstrategie den Vorrang über alle anderen Modifikationsstrategien behalten. Die ersten Schritte dazu lassen sich übrigens bereits aus der ersten Fassung des Papiers ablesen, das (wie im Fall der in Anhang 1 reproduzierten *Einleitung*) die Korrekturen des letztgenannten Autors des Papiers enthält. Dabei handelt es sich zunächst oft noch um stilistische Änderungsvorschläge, wie wenn der Satz »Die gegenwärtige Studie zeigt einen Weg auf, das gesamte koagulierbare Protein auszufällen ...« zum Satz »Die gegenwärtige Studie beschreibt eine Methode der Proteinausfällung ...« wird (Z. 15 der ersten Fassung).

Aufgrund all der genannten Änderungen stellt sich die endgültige Fassung der *Einleitung* (ebenso wie entsprechende andere Teile, etwa das *Interpretive Summary*) betont *nicht* als Produkt einer dramatischen Inszenierung dar, insbesondere, wenn man sie mit der ersten Fassung vergleicht. In Begriffen der literarischen Strategie ist die Endversion eine ständige Abschwächung der ersten Version, und das Interessante dabei ist, daß es sich *nicht* um ein *freiwilliges understatement* handelt. Es kommt nicht etwa durch einen »coup de la modestie« zustande, das heißt aus der Zur-Schau-Stellung einer möglicherweise durchaus geziemenden Bescheidenheit, aus der symbolischer Profit gezogen werden kann.[18]

Interpretive Summary

About 12,760 x 10^3 metric tons of potatoes (containing 268,000 metric tons crude protein) are utilised in the USA for food processing every year. Only 20-30% of the vegetable plants in the USA is utilised directly for human consumption. For this reason the potato processing plant (potato chips, flakes, granules, french fries, starch, etc.) effluents are a major protein source as well as a major waste disposal problem.

The commonly used recovery process for potato proteins is Acid/heat precipitation. This heat treatment leads to protein concentrates with low solubility, which is a limiting factor for their use in food systems. Another disadvantage of the heat treatment are the energy costs to heat the protein water up to the precipitation temperature.

The present study shows a way to precipitate all of the coagulable protein of the waste effluents at room temperature. The resulting potato protein concentrate has a nitrogen solubility 7.5 times higher than the solubility of the acid/heat precipitated concentrates.

Interpretive Summary

Protein in simulated waste effluent resulting from potato processing were recovered by three methods, i.e., hydrochloric acid and ferric chloride, both at room temperature, and hydrochloric acid at 98-99 °C. Protein recovery, compositional, and functional characteristics were studied.

Abbildung 5.3:
Das »Interpretive Summary« in der ersten und endgültigen Fassung des wissenschaftlichen Papiers

5.5 Erste und letzte Fassung: Die Endversion wird verhandelt

Die Endversion des wissenschaftlichen Papiers stellt nämlich nicht nur das Produkt *eines* Autors dar, sondern das Erzeugnis einer Reihe von Wissenschaftlern, deren Widerstände und Intentionen in die Endversion einfließen. Das Umschreiben der ersten Version entspricht einem kontinuierlichen Verhandlungsprozeß zwischen dem Urheber, seinen Mitautoren und Kritikern. Die Dynamik dieses Prozesses ist in sich selbst interessant, da es von einer Fassung zur nächsten keine glatten Übergänge in Form einer einfachen Berücksichtigung erhaltener Kommentare gibt. So werden zum Beispiel die Kommentare bestimmter Kollegen gesucht, ohne daß man sie je erhielte; umgekehrt erhält man Kommentare, ohne daß man um sie gebeten hätte; erhaltene Kommentare legt man ab, berücksichtigt sie aber nicht; oder man erhält sie mehrmals in verschiedenen Formulierungen und lehnt sie ab etc.

So kam zum Beispiel Version 4 unseres Papiers (die erste offizielle Version[19], die an die beiden Koautoren weitergeleitet wurde) mit »geringfügigen« Änderungen eines Koautors zum ursprünglichen Autor zurück, der darauf mit den Worten reagierte: »Er hat es ohne Korrekturen akzeptiert, ganz entgegen seinen sonstigen Gewohnheiten.« Eine spätere Kopie wurde an den Forschungsleiter der Gruppe weitergeleitet mit der handschriftlichen Notiz: » . . . bitte das Manu. kontrollieren«. Es kam ohne Korrekturen zurück, offenbar ohne gelesen worden zu sein. Eine zweite Kopie wurde weitergeleitet mit der Bemerkung »Es tut mir leid, aber du sollst und mußt es lesen«; diesmal beachtete jedoch der Urheber die vorgeschlagenen Korrekturen nicht, denn sie tauchen in der nächstdatierten und neugeschriebenen Version nicht auf.

Die Fassungen 9 und 10 gingen an die beiden offiziellen Gutachter des Papiers, die es mit geringfügigen Änderungsvorschlägen akzeptierten. Die daraus resultierende Version 11 wurde offenbar ohne Nachsuchen der Autoren vom Forschungsleiter nochmals gelesen, der dieses Mal »ernsthaftere« Modifikationen nahelegte. Seine am Rand eingetragenen Bemerkungen wie »ist das Spekulation oder Tatsache?« und seine Frage, ob die »ausgezeichnete«

Stickstofflöslichkeit der Proteine, die im Papier herausgestrichen wurde, »notwendigerweise ein Vorteil« war, riefen bei den Autoren beträchtlichen Ärger hervor. Dennoch nahmen zwei der Koautoren einige Neuformulierungen vor (Fassung 12), deren Resultat nochmals neu geschrieben, von einem Autor korrigiert (Fassung 13) sowie von der vorgesetzten Mitautorin leicht modifiziert wurde (Fassung 14). Diese Fassung wurde von der letztgenannten Autorin auch an den Forschungsleiter weitergereicht, der prompt mit weiterer Kritik reagierte und sie auf der Titelseite mit »besser, aber immer noch nicht zufriedenstellend« kommentierte (Fassung 15). Man braucht kaum hinzuzufügen, daß der ursprüngliche Autor auf diese Kritik wütend reagierte.

Es ist jedoch wichtig darauf hinzuweisen, daß es sich bei den Gutachtern und Kritikern in diesem Modifikationsprozeß nicht nur um freundschaftliche Kollegen handelt, die helfen wollen, das Papier zu verbessern und etwaigen negativen Reaktionen in der wissenschaftlichen Öffentlichkeit vorzubeugen. Vielmehr handelt es sich auch um *Gegner* und *Konkurrenten*, die oftmals an ähnlichen Themen in überlappenden Gebieten arbeiten und diesbezüglich ihre eigenen Interessen (oder die Interessen derer, mit denen sie in Verbindung stehen) zu verteidigen haben. Der Antagonismus, der sich zwischen dem ursprünglichen Autor des Papiers und dem Leiter der Einheit, zu der er gehörte, entwickelte, illustriert diese Konkurrenz. Der ursprüngliche Autor reagierte feindselig, weil er, wie er sagte, vom Forschungsleiter durch dessen Änderungsvorschläge zu einer ungerechtfertigten »Abschwächung« seiner Position und seiner Leistungen gezwungen wurde.

Version 15 des Papiers dokumentiert diesen Antagonismus. Sie enthält nicht nur die kritischen Bemerkungen des Leiters der Einheit, sondern auch die beißenden Reaktionen des Erstautors auf diese Kritik. So findet man etwa das Verlangen des Leiters, einen Satz zu eliminieren, mit einem unterstrichenen »Warum?« kommentiert. Auf einen neu vorgeschlagenen Wortlaut wird mit »Danke!« reagiert, und die Frage des Leiters »Was passiert, wenn man die anderen ppts wäscht?« wird mit »Was zu erwarten ist!« quittiert. Darauf folgt eine längere Erklärung, die, da das Papier nicht an den Leiter zurückging, allerdings keinen Adressaten hat.

Auf die Frage des Leiters, um »wieviel weniger Protein« bei Verwendung einer der in dem Papier angegebenen Methoden »gewonnen wird«, antwortete der Autor mit einem ärgerlichen, dreimal unterstrichenen »siehe Darstellung 2«. Das Papier enthält eine ganze Schlacht von wechselseitigen Anmerkungen dieser Art.

Die Schlacht (aber nicht die Feindseligkeiten) endete mit einem Kompromiß zugunsten des Gruppenleiters – der maßgeblich dabei mitzureden hatte, was aus der Einheit als Publikation an die Öffentlichkeit gelangte und was nicht. Die Existenz der Schlacht und, allgemeiner, des Verhandlungsprozesses, der der Publikation vorausgeht, weisen darauf hin, daß der Inhalt eines publizierten Papiers mehr ist als das Produkt eines Verfassers, der sich an die Konventionen wissenschaftlicher Schriften hält. Ich erinnere daran, daß auch die Veröffentlichungsliste des jüngsten der drei Autoren des in Frage stehenden Papiers 40 Titel aufwies und er daher mit den Regeln der Abfassung wissenschaftlicher Werke wohl vertraut sein mußte.

Man kann daher annehmen, daß auch die erste Version bereits in Einklang mit relevanten Konventionen abgefaßt wurde. Die Abweichungen, die die publizierte Endfassung gegenüber der Erstfassung des Papiers aufweist, erwachsen daher nicht in erster Linie aus dem nachträglichen Geltendmachen von dem Autor unbekannten Konventionen, sondern aus der Verhandlung der Autoritätsansprüche, die der Autor mit dem Papier stellt. Das wissenschaftliche Papier ist somit das Gemeinschaftserzeugnis eines Prozesses, an dem sowohl Autoren als auch Adressaten der enthaltenen Aussagen beteiligt sind und in dem technische Kritik und soziale Kontrolle untrennbar vermischt erscheinen.

Dieser Prozeß weist auch darauf hin, daß das wissenschaftliche Papier nicht den Charakter eines *End*produkts hat, den man ihm gerne zuschreibt. Durch die Publikation wird eine gewisse Stabilisierung erzielt, aber nicht in dem Diskurs, in den sich das Papier eingliedert und von dem es getragen wird. Die Verhandlungen, die der ersten Version eines Autors folgen und der Publikation vorangehen, dokumentieren die rekonstruktive Arbeit, die in einem sozialen Feld geleistet wird, lange bevor das Papier in Druck erscheint. Diese rekonstruktive Arbeit wird durch die Publikation unterbrochen, aber nicht aufgehalten. Die Leser des publizierten Papiers stellen den Text ebenso in Frage wie vor ihnen die Gutachter, Vorgesetzten, Kollegen und Mitautoren.

5.6 Die literarische Konstruktion wissenschaftlicher Rationalität

Wir haben die rationale Verankerung eines Forschungsvorhabens im Labor mit deren Darstellung in der *Einleitung* des wissenschaftlichen Papiers verglichen und dabei die Laborlogik in ihrer *Abfolge umgekehrt*, in ihrem *Inhalt bereinigt* und in ihren *Ansprüchen* über mehrere Versionen des Papiers hinweg *reduziert* gefunden. Betrachten wir nun noch etwas genauer das Resultat dieser Prozesse, die *endgültige Einleitung*. Im Labor tauchen unter den Begründungsargumenten für ein Forschungsvorhaben auch technische bzw. praktische Notwendigkeiten auf, die öffentlich-wissenschaftlich legitimiert werden können. Diese und nur diese Argumente sind es auch, die in der inhaltlich bereinigten Begründungslogik des Papiers aufgegriffen und literarisch ausgearbeitet werden. Dies geschieht in der *Einleitung*, dem Ort des Papiers, wo dessen Relevanz-Rahmen[20] erstellt und der Schlüssel zum Verständnis des Folgenden gegeben wird. Dabei werden Möglichkeiten der wirklichen Welt beschrieben, die durch die Initiative der Autoren aktualisiert werden können; ebenso werden diejenigen Akteure genannt, die von dieser Initiative profitieren.

Die *Einleitung* beginnt damit, eine Ressource zu spezifizieren: das Protein der Kartoffelpflanze. Der erste Satz gibt an, wieviel Protein die Pflanze enthält; der zweite, wieviel Protein aus der Pflanze weltweit gewonnen wird; der dritte spezifiziert das Produktionsvolumen in den Vereinigten Staaten. Daß es sich hier um die Spezifikation einer *Ressource* handelt, geht aus dem ersten Satz des *Abstracts* hervor, der von einer »potentiellen Quelle wertvollen Proteins ...« spricht. Man erinnere sich auch, daß die erste Fassung der *Einleitung* mit der Aussage begann:

»Kartoffelpflanzen ... *versorgen* die Welt mit 6 Millionen Tonnen an Protein pro Jahr« (Hervorhebung von mir).

Ressourcen existieren in Hinblick auf Bedürfnisse, Notwendigkeiten oder Interessen. Die *Einleitung* spezifiziert eine Folge von Ressourcen bzw. eine Serie von Möglichkeiten, nennt jedoch mit einer Ausnahme (Z. 21 f.) *nicht* die Bedürfnisse und Interessen, die ihnen zugrunde liegen. Die spezifizierten Ressourcen werden in der *Einleitung* durch einen ebenso implizit bleibenden Mechanismus *sequentieller Abhängigkeit* miteinander verbunden.

Konkret heißt dies Folgendes. Die Kartoffelpflanze wird als Proteinquelle angeführt und zu einem implizit bleibenden Proteinbedarf in Beziehung gesetzt. Sie kann diesen Bedarf allerdings nur insofern erfüllen, als sie nicht bereits für andere, unvermeidbare Zwecke verwendet wird. Der tatsächlich zur Proteingewinnung verfügbare Anteil der Pflanze besteht aus den reichlich vorhandenen Verarbeitungsrückständen. Deren Ressource-Charakter hängt allerdings wiederum davon ab, ob das in ihnen enthaltene Protein isoliert werden kann. Der Text führt als nächstes an, daß derartige Gewinnungsmethoden existieren und daß unter ihnen die Hitze-Koagulation am häufigsten verwendet wird (Absatz 3).

Man kann die obige Argumentation nun entsprechend weiterführen: Eine Protein-Gewinnungsmethode stellt nur dann eine Ressource dar, wenn sie wünschenswerte Eigenschaften besitzt (etwa geringe Kosten) beziehungsweise wenn ihre Resultate bevorzugten Qualitätsanforderungen entsprechen (etwa hohe Stickstofflöslichkeit des Proteins). Die Hitze-Koagulation erfüllt diese Kriterien, wie in Absatz 4 der *Einleitung* dargelegt, *nicht;* sie stellt daher eine negative Ressource dar. Demgegenüber könnte $FeCl_3$ den Qualitätsanforderungen genügen.

Die nächsten beiden Paragraphen betonen nochmals den Ressource-Wert des Kartoffelproteins für die menschliche Ernährung aufgrund seiner günstigen Aminosäurenbilanz sowie den negativen Wert der Hitze-Koagulation wegen der mit ihr verbundenen Energiekosten. Das $FeCl_3$ stellt jedoch nur dann eine echte Alternative zu den anderen Protein-Gewinnungsmethoden dar, wenn gezeigt werden kann, daß es im Vergleich mit diesen vorteilhaft abschneidet. Es ist genau dieser Vergleich, den die *Einleitung* als Aufgabe der Untersuchung bestimmt.

Die Wichtigkeit dieses letzten Argumentationsgliedes liegt auf

der Hand: Alle anderen Glieder der Argumentationskette sind von ihm abhängig. Die Fruchtbarmachung der genannten Ressourcen für ihre jeweiligen Zwecke hängt davon ab, ob das $FeCl_3$ sich im Vergleich bestätigt und die spezifizierten Anforderungen erfüllt. Eine solche Bestätigung des $FeCl_3$ überträgt sich aufgrund der argumentativ etablierten sequentiellen Abhängigkeit zwischen den einzelnen Ressource-Objekten vom letzten Glied des Argumentationsgangs zu dessen erstem: Die Hitze-Koagulationsmethode wird destituiert; eine Protein-Gewinnungsmethode, die den gestellten Anforderungen entspricht, wird etabliert; Protein kann aus verschwendeten Rückständen gewonnen werden, Rückstände sind reduzierbar; Kartoffelprotein kann für die menschliche Ernährung voll zugänglich gemacht werden; und der Bedarf nach mehr Protein auf der Welt kann erfüllt werden. Abbildung 5.4 illustriert diese Logik der *Einleitung*.
Ich weise nochmals darauf hin, daß die Autoren es vorziehen, über vorhandene Ressourcen zu schreiben; die ihnen zugrunde liegenden Bedürfnisse und Notwendigkeiten bleiben implizit. Warum? Es handelt sich hier um eine *literarische Strategie*, die ungleich der oben genannten Strategie der sequentiellen Kontingenz aus einer Analyse des Textes allein nicht rekonstruiert werden kann. Bei der Behauptung, es gebe große Mengen ungenutzten Proteins in den Rückständen der Kartoffelpflanzen-Verarbeitung, war kaum mit Widerstand zu rechnen. Demgegenüber wäre die Behauptung, es bestünde ein signifikanter Bedarf an mehr Protein für die menschliche Ernährung, möglicherweise nicht so einfach hingenommen worden. Zu der Zeit, als das Papier geschrieben wurde, hatte in bezug auf das Welternährungsproblem bereits eine Kontroverse darüber begonnen, ob es sich dabei um ein Proteinproblem oder um andere Mangelerscheinungen handele.[21] Die Autoren vermieden daher die Frage, *welche* Bedürfnisse bzw. Notwendigkeiten überhaupt auf dem Spiel standen, zugunsten der Feststellung, welche ungenutzten Potentiale vorhanden waren. Die Bedürfnisse, die diese Ressourcen erfüllen, bleiben nicht nur deshalb unerwähnt, weil die Leser sie sich selbst hinzudenken können. Vielmehr wird durch ihr Unerwähntlassen eine Kritik entkräftet, die die Rezeption des Papiers von Anfang an hätte in Frage stellen können.

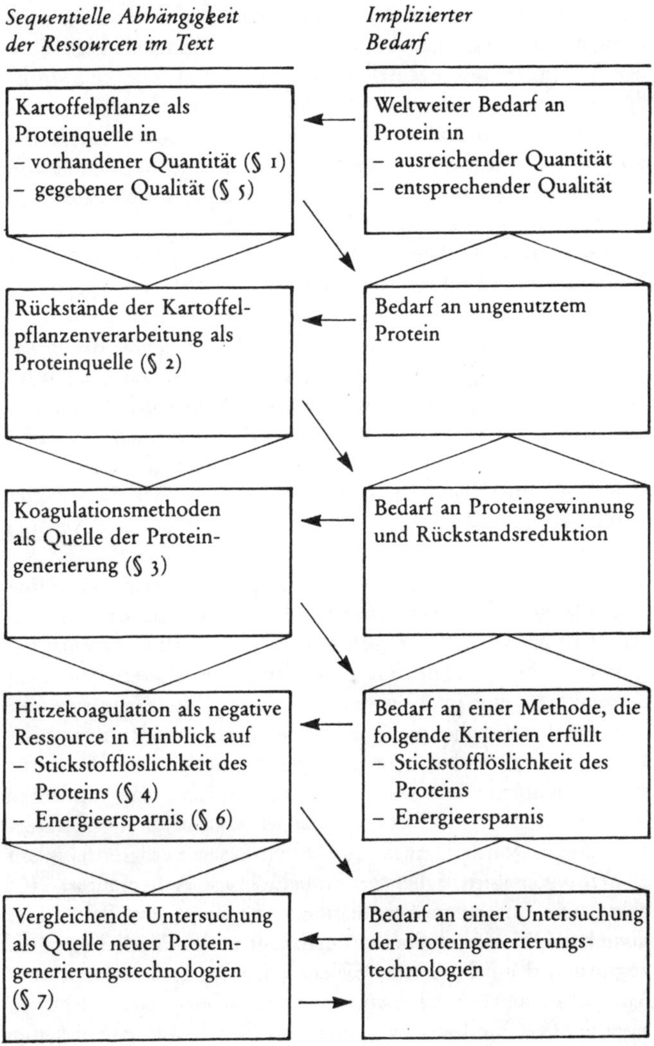

Abbildung 5.4
Die sequentielle Abhängigkeit der Ressourcen sowie deren unterstellte Befriedigung implizierter Bedürfnisse in der Endfassung der *Einleitung*

Hätten die Autoren das Papier mit Bezug auf einen weltweiten Proteinbedarf begonnen, so hätten sie diese Annahme gegenüber den Anhängern der gegenteiligen Auffassung ausführlich begründen bzw. beweisen müssen. Dagegen bedarf der Vorschlag, »verschwendete« Ressourcen zu nutzen, keiner weiteren Legitimation, und die mit dieser Nutzung verbundene Reduktion von Rückständen (potentielle Umweltschäden[22]) spricht für sich selbst.

Man beachte auch, daß das Herausstreichen der *verschwendeten* Rückstände (»waste«) die Betonung des Vorhandenen gegenüber dem Benötigten verstärkt und ein Element der Irrationalität ins Spiel bringt, die den Akteuren unterstellt wird, mit denen die Autoren die *Einleitung* bevölkern: Die Irrationalität einer Welt, die einen Teil des Proteins, das sie produziert und braucht, verschwendet, sowie die Irrationalität der erzeugenden Industrie, die auf die Notwendigkeit einer Verfahrensänderung aufgrund steigender Energiekosten bisher nicht reagiert hat. Das Papier impliziert, daß diese Irrationalität durch die Arbeit der Autoren korrigiert werden kann.

Sequentiell verbundene praktische Situationen sowie zugeordnete Bedürfnisse konstituieren einen Bezugsrahmen, der die wissenschaftliche Arbeit der Autoren in der *Einleitung* rational begründet. Aber nicht nur die Praxis, auch die Wissenschaft spielt in diesem Argumentationsgang eine Rolle, allerdings eine, die von der Paragraphenstruktur und dem allgemeinen Organisationsmuster des Textes unabhängig erscheint. Die *Einleitung* nennt mehrere Methoden der Proteingewinnung, die durch Wissenschaftler »berichtet«, »propagiert«, »analysiert« oder »demonstriert« wurden (Absatz 3). Unter diesen werden drei in der *Einleitung* mehrmals hervorgehoben: Hitze-Koagulation; HCl allein oder mit Hitze-Koagulation kombiniert; und $FeCl_3$. Von den ersten beiden wird berichtet, daß sie in der Praxis verwendet würden und mit Nachteilen behaftet seien.

Von der dritten – $FeCl_3$ – wurde »nachgewiesen«, daß sie gegenüber dem HCl in Laborexperimenten Vorteile aufweise und zum Mehrwert der Proteine »beitragen« könne. Das Papier will zeigen, daß sie bei makroskopischer Anwendung geringe Energiekosten erfordert und in einem Protein von »ausgezeichneter«

Stickstofflöslichkeit resultiert. Der zweistufige Übergang von der Hitze-Koagulation über das HCl zum $FeCl_3$ kann durch einen dritten Schritt erweitert werden. Dieser wird im Papier nicht genannt, stellte jedoch im Labor ein wichtiges Anliegen dar: Es handelt sich um die Reinigung der entsprechenden Proteine. In Kapitel 3 haben wir gesehen, daß dieses Anliegen zur Präferenz einer weiteren Koagulationsmethode führte sowie zu Arbeiten über die chemische Modifizierbarkeit der Proteine. Zum Zeitpunkt der Abfassung des Papiers erschienen die Resultate dieser weiterführenden Schritte jedoch noch »wenig zufriedenstellend«; auch wollte man sie besser für eine weitere Publikation »aufsparen«.

Wir können somit von einer progressiven Transformation der Koagulationsmethoden sprechen, deren erste beiden Schritte in der *Einleitung* spezifiziert werden. Der Eindruck fortschreitender Entwicklung wird erzielt durch die Datierung und Disqualifizierung »früherer« Methoden sowie durch eine Erhärtung und Ausweitung der Vorteile der methodischen Neuentwicklung. Was daher – in Einklang mit dem Thema des Papiers – impliziert wird, ist ein *Fortschreiten der technologischen Entwicklung*. Abbildung 5.5 illustriert die jeweiligen Übergänge.

In der *Einleitung* wird somit die Arbeit der Autoren in den doppelten Bezugsrahmen der technologischen Entwicklung sowie der Anforderungen der Praxis gestellt, wobei der zweitgenannte Aspekt ausführlicher dargestellt wird. Die Aufgabe, die die Arbeit der Autoren erfüllt, wird ausschließlich aus der Folge praktischer Notwendigkeiten hergeleitet. Ein Fortschreiten der technologischen Entwicklung *unabhängig* vom praktischen Bezugsrahmen der besseren Nutzung vorhandener Ressourcen wird vom Papier nicht anerkannt, wiewohl sich die in Abbildung 5.5 illustrierte Abfolge (die im Papier *in parvo* präsent ist) hierzu anbietet. Diese Rollenverteilung zwischen dem »wissenschaftlichen« und dem »praktischen« Bezugsrahmen erscheint in Papieren zur Grundlagenforschung in ihr Gegenteil verkehrt.[23]

Aber in welche Richtung er auch immer »verzerrt« sein mag, der doppelt geknüpfte Rahmen der *Einleitung* stellt den Einbettungskontext her, der im wissenschaftlichen Papier die praktischen Handlungsumstände des Forschungslabors ersetzt. Wenn das

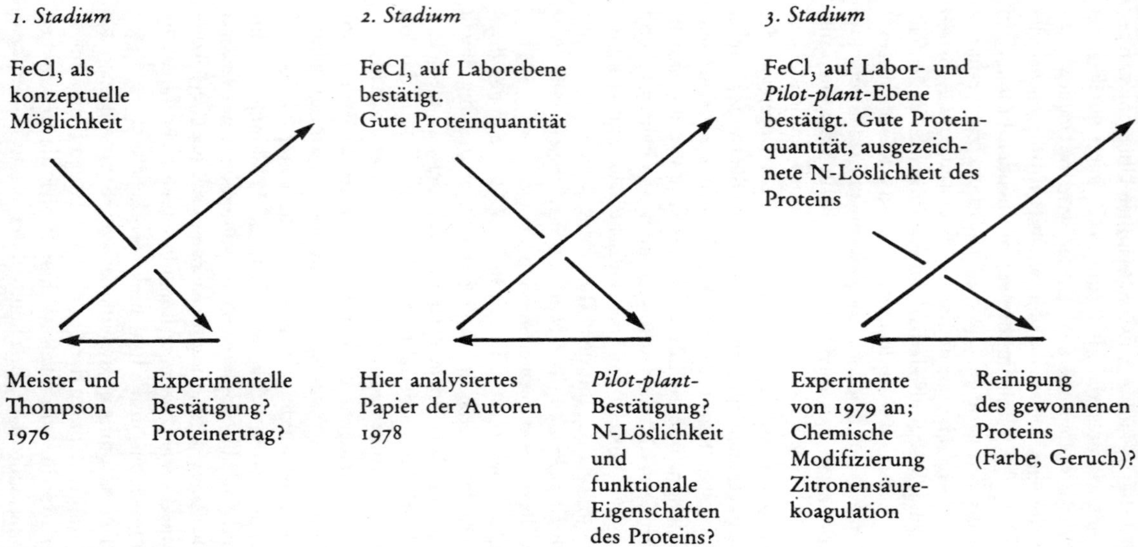

Abbildung 5.5
Der Fortschritt der Proteingewinnungstechnologie, auf deren erste beide Stadien sich der wissenschaftliche Bezugsrahmen der *Einleitung* bezieht.

wissenschaftliche Papier von den lokalen Bedingungen und Idiosynkrasien wissenschaftlichen Handelns abstrahiert (es entkontextiert), so konkretisiert es doch gleichzeitig einen neuen Handlungskontext, der in der *Einleitung* anzutreffen ist (es neu kontextiert).

Ähnlich den Begründungsargumenten des Labors propagiert die *Einleitung* eine Ressource, die in Raum und Zeit placiert wird. Der Raum entspricht der Situation der Proteingewinnung in der Praxis, wobei diese sich »weltweit«, auf »die USA« oder »verschiedene europäische Länder« erstrecken kann. Die Zeit entspricht einer Gegenwart, die durch erhöhte Energiekosten gekennzeichnet ist, sowie einer möglichen Zukunft (in den USA), in der verschwendetes Protein effektiver als in der Gegenwart (in Europa) zurückgewonnen werden kann. Die Ressource ist jedoch nicht länger eine Ressource *für* die Wissenschaftler, die sich in deren Handlungsfeld umwandeln und austauschen ließe. In dem durch die *Einleitung* erzeugten Kontext hat eine Umwandlung bereits stattgefunden: Die Ressource ist zur Ressource für die praktischen Adressaten geworden, die in der *Einleitung* benannt wurden.

5.7 Zusammenfassung: Die Einleitung als Ort der Relevanz-Inszenierung

In Konversationen beanspruchen die Beiträge der Sprecher zu jedem gegebenen Zeitpunkt, für das vorhergehende Gesprächsstadium bzw. die weitere Entwicklung der Unterhaltung *relevant* zu sein und auch als relevant gehört zu werden. Das wissenschaftliche Papier beansprucht für sich eine ebensolche Relevanz. Zusammenfassend besteht die Rolle der *Einleitung* eines wissenschaftlichen Papiers darin, diese *Relevanz* durch die (Re-) Konstruktion eines *vorhergehenden Stadiums* und einer *Entwicklungsrichtung* des Diskurses, in den es sich eingliedert, zu *inszenieren*. Zunächst vertreten die Autoren den Anspruch, daß sie gegenüber dem bisherigen Stand der Dinge etwas Neues, Relevantes anzubieten haben. Die Eingliederung ihrer Aussagen in die Schriften eines wissenschaftlichen Gebietes mittels Publika-

tion ist daher legitim. Zweitens versuchen die Autoren anzugeben, *in welcher Weise* ihre Aussagen relevant sind. So deuten sie etwa mit Hilfe sequentiell angeordneter Aussagen an, wie $FeCl_3$ schrittweise einer Reihe von Akteuren zugute kommen könnte – den USA, die ihre Pflanzen besser nutzen und ihre Umwelt effektiver schützen könnten, oder der Industrie, die Vorteile aus einem billiger gewonnenen Protein ziehen könnte.
Aber noch in anderer Hinsicht stellt die *Einleitung* Relevanz-Kriterien auf. Indem die Autoren mit Begriffen wie Energiekosten, Stickstofflöslichkeit und biologischem Wert argumentieren, legen sie es dem Leser nahe, $FeCl_3$ zu favorisieren, das auf *diesen Dimensionen* gegenüber den anderen untersuchten Methoden Vorteile aufweist. Gleichzeitig unterstellen die Autoren, daß weitere, im Abschnitt *Ergebnisse* berichtete Meßresultate wie die Absorptionskapazität der Präzipitate weniger relevant sind – sie liegen bei den traditionellen Koagulationsverfahren höher. Dies bedeutet, daß die *Einleitung* auch die Relevanzkriterien zur Verfügung stellt, gemäß denen im weiteren Papier einigen Resultaten mehr Gewicht als anderen zukommen soll; und dies trotz der Weigerung der Autoren, eine explizite Empfehlung abzugeben.
Man beachte, daß wir es mit dem *Inszenieren* von Relevanz zu tun haben. Die in der *Einleitung* dargelegte praktische Relevanz der Untersuchung gehört in erster Linie dem Diskurs *über* die Praxis an und nicht der Praxis selbst. Die Ressourcebeziehungen, die im Papier Wissenschaftler, Industrie, profitierende Bevölkerungsschichten sowie die Vereinigten Staaten miteinander in Verbindung bringen, haben im Interaktionsfeld der Wissenschaftler kein Korrelat. Dennoch stehen, wie wir wissen, die tatsächlichen transwissenschaftlichen Beziehungen der Wissenschaftler in Verbindung mit der *Einleitung* des Papiers. Das Ressource-Räsonieren der *Einleitung* stellt einen *Schachzug* in den Interaktionsfeldern der Autoren dar und ist nicht etwa eine getreue Darstellung dieser Felder.
Damit das Papier zur Publikation akzeptiert wird, muß der Begründungskontext der *Einleitung* ein plausibles Szenarium für praktisch-wissenschaftliches Handeln liefern und nicht den Text einer Handlungsabfolge, die bereits realisiert wurde oder realisiert werden wird. Die Begründungsargumente des Labors wer-

den durch ihre literarische Rekonstruktion auf eine Diskursebene gehoben, die vom tatsächlichen Interaktionsgeschehen losgelöst erscheint; jedenfalls so lange, wie es nicht zu einer neuerlichen Integration durch die praktischen Reaktionen derer kommt, die die Autoren für ihr Anliegen interessieren können.

Kapitel 6

Wissenschaft als transformierte Rationalität: Die experimentelle Methode im Labor und im Papier

6.1 Die Fortsetzung der Laborgeschichte

»R. hat das OIA-Protein für den Versuch benutzt, das Fe [für die Rattenversuche] auf Lab-Skala herauszufiltern, aber der Versuch ist schiefgegangen, weil das Vakuum im Filtrationsprozeß nicht stark genug war. Ursprünglich sagte er, er würde das Zeug einfrieren, gab dann auf, weil es ein ziemlicher Murks war. Der Versuch, das Fe herauszubekommen, hat Freitag im P-Lab einigermaßen funktioniert [nicht allzu gut], und da er auf das schrecklich aussehende geleeartige Protein so wütend war, hat er sich entschlossen, in Analogie zum P-Lab [?] im kleinen zu zentrifugieren und sich das einmal anzusehen, egal was passiert. R. glaubt allerdings nicht wirklich, daß es funktionieren wird; er hat es schon auf kleinster Ebene und ohne Zitronensäure ausprobiert, und es ist nicht gegangen. Außerdem denkt R., daß das Zentrifugieren keine ideale Lösung ist, da es auf technischer Ebene ... [usw.]«

Dieses Zitat ist ein nichtedierter Auszug aus meinen Tagesprotokollen, die aufgrund von Labornotizen geschrieben wurden. Es bezieht sich auf Experimente, die der Entscheidung, mit $FeCl_3$ zu arbeiten, folgten. Es faßt die im Labor eilig und oft in Schlagworten mitgeschriebenen Bemerkungen, Berichte und Antworten der Wissenschaftler sprachlich zusammen und stellt daher keine wörtliche Wiedergabe dessen dar, was R. sagte und tat. Wenn wir uns nun das wissenschaftliche Papier vornehmen, so suchen wir vergeblich nach einer Eintragung, die dieser Zusammenfassung auch nur annähernd entspricht. In der Tat finden sich die im oben zitierten Protokoll und vielen anderen Tagesprotokollen beschriebenen Versuche, das Eisen aus den Proteinkonzentraten zu entfernen, im publizierten Papier mit keinem Wort erwähnt.[1]
Ziel dieses Kapitels ist es, die Analyse der Wissenschaft als literarische Räson auf den Teil des wissenschaftlichen Papiers auszu-

dehnen, den man im engeren Sinn als *Bericht* über die Laborverfahrensweise bezeichnen könnte. Dabei handelt es sich nicht um die *Einleitung*, deren pragmatische Diskursfunktion, wie erläutert, darin besteht, die wissenschaftliche Arbeit als praktische Ressource und relevanten Beitrag in den entsprechenden Schriften literarisch zu lancieren. Es handelt sich auch nicht um das *Abstract* oder das *Interpretive Summary*; ersteres wiederholt selektiv Argumente aus dem Abschnitt *Ergebnisse und Diskussion* des Papiers, letzteres greift hauptsächlich auf die Einleitung zurück. Es ist klar, daß auch die *Acknowledgements* sowie das *Literaturverzeichnis* nicht Teil des Forschungs-»Berichts« sind.
Was daher im wissenschaftlichen Papier von einem tatsächlichen »Bericht« über die experimentelle Arbeit des Labors übrig bleibt, ist nicht mehr als der *Methoden*-Abschnitt und ein Teil des Abschnittes *Ergebnisse und Diskussion*. Auf diese werden wir uns in der Folge beschränken und wiederum versuchen, sie mit dem entsprechenden Laborgeschehen in Beziehung zu setzen. Allerdings wird dieses Vorhaben durch den Eindruck der Inkompatibilität erschwert, die sich beim Vergleich der in Frage stehenden Abschnitte des Papiers mit den Beobachtungsprotokollen, wie eingangs angedeutet, aufdrängt. Dem Begründungsgebäude der *Einleitung* entsprachen im Labor die – wenn auch zerstreuten – fragmentarischen und elliptisch formulierten Begründungsargumente der Wissenschaftler. Was allerdings in den relevanten Abschnitten des Papiers dem beobachteten Forschungshandeln der Wissenschaftler entspricht, ist kaum erkennbar.
Diese Schwierigkeit ist zunächst darauf zurückzuführen, daß die literarische Strategie der *Einleitung*, das präsentierte Forschungsvorhaben neu zu *kontextieren*, im *Methoden-* und *Ergebnisse*-Abschnitt des Papiers nicht fortgesetzt wird. Die Erstellung eines neuen Kontextes setzt eine Ent-Kontextierung voraus. Im Papier finden wir keine Spur der Akteure, Beziehungen und Anliegen, mit denen sich das Labor-Räsonieren beschäftigte. In den Abschnitten *Methoden* und *Ergebnisse* des Papiers wird diese Strategie der Ent-Kontextierung fortgesetzt, ohne daß durch Neu-Kontextierung die formale (wenn auch nicht inhaltliche) Äquivalenz mit dem Labor wiederhergestellt würde.
Betrachten wir zunächst die Laboroperationen, die dem Ab-

schnitt *Material und Methoden* zugrunde liegen. Die Laborprotokolle liefern uns hierfür eine vollblütige »Handlungsbeschreibung«[2]; das heißt eine Darstellung des Tuns und der Aufgaben, die die Laborszene dominierten. Diese Aufgaben werden im Labor selten in vollem Umfang spezifiziert; oft geht es darum, sie zu identifizieren und zu interpretieren. Das Laborgeschehen scheint beherrscht von Versuchen, festzustellen, was der Fall sein *könnte* und was in Hinblick darauf getan werden *sollte* und *könnte*. Betrachten wir ein Beispiel aus den Arbeiten, auf die sich das Papier bezieht.

Es ist der 9. Februar, ein Tag vor dem zweiten Durchgang der Protein-Gewinnungsversuche im Großlabor. Dietrich erfährt durch einen Anruf von Jackie, seiner unmittelbaren Vorgesetzten, daß Watkins endlich der Benutzung des Großlabors zugestimmt habe, »nachdem er eine Menge Schwierigkeiten gemacht« habe. Die Experimente sind für den nächsten Tag angesetzt, was die Beteiligten unter beträchtlichen Druck setzt. Der angesetzte Zeitpunkt läßt sich nur unter extremen Umständen verändern. Außerdem ist man dankbar für *jede* Gelegenheit, das Großlabor zu benutzen. Nach meinen Notizen geschieht nun folgendes:

»Nach Dietrich besteht nun die Aufgabe darin, das Bentonit [ein Adsorptionsmittel] für die Versuche aufzutreiben. Er macht sich auf die Suche . . . Als er nach etwa zwei Stunden zurückkommt, sagt er, er habe es weder im Vorratsraum finden können noch in den Labors, in denen man es gewöhnlich verwendet. Er sagt auch, er befürchte nun, daß sich das Bentonit mit dem Protein binden könnte. Sie könnten es zwar riskieren, da der Effekt vom pH-Wert abhängig ist, aber er ist nicht gerade davon begeistert, das Risiko eingehen zu müssen.

Das Problem wird von den Anwesenden diskutiert. Anderson schlägt vor, Kalziumkarbonat zu benutzen, eines der am häufigsten verwendeten Adsorptionsmittel. Er sagt, er habe es einmal zur Separierung von Protein aus anderen Substanzen verwendet, und das habe perfekt funktioniert. Dietrich sagt, sie würden es morgen probieren müssen, da es keine andere Alternative gebe. Das Hauptproblem sei, daß das Kalziumkarbonat wahrscheinlich das Protein kontaminieren wird. Man beschließt, sich die Resultate einmal anzusehen und dann zu versuchen, das Kalziumkarbonat wegzubekommen.

Das zweite Problem besteht darin, zu entscheiden, wann man das Kalziumkarbonat dem Prozeß hinzufügen will. Wenn man es hinzufügt, bevor man die Trennung in eine HCl- und $FeCl_3$-Behandlung vornimmt, kann man das neue HCl-ausgefällte Protein mit dem alten [für das kein Adsorptionsmittel benutzt wurde] vergleichen und sehen, was man gewonnen hat, falls man etwas gewonnen hat. Wenn das Kalziumkarbonat zu Beginn hinzugefügt wird, verbindet es sich mit der Stärke und wird mit ihr während des Zentrifugierens eliminiert. Kommt es erst später im Prozeß hinzu, würde das den Bedingungen in der Praxis besser entsprechen, allerdings muß man dann um die Farbe des Resultates fürchten. Außerdem ist es fraglich, ob das Kalziumkarbonat eliminiert werden kann. In jedem Fall heißt es, die Sharpless (eine große schnelle Zentrifuge) ein zweites Mal zu benutzen, und Kelly (der Techniker, der das Großlabor leitet) müßte überredet werden, da mitzumachen. Wenn Kelly nein sagt, kann man daran nichts ändern. Eine dritte Möglichkeit besteht darin, das Kalziumkarbonat nach der Aufteilung in verschiedene Behandlungsmethoden hinzuzufügen und in die Sharpless nur mit dem halben Material hineinzugeben. Dietrich sagt, das würde er mit Bentonit nicht wagen. Seit er gelesen hat, daß Teile des Proteins für den Effekt der Volumen-Abnahme verantwortlich sind [den man in einem anderen laufenden Experiment erhalten hat], glaubt er, daß sich das Bentonit genau mit diesen hemmenden Proteinanteilen verbinden könnte, in welchem Fall sie Artefakte erhalten würden ...« (2–9/1).

Man braucht das Beispiel nicht fortzusetzen, um die Art von begründendem (argumentierendem) Wahlhandeln zu illustrieren, innerhalb dessen Laboroperationen spezifiziert werden. Das Beispiel zeigt auch die Abhängigkeit dieser Spezifikationen von der lokalen Situation sowie der Dynamik der lokalen Interaktionen. Im Prinzip besteht *kein Unterschied* zwischen der argumentativen Selektivität, die der Auswahl einer experimentellen Operation zugrunde liegt, und derjenigen, die die Wahl eines ganzen Forschungsschwerpunktes betrifft. Die Begründungen der Handgriffe innerhalb eines Experimentes stellen nur eine Weiterführung der begründeten Selektionen dar, mit denen die Wissenschaftler eine Forschungsarbeit umreißen. Sie erscheinen feinkörniger, haben aber oft ebenso weitreichende Konsequenzen wie die anfängliche Problemauswahl. Der Unterschied zwischen beiden resultiert aus der literarischen Arbeit des wissenschaftlichen *Papiers*, das zwischen der in der *Einleitung* inszenierten Relevanz der Gesamtuntersuchung und der Produktion der Untersuchungsresultate (dem *Methoden*-Teil) strikt unterscheidet.

6.2 Die Papier-Version der Labor-Methode

Wenden wir uns nun vom Labor dem wissenschaftlichen Papier zu, so finden wir uns in einer anderen Welt. Die Welt des Abschnittes *Material und Methoden* besteht aus Firmenbezeichnungen für Instrumente, Materiallisten und Verfahrensbeschreibungen, die durch nichts als ihre Aufeinanderfolge zusammengehalten werden. Im wissenschaftlichen Papier hat die experimentelle Methode keine eigene dynamische Struktur: Es gibt keine Probleme, keine Ressourcen, die diese Probleme in Lösungen überleiten, keine Interessenfusionen, die die Ausführung der technischen Operationen tragen könnten.

Obwohl in der grammatischen Vergangenheit formuliert, erweckt der *Methoden*-Teil mehr den Eindruck eines Rezeptes als einer zusammenfassenden Beschreibung vergangenen Geschehens. Was wir finden, sind nicht Laboraufgaben, sondern eine Art von Liste aufeinanderfolgender Schritte. Anstelle der argumentativ begründeten Selektionen des Labors steht ein Katalog sequentiell angeordneter Manipulationen, die ihrer Begründung beraubt und aus ihrem Kontext gelöst erscheinen. Anstelle der Verhandlungsprozesse des Labors begegnen wir deren lakonisch formulierten Augenblicksresultaten. Kurz, die experimentelle Methode präsentiert sich im Papier als *flow-chart* ausgewählter Selektionen, die mangels Kontextierung und Begründung den Eindruck von Nicht-Selektionen erwecken.

Es ist klar, daß man vom wissenschaftlichen Papier keine detaillierte Wiedergabe der persönlichen Interessen und zwischenpersönlichen Belange erwartet, die die Fabrikation von Wissen aufrechterhalten.[3] Das wissenschaftliche Papier ist in gewissem Sinne eine Übung in Entpersonifizierung. Unklar bleibt jedoch, warum der wissenschaftliche »Bericht« über die Forschungen des Labors keinerlei technische Begründungen und Problematisierungen enthält. Mit anderen Worten, es ist nicht offensichtlich, warum relevante technische Probleme nicht ihren Platz in einem Forschungs-»Bericht« finden sollten und warum die Auswahl eines technischen Instrumentes, chemischer Ingredienzien oder experimenteller Einwirkungsfaktoren nicht auch in diesem Bericht in technischen Begriffen gerechtfertigt werden kann.

Der Aminosäureanalysator, ein hochentwickeltes automatisches Instrument der Proteinanalyse

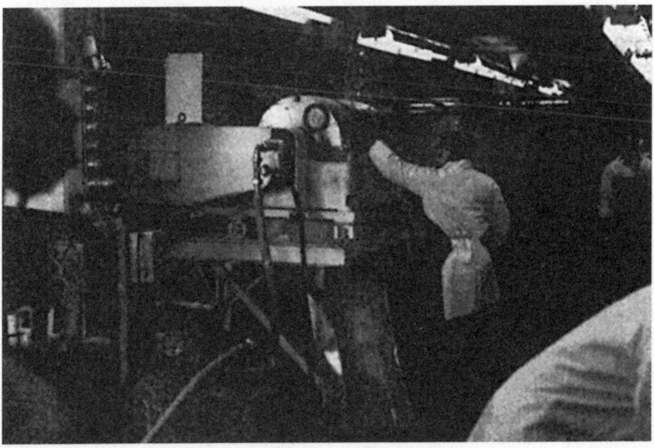

Arbeit an einer Dekanterzentrifuge zur Bereitung von Proteinlösungen

Jede Bezugnahme auf ein Instrument oder eine chemische Substanz im Abschnitt *Material und Methoden* repräsentiert ebenso wie jede Zahlenangabe das Ergebnis einer technisch legitimierbaren Wahl. Nur wenige dieser Wahlen entsprechen Standardpräferenzen, wie etwa die Methoden, die von der Association of Official Analytical Chemists zur Bestimmung chemischer Zusammensetzungen herausgegeben werden. Manchen dieser Wahlen liegen mehrmonatige Untersuchungen zugrunde; so »dauerte« etwa die Entscheidung für einen Adsorptionsagenten vom 29. Januar (Feststellen des Problems) bis 11. April (endgültige Entscheidung).
Die meisten Laboroperationen, die den im Papier präsentierten Entscheidungsresultaten vorausgehen, hinterlassen ihre Spuren in den Laboratoriumsprotokollen der Wissenschaftler, in denen der technische Begründungskontext oft aufs genaueste dokumentiert erscheint. Wie eine solche Dokumentation aussieht, zeigt Abbildung 6.1, die einen Auszug aus dem offiziellen Protokollheft der Laborantin reproduziert, die in der Gruppe chemische Analysen durchführte. Das Beispiel bezieht sich auf eine HCl-Hydrolyse-Extraktionsmethode von Lipiden, die wegen dabei auftretender Probleme modifiziert werden mußte. Im Papier finden wir die modifizierte Methode ohne Angabe ihres Ursprungs und ihrer technisch-rationalen Begründung angegeben.
Es ist klar, daß es nicht möglich ist, im wissenschaftlichen Papier die vollständige Geschichte der Laborargumente und Operationen wiederzugeben, die mit den jeweils angegebenen Selektionen in Verbindung stehen. Hier geht es jedoch nicht darum, daß die *vollständige* Geschichte fehlt[4], sondern daß *jede* (technische) Begründung ebenso fehlt wie jede Thematisierung alternativer Entscheidungsmöglichkeiten. Verglichen mit der Laborarbeit, in der das eine Vielzahl von Aktivitäten umfassende *Treffen* von Entscheidungen dominiert, offeriert das Papier eine kurios bereinigte *Residual*beschreibung. Ich meine damit eine Beschreibung, die hauptsächlich Dinge enthält, die im Labor höchstens *am Rande* interessieren (wie das Fabrikat eines Instrumentes oder die Herkunft einer Technik).
Diese Residualbeschreibung erscheint überdies in hohem Grade *typifiziert.* Aus früheren Beispielen geht hervor, daß die im *Me-*

thoden-Abschnitt referierten Proteingewinnungs-Experimente insgesamt dreimal (innerhalb von 5 Monaten) durchgeführt wurden, und zwar zur Realisierung verschiedener Aufgaben unter voneinander abweichenden Umständen. Es handelte sich somit nicht um einfache Wiederholungen des Experiments. Entsprechend waren die Arbeitsvorgänge verschieden strukturiert, und verschiedene Probleme traten auf und mußten behandelt werden.

Zum Beispiel dominierte beim ersten Durchgang der Experimente die Frage, ob die Versuche gelingen und genügend Protein gewinnen würden. Neben der Kartoffelpflanze wurden zwei weitere pflanzliche Ausgangsmaterialien dem Verfahren unterzogen, die aber im Papier nicht erwähnt werden. Beim zweiten Durchgang konzentrierte man sich auf die Isolierung eines chemisch möglichst reinen Proteins, wobei die Protein*gewinnung* eine notwendige, aber uninteressante Voraussetzung bildete. Beim dritten Durchgang ging man von einer echten anstatt simulierten Rückstandsflüssigkeit aus und konzentrierte sich auf eine neue Methode der Proteinreinigung.

Die jeweils beachteten und von den Wissenschaftlern behandelten Probleme reflektierten diese verschiedenen Anliegen. Im ersten Fall schien das Hauptproblem darin zu bestehen, den Prozeß »unter Kontrolle« zu bekommen. Dies hieß zum Beispiel, sicherzustellen, daß die gewünschte Temperatur auch tatsächlich erreicht wurde oder daß die instrumentelle Manipulation der verschiedenen Proteine vergleichbar blieb. Die Wissenschaftler verwendeten die meiste Zeit darauf, zu verhindern, daß etwas »schiefging«, oder darauf, schiefgegangene Angelegenheiten wieder in Ordnung zu bringen (so zum Beispiel die plötzliche Entwicklung von Schaum, auf die die durchführenden Laborassistenten nicht vorbereitet waren und die Probleme mit den Meßinstrumenten verursachte). Ein weiteres Anliegen bestand darin, die Verfahrensweisen der beteiligten 5–6 Laborassistenten zu standardisieren.

Beim zweiten Durchgang betrafen dagegen alle perzipierten und kommentierten »Probleme« die Reinigung des Proteins; Anliegen wie diejenigen der ersten Versuchsserie schienen keinerlei Beachtung zu finden. Der dritte Durchgang war schließlich

12:

Amended Procedure for Extraction of Hydrolyzed Fat*:

Transfer the mixture to a 125 ml separatory funnel.
Using 25 ml ether in 3 portions, rinse the tube into the funnel. Stopper and shake vigorously, venting often initially, for 1'. Add 25 ml petroleum ether (PE) bp 30-60°C (Skelly F), cap, and shake vigorously 1'. Centrifuge [illegible] (40×G), 10' ⇒ upper layer: clear ether extract; lower layer: H_2O/alcohol fraction.
With a pasteur pipet, draw off the upper layer into a funnel with stem packed with cotton to permit only the passage of clear extract into the tared boiling flask.
Re-extract the slurry twice as above, but use only 15 ml portions of each ether. Collect extracts into the same flask.
Finally, rinse the funnel with a few mls of ether-PE mixture (1 1) into flask.
Evaporate the ethers as described.

*Rationale:
A dry run using reagents only and the sep funnel, proceeded smoothly. However, problems were encountered when the first material, [illegible] (rice) was attempted. A murky, possibly imaginary interface appeared only after ~1½ hrs, separating an opaque purplish upper layer which did not clear, from a blackish lower layer. Further, the "interface" couldn't be seen moving when the outlet was opened to drain off the lower fraction. Lastly, filtration of the extract (drawn from the top of the sep funnel) proved impractical: the cotton plug was overloaded with particulate matter almost immediately.
The same occurred with potato products, to a lesser degree, though not with soy. In the latter case, the clear ether fraction which separated did so incompletely, for the volume recovered appeared far less than the 50 or 30 mls added. ∴ Centrifugation seemed appropriate to recover maximally the ether fraction in all three materials.

Reference: AOAC Official Methods of Analysis 1975. Procedure 14.019 (Wheat Flour)

Signature

Read Understood and Witnessed by

Date

Transcript

*Rationale:

A dry run using reagents only and the sep funnel, proceeded smoothly. However, problems were encountered when the first material, 286-6A (rice), also 6B,C was attempted. A murky, possibly imaginary interface appeared only after about 1 1/2 hrs., separating an opaque purplish upper layer which did not clear, from a blackish lower layer. Further, the "interface could not be seen moving when the outlet was opened to drain off the lower fraction. Lastly, filtration of the extract (drawn from the top of the sep funnel) proved impractical: the cotton plug was overloaded with particulate matter almost immediately. The same occured with potato products on occasion though not with soy. In the latter case, the clear ether fraction which separated did so incompletely, for the [illegible] ml recovered appeared far less than the 50 or [illegible]0 mls added.. Centrifugation seemed appropriate to recover maximally the ether fraction in all three materials.

Abbildung 6.1:
Begründung für die Modifikation einer Methode in den Laboratoriumsprotokollen

durch eine im allgemeinen entproblematisierte Atmosphäre gekennzeichnet. Er galt weiterhin der Reinigung des Proteins, aber man schien den entsprechenden Verfahren weder große Befürchtungen noch große Erwartungen entgegenzubringen.
Die drei Versuchsserien umfaßten »vergleichbare« Teilabschnitte und resultierten daher – von »Meßfehlern« abgesehen – im »selben« Protein. Mein Argument ist nicht, daß die Residualbeschreibung des Papiers einen Betrug darstellt, sondern daß sie auf Typisierungen basiert. Die im Papier dargestellte Vorgehensweise repräsentiert eine der Abfolge und dem Inhalt nach normalisierte, durchschnittliche Serie experimenteller Schritte, in der die jeweiligen Feinheiten und Besonderheiten der einzelnen Durchgänge nicht mehr aufscheinen. Ein Vergleich zwischen zwei weiteren Seiten aus dem relevanten Laborprotokoll der Wissenschaftler und der endgültigen Beschreibung des Proteingenerierungs-Prozesses im publizierten Papier illustriert die Differenz. Die erste Seite gibt ein Beispiel für die handschriftlichen Notizen der Wissenschaftler während eines Durchganges der Experimente. Die zweite präsentiert einen von mehreren *flow-charts*, die für einen solchen Durchgang vorbereitet und vor, während und nach den Versuchen modifiziert wurden. Daran schließt sich Abb. 1 des *Methoden*-Abschnittes des wissenschaftlichen Papiers an, die von den Wissenschaftlern als »vereinfachtes« Flußdiagramm angekündigt wird. Der Vergleich der drei Seiten gibt einen Eindruck vom Ausmaß und der Art der »Vereinfachung« (siehe Abb. 6.2).
Zusammenfassend läßt sich sagen, daß die Typisierungen des Papiers sowie dessen Abstinenz gegenüber der begründeten Herkunft der referierten Selektionen den im Labor mühsam konstruierten Verfahrensweg (die Methode) als eine *naturgegebene* und *quasi automatische* Konsequenz des in der *Einleitung* des Papiers festgesetzten Zieles der Arbeit erscheinen lassen. Der doppelt geknüpfte Begründungszusammenhang der *Einleitung* scheint der einzige Platz im Papier zu sein, an dem Antworten auf »Warum«-Fragen gegeben werden. Allerdings beschränkt sich die *Einleitung* auf eine Begründung der Wahl des Forschungsschwerpunktes des Papiers, aus der die bei der Durchführung der Arbeit zur Debatte stehenden methodischen Einzelselektionen in der Praxis nicht abgeleitet werden können.

Diese Nicht-Thematisierung von Selektivität im *Methoden*-Teil des Papiers mag die verbreitete Annahme erklären, daß bestenfalls die Wahl eines Forschungsproblems, nicht aber dessen »wissenschaftsinterne« Untersuchung ein soziales Phänomen darstelle. Allerdings hindert sie nicht nur den Sozialwissenschaftler daran, die Konstruktivität der Laboroperationen zu perzipieren und zu analysieren, sondern sie erschwert es auch den Fachwissenschaftlern, die vorgelegte wissenschaftliche Arbeit zu evaluieren.

6.3 Der Abschnitt »Ergebnisse und Diskussion« im wissenschaftlichen Papier

Auch der Abschnitt *Ergebnisse und Diskussion* des wissenschaftlichen Papiers beschäftigt sich mit einer Realität, die im Labor bestenfalls Residualcharakter hat. Diese Realität wird ebenso wie im *Methoden*-Teil des Papiers unter Ausschluß von Begründungsargumenten beschrieben. Sie setzt sich allerdings nicht aus rezeptartig aneinandergereihten Verfahrensschritten zusammen, sondern aus Ähnlichkeits- und Differenzaussagen, vermischt mit gelegentlichen vergleichenden Evaluierungen. Dieser Unterschied gegenüber dem *Methoden*-Teil läßt sich jedoch nicht aus entsprechenden eigenständigen Laborpraktiken herleiten.
Zwar kann man im Labor oftmals gesonderte Initiativen und Thematisierungen ausmachen, die mit dem vorhergehenden Geschehen brechen und den – in der *Einleitung* rekonstruierten – Beginn eines neuen Forschungsschwerpunktes markieren. Es fällt jedoch schwer, in der Laborarbeit ähnlich gesonderte Abschnitte auszumachen, die mit dem *Methoden*- und *Ergebnis*-Teil des Papiers korrespondieren. Die beobachteten Wissenschaftler führten nicht zuerst ihre Experimente durch (»Methoden«), aus denen sie dann Ergebnisse (sic!) gewannen, die sie schließlich interpretierten (»Diskussion«). Die drei Bereiche erscheinen vielmehr hoffnungslos miteinander vermischt: Die Wissenschaftler interpretierten und diskutierten ihre methodischen Operationen in Hinblick auf deren Ergebnisse, und sie interpretierten und diskutierten ihre Ergebnisse in Hinblick auf die ihnen zugrundeliegenden methodischen Konstruktionen. Methoden und Ergebnisse er-

PRODUCTION OF POTATO PROTEIN PRODUCTS

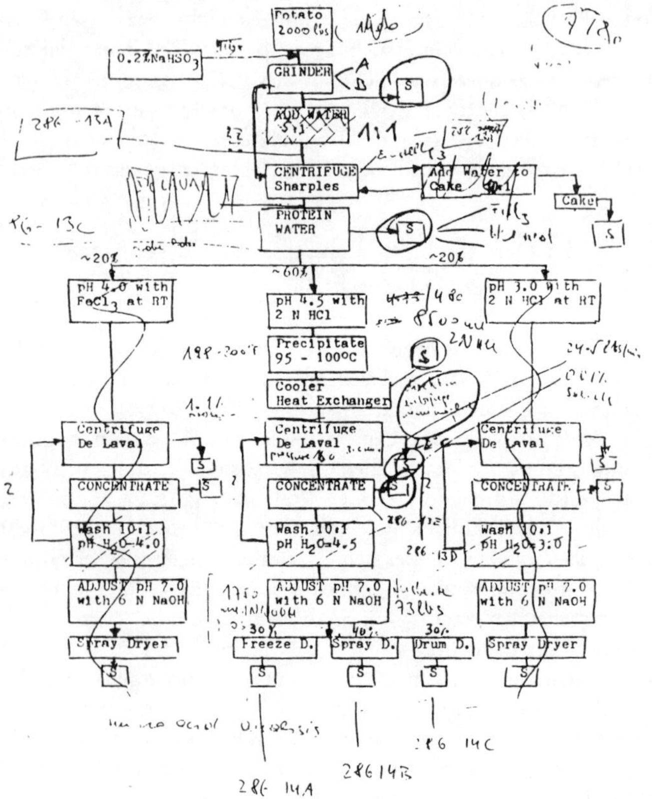

Abbildung 6.2:
Beispiel eines Labor-Flußdiagramms, eines Auszugs der Labornotizen der Wissenschaftler sowie des publizierten Flußdiagramms über die in Frage stehenden Experimente (Fortsetzung nächste Seite).

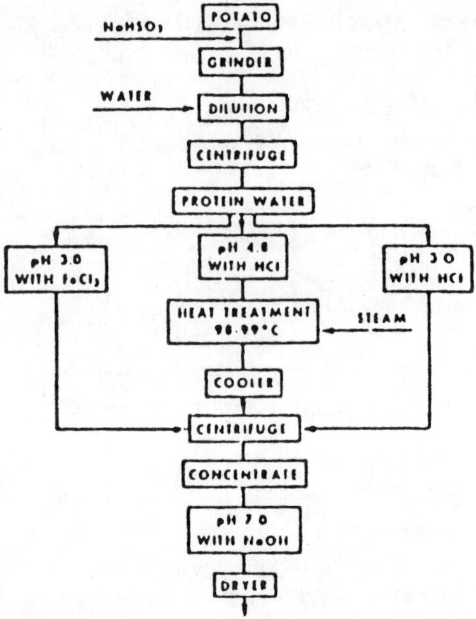

FIG. 1. SIMPLIFIED FLOW DIAGRAM FOR THE RECOVERY OF POTATO PROTEIN CONCENTRATES IN THE PILOT PLANT PROCESS

Abbildung
6.2: Fortsetzung

scheinen direkt voneinander abhängig. Als ich einen der beteiligten Wissenschaftler einmal fragte, ob sich seine in einem früheren Experiment erzielten Werte im Lichte neuerlicher Messungen anhand einer neuen Methode nicht als falsch erwiesen hätten, sagte dieser:

»Du mußt aufhören, in absoluten Begriffen zu denken. Der Wassergehalt einer chemischen Substanz hängt von der gewählten Methode ab, von der Zeit, von der Temperatur usw. Im allgemeinen trocknet man 3–5 Stunden bei 105°; wenn man 30 Stunden bei 150° trocknet, dann erhält man einen höheren Wassergehalt . . .«

Die mir erteilte Lektion lautete somit, daß Resultate immer Resultate spezifischer methodischer Selektionen seien – was nichts anderes heißt, als daß sie als *konstruiert* anzusehen sind. Welches Ergebnis man erhält, ist nicht unabhängig davon, *wie* man es erhält, was nicht daran hindert, daß das Ergebnis von dem ihm zugrunde liegenden Erzeugungsprozeß getrennt werden und eine eigenständige Realität annehmen kann. Argumente, die Methoden und Resultate in Beziehung setzen, sind im Labor ebenso zahlreich wie Versuche, durch geeignete Variation der Methode das Resultat zu verändern:

René: »Ich verstehe nicht, warum das Bild bei einer Vergrößerung von 20000 so miserabel ist.«
Lorenz: »Das ist ein ziemlich billiges Mikroskop. Wie hast du das Zeug präpariert?«
René: »Scotch tape.«
Lorenz: »Sollte in Ordnung gehen. Kannst du den Winkel ändern?« [manipuliert das Instrument].
René: »Gute Idee. Ich glaub' nicht, daß Nancy das gemacht hat.«
Lorenz: [manipuliert weiter am Gerät]
René: »Wie schaut's mit dem Film aus? Je empfindlicher die sind, desto schlechter ist die Qualität! Die verwenden ihn einfach nur, weil er gerade im Vorratsraum vorhanden ist, oder?«
Lorenz: [hat Erfolg] »Siehst du, was ich gemeint habe?« (3–11/2)

Für die Wissenschaftler im Labor ist die Beziehung zwischen Methode und Resultat somit ein zentrales Anliegen. Methoden werden in Hinblick auf die von ihnen erwarteten Resultate ausgewählt, ebenso wie Resultate akzeptiert oder abgelehnt werden, je

nachdem, welche Methode ihnen zugrunde liegt. Die Trennung zwischen Methode und Resultat ist die Arbeit des Papiers, ebenso wie es sich bei der Abwesenheit von Selektivität und Begründungsrationalität im *Methoden*-Teil um einen Effekt der literarischen Arbeit des Papiers gehandelt hatte.
Diese Arbeit kommt durch eine spezifische Form des Argumentes in Ähnlichkeits- und Gegensatzbegriffen zustande, die außerdem – und das ist vielleicht das Interessanteste daran – die zum Vergleich zugelassenen Phänomene stark einschränkt. Am häufigsten werden die Resultate einfach miteinander in Beziehung gesetzt, in teilweiser Übereinstimmung mit dem deklarierten Ziel der Arbeit, »zu vergleichen« und »zu evaluieren«:

»Unterschiede in der chemischen Zusammensetzung der mit verschiedenen Methoden ausgefällten PPC schließen einen höheren Gehalt an Rohprotein des HCl/Hitze-Präzipitats ein, ebenso einen höheren Vitamin C- und Aschegehalt der bei mittlerer Temperatur behandelten (HCl-, $FeCl_3$-) Proteine sowie höhere Fe-Werte im $FeCl_3$-Präzipitat...« (Z. 89 ff., Anhang 2).

Oder die Resultate werden mit Ergebnissen früherer Arbeiten in Beziehung gesetzt:

»Obwohl die Laborexperimente der Autoren andeuten, daß bei einem pH-Wert von 4.0 etwas weniger Protein gewonnen wird (Abb. 2), zeigten Meister und Thompson (1976), daß die $FeCl_3$-Präzipitation bei einem pH-Wert von 4.0 ein maximales Quantum an Protein generiert« (Z. 32 ff.).
»Der mit der HCl-Präzipitation bei Raumtemperatur assoziierte erhöhte Aschegehalt wurde auch von Meister und Thompson (1976) beobachtet, die bemerken...« (Z. 42 ff.).

Man beachte, daß keine Schlußfolgerungen aus diesen Vergleichen gezogen werden. Die evaluative Komponente kommt nur in einigen wenigen Aussagen zur Geltung. Charakteristischerweise bieten diese eine milde Form der Unterstützung für die in der *Einleitung* deklarierte Präferenz für das Eisenchlorid an:

»Laborexperimente haben gezeigt, daß $FeCl_3$ bei einem pH-Wert von 2–4 im Vergleich zu der HCl/Hitzebehandlung in Hinblick auf das Ausmaß des aus dem Proteinwasser gewonnenen koagulierbaren Proteins Vorteile aufweist (Abb. 2)« (Z. 3 ff.).

Selbst diese milde Präferenz wird allerdings in einer späteren Aussage eingeschränkt:

»Die bei mittlerer Temperatur mit HCl und $FeCl_3$ ausgefällten PPC wären für die menschliche Ernährung geeigneter, wenn die Aschewerte reduziert werden könnten« (Z. 45 ff.).

Erklärungen sind, wie Evaluierungen, selten. Unter den 101 Zeilen der *Ergebnisse und Diskussion* offeriert nur ein Satz eine vorläufige Erklärung, ein weiterer referiert ein Einflußmuster. Im zusammenfassenden Endparagraphen verweist jeder Satz auf eine Ähnlichkeit oder Differenz, zieht aber keine weiteren Schlußfolgerungen aus diesen. Der letzte Satz delegiert die »endgültige Wahl einer Präzipitationsmethode« an eine in der Zukunft liegende vergleichende Analyse einer Reihe von Parametern, einschließlich solcher, die in dem Papier nicht untersucht wurden.
Zusammenfassend kann man sagen, daß der Abschnitt *Ergebnisse und Diskussion* die im Labor vorherrschende Interdependenz zwischen Methode und Resultat in wirksamer Weise leugnet, indem er die Resultate *nicht zu ihrem Erzeugungsprozeß, sondern zu anderen Resultaten* in Beziehung setzt. Im übrigen bereitet die im *Ergebnis*-Teil des Papiers durchgehend dominierende Argumentation in Form von Ähnlichkeiten und Differenzen den Boden für eventuelle Schlußfolgerungen. Kurioserweise werden diese Schlußfolgerungen jedoch nicht gezogen. Man schwört ihnen sogar explizit ab. Auch ziehen die Autoren im *Ergebnis*-Teil einige frühere Studien zu Vergleichszwecken heran, allerdings wiederum, ohne Schlußfolgerungen zu ziehen oder nach Erklärungen der dabei auftretenden Widersprüche zu suchen. Diese literarischen Strategien entsprechen dem Bild der Wissenschaft als »Fakten« produzierende Instanz, die anderen die Entscheidung über die Verwertung dieser Fakten überläßt. Allerdings handelt es sich hier nicht allein um literarische Strategien der Autoren. Zwar erhalten die Ergebnisse der Autoren auch in der ersten Fassung des Papiers durch eine der letzten Version äquivalente Trennung von ihrem Erzeugungsprozeß Faktizitätscharakter, doch werden in der ersten Fassung Schlußfolgerungen und gelegentlich sogar Begründungen noch nicht vermieden.

6.4 Von der ersten zur letzten Fassung: literarische Verstärkung und wissenschaftliche Differenzierung

Nachdem wir uns nun die Endfassung dessen angesehen haben, was das wissenschaftliche Papier als *Methoden* und *Ergebnisse* der Laborarbeit präsentiert, betrachten wir nochmals, wie diese Endfassung (Anhang 2) von der ersten Fassung der Autoren (Anhang 1) abweicht. Für beide hier diskutierten Abschnitte fallen die Unterschiede zwischen den beiden Fassungen weniger ins Auge als in der *Einleitung*. Am auffallendsten erscheint, daß die Endfassung des *Methoden-* und *Ergebnis*-Teiles die literarische Strategie des ursprünglichen Textes verstärkt.
Zunächst gilt, daß der Abschnitt *Material und Methoden* in beiden Versionen fast identisch erscheint. Veränderungen beschränken sich darauf, einige längere Sätze zu teilen, zwei ursprünglich im *Ergebnis*-Teil enthaltene Aussagen in den *Methoden*-Teil einzufügen und einige wenige Literaturverweise und Meßdetails zu verändern. Die interessanteste Veränderung ist vielleicht die, daß zwei in der ersten Fassung befindliche Begründungsargumente aus der letzten Fassung eliminiert wurden. Während in der ersten Version zu lesen war,

»*Wegen* der mit dem Transport einer verdünnten Lösung verbundenen Schwierigkeiten und wegen möglicher Änderungen der chemischen Zusammensetzung wurde *beschlossen*, das Verarbeitungsabwasser in der *pilot plant* zu simulieren, *um* die verschiedenen Präzipitationsmethoden vergleichen *zu* können« (Z. 3 ff., Hervorhebung von mir),

liest man in der Endversion:

»*Kartoffelverarbeitungsabwasser wurde in der* pilot plant *simuliert*« (Z. 3, Hervorhebung von mir).

Ebenso wurde die Aussage der ersten Version,

»Das Material wurde mit Wasser verdünnt (etwa 1 : 1) und zentrifugiert..., *um* die Stärke *zu* entfernen« (13 ff., Hervorhebung von mir),

in der Endversion von ihrer Begründung bereinigt:

»Das Material wurde mit Wasser verdünnt (≃ 1 : 1 v/v), und unlösliche feste Bestandteile wurden durch Zentrifugieren entfernt ...« (Z. 11 ff.).

Die Vermeidung von Entscheidungsbegründungen sowie, allgemeiner, die Vermeidung jeder Thematisierung der methodischen Selektivität erweist sich als auffallendstes Merkmal des Abschnittes *Material und Methoden.* Sie wird in der publizierten Version des wissenschaftlichen Papiers endgültig durchgesetzt.
Diese Tendenz zur endgültigen Durchsetzung einer ursprünglich bereits vorhandenen literarischen Form setzt sich in *Ergebnisse und Diskussion* in bezug auf deren relationale und vergleichende Rhetorik fort. Die Endfassung der *Ergebnisse* wird gegenüber der Erstversion durch die Aufnahme einiger ursprünglich nicht verfügbarer Meßdetails, durch neu hinzugekommene Vergleiche sowie durch eine symmetrisch-unparteiische Umformulierung ursprünglich ausgedrückter eindeutiger Präferenzen und Schlußfolgerungen verändert.
So hatte zum Beispiel der letzte Absatz der ersten Version eine klare Empfehlung zugunsten des Eisenchlorids abgegeben:

»Die *Vorteile* der $FeCl_3$-Behandlung liegen in einer Reduktion der Energiekosten, *da* das Proteinwasser nicht auf 95–100° erhitzt werden muß, sowie in einer ausgezeichneten Stickstofflöslichkeit der resultierenden PPC« (Z. 61 ff., Hervorhebung von mir).

Man beachte, daß die ausgedrückte Präferenz begründet wird. In der Endversion behandelt der entsprechende Abschnitt nurmehr die Unterschiede und Ähnlichkeiten zwischen verschiedenen Präzipitationsmethoden und ihren Ergebnissen, wobei man darauf zu achten scheint, »positive« Resultate (z. B. höherer Vitamin C-Gehalt) durch »negative« auszugleichen (z. B. Asche):

»Unterschiede zwischen diesen Präzipitationsmethoden bestehen in dem für den Dampf (HCl/Hitze) erforderlichen Energieaufwand sowie in den Kosten der Ingredienzien (HCl, $FeCl_3$). Unterschiede in der chemischen Zusammensetzung der mit verschiedenen Methoden ausgefällten PPC bestehen in einem höheren Gehalt an Rohprotein des HCl/Hitze-Präzipitats sowie in einem höheren Vitamin C- und Aschegehalt der bei mittlerer Temperatur behandelten (HCl-, $FeCl_3$-)Proteine und höheren Fe-Werten im $FeCl_3$-Präzipitat ...« (Z. 87 ff.).

Die symmetrische Darstellungsweise der Endversion und deren Weigerung, Schlußfolgerungen zu ziehen, bedeutet allerdings nicht, daß keine Präferenzen suggeriert würden. In der *Einlei-*

tung hatten sich die Autoren vorwiegend mit den Variablen Energiekosten, Stickstofflöslichkeit und Eignung der gewonnenen Proteine für die menschliche Ernährung beschäftigt. Diese Variablen fungieren als Relevanz-Kriterien, die die Leser anleiten, wichtige von unwichtigen Ergebnissen zu unterscheiden. Läßt sich die Leserschaft durch diese in der *Einleitung* festgesetzten Kriterien leiten, so empfiehlt sich ihr die gleiche Methode, die die Erstfassung unverblümt als »Alternative« zu den diskreditierten (existierenden) Methoden propagiert hatte.

Die Endfassung *argumentiert* somit weiterhin für ein Abgehen von der traditionellen Verfahrensweise zugunsten der vorgeschlagenen Alternative, aber sie *gibt* nicht länger *zu*, den Vorschlag gemacht zu haben. Sie versucht noch immer, die die Hitzekoagulation propagierenden Schriften des Gebietes aus dem aktuellen wissenschaftlichen Diskurs zu eliminieren, aber der Angriff wird nicht länger angekündigt. Statt dessen bedient man sich der Guerilla-Taktik, die durch literarische Zerstreuungsstrategien verdeckt wird. Aus der Existenz der Erstfassung folgt, wie wir gesehen haben, daß diese Zerstreuungsstrategien nicht in erster Linie das Werk der Autoren, sondern das Resultat einer literarischen Gemeinschaftsproduktion von Vorgesetzten, Kritikern, Kollegen und Autoren darstellen. Man kann auch sagen, daß die Autoren durch den ihnen entgegengebrachten Widerstand zum Guerilla-Krieg gezwungen wurden.

Dieser Widerstand spielt auch in Hinblick auf einen zweiten Unterschied der Endversion von *Ergebnisse und Diskussion* gegenüber deren Erstversion eine Rolle: Es handelt sich um eine Reihe von Vergleichen mit den Resultaten anderer wissenschaftlicher Arbeiten. Man bezieht sich sowohl auf die Resultate einer früheren Publikation zweier Autoren des Papiers als auch auf die Resultate einer Studie von Meister und Thompson, die in vier neuen Passagen zitiert wird. Diese letztere Studie erscheint wichtig, weil sie den einzig relevanten Präzedenzfall für die Verwendung von Eisenchlorid als Koagulationsmittel (wenn auch in einem anderen Kontext und mit einem verschiedenen Ziel) darstellt. Entsprechend verursachte sie der neuen Arbeit die größten Abgrenzungsprobleme. Um ihr Verfahren als Alternative zu den das Feld beherrschenden Verfahrensweisen zu etablieren, mußten sich die

Autoren mit ihren Vorgängern Meister und Thompson *verbünden*, die auf einigen Ebenen ähnliche Resultate erzielt hatten. Gleichzeitig mußten sie sich jedoch von ihnen *absetzen*, um ihre Arbeit in relevanter Hinsicht als neu, wichtig und publikationswürdig bezeichnen zu können. Die literarische Lösung dieses Problems bestand in der ersten Version darin, es zu vermeiden. In der *Einleitung* der Erstfassung werden Meister und Thompson als Quelle spezifischer Meßergebnisse zur Unterstützung der Vorschläge der Autoren erwähnt, ohne im Rest des Papiers noch einmal aufzutauchen. In der Endfassung werden Meister und Thompson in der *Einleitung* einmal nebenbei erwähnt, während ihre Resultate mehrmals im *Ergebnis*-Teil des Papiers ins Spiel gebracht werden. Die Konsequenzen und Implikationen dieser Resultate werden allerdings im unklaren gelassen:

»Auch Meister und Thompson (1976) fanden, daß $FeCl_3$ ein wirksameres Präzipitationsmittel für Kartoffelprotein sei als HCl. Sie berichten, daß bei einem pH-Wert von 3.0 jeweils 31 und 36% des Rohproteins durch HCl- bzw. $FeCl_3$-Präzipitation zurückgewonnen werden konnten. Aus diesen Daten geht auch hervor, daß Meister und Thompson im Vergleich mit den Resultaten der Studie, von der hier berichtet wird, effektivere Ergebnisse mit HCl und etwas weniger effektive Ergebnisse mit $FeCl_3$ erzielt haben« (Z. 14 ff.).

»Der mit der HCl-Behandlung verbundene erhöhte Aschegehalt wurde ebenfalls von Meister und Thompson (1976) beobachtet, die auch darauf hinwiesen, daß HCl insgesamt mehr feste Bestandteile aus der Rückstandsflüssigkeit gewinnt als die HCl/Hitze-Präzipitation« (Z. 42 ff.).

Die Endversion des Papiers räumt der vorhergehenden Studie mehr Platz ein, läßt sich dabei jedoch zu nicht mehr als einer schwachen Bestätigung von deren Ergebnissen herbei. Die Autoren zeigen weder sonderliches Interesse an den Übereinstimmungen ihrer Ergebnisse mit denen ihrer Vorgänger noch daran, die vielen Unterschiede in Hinblick auf das Ziel, die Untersuchungsphänomene sowie die Resultate der beiden Untersuchungen herauszuarbeiten. Wurde es in der Erstfassung so weit wie möglich vermieden, den Präzedenzfall zu zitieren, so scheint er in der Endfassung trotz seiner größeren Präsenz ignoriert zu werden. Diese kuriose Leistung ist das Ergebnis eines Kompromisses zwi-

schen den verschiedenen Mitproduzenten der Endversion, von denen einige den Abgrenzungsversuchen der Autoren von ihren Vorgängern Widerstand entgegenbrachten.
Das Beispiel weist auf ein Phänomen hin, das man auch in anderen wissenschaftlichen Schriften feststellen kann: Unter der Oberfläche des wissenschaftlichen Papiers versteckt sich ein *Monodrama,* das nicht wie die Erstfassung der *Einleitung* durch eine literarische Dramatisierung gekennzeichnet ist, sondern vielmehr durch eine Auseinandersetzung der Autoren mit bestimmten anderen, deren Wort in der Angelegenheit Geltung erlangt hat. Einfacher ausgedrückt: Wesentliche Teile des wissenschaftlichen Papiers scheinen *gegen* jemanden geschrieben, ohne daß dies aus dem Text klar hervorginge. Entsprechende Argumente können im Labor-Räsonieren angetroffen werden, in der Endversion des Papiers bleiben sie jedoch unter der Oberfläche versteckt.
Im vorliegenden Fall erfolgte die Auseinandersetzung mit denjenigen, die die Ressource zur Verfügung gestellt hatten, die von den Autoren in neue wissenschaftliche Untersuchungen umgewandelt wurde. Gegenstand der Auseinandersetzung war die Abgrenzung der Selektionen des Papiers von denjenigen, die Meister und Thompson propagiert hatten. Wegen des Widerstands von Kritikern und Vorgesetzten verwandelte sich das Abgrenzungsgefecht, wie wir gesehen haben, in einen Guerilla-Krieg. Die Oberfläche des wissenschaftlichen Papiers wird durch versteckte Interessengegensätze gekennzeichnet, die die Beziehung der Autoren zu denjenigen Wissenschaftlern charakterisiert, auf deren Ressourcen sie zurückgreifen und von denen sie sich abgrenzen müssen.
Das wissenschaftliche Papier stellt eine kodifizierte Version dieses Abgrenzungsprozesses dar, der mit dem frühesten Stadium der Untersuchungen beginnt und sich in den versteckten Strategien des endgültigen Textes fortsetzt. Laborselektionen schließen nicht nur Interessenfusionen, sondern auch Interessengegensätze ein, und zwar gerade zwischen denjenigen Wissenschaftlern, die ein Ergebnis liefern, und denen, die es als Ressource benötigen. Die Interessenfusionen und Interessengegensätze des Labors lassen sich aus dem Papier nicht ablesen; im vorliegenden Fall erscheinen sie in die durch sequentielle Abhängigkeiten struktu-

rierte Ressourcenkette des praktischen Argumentationsrahmens des Papiers transformiert. Abbildung 6.3 skizziert diesen doppelten und durchgehenden Transformationsprozeß.

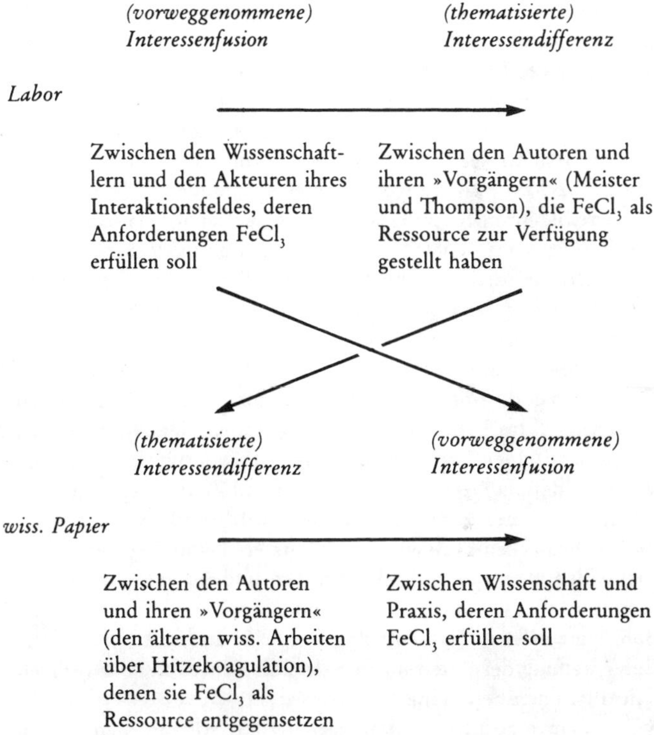

Abbildung 6.3
Die Transformation der vorweggenommenen und thematisierten Interessenlagen beim Übergang vom Labor zum wissenschaftlichen Papier.

6.5 Warum das Papier kein Forschungsbericht ist: Eine Kritik des Konzepts der *tacit information*

Wir haben uns bisher mit den verschiedenen Transformationen beschäftigt, die den Übergang von der Laborarbeit zu deren schriftlichem Produkt markieren. Kehren wir nun zur Frage zurück, welche allgemeine Beziehung zwischen dem wissenschaftlichen Papier und dem Laborgeschehen besteht. Das wissenschaftliche Papier beansprucht, über die Forschungen seiner Autoren in irgendeiner Form »zu berichten«. Dabei bedient es sich allerdings der genannten und im einzelnen beschriebenen Transformationsstrategien. Ist das wissenschaftliche Papier nun kein Forschungsbericht, *weil* es diese Transformationen enthält? Mir scheint, daß Formulierungen wie diejenige Medawars, demzufolge das wissenschaftliche Papier »eine vollständig falsche Konzeption, ja selbst eine Travestie der Natur wissenschaftlichen Denkens« verkörpert[6], dem Papier zu viel zumuten. Ein Bericht ist nicht nur ein Bericht *von* etwas, sondern auch *in Hinblick auf* irgendein implizites oder explizites Ziel. Klarerweise hat das wissenschaftliche Papier nicht das Ziel, die Natur wissenschaftlichen Denkens zu porträtieren, und auch nicht, die Laborarbeit zu beschreiben. Im Labor beobachtet man einen Handlungsverlauf, der anhand einer Logik von Zustandsveränderungen durch bewußt handelnde Akteure mit Gründen und Zielvorstellungen beschrieben werden kann.[7] Das wissenschaftliche Papier hat nicht die Aufgabe, eine Beschreibung dieser Handlungslogik einschließlich aller Zustände, Intentionen und Gründe zu liefern.[8] Man wird ihm jedoch zumuten können, eine »relevante Beschreibung« zu liefern, das heißt eine Beschreibung, die sich auf die Bereitstellung der unter einem Relevanz-Kriterium *notwendigen* Informationen beschränkt.

Wenn man eine Information interpretiert, so fügt man ihr im allgemeinen diejenigen Inhalte hinzu, die vorausgesetzt, impliziert oder eine wahrscheinliche Konsequenz der gemachten Aussagen sind. Die Information braucht diese Inhalte somit nicht selbst zu enthalten. Eine *relevante* (zusammenfassende) Beschreibung könnte demnach als Beschreibung definiert werden, die nur diejenigen Informationen enthält, die nicht als vorausgesetzt, im-

pliziert oder wahrscheinliche Konsequenz des Gesagten angesehen werden müssen. Und ein Forschungsbericht wie das wissenschaftliche Papier würde demnach einer Beschreibung entsprechen, die sich nur auf diejenigen Handlungen, Ereignisse und Phänomene bezieht, die *zur Erlangung der technischen Ergebnisse* des Papiers unmittelbar relevant erscheinen. Mit anderen Worten, es würde nur diejenigen Informationen enthalten, die unter Voraussetzung eines entsprechenden Fachwissens und *tacit knowledge* der Leserschaft notwendig und hinreichend zum Verständnis der »berichteten« Resultate sind.
Schränkt man die Verantwortlichkeit des wissenschaftlichen Papiers solcherart ein, so kommen für die relevante Zusammenfassung vor allem der Abschnitt *Methoden* und der *Ergebnis*-Teil in Frage. Von diesen Abschnitten wird man keine Angaben darüber erwarten, wie die Beschaffung der benötigten Chemikalien aus dem Vorratsraum erfolgte oder wie es gelang, Zugang zu den benötigten Meßinstrumenten zu erhalten. Das Papier hat nicht die Absicht, die Leserschaft in derartigen Angelegenheiten zu beraten, sondern über methodische Vorgangsweisen zu instruieren, unter der Voraussetzung, daß diese Angelegenheiten von den Lesern selbst erledigt werden können. Auch das implizite Wissen eines Spezialgebiets muß unserer Definition gemäß dabei vorausgesetzt werden.
Aber worin besteht dieses Wissen, das in der neueren Wissenschaftssoziologie mit Paradigmenkomponenten, gemeinsam geteilten kognitiven Orientierungen oder der technischen Kultur eines Spezialgebiets umschrieben wird? Nach den Äußerungen der Wissenschaftler während des ersten Durchgangs der Großlaborexperimente stellte die plötzliche Entwicklung von Schaum in den Proteinkonzentraten ein größeres Problem dar. Im Labor reagierte man mit eiligen *Ad-hoc*-Entscheidungen – der Schaum wurde verschiedentlich ignoriert, mit Wasser behandelt, mit einem Schaumauflösungsmittel besprüht oder einfach von den Konzentraten abgeschöpft. Ich wunderte mich über diese Verfahrensweisen und später darüber, daß das mehrere Stunden des Experiments kostende »Problem« im Papier nicht einmal erwähnt wurde. Auf meine entsprechende Frage erhielt ich von einem der Wissenschaftler die Auskunft:

Frage:
»Warum habt ihr den Schaum nicht erwähnt, der doch solche Schwierigkeiten bereitet hat?«
Antwort:
»Naja, das ist trivial... Weil jeder, der auf dem Gebiet arbeitet, das Problem kennt... Nur Außenseiter lassen sich davon beeindrucken.«

Soll das Papier eine im obigen Sinn relevante Zusammenfassung liefern, so muß das voraussetzbare Wissen eines Gebiets eindeutig genug definiert sein, und die im Papier gelieferten Informationen müssen dieser Definition entsprechen. In der weiteren Beantwortung der von mir gestellten Frage seitens der Wissenschaftler ergab sich, daß beide Annahmen nicht gerechtfertigt sind:

»Andererseits kann der unkontrollierte Verlust [durch die Entfernung des Schaums] hoch sein, und es kann gut sein, daß die Zusammensetzung des Teils, den man entfernt hat, vom restlichen Konzentrat verschieden ist [der Schaum könnte mehr feste Bestandteile enthalten]...
Außerdem verwenden die Leute verschiedene chemische Schaumsprühmittel, und die können die funktionalen Eigenschaften des *samples* ändern. Dann messen sie die funktionalen Eigenschaften, wobei sie weder das Schaumsprühmittel in Rechnung stellen noch es im Papier angeben...« (5–14/2).

Was »trivial« ist und was nicht, scheint letztlich keineswegs klar zu sein, wenn man das unscheinbare Problem des Schaums weiter hinterfragt. Selbst wenn ein Wissen um das Problem unter den relevanten Wissenschaftlern vorausgesetzt werden kann, so ist die gewählte Lösung für das Ergebnis, wie wir gehört haben, nicht irrelevant. Viele im Papier ignorierten Probleme werden im Labor aufgrund von lokalen, *persönlichen* und wohl auch *ad hoc* entwickelten Praktiken »aus dem Weg geräumt«. Man bedient sich hier eines unpublizierten *Know-how* an Problemdiagnose- und -bewältigungsroutinen, denen das Papier ein elegant bereinigtes Rezept glatter Verfahrensschritte gegenüberstellt.
Wichtig ist, daß diese Praktiken *nicht* als allgemein verfügbare kulturelle Ressource eines Spezialgebietes oder eines kognitiven Paradigmas angesehen werden können, ein Punkt, der von informellen Interviews mit Wissenschaftlern bestätigt wird (Gilbert und Mulkay, 1980). Selbst die Koautoren eines Papiers mögen diese Praktiken nicht kennen. Zum Beispiel bat nach den ersten

beiden Durchgängen des Proteingewinnungs-Experimentes Watkins (der Leiter der Gruppe, deren Labor benutzt wurde) darum, das Experiment zu wiederholen. Die Wissenschaftler interpretierten dieses Verlangen als Versuch Watkins', seine Labortechniker (und sich selbst) mit dem Verfahren genügend bekannt zu machen, so daß sie es später für eigene Zwecke verwenden konnten. Da Watkins Koautor des Papiers war, in dem das Verfahren beschrieben wurde, mochte ich zunächst nicht an die ihm unterstellte Strategie glauben:

Frage:
»Aber Watkins ist doch Mitautor, er hat das Papier und muß das Verfahren gelesen haben!«
Antwort:
»Ja, aber das heißt nicht, daß sie in der Lage sind, die Sachen selbst zu machen! ... Es gibt keinen anderen Grund, warum er sonst plötzlich daran interessiert sein sollte, daß wir die Arbeit wiederholen, nachdem er das Papier gelesen und gemerkt hat, daß das Resultat wichtig ist! ...« (3-3/1).

Die Frage, *wie* die präsentierten Resultate erhalten werden können, scheint somit im Papier nicht ausreichend beantwortet zu werden, selbst wenn man das implizite Wissen eines Gebietes sowie die Alltagskompetenz der Wissenschaftler voraussetzt. Was aber, wenn man den Forschungsbericht als eine zusammenfassende Beschreibung definiert, die nicht mehr als die zur *Evaluierung* der Zuverlässigkeit und Gültigkeit der Resultate benötigten Informationen enthält? Die Leser müßten dazu vermutlich verstehen, *warum* gewisse technische Entscheidungen im Vergleich zu anderen Entscheidungsmöglichkeiten getroffen wurden, unabhängig davon, *wie* diese Entscheidungen durchgeführt wurden. Wir haben jedoch gesehen, daß das wissenschaftliche Papier bei der Beantwortung der Frage, warum bestimmte technische Selektionen vorgenommen wurden, keine große Hilfe ist. Und auch hier lassen sich die benötigten Antworten nicht einfach aus dem impliziten Wissen der beteiligten Spezialisten ergänzen, wie das folgende Beispiel zeigt. Die Wissenschaftler hatten eine Äther-Extraktionsmethode der Lipid-Bestimmung durch eine HCl-Hydrolysemethode ersetzt, die zu Resultaten führte, die von denen der ersten Methode signifikant verschieden waren. Im

Papier wurde die Wahl der neuen Methode nicht begründet. Ich stellte die Frage, ob sich ein anderer Wissenschaftler in dem betreffenden Spezialgebiet den Grund selbst denken könnte:

»Im Prinzip könnte er, ... aber es würde viel Nachdenken erfordern. Und er würde voraussetzen müssen, daß ich mir auch sehr viel dabei gedacht hatte ... In der Praxis würde er (den Grund) einfach nicht wissen ...« (9–12/9).

Auf die Frage, ob es im allgemeinen schwierig sei, die Vorgangsweise vorhergehender Autoren zu verstehen, erhielt ich die Antwort:

»Es gibt da einige informelle Kommunikation zwischen den Wissenschaftlern in den USA, was heißt, daß man den Grund für die Verwendung irgendeines Verfahrens informell herausfinden kann ... Ich tu das selbst – ich ruf' jemanden an, ich schreibe an jemanden, ich treff' ihn auf einer Konferenz ...«
»Es gibt da natürlich ein Problem, wenn man ein Resultat reproduzieren oder eine Methode wiederholen will. In der Regel macht man jedoch ohnehin etwas anderes. Daher ist es auch gar nicht so interessant, genau zu wissen, wie und warum bestimmte Dinge gemacht wurden ...« (9–12/10, Hervorhebung von mir).

Die letzte Aussage bestätigt Collins' (1975) Ergebnis, daß Wissenschaftler an der Reproduktion der Experimente anderer Wissenschaftler nicht interessiert sind. Interessanter erscheint jedoch die Schlußfolgerung, daß das Papier nicht – wie die sichtbare Spitze eines unsichtbaren Eisberges – die explizierten Konturen eines fehlenden Ganzen wiedergibt, das durch das unexplizierte, aber geteilte Wissen der Spezialisten nahtlos ergänzt werden kann. Zweitens folgt, daß Unterscheidungen, die im Gefolge Kuhns unter anderem das implizite Wirken gemeinsamer Wissensinhalte betonen, die Tatsache verdecken, daß die Annahme gemeinsam geteilter Inhalte selbst problematisch ist. Im Labor stellen sich wissenschaftliche Interpretationen und instrumentelle Manipulationen, wie wir gesehen haben, in weitaus größerem Ausmaß als *lokal* und *situativ* determiniert dar, als man anzunehmen bereit ist, wenn man von der Wissenschaftlergemeinde bzw. von einem das Spezialgebiet zusammenhaltenden Paradigmabegriff ausgeht.

Die Wissenschaftler selbst verlassen sich, wie die Zitate gezeigt haben, nicht einfach auf ihr implizites Wissen, sondern *mobilisieren ein Netz von Verbindungen und Beziehungen*, um ihre Informationen zu ergänzen. Mit anderen Worten, Wissenschaftler setzen bei dem, was sich nun als *Suche nach* und *Bemühen um* relevante Informationen herausstellt, als Ergänzung der formellen Kommunikation des Papiers *informelle* Kommunikation ein. Die einfache Annahme eines impliziten Spezialkulturwissens der Wissenschaftler erklärt somit nicht die vielseitigen Selbstbeschränkungen des wissenschaftlichen Papiers. Wir müssen die Vorstellung aufgeben, das wissenschaftliche Papier solle in irgendeiner Form das Laborgeschehen *repräsentieren.*

6.6 Zusammenfassung: kognitive Transformationsfunktion oder doppelte Produktionsweise?

Betrachten wir zum Abschluß nochmals die Laboraktivitäten, und stellen wir die Frage, wie das wissenschaftliche Papier im Labor hergestellt wird. Dabei stellt man fest, daß im Labor mit denjenigen Teilen des Papiers begonnen wird, die in der Publikation am Ende erscheinen. Die Wissenschaftler begannen zu »schreiben«, indem sie zunächst einmal die Abbildungen und Tabellen zusammenstellten, die im Papier zuletzt kamen. Diese dienten als der »Kern«, um den herum das Papier geschrieben werden mußte. Im vorliegenden Fall bestand die erste handschriftliche Version des Papiers ausschließlich aus diesen Darstellungen und Tabellen, zusammen mit einer auszugsweisen, sprachlich formulierten Wiedergabe ihres Inhalts, aus der später der Abschnitt *Ergebnisse und Diskussion* wurde.
Eine Abbildung wurde zum Kern des *Methoden*-Teiles: Sie enthielt ein Flußdiagramm experimenteller Schritte, das die Wissenschaftler für die die Proteingewinnungs-Experimente durchführenden Labortechniker vorbereitet hatten. Der *Methoden*-Teil des Papiers liest sich wie ein Rezept für Verfahrensschritte, weil er nichts als eine verbale Wiedergabe dieses Flußdiagramms – bereichert durch Fabrikatsnamen sowie einige äquivalente Darstellungen zusätzlicher Messungen – enthält. Das aus Tabellen,

Abbildungen sowie den Abschnitten *Methoden* und *Ergebnisse* bestehende Grundmanuskript wurde gewöhnlich in ein bis drei Tagen geschrieben, je nach der verfügbaren Zeit. Die Einleitung, die von einem Stoß anderer Papiere (der Literatur) abstammt, wurde am Ende geschrieben, ebenso wie oftmals die abschließenden Bemerkungen des Abschnittes *Ergebnisse und Diskussion.* Beide Teile mußten an den Kern des Papiers angepaßt werden; häufig nahm sich einer der höherrangigen Autoren dieser Abschnitte an. Das *Abstract*, die *Zusammenfassung* und das *Literaturverzeichnis* basierten auf den anderen Teilen des Papiers und wurden zum Schluß geschrieben.

Der einem Forschungs-»Bericht« am nächsten kommende Kern des Papiers hat seinen Ursprung somit in schriftlichem Material, ebenso wie die *Einleitung*, die aus den Schriften des wissenschaftlichen Spezialgebiets entspringt, oder das *Abstract* und die *Zusammenfassungen,* die auf das Papier selbst zurückgreifen. Im ersten Fall besteht das schriftliche Material aus den Meßresultaten und Laboratoriumsprotokollen, deren Zahlen, Graphen und Abbildungen im publizierten Papier in einer durch den »art shop« des Zentrums gereinigten und edierten Version erscheinen. Das Schreiben des Papiers beginnt, lange bevor das Manuskript geschrieben wird, beim Generieren der Meßdaten im Rahmen der experimentellen Arbeit.

Es überrascht daher nicht, wenn die Verbindung zwischen dem Labor und dem wissenschaftlichen Papier nicht durch kognitive Transformationsregeln hergestellt werden kann. Wissenschaftler, die ein Manuskript schreiben, rufen sich nicht den zugrundeliegenden Forschungsprozeß ins Gedächtnis zurück, um diesen dann anhand ihrer Erinnerungen schriftlich zusammenzufassen. Die Kluft, die zwischen der Forschungsdynamik des Labors und der literarischen Dramatik des Papiers besteht, wird durch eine *doppelte Produktionsweise* und nicht durch kognitive Transformationen überbrückt. Das wissenschaftliche Papier stellt das *Produkt* dieser doppelten Produktionsweise dar und nicht deren Reflex oder deren zusammenfassende Repräsentation. Die *instrumentelle Produktionsweise* der Forschung resultiert in fast vollständig entkontextierten Produkten, sieht man ab von den Begründungen der Wissenschaftler in den Laboratoriumsprotokollen. Die *literarische Produktionsweise* des wissenschaftlichen Papiers offeriert eine teilweise *Neukontextierung*, allerdings nicht eine, die einer Erinnerung an die Laboratoriumsarbeit gleichkäme. Sie findet sich, wie wir gesehen haben, samt neueingeführten Interessenkonstellationen in der *Einleitung* des Papiers. Diese Umkontextierung äußert sich jedoch auch in den literarischen *Differenzierungsstrategien* des Abschnittes *Ergebnisse und Diskussion*, durch die die Arbeit der Autoren auf die Arbeiten anderer Autoren bezogen und gleichzeitig von ihnen abgegrenzt wird. Die literarische Produktionsweise des wissenschaftlichen Papiers umfaßt jedoch nicht nur eine Neukontextierung; sie umfaßt auch Entkontextierungsstrategien, die über die aus der instrumentellen Produktionsweise resultierende Abstraktion vom Handlungskontext der Forschung hinausgehen. Die Weiterführung dieser Entkontextierung beginnt mit der selektiven Auswahl und nachfolgenden Publikation bestimmter Meßresultate, Graphen und Zahlen. Man betrachte in diesem Zusammenhang nochmals Abbildung 6.2, die diesen *Eliminationsprozeß* andeutet. Eine zweite, hier relevante Strategie ist die der *Typisierung*, die uns das Beispiel der drei Durchgänge des Experiments illustriert hat, von denen das Papier eine normalisierte, durchschnittliche und stark komplexitätsreduzierende Darstellung gibt. Die dritte Entkontextierungsstrategie der literarischen Produktionsweise des wissenschaftlichen Papiers bestand in einer *Entrationalisierung*. Gemeint ist die Elimination der Selektivität des Labors durch eine vollständige Abstinenz von technischen Begründungen. Wenn das wissenschaftliche Papier unter anderem den Eindruck der Rationalität wissenschaftlicher Unternehmungen hervorruft, so gelingt ihm das offenbar auf kuriose, aber nicht unverständliche Weise mit Hilfe von *Entrationalisierungsstrategien*. Schließlich sei noch an die literarische Strategie der *Abkoppelung* der Forschungsergebnisse von ihrem Erzeugungsprozeß erinnert. Es sind die Separierung der im Labor interdependenten Methoden und Resultate sowie die Entrationalisierungsstrategie, die die Konstruktivität und kontextuelle Kontingenz wissenschaftlicher Operationen am effektivsten verleugnen.

Es liegt nahe zu behaupten, daß die Strategien der Entrationalisierung und Abkoppelung, der Typisierung und Elimination in

Hinblick auf den Forschungsprozeß das erreichen, was die bekannten linguistischen Strategien einer neutralen und entpersonalisierten Darstellungsweise in Hinblick auf den Text vervollständigen: eine Objektivierung der Wissenschaft und eine Faktualisierung ihrer Resultate. Dabei können die genannten Strategien der literarischen Produktionsweise als Mittel zur Sicherung der institutionellen Ressourcen und gesellschaftlichen Autorität der Wissenschaft angesehen werden. Zum Verständnis der im wissenschaftlichen Papier verkörperten sozialen Strategien ist es jedoch notwendig, den wissenschaftlichen Text nicht nur mit dem Laborgeschehen zu vergleichen, sondern auch mit seinen tatsächlichen Überzeugungseffekten. Deutlicher ausgedrückt: Die Frage, wer sich von den Objektivierungsstrategien des wissenschaftlichen Texts beeindrucken läßt, kann letztlich nicht ignoriert werden. Laborbeobachtungen legen jedenfalls nahe, daß die im wissenschaftlichen Papier erhobenen Ansprüche von den Lesern im Labor entweder ignoriert oder aber umkontextiert und rekonstruiert (und dabei oft de-konstruiert) werden.
Der doppelte Produktionsmodus des wissenschaftlichen Papiers entspricht einem Umwandlungsprozeß, der mit der schriftlichen Fixierung eines wissenschaftlichen Texts nicht beendet erscheint. Wird das Papier gelesen und »verwertet«, so wird es neuerlich in eine situationale Logik eingegliedert und von dieser aus neu aufgerollt, uminterpretiert sowie in seinen Ergebnissen analogiemäßig oder anderweitig transformiert. Die *Einleitung* probt diese Transformation, indem sie die Arbeit der Autoren als Ressource darstellt, die einer Reihe von Akteuren in der Praxis zum Vorteil gereichen kann. Sie nimmt eine Umwandlung vorweg, die zunächst fiktiv bleibt; die unterstellten Ressourcebeziehungen werden nicht getragen von tatsächlichen sozialen Interaktionen. Dabei wird jedoch auf einen Mechanismus der sozialen Integration hingewiesen, der an sich selbst interessant ist, weil er von der in Kapitel 4 zitierten vorherrschenden Konzeption der sozialen Organisation der Wissenschaft abweicht. Nämlich von der Idee, daß soziale Integration auf gemeinsam geteilten Normen, Werten oder kognitiven Paradigmen innerhalb der Wissenschaftlergemeinde beruht und daß quasi-ökonomische Austauschmechanismen die Teilung der entsprechenden Inhalte garantieren.

Transformationsprozesse unterscheiden sich von quasi-ökonomischen Tauschprozessen wie folgt. Im Transformationsprozeß schließt die Zirkulation der Objekte nicht deren Äquivalenz, sondern deren Differenz ein. Man kann auch sagen, daß die jeweils in Frage stehenden Objekte aus den ihnen vorhergehenden Objekten kontinuierlich und asymmetrisch rekonstruiert werden, wobei die Gleichwertigkeit bzw. Ungleichwertigkeit der beteiligten Objekte gleichzeitig zur Debatte stehen kann. In ökonomischen Begriffen ausgedrückt, haben wir es mit einer Transformationsökonomie anstatt mit einer Tauschökonomie zu tun, wobei die Umwandlung in ein neues Objekt zugleich eine Perversion des transfigurierten Objektes darstellen kann.

Das in Kapitel 3 beschriebene Analogie-Räsonieren stellt ein Transformationsmedium dar, ebenso wie die in den letzten Abschnitten beschriebenen literarischen Strategien. Durch das Analogie-Räsonieren wird ein wissenschaftliches Resultat, ein Konzept oder eine »Idee« umkontextiert und in der Folge selbst verändert, das heißt innerhalb des neuen Kontextes rekonstruiert.

Ich erinnere auch daran, daß Ressourcen, die nicht umgewandelt (oder pervertiert) werden können, sozial außer acht bleiben; sie lassen sich nicht mit Interessen zwischen den Akteuren und, damit verbunden, mit der Weiterführung und Verknüpfung sozialen Handelns fusionieren. Ein wissenschaftliches Produkt, das sich nicht als konvertierbare Ressource in die laufenden Unternehmungen sozialer Akteure einfügen oder sich ihnen aufzwingen kann, wird vernachlässigt und ignoriert. Daher wird die Konvertierbarkeit wissenschaftlicher Resultate im Labor angestrebt, und das heißt, wie in Abschnitt 4.11 dargelegt, auch im Labor-Räsonieren – und nicht nur im wissenschaftlichen Papier – vorweggenommen.

Die aus anderen Bereichen der sozialen Welt bekannte Transformation sozialer Objekte[9] findet sich somit auch im Wissenschaftsbereich, wo sie zugleich am meisten, aber auch am wenigsten überrascht: Sie überrascht, weil die Transformationsökonomie wissenschaftlicher Objekte auf den lokalen Charakter wissenschaftlicher Praxis hinweist, eine Praxis, die uns lange Zeit als Paradigma *nicht-lokaler* Universalität gedient hat; sie überrascht nicht, weil wir mit der Wissenschaft Wandel assoziieren und weil

die Umkontextierung und die Rekonstruktion wissenschaftlicher Objekte das Korrelat wissenschaftlichen Wandels darstellen. Sie überrascht, weil wir der Wissenschaft die Erzeugung einer Äquivalenz zwischen den Fakten der Natur und den Fabrikationen des Labors sowie zwischen letzteren und dem wissenschaftlichen Papier als schriftlichem Produkt der Laborarbeit zuschreiben; sie überrascht nicht, weil die Wissenschaft selbst die lokale Ansässigkeit und Determiniertheit der Informationsorganisation postuliert hat, die die Quelle ihrer Entwicklung zu sein scheint.
Wissenschaft illustriert, daß dem Problem der Kontinuität ein Problem der Diskontinuität unterliegt, daß wir es unterhalb einer Oberfläche von Äquivalenzen mit Disäquivalenzen zu tun haben und daß die Basis der Zirkulation sozialer Objekte deren Transformation darstellt. Es ist diese Transformation, die die Weiterführung sozialen Handelns garantiert und die wir als Mechanismus der sozialen Integration ansehen müssen. Das wissenschaftliche Papier illustriert, wie soziale Integration durch literarische Transformationsstrategien produziert werden kann.

Kapitel 7

Wissenschaft als interpretative Rationalität oder: Die Übereinstimmung zwischen den Natur- und Sozialwissenschaften

Es dämmert jetzt vielleicht in fünf, sechs Köpfen, daß Physik auch nur eine Welt-Auslegung und Zurechtlegung ... und nicht eine Welt-Erklärung ist.
Friedrich Nietzsche

7.1 Die zwei Wissenschaften

Bekanntlich geraten Vertreter »kognitiver« Ansätze leicht auf idealistische und subjektivistische Bahnen, wofür sie von Vertretern nicht-kognitiver Perspektiven gern zur Rechenschaft gezogen werden.[1] Nicht minder häufig findet man jedoch bei letzteren die Neigung, die Objektwelt als objektiv und das Subjekt als Verzerrung des Objekts zu betrachten.[2] Die Objektwelt kann nicht nur *in* das Subjekt verlegt werden, sie läßt sich auch *aussperren.* In zeitgenössischen Vorstellungen von den Natur- und technologischen Wissenschaften dominiert die letztgenannte Ansicht.

Wie ich meine, zu Unrecht. Im naturwissenschaftlichen Labor dokumentiert sich die Welt der Objekte als »Auswuchs« *(upshot)* einer Praxis, die in situativ-kontingenter Weise und von transepistemischen Entscheidungen imprägniert diese Objekte instrumentell-literarisch konstruiert und rekonstruiert. Diese Praxis kann mit herkömmlichen kognitiven Kategorien nicht einleuchtend beschrieben werden. Im Labor präsentieren sich uns nicht Kognitionen, sondern verkörperte und sich verkörpernde soziale Interaktionen. Noch kann die in dieser Praxis erzeugte Objektwelt der Wissenschaft ihre Abstammung leugnen; sie wird durch die verhandelte Selektivität der generierenden konstruktiven Operationen markiert.

Die Verankerung der Objektwelt in der Praxis der Wissenschaftler stellt eine Unterscheidung in Frage, die in der wissenschaftsphilosophischen und wissenschaftsmethodologischen Diskussion der letzten Jahrzehnte dominiert: die Unterscheidung zwischen den Natur- und technologischen Wissenschaften einerseits und den Sozial- bzw. Humanwissenschaften andererseits. Wenn die Welt der Natur wie die Welt der Gesellschaft *sozialer* Abstammung ist, wenn naturwissenschaftliche Objekte ähnlich gesellschaftlichen Objekten als sozial konstituiert angesehen werden müssen, dann verliert eine Dichotomie ihren Sinn, die die soziale Konstruktion der Wirklichkeit ausschließlich den Wissenschaften vom Menschen zugesteht.[3]

Die Unterscheidung zwischen den beiden Wissenschaften entstammt nicht deren empirischer Untersuchung. Sie bildete sich bekannterweise wesentlich in methodologischen Auseinandersetzungen heraus, die sich mit der Inadäquanz gewisser Meßorientierungen für das Studium der sozialen Welt befaßten. Diese Orientierungen wurden positivistisch genannt und mit einem Modell naturwissenschaftlicher Methode identifiziert.[4] In der Tat hat man in den letzten Jahren neue Regeln sozialwissenschaftlicher Methode in ständiger Auseinandersetzung mit naturwissenschaftlichen Standards entwickelt und ein Abgehen von diesen Standards als Ziel einer eigenständigen sozialwissenschaftlichen Methodologie deklariert.

Dabei haben allerdings die Standards selbst in diesem Disput wenig Beachtung gefunden. Während »positivistische« Konzeptionen als Modell für die Sozialwissenschaften rigoros abgelehnt werden, werden sie den Natur- und technologischen Wissenschaften ohne Zögern und Bedenken unterstellt; Garfinkels in Kapitel 1 referierte Beschreibung naturwissenschaftlicher Rationalität stellt dafür nur ein Beispiel dar. Philosophische Untersuchungen, die das Modell als korrekte Beschreibung naturwissenschaftlicher Vorgangsweise in Frage stellen, werden im allgemeinen ignoriert oder für die Diskussion als irrelevant erklärt.[5] Dasselbe gilt für neuere Untersuchungen innerhalb der Wissenschaftssoziologie, die einzelne Aspekte der sozialen Konstruk-

tion wissenschaftlicher Realität dokumentieren.[6] Allerdings zeigen sich soziale Studien der Wissenschaft in dieser Frage inkonsistent: Während sie die These der Theoriegeladenheit naturwissenschaftlicher Beobachtung ohne weiteres akzeptieren, scheinen sie doch ebenso geneigt, symbolische Vermittlung und interpretative Vorgangsweise ausschließlich für die Humanwissenschaften zu reklamieren.[7]
Man beachte, daß hier nicht von einer beschränkt definierten sozialen Seite der Wissenschaft die Rede ist. Sowohl die philosophischen Argumente als auch Beobachtungen der Wissenschaftler im Labor beziehen sich auf das technische Räsonieren der Wissenschaftler innerhalb der Forschungsproduktion. Das Argument hier ist nicht, daß Naturwissenschaftler – wie andere Leute auch – sozial agieren, wenn sie mit Fachkollegen streiten oder gegen ihre Vorgesetzten opponieren.[8] Das Argument ist vielmehr, daß die *Verfahren* und *Methoden* der Naturwissenschaft denjenigen der Sozialwissenschaft hinreichend ähnlich sind, um Zweifel an der gängigen Unterscheidung zwischen den beiden Wissenschaften zu erheben.
Im folgenden werde ich diese Unterscheidung problematisieren. Ich begnüge mich damit, Fragen aufzuwerfen; das verfügbare Material ist zu neu (und zu vorläufig), um mehr anstreben zu können. Im Vordergrund steht die Frage, ob sich die methodische Praxis der Natur- und technologischen Wissenschaften von der symbolisch-interpretativen, »hermeneutischen«[9] Praxis der Sozialwissenschaften prinzipiell unterscheidet. Ich behaupte, daß diese Frage mit Nein zu beantworten ist. Im folgenden wird der Versuch gemacht, die essentielle Ähnlichkeit zwischen den Produktionsweisen der beiden Wissenschaften herauszustreichen. Die Ähnlichkeit gründet sich einerseits auf die bereits beschriebenen sozial situierten, kontextuellen Merkmale der Wissensfabrikation, andererseits auf deren noch zu beschreibende symbolisch-interpretative Qualitäten. Es ist klar, daß sich die ursprüngliche Unterscheidung gegen eine »Einheit der Wissenschaften« richtete, die darauf hinauslief, daß alle Wissenschaften letztlich der Physik ähnlich seien. Wenn sich die Produktionsweise der Natur- und technologischen Wissenschaften jedoch als genügend verschieden von den Prinzipien herausstellt, die das positivisti-

sche Modell der Naturwissenschaft unterstellt, so läßt sich auch die Frage der Einheit der Wissenschaften ohne Zögern neu thematisieren.

7.2 Die Universalität von Interpretation und Verstehen

Die Begründung für die Differenzierung zwischen Natur- und Sozialwissenschaften in neueren methodologischen Diskussionen ist zur Genüge bekannt. Auf allgemeinster Ebene basiert die Unterscheidung auf einer Auffassung der sozialen Welt, die diese im Gegensatz zur Natur als *symbolisch vermittelt* betrachtet. Dem entspricht die unvermeidbare Interpretativität sozialwissenschaftlicher Verfahren, die sich überdies mit der Dynamik und Interaktivität sozialwissenschaftlicher Erhebungssituationen auseinandersetzen müssen. Die Interpretativität sozialwissenschaftlicher Verfahren wird manchmal mit einem hermeneutischen Grundcharakter dieser Wissenschaften umschrieben, der in den Naturwissenschaften kein Korrelat haben soll. Im Unterschied zur sozialen Welt konstituiert sich danach die Natur nicht selbst als symbolische Realität; ihre Bedeutungen werden ihr vom Menschen in seiner Auseinandersetzung mit der Objektwelt zugeschrieben. Dagegen kommen die Bedeutungen der sozialen Welt durch die Subjekte selbst zustande; die soziale Welt besteht aus den symbolisch vermittelten Aktivitäten und Aktivitätsergebnissen ihrer Handlungsträger.

In neueren Diskussionen über den methodologischen Status der Sozialwissenschaften läßt man die Sache oft damit bewenden. Allerdings hat Dilthey[10] darauf hingewiesen, daß verschiedene Wirklichkeitsregionen nicht einfach »existieren«, sondern innerhalb einer bestimmten Methodologie und Epistemologie als solche konstituiert werden. Die verschiedene Charakterisierung der Objektbereiche der Natur- und Sozialwissenschaften genügt daher nicht, um die Trennung der beiden Wissenschaften zu etablieren. Dilthey selbst betrachtete das Nachempfinden der Sinngehalte der sozialen Welt durch den Sozialwissenschaftler als Basis der von ihm vertretenen »verstehenden« Methode. Allerdings

Teilansichten aus dem mehrstöckigen Großlabor

führt diese Charakterisierung zum Subjektivismus und wurde dementsprechend kritisiert.

In seiner Auseinandersetzung mit Dilthey zeigt Gadamer (1965), daß Verstehen nicht eine Frage des Eindringens in vorgegebene Bedeutungsgehalte anhand individueller Einfühlung darstellt, sondern als Übersetzungsprozeß zwischen verschiedenen kulturell-historischen und sprachlichen Traditionen gesehen werden muß. Mit der These von der »Universalität der Hermeneutik« bezieht sich Gadamer darauf, daß Forschung *sowohl* in den Naturwissenschaften *als auch* in den Sozialwissenschaften an Traditionen gebundene theoretische Voraussetzungen hat. Diese These kann auch mit den folgenden Argumenten umschrieben werden, die den Verstehens-Begriff explizieren:

1. Das erste Argument *leugnet die Existenz uninterpretierter Fakten.* Auch die Wissenschaft kann nur auf Daten zurückgreifen, die rivalisierenden Interpretationen unterliegen.
2. Das zweite Argument bezieht sich auf die *Zirkularität* von Interpretation und Verstehen. Jede Interpretation eines Ereignisses oder eines Textes beruht letztlich auf weiteren Interpretationen; wir haben es somit mit einem unendlichen Regreß von Bedeutungen zu tun.
3. Das dritte Argument läßt sich am besten mit Wittgensteins Begriff des *Sprachspiels* umschreiben. Es betrachtet Interpretation als eine Bedingung der Möglichkeit von Daten überhaupt und betont die Verwobenheit und Interdependenz verschiedener Interpretationsebenen.

Zweifelsohne sind diese Argumente für eine Einschätzung der methodologischen Optionen der Sozialwissenschaften relevant. Wir wollen sie jedoch auf die Naturwissenschaften beziehen und sehen, ob auch diese legitimerweise durch die Nichtexistenz uninterpretierter Fakten, durch die Zirkularität ihrer Interpretationen sowie durch die Gegebenheit verschiedener Traditionen, die Sprachspielcharakter annehmen, charakterisiert werden können.

Am wenigsten konkret – und daher am schwierigsten zu etablieren oder zu entkräften – ist der Begriff eines Sprachspiels. Es ist jedoch eines der Hauptergebnisse der Arbeiten Kuhns (1962), daß normalwissenschaftliche Aktivitäten auch innerhalb der Naturwissenschaft in Traditionen verankert sind, die durch Systeme hierarchisch strukturierter Annahmen und Konzepte gekennzeichnet werden können. Diese Traditionen sind verschieden genug, um mit intern-konsistenten, aber wechselseitig inkommensurablen Sprachspielen verglichen werden zu können.

Die Plausibilität der These Kuhns hängt wesentlich davon ab, ob wir wissenschaftlichen Beobachtungsdaten die Rolle eines unabhängigen Schiedsrichters über wissenschaftliche Theorien zugestehen. Ebenso hängt sie davon ab, ob wissenschaftliche Theorien unabhängig von traditionsgebundenen Annahmen und Vorinterpretationen vollständig definiert werden können. Die Plausibilität der These Kuhns ergibt sich somit letztlich aus unserer Antwort auf die Frage nach der Existenz uninterpretierter Daten in der Naturwissenschaft sowie auf die Frage, ob naturwissenschaftliche Theorien von dem erwähnten Interpretationsregreß ausgenommen werden können.

Beginnen wir mit dem letztgenannten Problem. Es wird in der Wissenschaftsphilosophie seit langem diskutiert, und zwar – wie es scheint – mit dem Ergebnis, daß der Regreß von Hintergrundannahmen für natur- und sozialwissenschaftliche Theorien gleichermaßen gilt. So hat etwa die Untersuchung der »Korrespondenzregeln«, die Beobachtungsaussagen mit theoretischen Hypothesen verbinden, gezeigt, daß erstere von letzteren nicht vollständig abgeleitet werden können.[11] Um zu den für die Evaluierung einer Theorie benötigten Beobachtungsdaten zu gelangen, muß man sich daher auf eine Reihe von Annahmen einlassen. Die Messung der Beobachtungsdaten erfolgt auf der Basis der Voraussetzung einer Reihe weiterer Hintergrundtheorien über die Meßinstrumente und die Durchführung der Meßoperationen. Diese bedürfen wiederum eigener Rechtfertigungen, und so erweitert sich der Regreß.[12]

Die Wissenschaftsphilosophie hat auch gezeigt, daß naturwissenschaftliche Theorien nicht vollständig interpretiert sein können, es sei denn in Hinblick »auf unsere alles umfassende Haustheorie«, die Muttersprache. Unser Ausweg besteht letztlich darin, die nichtinterpretierten Terme »in irgendeinem vorausgesetzten, bekannten Vokabular zu paraphrasieren«. In der Praxis, sagt Quine, beenden wir den Regreß der Hintergrundsprachen, »indem wir uns der Muttersprache überlassen und ihre Worte für selbstverständlich nehmen« (1969: 49). Insgesamt ergibt sich somit eine Situation, in der Interpretationen (Beobachtungs-»Tatsachen«) nur durch Bezugnahme auf andere Interpretationen, von denen sie teilweise abhängen (Theorien), sowie unter Bezug auf ein vorausgesetztes Ganzes, unsere allgemeine »Haustheorie«, erklärt werden können. Und diese Situation entspricht der Definition eines hermeneutischen Zirkels in den Humanwissenschaften.[13]

Das erste der oben genannten Argumente, die Leugnung der Existenz von Rohdaten, die man auch mit der These von der Theoriegeladenheit der Wahrnehmung umschreiben kann, stellt sich nun als ein Bestandteil des Interpretationszirkels in den Naturwissenschaften dar. Wie Taylor (1976) hervorgehoben hat, sind Wahrnehmungstheorien, die behaupten, naturwissenschaftliche Beobachtung vermittele uns Zugang zu den bloßen Tatsachen, weitgehend eine Sache der Vergangenheit. Man hat jedoch versucht, diese Wahrnehmungstheorien durch eine Theorie der unabhängigen Beobachtungs*sprache* in den Naturwissenschaften zu ersetzen. Bekanntlich wurde dieser Versuch am weitestgehendsten und spektakulärsten von Feyerabend kritisiert (etwa 1975).

Feyerabend belegt seine These von der »Theoriegeladenheit« der Beobachtung eingehend mit historischem Material. Im übrigen ist er keineswegs der einzige, der eine solche Behauptung aufgestellt hat. Man erinnere sich an Böhm, Hanson, Kuhn und Toulmin, die in ihren wissenschaftsgeschichtlichen Arbeiten zu ähnlichen Schlußfolgerungen gelangt sind.[14] Zwar wäre es übertrieben zu behaupten, daß die These von der Theoriegeladenheit der Beobachtung innerhalb der Wissenschaftsphilosophie zum gegenwärtigen Zeitpunkt bereits vollständig akzeptiert worden wäre. Dennoch zeigt sich in jüngeren Arbeiten von Autoren wie Hesse, Stegmüller und Sneed, daß das Problem weder vernachlässigt, umgangen noch wegerklärt wird. Vielmehr wird versucht, der Theoriegeladenheit der Beobachtung in neuentwickelten Wissenschaftslogiken Rechnung zu tragen.[15]

7.3 Die Unterscheidung zwischen instrumentalem Handeln und symbolischem Handeln

Können wir auf der Basis der genannten Entwicklungen in der Wissenschaftsphilosophie die behauptete Universalität von Interpretation und Verstehen akzeptieren? Und die Existenz symbolisch vermittelter, vorinterpretierter Beobachtungsdaten auch für die Naturwissenschaften behaupten? Die Antwort mag positiv lauten, sofern es sich um die Annahme der Bedeutungsvarianz naturwissenschaftlicher Sätze und deren Konsequenzen handelt. Allerdings hat man der naturwissenschaftlichen Methode Interpretativität auch noch anderweitig abgesprochen, indem man sie dem naturwissenschaftlichen Forschungs*handeln* aberkannt hat. Kurioserweise wird dem wissenschaftlichen Handeln der symbolische (und soziale) Gehalt gerade von denjenigen Konzeptionen bestritten, die ansonsten die Verankerung dieses Handelns in bestimmten Interessen und in der Praxis nachzuweisen suchen. Die Rede ist nicht von etablierten Wissenschaftsphilosophien, gegen die die These von der Theoriegeladenheit der Beobachtung angeführt wurde; es geht vielmehr um deren kritische Gegenposition, die Erkenntnistheorien von Heidegger und letztlich auch von Habermas.

Beginnen wir zunächst mit Habermas, der seine Konzeption natur- und sozialwissenschaftlicher Forschung vor allem in methodologischen Auseinandersetzungen entwickelt[16] und damit Positivismus- und Hermeneutikdiskussion stark beeinflußt hat. Die Grundunterscheidung, um die es hier geht, ist die zwischen *Arbeit*[17] und *Interaktion*. Bei Marx ist Arbeit diejenige synthetische Tätigkeit, die den »Stoffwechsel (des Menschen mit der Natur) reguliert« und zugleich »eine Welt konstituiert«. Habermas trennt die beiden Komponenten des Marxschen Arbeitsbegriffes in zwei Kategorien.[18] *Interaktion* wird als *kommunikatives* Handeln definiert, das heißt als Handeln, das durch bindende konsensuelle Normen reguliert wird. Kommunikatives Handeln basiert auf umgangssprachlich organisierten Lebensformen (Sprachspiel-Grammatiken), auf der »Intersubjektivität handlungsorientierender Verständigung« über Intentionen. Kommunikatives Handeln ist hermeneutisch; es etabliert Schemata der Weltauffassung, deren Wirklichkeit sich im Rahmen der »umgangssprachlich organisierten Lebensformen kommunizierender Gruppen« konstituiert.

Demgegenüber wird *Arbeit* als *instrumentales* und nicht als kommunikatives Handeln definiert.[19] Es ist Handeln, geleitet von technischen Regeln, die auf empirischem Wissen basieren und in konditionalen Voraussagen über beobachtbare Ereignisse resultieren. Während die hermeneutischen Verfahrensweisen kommunikativen Handelns Schemata der Weltinterpretation organisieren, für die es keine anderen Begründungen gibt als weitere Interpretationen, organisiert das instrumentale Handeln Mittel für Zwecke. Sein Erfolg hängt ab von der Validität technischer Regeln, das heißt von der Wahrheit und Korrektheit der entsprechenden empirisch-analytischen Aussagen.

Habermas restauriert hier, wie mir scheint, die naturalistische Auslegung naturwissenschaftlicher Forschung, die durch die Arbeiten über die Theoriegeladenheit wissenschaftlicher Beobachtung erfolgreich in Frage gestellt worden war. Habermas zufolge zerfällt die Gesellschaft in eine Reihe von Subsystemen, in denen vorwiegend der eine oder der andere Handlungstypus institutionalisiert ist. Habermas assoziiert das kommunikative Handeln mit den Geisteswissenschaften. Deren hermeneutischen Forschungsverfahren entspricht ein »praktisches« Erkenntnisinteresse an der Erhaltung der Intersubjektivität wechselseitiger Verständigung.[20] Umgekehrt erscheint instrumentales Handeln innerhalb der nomologischen Wissenschaften von der Natur institutionalisiert, deren Erkenntnisinteresse sich an technisch verwertbarem Wissen orientiert. Behauptet wird, daß sich die moderne Naturwissenschaft innerhalb eines methodologischen Bezugsrahmens entwickelt hat, der den »transzendentalen« Gesichtspunkt möglicher technischer Kontrolle reflektiert: Produziert werden soll ein »durch seine Form« technisch verwertbares Wissen.[21]

Nach Peirce (auf den sich Habermas beruft) bedeutet dies, daß Wissenschaft die Natur in bestimmter, nicht-kontemplativer Weise konstituiert. In wissenschaftlichen Problemkonzeptionen erscheint die potentielle operative Verifikation vorausgesetzt, und wissenschaftliche Prädikate werden in Hinblick auf ein Bezugsystem möglicher Instrumentierung erstellt.[22] In Habermas' Begriffen entspricht dieser Zugangsweise zur naturwissenschaftlichen Realität ein instrumentales Handeln, das die folgenden Charakteristiken aufweist[23]:

1. Die Sprache wird »aus ihrer Verzahnung mit Interaktionen gelöst und monologisch abgeschlossen« im Umgang des Subjekts (des Wissenschaftlers) mit einem Objekt (der Natur).

2. Das Handeln wird »von Kommunikation abgetrennt und auf den einsamen Akt der zweckrationalen Mittelverwendung reduziert«.

3. Die »individuierte Lebenserfahrung« erscheint »zugunsten« einer repetierbaren Erfahrung von Erfolgen instrumentalen Handelns eliminiert.

4. Theorie und Erfahrung erscheinen geschieden; ihre nachträgliche Verbindung erfolgt durch »die umkehrbar eindeutige Zuordnung von operativ festgestellten Ereignissen und systematisch verknüpften Zeichen« (Theorien).

Mit dieser Charakterisierung des den Naturwissenschaften zugeschriebenen instrumentalen Handelns geht Habermas über die Peirce'schen Ideen einer im Forschungshandeln vorausgesetzten potentiellen operativen Verifikation hinaus. Es konkretisiert sich hier das »transzendentale« Interesse an der technischen Verfügung über eine objektivierte Wirklichkeit, das ohne diesen Handlungsbegriff wenig Relevanz für empirische Untersuchungen der Wissenschaft hätte. Allerdings stellt diese Konkretisierung die Naturwissenschaft als monologisch abgeschlossenes, einsames Spiel gegen die Natur dar, bei dem Theorie und Erfahrung zunächst getrennt und später formal korreliert werden. Es geht um Verfügung und Kontrolle, aber das Spiel ist nicht als soziales definiert. Wie die Natur aus der Geschichte »gerettet« wurde, so wird das Symbolisch-Soziale aus Habermas' Begriff der Natur- und technologischen Wissenschaft gerettet. Interpretation und intersubjektive Verständigung erscheinen ein weiteres Mal auf die Geistes- und Sozialwissenschaften limitiert.

Die spezifischen Attribute, die Habermas hier den Natur- und technologischen Wissenschaften zuschreibt, finden ihre Präzedenz in den Schriften Heideggers. Habermas setzt verschiedene erkenntnisleitende Interessen mit verschiedenen Handlungsformen gleich, die er in verschiedenen Subsystemen der Gesellschaft institutionalisiert. Für Heidegger hat der Bedeutungszusammenhang der Alltagspraxis absolute Priorität; in ihm fundiert er ein technisches Interesse an Funktionszusammenhängen, von dem sich die theoretische Einstellung der Naturwissenschaft nachträglich abhebt. Nach Heidegger ergibt sich der Sinn unserer Alltagsaktivitäten aus der »Technizität« praktischen Handelns. Im Alltag geben wir den Dingen eine Bedeutung, indem wir mit ihnen umgehen und sie benutzen. Wir betrachten physikalische Objekte nicht zuerst aus kontemplativer Distanz, um ihnen sodann Funktionen auf der Basis der Eigenschaften, die wir isoliert haben, zuzuordnen. Vielmehr manipulieren wir Objekte, indem wir ihre Funktionen in einem Bezugssystem von Instrumentalität und Bedeutung voraussetzen.

Wenn diese Technizität absolute Priorität hat, dann wird Wissen in Form von Beobachten und in Form des Fragens nach der Natur der Dinge erst möglich, wenn wir uns der funktionsorientierten Manipulation der Dinge enthalten. Oder, in Heideggers Begriffen, wenn es zu einer Störung in unserem interessendurchwobenen Umgang mit der Welt kommt. Erst nachdem wir aus dem lokalen Kontext instrumentaler Aktivitäten heraustreten, können wir uns erstmals den Eigenschaften der Dinge – als von den Objekten, die sie ausmachen, *unabhängige* Eigenschaften – nähern. So können wir zum Beispiel vom Reden über einen bestimmten Hammer, der schwer ist, zu einer Diskussion der Eigenschaft der Schwere übergehen.

Allerdings hat dieses Heraustreten aus einem praktischen Kontext nichts mit einer passiven Betrachtungsweise zu tun. Zur wissenschaftlichen Naturbeschreibung gehört ein spezifisches Anliegen[25], ein *theoretisches Interesse,* das im Gegensatz zur instrumental-technischen Geschäftigkeit des Alltagslebens steht. Allerdings handelt es sich um ein abgeleitetes und in sich selbst ungenügendes Interesse. Die Instrumentalität der Dinge im Alltag ist grundlegender als deren Identität qua Substanzen mit Eigenschaften, und der Bedeutungszusammenhang dieser Praxis kann durch die wissenschaftliche Beschreibung der Kombination von Substanzen niemals vollständig ausgeschöpft werden.

Diese kurze Skizze der Heideggerschen Ansichten genügt, um

auf wichtige Unterschiede zwischen Heideggers und Habermas' Begriffen von »technisch« und »Praxis« hinzuweisen. Habermas' Praxisbegriff ist an das griechische Modell eines Interesses am guten Leben sowie an das Modell wechselseitiger Verständigung durch Kommunikation angelehnt, während sein »techne«-Begriff mit Arbeit bzw. instrumentalem Handeln verbunden erscheint. Für Heidegger ist das Technische (im Sinne eines instrumentellen Bedeutungszusammenhanges) das definierende Charakteristikum der Praxis.

Aber unsere kurze Skizze genügt auch, um auf einige interessante Ähnlichkeiten in den Wissenschaftskonzeptionen der beiden Autoren hinzuweisen. Sowohl Heidegger als auch Habermas versuchen aufzuzeigen, was sie als fundamentalen Fehler in verschiedenen Wissenschaftsauffassungen betrachten – den Glauben nämlich, daß das wahre Wissen von der Welt durch losgelöste, desinteressierte, objektive Reflexion zustande kommt.[27] Demgegenüber gehen sowohl Heidegger als auch Habermas davon aus, daß Faktizität Interesse voraussetzt: Wissenschaftliche Tatsachen sind nicht objektive Merkmale der Welt, die wir nur zu entdecken brauchen, sondern das Produkt historisch und kulturell spezifischer menschlicher Interessen und Leistungen.

Während sich jedoch Wissenschaft solcherart mit Hilfe des Interessenbegriffs aus der menschlichen Praxis herleitet, ist sie selbst doch nicht *Teil* dieser Praxis. Denn Praxis ist nicht nur durch Interessen gekennzeichnet, sondern auch durch einen spezifischen Modus der Interpretation und Verständigung. Heidegger verbindet diese Hermeneutik des Alltagslebens mit Sinn- und Sorge-Strukturen, in denen die Dinge ihre vorausgesetzte Bedeutung haben, die wir nie vollständig erschließen können. Habermas lokalisiert sie in den Strukturen kommunikativen Handelns.[28] Beide konstituieren die Naturwissenschaft als etwas, das von dieser Praxis verschieden und mit ihr zu konstrastieren sei. Während somit in diesem Sinne Naturwissenschaft erstmals auf den Interessenstrukturen menschlicher Praxis gegründet erscheint, wird sie gleichzeitig ausgenommen von den Sinn- und Bedeutungsstrukturen, die diese Praxis ausmachen.

Allerdings wird hier eine Trennbarkeit von Sinn und Bedeutung einerseits und Interesse andererseits unterstellt, die theoretisch nicht einfach zu rechtfertigen ist. Entsprechend wird sie, wie ich meine, von den genannten Autoren auch wieder zurückgenommen. Im Brennpunkt der Heideggerschen Konzeption steht der Versuch zu zeigen, daß die Sinnstrukturen der Alltagswelt und das Interesse, das wir an ihr nehmen, tief miteinander zusammenhängen und in der Praxis *nicht* getrennt werden können. Wie ist es dann möglich, im Falle der Wissenschaft für die Trennung zu argumentieren? Ich nehme an, die Antwort liegt darin, daß weder Heidegger noch Habermas die Naturwissenschaft als von *konkreten* Interessen geleitet ansehen. Man erinnere sich daran, daß diese Interessen als transzendentale oder, im Falle Heideggers, als ontologisch verankert in der Struktur menschlichen Daseins beschrieben werden. Wenn daher in den vorliegenden Konzeptionen wissenschaftliche Tatsachen als Produkt historisch und kulturell spezifischer menschlicher Interessen dargestellt werden, so erscheinen diese Interessen doch zunächst in Bereichen angesiedelt, die der tatsächlichen Forschungspraxis durch ihre Transzendentalität enthoben sind. Wiewohl die Wissenschaft spezifisch menschliche Interessen voraussetzt, kann sie in der Praxis frei bleiben von den Interpretations- und Interessenstrukturen der Alltagswelt.

Bei Heidegger resultiert der Schritt in die Ontologie in einer negativ definierten Wissenschaft, die ein Derivat der Interpretationen, Interessen und Instrumentalitäten des täglichen Lebens darstellt. Naturgemäß ist das sich dabei ergebende Bild der Wissenschaft als »theoretisches« Studium isolierter Objekteigenschaften genau von derjenigen Entkontextierung gekennzeichnet, durch die dieses Bild entstanden ist. Wie in Abschnitt 7.2 erläutert, würde eine Analyse wissenschaftlicher Theorien schnell auf den vorausgesetzten Kontext von Interpretationen aufmerksam machen, auf den sich selbst das abstrakteste Studium isolierter Objekteigenschaften stützen muß. Eine Betrachtung wissenschaftlichen Theoretisierens würde der Wissenschaft den Sinn- und Signifikanzzusammenhang zurückgeben, ohne den keine wissenschaftliche Untersuchung, ob theoretisch oder nicht, vorangetrieben werden kann. Und ein Blick ins Labor mag in der Wissenschaft sogar dieselbe Technizität am Werk finden, die Heidegger für das praktische Handeln postuliert. Ohne eine solche

Wiedereinführung des praktischen Kontexts wissenschaftlichen Handelns bleibt Heideggers Herleitung der Wissenschaft aus der Alltagswelt inadäquat. Bei Habermas erscheint diese Kontextierung der Wissenschaft zumindest teilweise durch den Begriff instrumentalen Handelns geleistet, den er mit dem transzendentalen Interesse an technischer Verfügung assoziiert. Durch den Begriff instrumentalen Handelns wird eine Verbindung zwischen der »Jenseitigkeit« des technischen Erkenntnisinteresses und der »Diesseitigkeit« tatsächlicher wissenschaftlicher Praxis hergestellt. Sicherlich muß man unterstellen, daß eine der Naturwissenschaft zugeschriebene Form des Forschungs*handelns* sich auch irgendwie in den Beschäftigungen der Wissenschaftler im Labor manifestiert. Betrachten wir jedoch diese Beschäftigung, so finden wir an ihr nichts von den monologischen, voraussetzungslosen (in Hinblick auf die Bedeutung von Zeichen) und formal rationalen Verhaltenszügen, die Habermas für die Naturwissenschaft postuliert.
Lehnen wir aber den Begriff instrumentalen *Handelns* als Spezifikation naturwissenschaftlicher Forschungspraxis ab und akzeptieren nur die Idee eines transzendentalen Interesses an technischer Kontrolle, so lernen wir für eine Theorie wissenschaftlicher Praxis nichts Neues. Habermas läßt uns somit keine andere Wahl, als den Begriff instrumentalen Handelns als Modell für die tatsächliche Form naturwissenschaftlicher Forschungsaktivitäten ernstzunehmen. Dazu im folgenden noch einige Laborbeispiele, die die Inadäquatheit des Modells illustrieren.

7.4 Das symbolische und das Forschungslabor

Strenggenommen bezieht sich die These von der Instrumentalität wissenschaftlichen Handelns nur auf den Kern technischer Aktivitäten im Forschungslabor. Ausgeblendet wird dabei die vielerorts zugestandene »soziale Seite« der Wissenschaft, was immer dieser Begriff bedeuten mag. Wissenschaftliches Forschungshandeln betrifft deren »kognitive Seite«, und das heißt die technischen und »intellektuellen« Operationen der Wissenschaftler im Labor. Es ist kaum anzunehmen, daß Habermas Auseinanderset-

zungen der Wissenschaftler mit der Administration oder deren Karrierehandeln innerhalb der Profession den Aspekt der Interpretation und symbolischen Interaktion absprechen würde.[29]
Wie steht es nun aber mit dem naturwissenschaftlichen Forschungshandeln? Lassen sich die symbolischen Formen der Interaktion und Kommunikation (und die Interpretationszirkel, die ihnen zugrunde liegen) aus dem Kontext der »kognitiven« Laboroperationen eliminieren? Modelle, die den Anspruch erheben, daß naturwissenschaftliche Untersuchungen typischerweise, grundlegenderweise oder idealerweise aus instrumentalem Handeln bestehen, nehmen dies an. Ein kurzer Blick ins Labor genügt jedoch, um nachzuweisen, daß Interpretation und Kommunikation in demselben Ausmaß Teil technisch-naturwissenschaftlichen Handelns sind, wie sie Teil unserer Alltagsaktivitäten sind. Dies wird, wie mir scheint, in praktisch allen Beispielen seit Beginn dieses Buches illustriert. Kehren wir noch einmal zum Labor-Räsonieren der Wissenschaftler zurück, um dessen interpretative Qualität spezifisch zu illustrieren.
Wie muß eine solche Illustration des interpretativen Charakters naturwissenschaftlicher Laboroperationen aussehen, angesichts dessen, was wir über Interpretativität in den historischen Wissenschaften, im Sinnverstehen der Soziologen sowie in anthropologischen Untersuchungen wissen? Nach Taylor (1976: 153) präsentiert sich das Objekt der Interpretation als »konfus, unvollständig, dunkel, dem Anschein nach widersprüchlich – in der einen oder anderen Weise unklar«. Es läßt sich »in Begriffen von Sinn und Unsinn beschreiben, in Hinblick auf den Zusammenhang, den es (wie die symbolischen Objekte, die einen Text konstituieren) entweder ergibt oder nicht ergibt«. Im Labor werden diese symbolischen Objekte von den Meßinstrumenten geliefert; sie bestehen aus deren Spuren, das heißt aus Zahlen, Graphen, Diagrammen, *printouts* und ähnlichen Materialien. Sie stellen sich auch dar in Form der gelebten Erfahrung eines Farbwechsels, des Aussehens eines Versuchstieres, des Geruchs einer chemischen Reaktion oder daraus, wie sich eine Mischung von Substanzen »angreift«.
Sowohl die dem Anschein nach objektivierten Resultate der Meßprozeduren als auch die Objekte der gelebten Erfahrung der

Wissenschaftler verlangen, interpretiert zu werden. Sie müssen zunächst als Ereignis einer bestimmten Art erkannt – und das heißt: einem Alltagsbegriff oder wissenschaftlichen Terminus assimiliert werden, der dieses Ereignis *interpretiert.* Zweitens und wichtiger müssen die solcherart identifizierten Phänomene einsichtig gemacht werden, sie müssen »verstanden« werden. Dies kann mit dem Versuch beginnen, zu erkennen, worum es sich bei einem Ereignis handelt, und zwar dann, wenn Standardbeschreibungen nicht passen und bewußte Identifikationsversuche nach sich ziehen. Meist handelt es sich jedoch darum, die »Bedeutung« eines beschreibbaren Geschehens im Kontext der jeweiligen Situationsanliegen festzustellen, ähnlich dem Sozialwissenschaftler, der die Bedeutung der Äußerung eines Interviewten in der Interviewsituation im Zusammenhang mit dem allgemeinen Anliegen der Befragung interpretieren muß.
Der in Kapitel 3 erwähnte Wissenschaftler, der angesichts seiner Proben »Das Zeug ist weiß geworden« ausrief, lieferte uns ein Beispiel für das unproblematische Erkennen eines Geschehens in alltäglichen Beobachtungstermen. Seine spätere Bemerkung, daß »das Protein ausgefällt wurde«, etablierte einen Teil der Bedeutung der ursprünglichen Äußerung im entsprechenden Handlungskontext. Wenn es irgend etwas Unvollständiges, Dunkles oder Unklares bei diesen Feststellungen gab, so deutete sich dies nur in der zeitlichen Verzögerung zwischen den beiden Äußerungen und in der mit der ersten Äußerung verbundenen Überraschung an. Wie aber steht es mit Protokolleintragungen der Wissenschaftler wie der, die wir in Kapitel 6 kennengelernt haben?

»Ein Trockendurchgang unter alleiniger Verwendung von Reagenzien und dem Trenntrichter ging glatt. Probleme entstanden jedoch beim Versuch mit dem ersten Material, 286-6 A... auch 6 B, C. Eine trübe, möglicherweise imaginäre Zwischenschicht erschien erst nach ca. 1 1/2 Std., die eine opake, violettartige Schicht, die sich nicht klärte, von einer schwärzlichen Unterschicht trennte. Außerdem konnte nicht festgestellt werden, ob sich diese ›Zwischenschicht‹ bewegte, als der Ausfluß geöffnet wurde, um die untere Fraktion abzuleiten. Schließlich hat sich das Filtrieren des Extraktes (der dem oberen Teil des Trenntrichters entnommen wurde) als inpraktikabel erwiesen: Der Baumwoll-Stöpsel war fast sofort mit Teilchenmaterie überladen ...«

Offenbar fand es die Laborantin, von der diese Protokolleintragung stammt, schwierig, auch nur in Beobachtungsbegriffen festzustellen, was in ihrem Untersuchungsmaterial »vorging«. Aus dem Rest der Eintragung geht hervor, daß auch die anderen Gruppenmitglieder Schwierigkeiten hatten, das Geschehen zu identifizieren und dessen Bedeutung im Rahmen der laufenden Experimente zu interpretieren. Man braucht kaum darauf hinzuweisen, daß viele Ereignisse im naturwissenschaftlichen bzw. technologischen Labor genauso »unklar« erscheinen wie die Objekte, die Taylor der Interpretationstätigkeit der Sozialwissenschaften anheimstellt. Die Durchführung von Experimenten besteht – wie könnte man es auch anders erwarten? – zu einem wesentlichen Teil aus *Interpretationsarbeit.*

Man denke nicht, daß die Notwendigkeit einer solchen Interpretationsarbeit vor quantitativen Meßresultaten oder graphischen Darstellungen haltmacht. Auch Meßspuren müssen identifiziert und interpretiert werden, wobei sich bereits die Identifikation oftmals als problematisch erweist. Man beobachte den Chemiker/Mathematiker René, wie er mit seinen Daten verfährt:

Frage:
»Und als du die Daten über die Beziehung zwischen der Feuchtigkeit und der Stabilität bekommen hast, war das Optimum da von vornherein klar?«
Antwort:
»Das war in der Tat nicht gleich klar. Das war, was wir herausgeklaubt haben... [*unverständlich; versucht eine Abbildung zu finden*]. Was tatsächlich passiert ist, war, kurz gesagt, daß wir das Stabilitätsmaß mit irgendeiner Kurve eingetragen haben, egal welcher, als Funktion der Temperatur, und da haben wir etwas gefunden, das schaute... [*sucht wieder; kann sie nicht finden*]. Wir haben den Wassergehalt bei zwei Temperaturen eingetragen, und die eine schaute, äh, [*schreibt an die Tafel*] etwa so aus, und die andere schaute etwa [so aus], so daß man also da eine Linie ziehen und sagen konnte: O. K., das ist 0° und das ist 95°, es war ungefähr so. Nun sehn' wir das einmal an, einfach so, weil das, äh, das... das war der erste Hinweis, wie gut die Daten waren, weißt du... die meisten würden nun sagen: O. K., schön, das ist [es], weißt du... die eine ist hoch und die andere ist niedrig, so daß O. K. [ist], was da eine Anomalie ist... es schaut aus, als ob dieses Ding da in diese Richtung gehen würde [*zeigt die Richtung an*], und es stellt sich tatsächlich heraus,

daß es *das* auch wirklich tut, aber einen Scheitelpunkt hatten wir nur *da*. Aber wenn man sich über die Beobachtung weniger Gedanken gemacht hätte, hätte man leicht sagen können, *das* ist eine Gerade und *das* ist eine Gerade.«

Frage:

»Warum hast du's nicht als Gerade gesehen?«

Antwort:

»Weil ich nicht ... weil ich, äh ... die meisten Leute *tun's* ... ich such' immer nach etwas, irgendeiner Anomalie ... O. K., das hieß, daß es da eine Prämisse gibt; die Prämisse ist, daß es da eine lokale Isotherme gibt ... die stellen verschiedene Arten von Dingen dar ... Wir haben uns die physikalische Chemie angesehen, die nuclear magnetic resonance, electron spin resonance, X-ray defraction, um zu versuchen zu zeigen, daß tatsächlich ... daß das nicht nur ... daß die *echt* waren, daß die nicht nur Artefakte waren, die stellten echte Unterschiede dar. Und ich meine ... die Leute stellen immer noch einiges davon in Frage, aber ich glaube, hm ...« (8–5/3).

Damit einige Datenpunkte als »echter Unterschied« erscheinen, ist offenbar einiges an Interpretation, an Mobilisierung kontextueller Information sowie an Verhandeln (mit »den Leuten«) notwendig. Wie der Ethnograph im Feld, ist der Wissenschaftler im Labor mit endlosem »noise« und ebensolcher Ungewißheit konfrontiert, denen es einen Sinn abzuringen gilt. Wie in der Ethnographie kann alles als ungewiß erscheinen – was überhaupt der Fall ist (eine Kurve oder zwei Geraden?), was man davon halten soll (eine Anomalie, ein Optimum?) und wie man die Ereignisse erklärt. Es überrascht daher kaum, daß Naturwissenschaftler ähnlich dem Anthropologen und ungleich anderen Sozialwissenschaftlern der gelebten Erfahrung in diesem Sinngebungsprozeß großen Wert beimessen.

In einem von mir beobachteten Fall manipulierte ein Wissenschaftler mit den Händen sechs verschiedene Proteinproben, bevor er die Messungen vornahm. Dabei fiel ihm auf, daß sich die Proben verschieden »anfühlten«, obwohl sie in standardisierter Weise mit einer konventionell dafür vorgesehenen Methode vorbehandelt worden waren. Die Methode schien ihm nun »verdächtig«; er wiederholte die Vorbehandlung und variierte das Verfahren dabei so lange, bis er Proben erhielt, die sich – übersetzt in entsprechende Meßdaten – gleich »anfühlten«. Das erlaubte ihm, in einer nachfolgenden Publikation die »seit mindestens 30 Jahren universell verwendete Methode« neuerlich zur Debatte zu stellen. Darüber befragt, meinte er, daß man »gewisse Dinge nur bemerken kann, wenn man die Experimente selber macht«. Analoge Versuche waren sechs Monate vorher von einem seiner Studenten durchgeführt worden, aber da er selbst »sich das Zeug nie angesehen« hatte, war ihm auch nichts »aufgefallen«, und die Daten seines Studenten blieben ihm »unverständlich«.

7.5 Die Feedback-These

Nehmen wir nun an, daß das wissenschaftliche Labor tatsächlich der Ort ist, an dem naturwissenschaftliche Ereignisse durch wissenschaftliche Sinngewinnungsprozesse dynamisch konstituiert werden – wie soziale Situationen der Ort sind, an dem sich der Sinn unserer Handlungen in der Interaktion konstituiert. Nehmen wir ferner an, daß die Interpretationsarbeit der Wissenschaftler mehr mit einem »Verstehen« zu tun hat, in dem Erfahrung und theoretisches Erfassen verschmelzen, als mit »Erklärung« im Sinn einer »Anwendung theoretischer Sätze auf Tatsachen, die in systematischer Beobachtung unabhängig von Theorien festgestellt« werden. Setzen wir schließlich noch voraus, daß Beobachtung in allen Wissenschaften interpretationsgeladen ist und von Hintergrundannahmen abgestützt werden muß, die auf einen unendlichen Regreß von Vorinterpretationen verweisen.
Wir müssen uns nun noch mit einem Argument befassen, das häufig zugunsten der Unterscheidung zwischen Natur- bzw. technologischen Wissenschaften einerseits und Sozial- bzw. Geisteswissenschaften andererseits angeführt wird. Es handelt sich um das Argument, daß kausale Beziehungen in den Sozial- und Geisteswissenschaften »im Lichte der Entwicklung menschlichen Wissens dehnbar« erscheinen. Damit ist gesagt, daß Menschen diese kausalen Beziehungen im Prinzip erkennen und in ihrem Handeln berücksichtigen können, womit sie sie auch zu transformieren vermögen. Solche Gesetzesänderungen aufgrund von Rückkopplungen werden als direkte Konsequenz der »doppelten Hermeneutik« (Giddens) der Sozialwissenschaften betrachtet.

Und das heißt als Konsequenz des Phänomens, daß die Sozialwissenschaften ihre Konzepte zweiter Ebene auf Konstrukte erster Ebene anwenden, durch die die Handlungsteilnehmer die soziale Welt bereits vorkonstruiert haben.[31] In der Formulierung Giddens':

»Die von den Naturwissenschaften produzierten Konzepte und Theorien sickern regelmäßig in den Laiendiskurs durch und werden von diesem als Elemente alltäglicher Bezugsrahmen angeeignet. Aber das ist natürlich für die Welt der Natur selbst von keinerlei Relevanz; während umgekehrt die Aneignung der von Sozialwissenschaftlern erfundenen technischen Konzepte und Theorien diese in konstitutive Elemente desselben ›Gegenstandsbereichs‹ verwandeln kann, den zu charakterisieren sie erfunden worden waren, und dadurch auch ihren Anwendungskontext *ändern* kann.«

Nagel hat darauf hingewiesen, daß solche sich »selbst-erfüllende« oder »selbst-negierende« Voraussagen nicht auf die Sozialwissenschaften beschränkt sind, da Ereignisbeobachtungen (zum Beispiel Messungen) auch in den Naturwissenschaften den Verlauf dieser Ereignisse beeinflussen können. Giddens betont jedoch, daß diese Indeterminiertheit von der einer Sozialwissenschaft »logisch verschieden« ist, wo »der entscheidende Punkt der ist, daß die ›Indeterminiertheit‹ ... aus der Einbeziehung von Wissen als Mittel zur Sicherung der Ergebnisse zweckorientierten Handelns resultiert«.

Diese und andere Formulierungen der *Feedback*-These beruhen offenbar auf folgenden zwei Annahmen. Erstens, daß Menschen im Gegensatz zu Naturobjekten *kausal wirksam* sein können; und zweitens, daß die soziale Wirklichkeit eine Ebene *konzeptueller Vermittlung* (Bewußtsein) einschließt, die bei einem den vorhergesagten Ereignisverlauf ändernden kausalen Wirksamwerden der menschlichen Handelnden eine Rolle spielt. Nun geht es hier nicht darum, die Existenz von Bewußtsein und Reflexion als Eigenschaften in Zweifel zu ziehen, die in diesem Umfang wahrscheinlich ausschließlich dem Menschen zukommen. Fraglich erscheint jedoch erstens die Annahme, daß sich aus der Existenz menschlichen Bewußtseins dessen epistemologische Signifikanz unproblematisch ableiten ließe; und zweitens die Annahme, daß die Erzeugung kausaler Wirkungen ausschließlich menschlichen Agenten zuzusprechen sei.

Beginnen wir mit der ersten Annahme. Zunächst kann man nicht davon ausgehen, daß sozialwissenschaftliche »Erkenntnisse« von den Betroffenen quasi automatisch reflektiert oder gar in einer die Erkenntnis verändernden Weise in das Verhalten einbezogen werden. Könnte man dies voraussetzen, so müßten sich Aufklärungs- und Überzeugungsarbeit als ebenso unnötig erweisen wie Versuche zur Umsozialisation oder das berühmte Warten auf die nächste Generation. Auch führt, wie man weiß, eine einmal hergestellte Bewußtseinsänderung nicht ohne weiteres zur entsprechenden Verhaltensmodifikation. Unter welchen Bedingungen man aber mit solchen Verhaltenskonsequenzen rechnen kann, erscheint nichts weniger als klar. Die Zielgerichtetheit menschlichen Handelns kann offenbar nicht ohne weiteres mit dessen bewußtseinsgesteuerter Veränderbarkeit gleichgesetzt werden. Nur ein Bruchteil sozialwissenschaftlich analysierbaren Handelns scheint in wesentlichen Aspekten der bewußten und unmittelbaren Veränderbarkeit zu unterliegen.

Des weiteren gilt, daß sich konstatierte Verhaltensreaktionen oft eher als Widerstände der Beteiligten gegen Verhaltensansprüche, die mit den eigenen Zielvorstellungen nicht vereinbar sind, denn als bewußtseinsvermittelte Verhaltensgesetzänderungen beschreiben lassen. Ähnliche Verhaltensreaktionen auf Eingriffsversuche sind uns aus biologischen und ökologischen Systemen sattsam bekannt. Die Tatsache, daß solche Reaktionen beim Menschen über das Bewußtsein verlaufen, könnte sich auch als Spezifikum eines bestimmten Bereichs ohne weitere epistemologische Bedeutung herausstellen. Derartige bereichsspezifische Gegebenheiten lassen sich auch in den Natur- und technologischen Wissenschaften feststellen. Schließlich behauptet niemand, daß die Realität physikalischer Körper und die einer Bienenwabe innerhalb der Naturwissenschaften durch dieselben Verhaltensmechanismen vermittelt erscheint. Was zählt, ist vielleicht eher, daß ein ursprünglich gegebener Ereigniszusammenhang unter bestimmten Bedingungen durch *adäquate* Eingriffe verändert werden kann. Akzeptiert man diese Formulierung, so erscheint die Notwendigkeit, sich mit dem menschlichen Bewußtsein und seinen Konsequenzen auseinanderzusetzen, als ein Spezifikum der Sozial- und Geisteswissenschaften. Gleichzeitig ist dieses Spezifikum aber offenbar den spezifischen Anforderungen äquivalent, die instinktmäßig ausgelöste und gelernte Verhaltensdispositionen biologischer Populationen an die sie untersuchenden Wissenschaften stellen. Ebenso äquivalent erscheint es den besonderen Gegebenheiten, die die Physik angesichts physikalischer Kräfte und anderer physikalischer Einflußfaktoren zu bewältigen hat. Das reduziert unsere große Dichotomie zwischen den Natur- und technologischen Wissenschaften einerseits und den Sozial- und Geisteswissenschaften andererseits auf das bekannte Phänomen, das verschiedene Wissenschaften ihren Objektbereich verschieden konstruieren und es dabei jeweils mit Reaktionen auf Eingriffe zu tun haben, die sich – den jeweiligen Mechanismen gemäß – verschieden artikulieren.

Wenn daher die epistemologische Rolle und Relevanz der Bewußtseinsdimension menschlichen Handelns weiterhin dahingestellt bleiben muß, wie sieht es dann mit der Annahme einer kausalen Wirksamkeit aus, die ausschließlich menschlichem Handeln zugeschrieben wird? In gängigen Formulierungen erscheint die Idee der kausalen Wirksamkeit in der Regel mit dem Bewußtseinsargument verbunden. Handeln (kausales Wirken) wird in den Sozialwissenschaften gemeinhin als mit einem Sinn verknüpft (Max Weber) beziehungsweise als intentional oder zielorientiert gesehen, das heißt als bewußtseinsgesteuertes Verhalten aufgefaßt. Nach etablierten Vorstellungen definieren sich nun Ereignisse in den Naturwissenschaften in direktem Kontrast zu diesem Handlungsbegriff.

Gemäß der Zusammenfassung von Bhaskar (1978: 79ff., 87) unterstellen diese Vorstellungen (1), daß Ursachen den Ereignissen externe Gegebenheiten darstellen; (2) daß die Materie passiv ist; (3) daß die fundamentalen Einheiten atomistischer Natur sind; (4) daß es keine interne Struktur und Präformierung dieser Einheiten gibt; und (5) daß qualitative Diversität ein sekundäres Phänomen darstellt. Bhaskar bezeichnet die Idee, daß in den Naturwissenschaften die Ursache, der Auslöser, der Stimulus eines Ereignisses immer *extrinsischer* Natur sei sowie daß die Objekte der Naturwissenschaft nicht aktiv, sondern passiv zu denken seien, als »reines Vorurteil«, das auf ein in der Physik seit langem veraltetes mechanistisches Weltbild zurückgeht. Diese Vorstellung muß durch eine Konzeption von Ereignissen als »Dinge« ersetzt werden, die Kräfte und Neigungen haben, die sich in einer Weise verhalten hätten können, in der sie sich nicht wirklich verhalten haben.[32] Gesetzesaussagen müssen demgemäß betrachtet werden als »Aussagen über Tendenzen der Dinge, die nicht aktualisiert zu sein brauchen und die dem Menschen verborgen bleiben können«.

Wenn allerdings »Gesetze« in den Natur- und technologischen Wissenschaften nicht länger als Aussagen über konstante Ereignisverbindungen gesehen werden können, dann läßt sich auch das Argument nicht mehr anführen, nach dem solche konstanten Ereignisabfolgen in der sozialen Welt *wegen* der in ihr gegebenen besonderen Kausalität der Akteure nicht existieren. Ich zitiere hierzu eine Auffassung, die neueren Entwicklungen in Physik und Biologie Rechnung trägt und die aktive Kausalität von Naturobjekten anerkennt[33]:

»Man denke einen Moment lang über die Welt nach, wie wir sie kennen. Es scheint eine Welt zu sein, in der alle Arten von Dingen passieren und getan werden, die wir auf verschiedenste Weise erklären können und für die dennoch *deduktiv gerechtfertigte Voraussagen selten, wenn überhaupt, möglich sind.* Es scheint sich, zumindest oberflächlich betrachtet, um eine unvollständig beschriebene Welt von aktiven Agenten zu handeln. Eine Welt der Winde und Ozeane, in der Tintenfässer umgestoßen werden und Türen geöffnet werden, in der Hunde bellen und Kinder spielen; ein Durcheinander von Zebras und Zebrastreifen, von *cricket matches* und Schachspielen, von Meteoriten und Logikvorlesungen, von Fließbändern und Tiefseeschildkröten, von Bodenerosionen und plötzlich auftauchenden Flußbänken. Nun wird das alles nicht durch irgendwelche Naturgesetze beschrieben. Noch schockierender ist vielleicht, *daß ihnen auch nichts davon unterworfen erscheint.* Zwar ist richtig, daß der Weg, den meine Feder nimmt, keines der Gesetze der Physik *verletzt.* Aber er wird von ihnen auch nicht *bestimmt.* Gesetze beschreiben nicht Muster oder legitimieren Voraussagen irgendwelcher Arten von Ereignissen. Vielmehr muß man sie offenbar – zumindest was die gewöhnlichen Dinge der Welt betrifft – als etwas begreifen, das die *Grenzen und Bedingungen festlegt für mögliche Handlungsweisen bestimmter Arten von Dingen«* (Hervorhebung von mir).

Kann die aktive Kausalität somit nicht auf die Akteure der sozialen Welt beschränkt werden, so können uns auch Ereignisabfolgen verändernde Reaktionen dieser Akteure auf unsere Eingriffe nicht länger als Abgrenzungskriterien für die soziale Welt dienen. Und Geschichtlichkeit (im Sinne von durch Agenten verursachten Änderungen im Verlauf der Ereignisse) wird auch der Natur zugestanden werden müssen. Wenn Naturgesetze nicht mehr als konstante Zusammenhänge tatsächlicher Ereignisse verstanden werden, sondern als Bedingungen und Grenzen der Möglichkeiten relevanter Handlungsweisen, dann kann auch das offensichtliche Fehlen solcher konstanter Ereigniszusammenhänge in der sozialen Welt nicht mehr als Unterscheidungsmerkmal zwischen den Natur- und den Sozialwissenschaften dienen.
Vielmehr scheint eine Konzeption sozialer »Gesetzmäßigkeiten«, die diese im obigen Sinn als Spezifikation der Bedingungen und Grenzen sozialer Handlungsmöglichkeiten bezeichnet, durchaus kompatibel mit all den Eigenschaften, die der sozialen Welt im Gegensatz zur Natur gewöhnlich zugeschrieben werden: zum Beispiel mit der »Einzigartigkeit« sozialer Ereignisse oder der »historisch-kulturellen Variabilität« sozialwissenschaftlicher empirischer Generalisierungen; mit der »Unvorhersagbarkeit« sozialen Verhaltens oder der Notwendigkeit, Methoden und Techniken an das jeweils konkrete Aktionsfeld zu »adaptieren«.[34] Diese Kompatibilität wird bestätigt durch Analogien, die *Natur*gesetze mit den *Regeln* eines Spieles und empirische Ereignisse mit der tatsächlichen Durchführung des Spieles zu einer bestimmten Gelegenheit vergleichen (Anscombe, 1971: 21).
Man mag sich dabei an Winchs bekannte These erinnern, daß soziale Wirklichkeit anhand von Regeln anstatt anhand von Naturgesetzen erklärt werden muß (1958). Wenn aber nun Naturgesetze als »normenartige und transfaktische« Aussagen *analog* zu Regeln verstanden werden müssen[35], wie müßte man dann Winchs Demarkationskriterium für die Sozialwissenschaften – das auf der unterstellten Differenz zwischen normenartigen sozialen Regeln und faktischen Naturgesetzen beruht – verändern?
Viel hängt wohl davon ab, wie man den regelähnlichen Charakter von Naturgesetzen weiter spezifiziert. Kann man sie zum Bei-

spiel als Beschreibung von in der Länge variablen Ereigniszuständen betrachten, die sich selbst kontinuierlich neu regulieren?
Ziel des vorliegenden Kapitels ist es jedoch nicht, eine adäquate epistemologische Neukonzeption von Gesetzesaussagen in den Natur- und Sozialwissenschaften zu formulieren. Vielmehr sollte eine Unterscheidung in Frage gestellt werden, die in der soziologischen Literatur routinemäßig unterstellt und rituell zitiert wird. Mit den angemeldeten Zweifeln wird nicht, wie man fälschlich schließen könnte, eine Wiedervereinigung der Natur- und Sozialwissenschaften in Hinblick auf konkrete Forschungsmethoden propagiert. Mein Argument geht nicht dahin, daß die Sozialwissenschaften zur Naturwissenschaft werden sollen, sondern daß die Naturwissenschaften in ihrer Praxis mit der Praxis der Sozial- (und Geistes-)Wissenschaften entsprechende Ähnlichkeiten aufweisen. Aufgrund dieser Ähnlichkeiten kann man, wie ich meine, die Frage der Einheit der Wissenschaften heute neu stellen. Naturwissenschaftliches *Handeln* stellt sich im Labor als symbolisches Handeln dar, naturwissenschaftliche Rationalität erscheint *auch* als interpretative Rationalität.

Schlußbemerkung: Die Rationalität der Laborwissenschaften

Das praktische Räsonieren der Wissenschaftler in der Durchführung ihrer Labortätigkeit stellte in wesentlicher Hinsicht die Quelle der vorliegenden Arbeit dar. Die Komponenten dieses Räsonierens konstituieren die Rationalität der Laborwissenschaften, wie wir sie im technischen Kern experimenteller Forschungsarbeit vorfinden. Ich fasse die hier illustrierten Komponenten naturwissenschaftlich-technischer Verfahrensweisen nochmals zusammen. Zunächst stellen sich die »kognitiven« Operationen des naturwissenschaftlichen Labors als *konstruktive* anstatt deskriptive Operationen dar, wobei diese Konstruktivität als *Entscheidungsgeladenheit* der Fabrikation von Wissen spezifiziert werden kann. Wissenschaftliche Rationalität ist hierbei Entscheidungsrationalität, die aus einer bestimmten Lokalität operiert und diese in Rechnung stellt (siehe Kap. 2), diese Situiertheit aber gleichzeitig auch durch Entscheidungsverschiebungen (Entscheidungspfade) zeitlich und räumlich erweitert und überspringt. Indem sie sich in eine in ihrer Arbeit implizierte Situation versetzen, erschließen Wissenschaftler die Voraussetzungen und Konsequenzen der in Frage stehenden Selektionen an einem anderen Ort, zu einem anderen Zeitpunkt oder in einem anderen Relevanzbereich der sozialen Welt. Der hierbei ins Spiel kommenden Indeterminiertheit wirkt eine *opportunistische Logik* entgegen, die zum einen anhand von Analogie-Räsonieren Problemlösungen und Erfolgschancen mobilisiert, zum anderen experimentelle Operationen auf ein Ziel hin ausrichtet und das mit deren Konstruktivität verbundene Risiko, wie es den Anschein hat, minimiert (Kapitel 3).

Die *transepistemische* Komponente wissenschaftlicher Rationalität ergibt sich nun von selbst. Die den Ort der Forschung sowohl erschließende als auch überspringende Entscheidungsrationalität der Wissenschaftler beschränkt sich nicht auf spezialgebietspezifische oder im engeren Sinn »wahrheits«-etablierende Argumente. Dem entspricht die Involvierung der Wissenschaftler in *trans-*

wissenschaftlichen Handlungsarenen, die die Grenzen relevanter Spezialistengruppen sowie der Wissenschaftlergemeinde im ganzen überschreiten (Kap. 4). Die These richtet sich *gegen* den Begriff der Wissenschaftlergemeinde als theoretischen Bezugsrahmen und soziale Trägergruppe wissenschaftlich-technischer Laboroperationen. Anders ausgedrückt, gerade weil sich Wissenschaft im Labor *nicht* auf im engeren Sinn wissenschaftlich-epistemische Argumente beschränkt, erweist sie sich den gesellschaftlichen (Anwendungs-)Kontexten angemessen, die in der transepistemischen und transwissenschaftlichen Rationalität des Labors vorweggenommen werden.

Diese Vorwegnahme findet sich zum Teil im wissenschaftlichen Papier inszeniert. Wissenschaftliche Rationalität weist eine innere Dynamik auf, was heißt, daß sie konstitutive Zusammenhänge immer wieder in Abhängigkeit von den Umständen und jeweiligen Gesprächspartnern *rekonstruiert.* Im wissenschaftlichen Papier erfolgt diese Rekonstruktion in literarischer und veröffentlichbarer Weise; wir haben die entsprechenden Strategien über mehrere Transformationsstufen hinweg verfolgt (Kap. 5 und 6). Nicht immer geht, wie sich herausgestellt hat, die Rekonstruktion von den Autoren aus. Der Rezeptionskontext eines wissenschaftlichen Papiers greift bereits vorab in dessen Inhalt ein, was sich in den an die Autoren gerichteten Änderungsforderungen manifestiert. Man erinnere sich daran, daß sich die Autoren gegen einige dieser Änderungsforderungen mit Kräften gewehrt haben und ihnen, wie ich meine, nur in subversiver Weise nachgekommen sind. Im wissenschaftlichen Papier verzahnen sich die Vorwegnahme eines Rezeptionskontexts durch die Wissenschaftler, die die Laboroperationen umkontextiert, sowie der Vorab-Eingriff (eines mit ersterem nicht notwendig identischen) »tatsächlichen« Rezeptionskontexts durch Gutachter und Kritiker, der wiederum die Vorwegnahme der Autoren und die damit verbundenen Ansprüche modifiziert.

Zum Abschluß noch ein Hinweis auf die interpretative Komponente wissenschaftlicher Rationalität. Sie wird durch wissenschaftsphilosophische Untersuchungen erhärtet und durch die »Verstehensarbeit« des Labors illustriert. Sie weist in ihrer Konsequenz auf eine mögliche *Einheit der Wissenschaften* hin, die die

populäre Unterscheidung zwischen den Naturwissenschaften einerseits und den Sozial- bzw. Geisteswissenschaften andererseits revidiert.
Revidiert werden müssen, wie es scheint, auch diejenigen Vorstellungen, die der naturwissenschaftlichen Rationalität und dem naturwissenschaftlich-technischen Handeln spezifische, von der Alltagsrationalität und dem Alltagshandeln abgehobene *formale* Qualitäten zuschreiben. Die illustrierten Komponenten naturwissenschaftlicher Verfahrensweise geben keinerlei Hinweis auf eine solche formal ausgrenzbare Rationalität. Der Unterschied liegt, sofern es ihn gibt, in den von Wissenschaftlern behandelten Inhalten. Diese jedoch müssen sich für das methodologisch-epistemologische Problem einer spezifisch wissenschaftlichen Rationalität erst von Interesse erweisen.

1 Kritische Diskussionen des »Objektivismus« bzw. des »empirischen Realismus« sind in Roy Bhaskar (1979) und Jürgen Habermas (1971: 88 ff.) zu finden.
2 Dies ist nicht etwa eine naive Version des empirischen Realismus. Die naive Position würde die Ansicht vertreten, daß das Bild der Wirklichkeit, das uns die Wissenschaft liefert, wahr ist. Im Gegensatz dazu liegt die Betonung hier auf einer epistemischen Haltung. Für eine weitere Diskussion siehe van Fraasen (1977, Kap. 2). Suppes Formulierung lautet, daß die Resultate wissenschaftlicher Forschung generalisierte Beschreibungen der Realität darstellen, die wahr sein müssen, damit die Theorie als adäquat gelten kann (Suppe, 1974: 211).
3 Siehe dazu die Diskussion in Habermas (1971: 90).
4 Vgl. die Definition des Anti-Realismus bei Lakatos in seiner Kritik von Toulmin (1976).
5 Für eine Darstellung der Position Feyerabends siehe seine Essays »Explanation, Reduction and Empiricism« (1962) und »Against Method« (1970). Man vergleiche auch die ausführlichere Diskussion in Feyerabend (1975).
6 Siehe Putnam (1971: 22).
7 Vergleiche Campbell (1977).
8 Zur Bedeutungsvarianz von Beobachtungssätzen siehe etwa das von Suppe dazu herausgegebene Symposium, insbesondere das Einführungskapitel von Suppe selbst (1974: 3–241).
Siehe auch Bohm (1957), Hanson (1958), Kuhn (1962, 1970) und Feyerabend (1962, 1970, 1975).
9 Die Abbildung stellt eine Modifikation und Korrektur einer Abbildung von Woolgar (1983) dar, in der die konstruktivistische Position, wie mir scheint, irreführend dargestellt ist.
10 Für eine Formulierung von Charles S. Peirces Programm siehe etwa *The Logic of 1873* (1931–35, Bd. 2, Paragraph 227 ff.).
11 Siehe Bhaskar (1978, insbesondere Kap. 2: 118 ff.) für eine Darlegung dieser Kritik.
12 Das Beispiel stammt von van Fraasen (1977, Kap. 2: 45).
13 Erst in jüngster Zeit wird von philosophischer Seite gegen die Ausblendung des *context of discovery* argumentiert; siehe z. B. Nickles (1980).
14 So könnte sich etwa der »Erfolg« der Naturwissenschaft als komplexes Phänomen herausstellen, das mehr mit der Institutionalisierung

bestimmter Erfolgskriterien und einer Art von »Technisierung« der Naturwissenschaft (siehe Kapitel 4) zu tun hat als mit der Korrespondenz zwischen wissenschaftlichen Resultaten und der Natur.

15 Ich verdanke diesen Hinweis Bruno Latour.

16 In seiner Kritik von Carnaps Mißerfolg darin, den physikalischen Diskurs in Termini der Sinneserfahrung, der Logik und Mengenlehre zu übersetzen, fordert Quine, daß es besser wäre, herauszufinden, wie Wissenschaft wirklich entwickelt und gelernt wird, anstatt »fiktive« rationale Rekonstruktionen zu »fabrizieren« (1969, 1978). Quine hat die Entwicklung einer »empirischen Epistemologie« immer wieder verteidigt, wurde aber selbst nie zu dem anthropologischen Beobachter, den er in *Word and Object* (1960) als Vision sieht. Andere Wissenschaftsphilosophen wie z. B. Toulmin (1972) und Feyerabend (1975) sind tatsächlich dazu übergegangen, Wissenschaft nicht mit epistemologischen Mitteln zu studieren, sondern mit denen des Historikers. Neuere Rufe nach einer »empirischen Epistemologie« stammen von Campbell (1977) und Apostel u. a. (1979). Man vergleiche auch Böhme, van den Daele und Krohn (1977). Tatsächliche Beobachtungsstudien sind allerdings erst zum gegenwärtigen Zeitpunkt im Entstehen.

17 Im Jahre 1907 sagte der Physiker Joseph John Thomson: »From the point of view of the physicist, a theory of matter is a policy rather than a creed; its object is to connect or coordinate apparently diverse phenomena and above all to suggest, stimulate and direct experiment« (1907: 10).

18 Für den hier verwendeten Begriff der Übersetzung siehe Michel Serres (1974) sowie die Illustrationen von Michel Callon (1975).

19 Dieses wie alle folgenden Beispiele sind nicht erfunden, sondern entstammen meinen Laboratoriumsprotokollen. Aus Gründen der Anonymität werden jedoch Namen weggelassen bzw. in späteren Beispielen verändert.

20 Für eine umfassende Darlegung von Niklas Luhmanns Begriff der Selektivität im Rahmen seiner systemtheoretischen Überlegungen siehe die Sammlung von Aufsätzen zur *Soziologischen Aufklärung I* und *II* (1971, 1975).

21 Ich beziehe mich hier auf das quasi-ökonomische Modell Pierre Bourdieus (1975 a) sowie auf dessen revidierte Fassung durch Latour und Woolgar (1979).

22 Siehe dazu z. B. Karl Popper (1963: 216 ff.).

23 Siehe dazu auch Derek Phillips (1974: 82 ff.). Phillips weist in Entgegnung auf C. Wright Mills und Robert K. Merton darauf hin, daß

die Motive sowie die soziale Position von Wissenschaftlern in der Tat relevant für die Bewertung sind, die sie erhalten.

24 Andere relevante Bereiche sind die der Zeitschriften und Verlage bzw. der Entscheidungen über die Publikation einer Arbeit. Man beachte jedoch, daß die Publikation einer Arbeit nicht bedeutet, daß deren Ergebnisse aufgegriffen und dadurch »erhärtet« werden.

25 Man ist versucht, hier Ludwig Wittgenstein zu zitieren: »So sagst Du also, daß die Übereinstimmung der Menschen entscheide, was richtig oder falsch ist? – Richtig oder falsch ist, was Menschen sagen; und in der Sprache stimmen die Menschen überein. Das ist keine Übereinstimmung der Meinungen, sondern der Lebensform.« Zu finden in Paragraph 241 der *Philosophischen Untersuchungen.*

26 Ich beziehe mich hier auf Paul Feyerabends These, daß die Interpretationen der Wissenschaft relativ zu einer bestimmten historisch-kulturellen Epoche gesehen werden müssen und daher nicht durch die Spezifikation einiger kontextunabhängiger Kriterien der wissenschaftlichen Konsensbildung über einen Leisten geschlagen werden können. Man beachte, daß Thomas Kuhn diese Möglichkeit nicht ausschließt. Siehe Feyerabend (1975) und Kuhn (1970), besonders die Diskussion im »Postskript«.

27 Man beachte, daß Stephen Toulmins Modell der Wissensevolution (z. B. 1972; die engste mir bekannte Anlehnung an das biologische Modell) nicht diese Konsequenz zieht. Wie wir noch sehen werden, wird bei Toulmin die Idee einer »environmental selection« in eine Form (rationaler) Selektion durch die Wissenschaftler übergeführt, womit wir wieder bei der vorherrschenden wissenschaftsphilosophischen Ansicht wären. Außerdem bemüht Toulmin einen »Cunning of Reason« in der Geschichte, der, wie Imre Lakatos (1976) zu Recht kritisiert, auf obskure Weise die Validität der überlebenden wissenschaftlichen Innovationen sicherstellt. Aus all diesen Gründen ist Toulmins Modell nicht ein kontextuelles Modell, wie es hier vorgeschlagen wird.

28 Diese Diskussion wird z. B. in Imre Lakatos und Alan Musgraves Buch (1970) immer wieder angesprochen.

29 Für stochastische Prozesse auf molekularer Ebene, in denen die Rolle von Fluktuationen um so größer ist, je kleiner die Anzahl interagierender Moleküle ist, wurde gezeigt, daß die Absenz von »Fehlern« oder von Indeterminiertheit nicht nur mit dem Fehlen von Informationszuwachs, sondern mit Informationsverlusten einhergeht. Ohne Zufall bzw. Fehlerintervention würden z. B. biologische Arten nicht nur stagnieren, sondern mit der Zeit aussterben (Atlan 1979: 54 f.).

Siehe auch Latour und Woolgar (1979, Kap. 6) für eine Diskussion des Prinzips als ordnungsgenerierend im Wissenschaftsbereich.

30 Atlans (1979: 47) Neuinterpretation des Problems, auf die hier nicht weiter einzugehen sein wird, ist insofern entscheidend, als sie nicht die Entstehung von »Ordnung« aus »Unordnung« (Indeterminiertheit, Zufall) postuliert, sondern die Entstehung von Organisation, definiert als Zuwachs an Komplexität und Systemdifferenzierung. Die ursprünglichen Definitionen haben einen Zuwachs an Repetition und Redundanz postuliert. Während »Ordnung« Stabilität impliziert, weist das Prinzip von »Organisation aus Zufall« auf Wandel bzw. einen systeminternen Informationszuwachs hin, erscheint also einzig für den Wissenschaftsbetrieb angebracht.

31 Ein vereinfachtes Beispiel ist etwa die undichte Stelle in der Nixon-Administration, durch die die von der Regierung geheimgehaltene Bombardierung von Kambodscha an die Öffentlichkeit durchgesikkert ist. Während dieses Leck zwar gröbste Unannehmlichkeiten für Nixon und einige seiner Regierungsmitglieder nach sich zog, mag das Gesamtsystem der amerikanischen Demokratie davon nur profitiert haben. Um zwischen zerstörerischen und integrativen Wirkungen von Fehlern, Eigengeräusch bzw. Indeterminiertheit zu unterscheiden, müssen somit die verschiedenen Organisationsebenen in Betracht gezogen werden.

32 Natürlich produziert die Wissenschaft gleichzeitig neue Probleme, als Bestandteil des Rekonstruktionsprozesses.

33 Die Quantität der Information in einem System wird als Maß für die Unwahrscheinlichkeit definiert, daß die Kombination der verschiedenen Bestandteile des Systems zufällig ist. Genaugenommen gibt es mehrere verschiedene Versuche, Information formal zu definieren, für deren Zusammenfassung hier nur auf die Literatur verwiesen werden kann (z. B. Atlan 1979: 79 f.).

34 Nach W. Ross Ashby ist ein geschlossenes, selbstorganisierendes System logisch unmöglich. Wenn das System seine Organisation nur aufgrund interner Gegebenheiten, also ohne Umwelteinfluß, ändern könnte, wäre dieser Wandel durch eine Konstante bestimmt. Echter Wandel muß entweder durch ein von außen injiziertes Programm oder durch externe Zufallseingriffe initiiert werden (1962).

35 Für eine kurze Zusammenfassung des Modells von Toulmin ebenso wie für seine Aufforderung, das Modell wörtlich und nicht bloß als Analogie zu verstehen, siehe Toulmin (1974, besonders 274).

36 Nach Toulmin ist dies normalerweise und idealerweise der Fall. Siehe besonders Paragraph 4 in der oben genannten Arbeit (1974).

37 Wissenschaftliche Arbeit ist insofern mit Differenzierungseffekten verbunden, als sie ständig »neue« Produkte liefert. Diese Differenzierungseffekte können von den Wissenschaftlern angeeignet werden und tragen zu deren Individuierung bei. Die zunehmende Sozialisierung der Wissenschaft führt übrigens dazu, daß solche Differenzierungseffekte an Gruppen bzw. Institute übergehen.

38 Insbesondere in seinem Essay über den Ursprung der Geometrie (1962).

39 Eine kurze Präsentation von Peirces Formulierung findet sich im Kapitel »Logic as Semiotic« (1955: 98 ff.). Ich beziehe mich hier auf Jacques Derrida (1976: 27).

40 Gernot Böhme hat daraus die Konsequenz gezogen, daß eine Konzeption der Wissenschaftlergemeinde auf eine Theorie des Argumentationsprozesses in der Wissenschaft aufgebaut werden muß (1975).

41 Eine Übersicht über die verschiedenen Verwendungsweisen der Unterscheidung von »extern – intern«, die er auf Annahmen in der Wissenschaftsgeschichte und Wissenschaftsphilosophie zurückführt, liefert Ron Johnston (1976).

42 Eine Zusammenfassung dieser und anderer Kritiken an der Systemtheorie und ihrer Anwendung auf soziale Systeme liefert etwa Habermas in seiner Auseinandersetzung mit Luhmann (Habermas und Luhmann 1971: 150 ff.).

43 Mir ist vor 1979 nur eine veröffentlichte Untersuchung bekannt, die man eventuell dem Genre zuordnen könnte, und zwar die Untersuchung des Physikers und Theologen Thill (1972). Allerdings entspricht das Ergebnis mehr einem Methodentextbuch für Physiker, man kann also strenggenommen nicht von einer gelungenen Anwendung des ethnographischen Ansatzes sprechen. Unter einem solchen wird gemeinhin die *systematische* Untersuchung eines Systems mit Hilfe von teilnehmender Beobachtung, Informanteninterviews, Textauswertungen (sofern vorhanden) und neuerdings auch Audio- und Videoaufnahmen, und zwar über einen *längeren* Zeitraum, verstanden (Knorr 1973; 1980). Die ersten Studien dieser Art wurden meines Wissens etwa um die gleiche Zeit (1975/1976) in Kalifornien unabhängig voneinander begonnen, und zwar von Bruno Latour, Michael Lynch, Sharon Traweek und mir selbst. Die Durchführung dauert meist mindestens drei Jahre, die entsprechenden Veröffentlichungen sind zum Teil erst im Erscheinen. Siehe Latour und Woolgar (1979), Knorr-Cetina (1981; die Grundlage der vorliegenden Übersetzung), Lynch (erscheint 1984/85); Traweek (erscheint 1984/85).

44 Siehe z. B. Galtungs Kritik des *survey research* (1967: 148 ff.). Am

einflußreichsten war die Kritik von Cicourel (1964). Für eine neuere Zusammenstellung der Kritik vgl. Brenner (1980).

45 Vergleiche die Resultate der Ethnomethodologie, kognitiven Soziologie, Ethogenic und Phänomenologie. Für einschlägige Werke siehe Mehan und Wood (1975), Cicourel (1973), Harré (1977), Berger und Luckmann (1967) sowie Goffman (z. B. 1961).

46 Man denke nicht, daß die Schreibtischsoziologie in der Soziologie deshalb unproblematisch ist, weil Soziologen alle relevanten Sinnbezüge, Situationsverfahren und sonstige Kompetenzen mit den Mitgliedern der von ihnen untersuchten Kultur teilen. Gerade diese Annahme wird von der oben erwähnten Methodenkritik und den Resultaten der Mikrosoziologie in Frage gestellt. Qualitative *pilot studies* sind, so sie durchgeführt werden, meist viel zu kurz und rudimentär, um mehr als Detailprobleme zu erhellen.

47 Ethnoscientists unterscheiden zwischen einem »emischen« (von »phonemisch«) strukturalen und einem »etischen« (von »phonetisch«) interkulturellen Ansatz (Pike, 1967: 37 ff.). Detaillierte Übersichten über Entwicklungen in der Ethnoscience und kognitiven Anthropologie finden sich bei Bernabe und Pinxten (1974) und Pinxten (1979).

48 Es genügt daher nicht, zu verlangen, daß der Analysierende die zur Untersuchung stehenden Spezialgebiete kennen müsse oder selbst die entsprechenden Disziplinen studiert haben müsse. Der Fall der wissenschaftlichen Anthropologie zeigt, daß es sich hierbei zwar um eine notwendige, nicht aber um eine hinreichende Bedingung für die erfolgreiche Durchführung einer dezentrierten Analyse handelt. Im Lichte der mit der Dezentrierung der Wissenschaftssprache verbundenen Probleme erscheinen übrigens die Debatten um den hermeneutischen oder nichthermeneutischen Charakter der Ethnographie obsolet. Meine eigene zusammenfassende Darstellung des gegenwärtigen Standes der anthropologischen Methode sowie der an sie gestellten Herausforderungen finden sich in Knorr (1973; 1980).

49 Der Begriff stammt von Werner (1969), der, wie viele andere, der Ansicht ist, daß es das unglückliche, aber unvermeidbare Schicksal der Ethnographie darstellt, die Strukturierung der Welt, die in den linguistischen Ausdrucksweisen einer Kultur enthalten ist, systematisch aufzunehmen.

50 Ich sehe darin den Grund für die häßlichen sprachlichen Konsequenzen mancher Anstrengungen von Ethnomethodologen: Eine gequälte Sprache und ein gequälter Leser, der vergeblich versucht, die versteckte Bedeutung des neuen Fachidioms zu entziffern.

51 Siehe dazu Agassi (1973: 185 f.). Vergleiche auch die Sammlung von Arbeiten, die John O'Neill (1973) hierzu herausgegeben hat.

52 Einer der hervorragendsten Kritiker des methodologischen Individualismus in jüngster Zeit ist Steven Lukes. Siehe dazu seine Aufsätze (1978; insbesondere Kapitel 9). Im übrigen geht es hier nicht darum, den Symbolischen Interaktionismus aus der Soziologie in die Wissenschaftsforschung zu übertragen. Arbeiten innerhalb des Symbolischen Interaktionismus haben zwar das gegenwärtige Vorhaben beeinflußt; dieses kann jedoch nicht selbst beanspruchen, die entsprechende Orientierung auch geziemend zu vertreten.

53 Eine kurze Zusammenfassung dazu, wie die Ethnomethodologie einige traditionelle Probleme der Soziologie neu interpretiert hat, bieten Zimmermann und Wieder (1970). So interessieren etwa Normen und Regeln der Ethnomethodologen nicht als Erklärungskonzepte für soziales Handeln, sondern als Ressource, die die Teilnehmer selbst zur Strukturierung und Ordnung in der alltäglichen Lebenswelt einsetzen.

54 Eine Anzahl relevanter Analysen finden sich bei Cicourel (1973). Der Grund dafür, daß wir oft aus der Beantwortung der Frage *Wie* auch etwas über die Frage *Warum* lernen, liegt darin, daß beide Fragen durch eine Serie von Übersetzungen miteinander verbunden sein können. Geht man der Frage nach, *wie* ein bestimmter Sachverhalt zustande kam, so stößt man dabei auf dessen Ursprung und erhält eine genetische Erklärung. Lukes (1978: 184 f.) erinnert daran, daß schon die Identifikation eines Verhaltensaspektes oder eines Glaubensinhaltes manchmal genug ist, ihn zu erklären. Der Versuch der Ethnoscientists, kulturelles Wissen in kultureigenen Begriffen zu identifizieren, sollte auch darüber etwas aussagen, warum in der betreffenden Kultur bestimmte Verhaltensmuster existieren.

55 Siehe dazu die ausführliche Diskussion der Symmetrie-These bei Stegmüller (1969, Bd. 1, Teil 2: 153 ff.).

56 Siehe dazu Luhmann (1977 b: 16, 28), der feststellt, daß der binäre Schematismus zwischen »wahr« und »falsch« für die instrumentelle Anwendbarkeit theoretischer Erklärungen im praktischen Handeln inadäquat sein könnte. Luhmann bezieht sich auf den Coleman-Report, der die rassische und soziale Zusammensetzung von Schulklassen als die wichtigste Variable bei der Erklärung des Schulerfolgs bezeichnete. In den Vereinigten Staaten führte man daraufhin das »busing« ein, um diese Zusammensetzung zu ändern, hatte damit aber wenig Erfolg, aus Gründen, die Luhmanns Argument unterstützen.

57 Siehe Lofland (1976: 2) zu den hier angesprochenen Fragen.

58 Zwar genießt der Fallstudienansatz in der Wissenschaftssoziologie gegenwärtig große Beliebtheit, es ist jedoch überraschend, wie wenig Soziologen bisher das getan haben, was Lofland in seiner Kodifizierung der qualitativen Forschungsmethodologie vorschlägt (1976) – d. h. als teilnehmender Beobachter tatsächlich ins Feld zu gehen.

59 Siehe dazu Garfinkel (1967: 272 ff.). Siehe auch Schütz (1943) zum Problem der Rationalität der sozialen Welt, eine Arbeit, auf die sich Garfinkel bezieht.

60 Merton ist in dieser Angelegenheit so oft kritisiert worden, daß ich die Kritik hier nicht wiederholen möchte. Siehe dazu Barnes und Dolby (1970) und Stehr (1978). Man beachte jedoch, daß Merton von Normen spricht und nicht von stabilen Eigenschaften wissenschaftlichen Handelns. In dieser Hinsicht geht Garfinkel weit über Merton hinaus.

61 Ausgewählte Beispiele für Argumente dieser Art finden sich bei Whitley (1972), in Nowotnys Ruf nach einem kognitiven Ansatz in der Wissenschaftsforschung (1973), in Mulkays Argument, daß das soziologische Studium der Wissenschaft deren technische Kultur mit einbeziehen müßte (1974 a) sowie in Weingarts Spezifikation kognitiv/technischer und sozialer Variablen (1976). Jüngere Ansätze in den »social studies of science« schließen die »kognitive« Seite der Wissenschaft meist ein. Die von Mendelsohn und Elkana (1981) publizierten Arbeiten geben ein Beispiel für diesen Trend. Eine allgemeine Diskussion des »kognitiven Paradigmas« findet sich bei de Mey (1983).

62 In jüngster Zeit haben mehrere Arbeiten versucht, die Wissenssoziologie wieder zu beleben. Siehe dazu Barnes (1977) sowie Mulkay (1979). Siehe auch die Arbeiten von Foucault aus historischer Sicht (z. B. 1975, 1977), die Arbeit von Holzner und Marx (1979) aus einer allgemeineren soziologischen Perspektive, sowie Stehr und Meja (1982) zur Frage der klassischen im Vergleich zur neueren Wissenssoziologie.

63 Eine repräsentative Auswahl solcher Studien findet sich in Lemaine, MacLeod, Mulkay und Weingart (1976). Andere Arbeiten finden sich in Mendelsohn, Weingart und Whitley (1977), besonders in Teil 1 und 2. Man vergleiche auch die Studien von Edge und Mulkay (1976), Küppers, Lundgreen und Weingart (1978) sowie Studer und Chubin (1980).

64 Ethnographien wissenschaftlicher Arbeit sind immer noch sehr selten. Zusätzlich zu den in Fußnote 43 erwähnten größeren Studien seien hier noch einige in Arbeit befindliche Vorhaben erwähnt: Jur-

dant (1979), Apostel u. a. (1979), McKegney (1979), sowie die Arbeien in Lynch u. a. (1983). Zur These, daß wir in den Sozialwissenschaften im allgemeinen und in der Wissenschaftsforschung im besonderen eine »anthropologische Wende« erleben, siehe Lepenies (1981). Siehe auch die Arbeiten von Williams und Law (1980).

65 In der Darstellung seines »starken Programms« für die Wissenschaftssoziologie hat Bloor die asymmetrische Vorgangsweise kritisiert, die darin besteht, daß soziologische Erklärungen für wissenschaftliche Artefakte und Fehlschlüsse, aber nicht für als wahr geltende wissenschaftliche Leistungen geboten werden. Siehe Bloor (1976: 141). In späteren Arbeiten kehrt Bloor zur Unterscheidung zwischen sozialen und kognitiven Ebenen in der Wissenschaft zurück, indem er die seiner Ansicht nach mit diesen Ebenen assoziierten Variablen miteinander korreliert; siehe Bloor (1978).

66 Ein ähnliches Argument in Hinblick auf die »unterstellten Normen der Wissenschaft« findet sich bei Mulkay (1976).

67 Z. B. in seinem Plädoyer für eine empirische Untersuchung traditioneller epistemologischer Probleme (1979: 4).

Anmerkungen zu Kapitel 2

1 Man vergleiche die verwandten Ideen bei Schütz (1970), auf die mich Grathoff aufmerksam gemacht hat. Barnes and Law (1976) haben die Rolle indexikalischer Begriffe in der Wissenschaft kommentiert. Siehe Bar-Hillel (1954). Grathoff verdanke ich auch den Begriff der »Ansässigkeit«.

2 Diese Beschreibung des *tinkering*-Prozesses stammt von Jacob (1977), der das Bild des *tinkerers* dazu verwendet, um die biologische Evolution als nicht-optimalen, redundanten, spielerischen Zufallsprozeß zu kennzeichnen – im Gegensatz zu einem gut geplanten systematischen Prozeß, in dem alles einen Zweck hat und nichts verschwendet wird.

3 Zur Beschreibung und Verwendung dieser Methode siehe Dunhill and Lilly (1975) und Cunningham, Cater und Mattil (1977).

4 Kinsella und Shetty (1978: 814) schreiben, daß das »breite Spektrum von Reagenzien«, das in Untersuchungen über die chemische Modifizierbarkeit der Proteine verwendet wird, »meist für den Gebrauch

mit Nahrungsmittelproteinen ungeeignet ist«. Weitere Literatur findet sich bei diesen Autoren. Eine frühere Zusammenfassung findet sich in Means und Feeny (1979).

5 Beide Tendenzen werden in der Literatur über mikrobielle Proteine und die chemische Modifizierung von Proteinen dokumentiert; Literaturangaben befinden sich in den oben erwähnten Arbeiten.

6 Siehe Goffman (1972: 63). Goffman definiert Situationen enger als ich es hier tue, als »eine Umwelt von wechselseitigen Überwachungsmöglichkeiten, worin sich ein Individuum dem nackten Sinn aller anderen, die anwesend sind, ausgesetzt findet und die es analog sich selbst ausgesetzt findet«.

7 Grathoff diskutiert das Konzept des »Milieus« in Hinblick auf eine Phänomenologie des Typischen und des Normalen, die auf Schütz und Natanson basiert; siehe auch Grathoff (1975).

8 Die meisten Studien wissenschaftlicher Organisationen untersuchen entweder die Produktivität der Wissenschaftler oder die Probleme und Schwierigkeiten, die eine bürokratische Umwelt für wissenschaftliche Aktivitäten mit sich bringt. Siehe z. B. Crane (1965), Meltzer (1965), Marcson (1960), Kornhauser (1962), Pelz und Andrews (1966, revidiert 1976), Blume und Sinclair (1973) und die Studien in Andrews (1979).

9 Die kognitive Wissenschaftssoziologie hat die Notwendigkeit betont, kognitive Faktoren in das Studium wissenschaftlicher Organisationen einzuschließen. Siehe vor allem Whitley (1975; 1977a, b; 1978). Für Hinweise darauf, daß kognitive Faktoren nicht die Rolle spielen könnten, die ihnen zugeschrieben wird, siehe Cole (1979). Evidenz für die zunehmende Aufmerksamkeit, die wissenschaftlichen Organisationen in den letzten Jahren zugewendet wird, stellen zwei internationale europäische Untersuchungen zu dem Thema dar. Eine dieser Untersuchungen, die von der Science Policy Division der Unesco in Paris koordiniert wird, wurde in mehreren anderen europäischen Ländern wiederholt. Siehe de Hemptinne und Andrews (1979) und de Hemptinne (1979). Für erste Resultate dieser Untersuchungen siehe Andrews (1979), Crawford und Perry (1976) sowie Lemaine und Lecuyer (1972). Eine Zusammenfassung der relevanten Entwicklungen in der Wissenschaftspolitik wird von Salomon (1977) gegeben. Zu der sich wandelnden Rolle der Wissenschaftler in verschiedenen Organisationskontexten siehe Ben-David (1971).

10 Ein Beispiel für ein umfassendes Argument in dieser Richtung liefert Silvermans Zusammenfassung des Standes der Organisationstheorie (1970). Zu neueren Kritiken, die für wissenschaftliche Organisatio-

nen relevant sind, siehe Callon und Vignolle (1977), de Kervasdoué und Kimberly (1977) und Knorr (1979 b).

11 Ein Teil der Gründe dafür liegt darin, daß sich die Makrosoziologie auf Aggregatdaten und zusammenfassende Statistiken stützt, wobei sie oft nicht nur die dynamischen Merkmale der *Face-to-face*-Interaktion vernachlässigt, sondern auch die Dynamik und Historizität sozialen Wandels. Verglichen mit dem simplifizierten Resultat dieser Prozedur erscheint die Mikroebene sozialen Handelns übermäßig komplex und erweckt den Eindruck, daß sie dem Zugriff wissenschaftlicher Analyse ständig entgeht.

12 Z.B. haben Studien der Organisationsaufzeichnungen von psychiatrischen Kliniken, Spitälern, Polizeistationen, Jugendgerichtshöfen und ähnlichen Institutionen gezeigt, daß diese Interpretationen in einer Serie von Charakteristiken resultieren, die Denzin (1969) wie folgt zusammenfaßt:

1. Organisationen perpetuieren sich über die Zeit, indem sie »fictitious records« generieren;
2. vergleichbare Organisationen divergieren in den Bedeutungen, die sie denselben Ereignissen zuschreiben (Geburt, Tod, Heirat, Geisteskrankheit, Verbrechen etc.);
3. die Produktion von Organisationsaufzeichnungen ist im wesentlichen ein Interaktionsprozeß, der auf Gerüchten, Tratsch, mitangehörten Gesprächen, diskrepanten Informationen und lückenhafter Buchhaltung basiert;
4. beim Zusammenstückeln von Organisationsberichten ziehen die Mitglieder routinemäßig offene Interpretationskategorien heran, um widerspenstige Fälle zu klassifizieren – das heißt, sie elaborieren und modifizieren die Bedeutung der Kategorien ständig.

Es ist klar, daß man eine sensitive Methodologie bei der Untersuchung von Organisationen braucht, um solche Verhaltensweisen sichtbar zu machen.

13 Aus offensichtlichen Gründen habe ich die Namen der Wissenschaftler in diesem und in anderen Beispielen verändert.

14 Siehe Colemans Buch *Ressources for Social Change* (1971). Das beste Beispiel einer Mobilisierung unkonventioneller (und illegaler) Macht stellt der moderne Terrorismus dar.

15 Ein Beispiel einer solchen konkreten Analyse von Macht stellt Cicourels Arbeit über Jugenddelinquenz dar, ebenso wie aus einer historischen Perspektive Foucaults jüngere Arbeiten. Siehe Cicourel (1968) und Foucault (1975, 1977). Foucaults theoretische Argumente für eine solche Machtanalyse werden in seinem Artikel »Vérité et pou-

voir« (1978) zusammengefaßt; siehe auch seine früheren Aussagen zu diesem Thema (1975: 29–33; 1977: 121–135). Ein anderes jüngeres Beispiel für den Einschluß eines Machtbegriffs in eine mikrosoziologische Analyse bietet Harré (1979).

16 Allerdings unter verschiedenen Bezeichnungen für dasselbe Phänomen. Ich habe im allgemeinen den Begriff der Indexikalität, des Opportunismus und der situationalen Kontingenz verwendet (Knorr, 1977; 1979 a, b). Andere haben auf die Wichtigkeit des Milieus verwiesen, auf lokale »Unordnung«, oder auf die umständebezogene Natur der Forschung. Siehe vor allem Latour und Woolgar (1979: 235 ff.) und die Papiere in Lynch u. a. (1983) sowie von Zenzen und Restivo (1982).

Anmerkungen zu Kapitel 3

1 Siehe Nietzsches »Über Wahrheit und Lüge im außermoralischen Sinn« in *Werke. Kritische Gesamtausgabe* (1973, Band 3, Teil 2).

2 Für eine Zusammenfassung der Metapher-Theorie der Innovation siehe Black (1962) und Schon (1963). Zur Unterscheidung zwischen Metapher und Analogie siehe Hesse (1970). Siehe auch Harré (1978). Ein Überblick über gegenwärtige Diskussionen der philosophischen, kognitiven und semantischen Aspekte von Metaphern findet sich in »Special Issue on Metaphor«, *Critical Inquiry*, 5 (1978). Für eine implizite Kritik siehe Restivo (1978).

3 Das Beispiel findet sich zitiert in Hesse (1970, z. B. 167).

4 Trotz zahlreicher Forderungen nach einer Definition hat sich der Begriff der Ähnlichkeit als äußerst resistent gegenüber präzisen Explikationsversuchen erwiesen. Definiert man die Ähnlichkeit zwischen zwei Objekten durch die Anzahl der Eigenschaften, die sie gemeinsam haben, so gelangt man zu dem unangenehmen Ergebnis, daß Objekte beliebiger Art als gemeinsame Mitglieder derselben Oberklasse angesehen werden können. Mengentheoretische Definitionen, die davon ausgehen, daß alle Mitglieder einer Menge einander ähnlicher sind als Elemente außerhalb der Menge, stoßen sich am Goodmanschen Problem der »imperfect community«. Zwar würden alle roten runden Dinge, roten hölzernen Dinge und runden hölzernen Dinge der Definition entsprechen, wir würden jedoch nicht runde Eßtische und rote Gummibälle als Mitglieder des gleichen Sets

auffassen wollen. Eine ausführliche Diskussion dieses Problems bieten Quine (1969, Kapitel 5) oder Goodman (1966: 163 ff.). Nach Quine liegen Ähnlichkeitsklassifikationen einer Reihe weiterer Konzepte zugrunde. So können etwa die Begriffe der Induktion, der Kausalität und der Reaktionsdisposition alle über Ähnlichkeitsklassen definiert werden; siehe Quine (1969: 125 ff. und 144 ff.).

5 Vgl. Hesse (1974, Kapitel 1). Hesse analysiert die Beziehung zwischen Theorie und Beobachtung aus der Perspektive einer Ähnlichkeitslogik, die keine Definition dessen erfordert, worin eine primitive Ähnlichkeit zwischen den Eigenschaften zweier Objekte besteht.

6 Eine Zusammenfassung dessen, was die kognitive Psychologie über die Interaktion zwischen Theorie und Daten in der Wissenschaft zu sagen hat, findet sich in deMey (1983).

7 Zur allgemeinen Frage von Bedeutungsverschiebungen und insbesondere zum Wandel des Grades von »entrenchment« der Begriffe des Primärerkennens in der Alltagssprache siehe Hesse (1974: 14 ff.). Nach Hesses Ansicht ist Ähnlichkeit sowohl »einfach, aber gleichzeitig auch komplex, da sie in verschiedenem Ausmaß auftritt und Paare von Objekten in bezug auf verschiedene Eigenschaftsdimensionen in Verbindung setzt«. Siehe S. 67.

8 Siehe Koestler (1969) zur weiteren Erläuterung dieser Ideen.

9 Siehe Gombrich (1960) zur Frage, was es bedeutet, etwas als etwas zu sehen, und zur Notwendigkeit, eine Institution des Sehens vorauszusetzen. Zur Frage bildlicher Repräsentationen und deren Ähnlichkeit mit dem Original siehe Goodman (1968).

10 Der Begriff der »Übertragung von Begriffen« wurde von Schon eingeführt und von Mulkay für die Übertragung von Ideen gebraucht, die zustande kommen kann, wenn Wissenschaftler ihre »Forschungsnetzwerke« wechseln. Sowohl Schon als auch Mulkay identifizieren den Begriff der Übertragung von Begriffen mit der metaphorischen Erweiterung von Ideen, wiewohl Mulkays Beispiele, wenn ich sie recht verstehe, buchstäbliche und nicht figurative Ähnlichkeiten beinhalten. Vermutlich wirkt sich hier Schons Tendenz aus, Metapher und Analogie im allgemeinen miteinander zu identifizieren. Siehe Schon (1963) und Mulkays Arbeit »Conceptual Displacement and Migration in Science« (1974). Ein anderes Beispiel einer konzeptuellen Übertragung liefert Krohn (1977).

11 Siehe Cooper (1966: 229).

12 In diesem Zusammenhang erscheint Smalls klassische Definition von Interesse als »unsatisfied capacity« treffend (1905: 433).

13 Siehe Callon, Courtial und Turner (1979).

14 Vgl. Cooper (1966: 230). Albert Wood findet sich in der unangenehmen Situation, eine »Innovation« zustande bringen zu müssen, die er bereits in der Öffentlichkeit angekündigt hat, aber keineswegs bereits ausgearbeitet hat. Im Buch heißt es: »Albert hatte zwei Dinge gegen sich; erstens, daß er nicht einfach darauf warten konnte, bis bei ihm der Funken zünden würde – er mußte selbst den Funken zünden; und zweitens, daß seine Versessenheit nicht ihren natürlichen Verlauf nehmen konnte – die Komplettierung und Perfektion (der Innovation) mußte in zwei Monaten erreicht werden, wenn nicht früher.«

15 Ich beachte hier nicht weiter die Frage, ob irgendein Resultat wissenschaftlicher Forschung je einmütig als »Innovation« anerkannt wird.

16 Ich entnehme dies der persönlichen Mitteilung von Gruppenmitgliedern, die gegenwärtig (1979) auf dem Gebiet arbeiten und die Bedenken über den Gebrauch der toxischen Komponente entwickelt haben, die in Kapitel 2 in dem Abschnitt über die Oszillation von Entscheidungskriterien erwähnt wurde. Man beachte, daß die Methode der Proteingewinnung aus dem Zellsaft, die ich hier erwähne, *nicht* dieselbe ist, wie die im obigen Abschnitt erwähnte Methode; es handelt sich vielmehr um eine Neuentwicklung, die im Jahre 1978/79 aufgenommen wurde.

17 Andere Elemente, die zur Popularität von Analogien und Metaphern im rhetorischen Diskurs beitragen, bleiben hier unerwähnt, so etwa das figurative Element der Abbildung einer konkreten bildlichen Vorstellung.

18 Siehe Lakatos (1970).

Anmerkungen zu Kapitel 4

1 Repräsentative Aussagen in bezug auf diese Annahme finden sich bei deSolla Price (1970) oder Cole und Cole (1973). Ein neueres Beispiel liefert deSolla Price (1979), der eine Übersicht über eine Reihe von bibliometrischen Parametern gibt. Zur Kritik von Zitationsstudien siehe Chubin und Moitra (1975) und Edge (1979).

2 Siehe z. B. Small und Griffith (1974), Mullins u. a. (1977) oder Sullivan, White und Barboni (1977).

3 Zur Konzeption solcher Netze siehe Mulkay, Gilbert und Woolgar (1975). Zur Untersuchung von Argumentationsmustern siehe Böhme

(1975). Zum Versuch, Wissenschaftlergemeinden anhand von Kommunikationsmustern zu identifizieren, siehe die oben genannten Zitationsstudien.

4 Siehe Crane (1972), Gaston (1973, 1978) oder Studer und Chubin (1980).

5 Zitationsstudien beginnen meist mit einer Umschreibung eines Forschungsgebietes und einer Auswahl entsprechender Literatur durch den Sozialwissenschaftler. Die dabei involvierte Willkür wurde unter anderem von Woolgar (1976 b) kritisiert. Umgekehrt ist es schwer vorstellbar, wie man eine gewisse anfängliche Willkür vermeiden kann.

6 Siehe Whitley (1978: 427) und Edge (1979).

7 Dies führt zu einem Konfliktmodell der Wissenschaftlergemeinde. Bourdieu sieht das wissenschaftliche Gebiet als Ort eines Kampfes um die Monopolisierung wissenschaftlichen Kapitals (1975 a). Dazu mehr in den nächsten Abschnitten. Für ein nicht-ökonomisches Modell, in dem wissenschaftliche Reputation eine Steuerungsrolle übernimmt, siehe Luhmann (1968, wieder abgedruckt in Luhmann 1971).

8 Siehe Merton (1957, 1968). Eine ausführliche Übersicht über die Verwendung der Wettbewerbsidee in der jüngeren Wissenschaftssoziologie findet sich in Callon (1975: 105 ff.).

9 Die klarste und geschlossenste Darstellung dieses Modells findet sich in einem nicht publizierten Papier von Latour (1979). Siehe auch Latour und Woolgar (1979) und Williams und Law (1980).

10 Mir ist nur mein eigener Adaptionsversuch bekannt (1977), in dem ich versucht habe, die konstruktivistische Interpretation der Wissenschaft mit dem Begriff des Erfolgs als Steuerungsprinzip des Labors und Bourdieus Konzept eines wissenschaftlichen Gebiets zu verbinden.

11 Einen ausgefeilteren Ansatz stellt zum Beispiel Rossi-Landis Versuch (1975) dar, die kapitalistische Metapher auf die Produktion von Sprache anzuwenden.

12 Im Gefolge der frühen Arbeiten von Simon (1945) wurden rationalistische Modelle von Entscheidungshandeln immer mehr durch alternative Konzeptionen ersetzt. Siehe z. B. March und Simon (1958) sowie in jüngster Zeit March und Olsen (1976).

13 Das Habitus-Konzept wird in Bourdieus Theorie gesellschaftlicher Praxis dargestellt (1972). Siehe insbesondere Kapitel 2 der englischen Übersetzung (1977), die in mehrfacher Hinsicht revidiert wurde.

14 Siehe dazu nochmals Goffmans Arbeit *The Neglected Situation* (1972: 63).

15 Siehe z.B. Latour und Woolgar (1979: 207). Die ursprüngliche Frage der Autoren lautet allerdings »Was *motiviert* die Wissenschaftler?« (189). Ich halte dies für eine der Inkonsistenzen, die sich ergeben, wenn man Konzepte, die sich auf Individuen beziehen, auf der Makroebene anzuwenden sucht.

16 Die Aussage stammt aus Harveys Interviews mit Physikern (1980: 145, 147) sowie aus der Beschreibung, die der Physiker Bahcall von seiner Kooperation mit Davis gibt (Pinch, 1980: 92).

17 Für eine detaillierte Diskussion dieser Besonderheiten wissenschaftlicher Tätigkeit siehe Engelhardt und Hoffmann (1974).

18 Die Unterscheidung zwischen Hand- und Kopfarbeit ist zentral für die Arbeiten von Sohn-Rethel (1972; 1973; 1975).

19 Die Literatur hierzu ist zahlreich; viele Analysen der Industriegesellschaft gehen auch auf die Rolle von Wissenschaft und Technologie ein. Die neueren Diskussionen wurden durch die Arbeiten der Frankfurter Schule (Marcuse, Habermas) sowie des Althusser-Kreises in Paris stimuliert. Gouldner (1976) faßt einige wichtige Aspekte dieser Diskussion zusammen.

20 Das ist anscheinend Sohn-Rethels Position (1972). Siehe auch Engelhardt und Hoffmanns Zusammenfassung verschiedener Ansätze zu dieser Fragestellung (1979) sowie die neuere Diskussion zum Thema Technologie und Macht in Ullrich (1979) und in Böhme und Engelhardt (1979).

21 Man vergleiche die ausführliche Diskussion in Lange (1972). Eine Zusammenfassung relevanter Fragestellungen und Probleme bietet Young (1977); einzelne Thesenpapiere finden sich in Rose und Rose (1976).

22 Siehe dazu Gouldners Auffassung zur Situation der Intellektuellen (1979) oder die neuere französische Diskussion über die Rolle der Intellektuellen in der Gesellschaft, die sich in einer Sondernummer der Zeitschrift *L'Arc* (1978) findet, die Beiträge von Foucault und Touraine enthält.

23 Siehe Sohn-Rethel (1975), insbesondere 85 ff. und 93. In der Einleitung des Herausgebers wird Sohn-Rethel dafür kritisiert, zwar eine formale Übereinstimmung zwischen der Warenzirkulation und wissenschaftlichen Konzepten gezeigt zu haben, nicht aber eine kausalgenetische Erklärung des Ursprungs dieser Konzepte.

24 Zur *emic*- versus *etic*-Diskussion in der Anthropologie sowie insbesondere zum emischen Standpunkt siehe Sturtevant (1964: 101 ff.).

25 Siehe Harrés Diskussion taxonomischer Kollektive in Knorr-Cetina und Cicourel (1981: Kap. 4).

26 Siehe dazu in derselben Arbeit die Abschnitte über makrosoziale Konzepte als rhetorische Instrumente (ibid.: 148 ff. und 156 ff.).

27 Es gibt allerdings auch einige Argumente, die über die Wissenschaftlergemeinde hinaus auf konkrete Interaktionen zwischen verschiedenen gesellschaftlichen Gruppierungen verweisen. Den Staat, die Privatindustrie und die Wissenschaft verbindet solcherart Hirsch (1971: 247 ff.). Ähnliche Zusammenhänge werden von Hughes (1979) aufgezeigt, der einen Systemansatz verwendet. Auch der Begriff der »hybrid community«, auf den Weingart mich aufmerksam gemacht hat, versucht eine solche konkrete Interaktionsgemeinschaft zwischen Wissenschaftlern und Politikern zu spezifizieren. Zur Kritik des Zitationsansatzes bei der empirischen Definition von Wissenschaftlergemeinden siehe nochmals Edge (1979).

28 Dies ist einer von wenigen, aber wichtigen Unterschieden zwischen der hier vertretenen Anthropologie/Ethnographie des Wissens und der in jüngster Zeit vor allem durch Barnes wiederbelebten Wissenssoziologie. Repräsentative Aussagen darüber, daß das Erklärungsmodell im letztgenannten Ansatz auf der Ebene der Gesellschaftsstruktur ansetzt, finden sich in Barnes (1977: 61) und Bloor (1976). Ich beeile mich hinzuzufügen, daß meine Zurückweisung des Begriffes der Wissenschaftlergemeinde für Fragestellungen wie die hier vorliegende mit dem wissenssoziologischen Ansatz nicht nur kompatibel ist, sondern die wissenssoziologische Perspektive auch abstützt und untermauert.

29 Die Schwierigkeit für den Makrotheoretiker ist, den Reifikationsvorwurf zu vermeiden; die Schwierigkeit für den Mikrotheoretiker liegt darin, den Vorwurf des Subjektivismus und Idealismus zu umgehen. Allerdings ist hier nicht der Ort, in eine Diskussion dieser haarigen alten philosophischen Fragestellungen einzutreten. Es mag genügen, darauf hinzuweisen, daß diejenigen, die sich zu einem schamlosen Empirismus bekennen, ihre Makrokonstruktionen irgendwie auf eine Mikrobasis stellen müssen. Wie soll man sonst Makroaussagen rechtfertigen, wenn nicht dadurch, daß man sie letztlich auf die Mikroepisoden zurückführt, aus denen die Alltagswelt besteht?

30 Dem liegt die Idee zugrunde, daß gemeinsame Merkmale wie eine gemeinsame Kultur oder eine gemeinsame Sprache von den *Interaktionen* derer abhängen, die sie teilen. Sie resultieren somit aus dem, was zwischen den Beteiligten übertragen und dadurch erneuert wird. Wie Bloomfield bereits im Jahre 1933 beobachtete, sind »die wichtigsten Sprachunterschiede innerhalb einer Gemeinde auf Unterschiede in der Kommunikationsdichte zurückzuführen«. Was für die Sprache

gilt, das gilt sicherlich auch für andere Aspekte der Kultur. Siehe Bloomfield (1933: 46).

31 Siehe Barnes (1977: 16, 30, 81) und Bourdieu (1975).

32 Siehe Pickerings Beitrag in Knorr, Krohn und Whitley (1980: 107 bis 138).

33 Dies ist der zweite größere Unterschied zwischen der Anthropologie/Ethnographie des Wissens, wie sie hier vertreten wird, und dem »interest model« der Wissenssoziologie. Nun behaupte ich nicht, daß man soziales Handeln nicht naturalistisch über Interessenbegriffe erklären kann; im Alltag tun wir dies letztlich ständig. Aber solche Erklärungen sollten irgendwie mit den Problemen zu Rande zu kommen versuchen, daß a) die eigenen Interessen für die Beteiligten selbst oft nicht offensichtlich sind; b) daß Interessen wie andere Phänomene im sozialen Handeln erzeugt und verhandelt zu werden scheinen, statt einfach zu »existieren«; c) daß »objektiv« zugeschriebene und »subjektiv« wahrgenommene Interessen nicht immer übereinstimmen; was heißt, daß d) die Frage entsteht, wer jemandes Interessen legitimerweise identifizieren darf und mit welcher Begründung. Wiewohl einige dieser Fragen und auch andere in marxistischen Interessenmodellen in bewundernswerter Weise aufgegriffen wurden, so sind sie doch sicherlich von ihnen nicht gelöst worden. Eine etwas abweichende Kritik des »interest models« bietet Woolgar (1981). Zur Illustration des »interest models«, das trotz dieser Schwierigkeiten Anregung zu mehreren interessanten Fallstudien gegeben hat, siehe nochmals Barnes (1977), den in Fußnote 32 erwähnten Beitrag von Pickering sowie Barnes und Mac Kenzie (1979) sowie Shapin (1979 a; 1979 b).

34 Das folgende Beispiel entnehme ich der Beobachtung von und Interviews zu Laborarbeiten, die gegenwärtig – zwei Jahre nach Abschluß der hier veröffentlichten Studie – durchgeführt werden. Den hier verwendeten Begriff »transepistemisch« verdanke ich Sal Restivo.

Anmerkungen zu Kapitel 5

1 Dies wird zum Beispiel von Hofstadter (1955) behauptet, der den Unterschied zwischen der wissenschaftlichen Verwendung der Sprache und der Sprache in der Kunst untersuchte. Neuere Analysen sozialwissenschaftlicher und philosophischer Schriften finden sich

bei Silverman (1974), Bourdieu (1975 b) und Gusfield (1976). Vgl. auch Stehr und Simmons (1979), die sich auf einer allgemeineren Ebene mit Diskursstrukturen beschäftigen, sowie Woolgar (1976 a) und O'Neill (1984), die einige Produktionsmerkmale historischer Arbeiten untersuchen. Vgl. auch Lepenies (1978) zum Schreiben von Wissenschaftlern sowie zur Überwinterung psychologischer Traditionen in der öffentlichen Literatur.

2 Untersuchungen naturwissenschaftlicher Papiere sind noch selten; siehe Latour und Fabbri (1977), Bastide (1984) sowie meine eigene Greimas'sche Analyse des hier untersuchten Papiers (Knorr und Knorr 1978). Mullins (1977) faßt einige in naturwissenschaftlichen Papieren verwendete rhetorische Ressourcen zusammen, und O'Neill und Lynch sowie Morrison beschäftigen sich mit methodologischen Fragen hinsichtlich naturwissenschaftlicher Texte. Die letzten beiden Arbeiten erscheinen in einem von O'Neill herausgegebenen Sammelband über die Analyse wissenschaftlicher Texte (1984). Siehe auch Gilbert und Mulkay (1980), Woolgar (1980) sowie Bazerman (1979).

3 Eine Zusammenfassung dieser literarischen Strategien findet sich bei Bourdieu (1975 b).

4 Eine Untersuchung des Stils wissenschaftlicher Arbeiten findet sich bei Aaronson (1977).

5 Obwohl die Publikation wissenschaftlicher Arbeiten in Zeitschriften bereits vor ca. 300 Jahren begann, als das *Journal des Scavans* und die *Philosophical Transactions* im Jahre 1665 gegründet wurden, erfolgte die Standardisierung wissenschaftlicher Papiere nach Roy MacLeod (schriftliche Mitteilung) erst ab dem Ende des letzten Jahrhunderts. Klarerweise erlaubt auch die heute vorgefundene Standardisierung noch einige Freiheitsgrade. Das ergibt sich aus den Debatten der Wissenschaftler darüber, wie etwas zu Papier zu bringen sei, je nach der von ihnen gewählten Zeitschrift.

6 Cicourel hat wiederholt auf die Wichtigkeit dieses Punktes in Hinblick auf soziologisches »Berichten«, zum Beispiel durch Interview- und Fragebogendaten, hingewiesen (etwa 1974). Siehe auch die entsprechenden Argumente in seiner Arbeit über Diskurs und Text (etwa 1975).

7 Bourdieu (1975 b: 4–8).

8 Persönliche Mitteilung.

9 Ich kenne nur ein zu dieser Frage publiziertes Papier, das das Problem auf einer allgemeinen theoretischen Ebene abhandelt; siehe Gilbert (1976).

10 Eine neuere Literaturübersicht, in der die Idee kritisiert wird, daß wissenschaftliche Kommunikation über quantitative Zitationsmaße verstanden werden kann, und die andere kommunikationstheoretische Ansätze darstellt, findet sich bei Edge (1979). Diskursanalytische Modelle existieren nur wenige, und sie sind im vorliegenden Fall von wenig Nutzen. Das Modell der *account analysis* betrachtet Diskurse, die Handlungen vorausgehen, sie begleiten und auf sie folgen als »zu dem Zweck produziert, das zweifache Ziel der Verständlichkeit und Rechtfertigbarkeit zu sichern« (Harré 1977: 291). Das dramaturgische Modell wird am besten durch Gusfields Untersuchung eines sozialwissenschaftlichen Textes illustriert (1976). Es stützt sich auf literaturkritische Vorgehensweisen, um die in dem sozialwissenschaftlichen Text aufgebaute dramatische Spannung und deren Auflösung zu untersuchen. Das dramaturgische Modell ähnelt in mancher Hinsicht dem strukturalen Modell narrativer Diskurse, das von Propp für russische Märchen (1968) entwickelt wurde und von Greimas modifiziert wurde. Die beste Einleitung zu Greimas' Ansatz findet sich bei Greimas und Landowski (1979). Siehe auch Greimas und Courtés (1979). Sowohl der dramaturgische Ansatz als auch der strukturale Ansatz eignen sich zur Analyse einiger Teile des wissenschaftlichen Papiers, aber nicht aller Teile. Greimas reduzierte Propps detaillierte Klassifikation der Handlungsfunktionen des Märchens auf eine Kernstruktur, die aus der Transformation eines Bedürfnisses durch den Transfer eines für wertvoll angesehenen Objekts von einem Sender zu einem Adressaten besteht, und zwar durch ein Subjekt, dem von einem Helfer geholfen wird und das ein Opponent zu hindern versucht. Die Kernstruktur der Bedürfnistransformation läßt sich auch in der *Einleitung* des wissenschaftlichen Papiers feststellen; sie scheint jedoch unangemessen für die Analyse der anderen Teile des Papiers. Dasselbe gilt für den Begriff der dramatischen Spannung und dessen Auflösung innerhalb der dramaturgischen Metapher.

11 Vollständig heißt hier, daß das Forschungsvorhaben innerhalb der Beobachtungsperiode begonnen wurde und daß ich seinen Verlauf bis zur Abfassung eines wissenschaftlichen Papiers und darüber hinaus beobachten konnte.

12 Womit entsprechendes Ansehen im Forschungszentrum und außerhalb verbunden war.

13 Siehe Pickering (1980: 27 f.).

14 Damit meine ich nicht, daß in den in Frage stehenden Sätzen jeweils *nur* etwas über Quantität oder Qualität ausgesagt wird. Selbst wenn

andere Inhalte im Vordergrund zu stehen scheinen, verweisen die Argumente jedoch auf quantitative (zum Beispiel ökonomische) Aspekte. Siehe etwa die Z. 38 bis 41, in denen alternative Verfahrensweisen durch Verweis auf eine über diese Methoden durchgeführte *ökonomische* Analyse eingeführt werden.

15 Gusfields Behauptung, daß sich die dramatische Handlung des (in seinem Fall sozialwissenschaftlichen) Papiers durch den gesamten Text hindurch entwickelt, wird hier nicht bestätigt. Im vorliegenden Fall und in anderen naturwissenschaftlichen Papieren, die ich untersucht habe, kann die dramatische Metapher vernünftigerweise nur auf die *Einleitung* angewendet werden. Siehe Gusfield (1976). Die Erklärung kann im unterschiedlichen Schreibstil der Sozial- und Naturwissenschaften liegen.

16 Siehe Lacan (1966: 11–61). Bourdieu hat dasselbe Muster in Heideggers Schriften festgestellt; siehe Bourdieu (1975 b: 115).

17 Interessanterweise zeigt ein neuerer Vergleich der *Notebooks* Wittgensteins mit dem *Prototractatus* und dem *Tractatus* ein ähnliches Durcheinandermischen und Neuordnen der ursprünglichen Aussagen in der Endfassung. Siehe Pavicić (1977).

18 Nach Bourdieu (1975 b).

19 Der Version 4 des Papiers geht eine handschriftliche Wiedergabe der Inhalte einiger Tabellen und Abbildungen (Version 1) voraus, die später zum Kern von *Ergebnisse und Diskussion* des Papiers wird. Ihr folgt eine zweite Version, die eine maschinengeschriebene Ergänzung des *Methoden*-Teiles enthält, ebenso eine *Einleitung* und eine Titelseite sowie kurioserweise eine verkleinerte Version des vorhergehenden *Ergebnis*-Teiles. In Version 3 erscheinen diese Informationen weiter ergänzt; sie stellt die erste von einer Sekretärin geschriebene Fassung dar. Die vierte und vom Autor korrigierte Fassung ist die erste Fassung, die das Büro des ursprünglichen Autors verlassen hat und an andere Wissenschaftler weitergeleitet wurde.

20 Zur allgemeinen Diskussion von Konversationsimplikationen sowie zur Diskussion der Relevanz von Diskursbeiträgen siehe Grice (1975).

21 Keiner der Autoren war meines Wissens während der Abfassung des Papiers der Meinung, daß das Welternährungsproblem ein Proteinproblem sei. Tatsächlich gab die dem Erstautor vorgesetzte Mitautorin mehrmals ihre Bedenken an. Diese Bedenken haben die Autoren jedoch nicht gehindert, das Protein im Papier als Ressource zu propagieren.

22 In einigen Ländern werden Industrien, die ihre Rückstände in öffent-

liche Gewässer entleeren, gesetzlich gezwungen, das Protein aus diesen Rückständen zu entfernen, weil es zu Umweltschäden führen kann.

23 Man vergleiche hier die Analyse eines Papiers in der Grundlagenforschung (Bastide, 1984). Bastide zeigt die Entwicklung neuer semiotischer Objekte aus der progressiven Transformation biologischer Phänomene von einem Stadium konzeptueller Möglichkeit bis zu deren erwiesener Existenz auf.

Anmerkungen zu Kapitel 6

1 Die einzige Bezugnahme auf diese Bemühungen findet sich in einem handschriftlichen Zusatz zur S. 10 der ersten Version des Papiers (siehe Anhang 1). Darin heißt es: »Der Eisengehalt dieses Konzentrates könnte auf 1 % Fe (dm) reduziert werden.« Der Zusatz hat die späteren Modifikationen des Papiers nicht überlebt.

2 In der Theorie narrativer Strukturen wird dieser Begriff für Beschreibungen verwendet, in denen sich alle Sätze auf die Durchführung einer Handlung beziehen. Eine vollständige Handlungsbeschreibung umschließt Intentionen, Ziele, Begründungen, Verfahrensweisen etc. Siehe van Dijk (1974: 29, 41).

3 Wiewohl diese Interessen mit den in Kapitel 4 beschriebenen Entscheidungsübersetzungen des Labors in Verbindung stehen und für die Art der erhaltenen Resultate daher relevant sind.

4 Verglichen mit den detaillierten Notizen eines Beobachters. Klarerweise gibt es kein absolutes Ende der Geschichte, die man über das Laborgeschehen erzählen könnte.

5 Ich verwende den Begriff, um die private Auseinandersetzung eines Autors mit einer Reihe von Charakteren zu umschreiben, die dazu tendieren, sich auf einen einzigen Widersacher, der in dieser Rolle nirgends offiziell aufscheinen mag, zu reduzieren.

6 Zitiert in Edge (1979: 131).

7 Eine Handlungslogik, die für schriftliche Darstellungen relevant ist, findet sich bei van Dijk (1974). Siehe Collins (1974, 1975) zum Begriff *tacit knowledge*.

8 Der interessierte Leser sei auf einige alte relevante Artikel verwiesen, die von den Wissenschaftlern gelegentlich noch zitiert werden. In

ihnen finden sich sehr ausführliche Erzählungen darüber, was im Labor passiert ist. Siehe z. B. Thomas (1909) oder Hindhede (1913).

9 Man vergleiche z. B. die »Perversion« von Regeln durch deren Anwendung (siehe die Beispiele in Kapitel 2) sowie die kontinuierliche Neuauslegung und Modifikation von Gesetzen am Ort der Gesetzesanwendung. Cicourels Studie jugendlicher Delinquenten (1968) illustriert derartige Gesetzes-»Perversionen« durch die Polizei.

Anmerkungen zu Kapitel 7

1 Jüngste Beispiele derartiger Kontroversen bieten der Disput zwischen dem Behavioristen Harris (1968) und der kognitiven Anthropologie sowie Gellners Anklagen gegen die Ethnomethodologie als eine neue Form kalifornischen Idealismus – in Einklang, wie es scheint, mit seinen früheren Polemiken gegen Winch (1973). Siehe auch Gellner (1980).

2 Die am weitestgehende Kritik dieser Position innerhalb der Wissenschaftssoziologie stammt von Bloor (1976).

3 Übrigens gilt nach Suppe (1974: 196) keineswegs, daß die Positionen, die der naturwissenschaftlichen Methode symbolischen Charakter zuschreiben, indem sie zum Beispiel eine Bedeutungsvarianz ihrer Beobachtungsterme unterstellen, damit notwendigerweise auch schon auf idealistische oder skeptizistische Konsequenzen verpflichtet wären. Auch die hier vertretene Position ist nicht auf derartige Konsequenzen verpflichtet.

4 Siehe dazu zum Beispiel Giddens' Zusammenfassung (1974) über den Positivismusstreit in der Soziologie.

5 Giddens (1976: 155 ff.) gibt eine Übersicht über einige dieser Resultate, allerdings nur, um in der Folge weiterhin einen entsprechenden Unterschied zwischen Natur- und Sozialwissenschaften zu postulieren.

6 Siehe dazu zum Beispiel Krohn (1972), Mendelsohn (1977) und die in Band 1 und 4 des *Sociology of the Sciences Yearbook* von Mendelsohn, Weingart und Whitley (1977) und von Knorr, Krohn und Whitley (1980) sowie die von Knorr-Cetina und Mulkay (1983) herausgegebenen Arbeiten. Insbesondere die letztgenannten Bände enthalten Arbeiten über den Forschungsprozeß.

7 Siehe dazu die Schlußfolgerungen von O'Neill (1979).

8 Beispiele für solche Diskussionen sind in Harré und Secord (1972), in Filmer u. a. (1972) oder in Giddens (1976) zu finden. Einige grundlegende Arbeiten aus dem Bereich der Philosophie sozialwissenschaftlicher Erklärung finden sich in Ryan (1973).

9 Ich verwende den Begriff der Hermeneutik in diesem allgemeinen Sinn und nicht im Sinne einer spezifischen Methode, die etwa mit der Phänomenologie oder mit semiotischen Verfahren der Textanalyse zu kontrastieren wäre.

10 Zitiert in Habermas (1971: 180). Siehe auch Band 5 von Diltheys *Gesammelten Schriften* (1913–58).

11 Zur Diskussion von Korrespondenzregeln siehe Nagel (1961).

12 Siehe Quine (1969: 69 ff.) und Lakatos (1970: 99).

13 Zum Beispiel Taylor (1976: 164).

14 Siehe Hanson (1958), Toulmin (1961, 1972) und Kuhn (1970). Siehe auch Bohm (1957). Hanson analysierte historische Fallbeispiele in Begriffen von Gestaltumkehrungen, Toulmin unterstellt ein Mutationsmodell wissenschaftlicher Theorien, und Kuhn propagiert die These von der Inkommensurabilität theoretischer Paradigmen.

15 Hesses Arbeit *The Structure of Scientific Inference* (1974) beginnt mit der Annahme, daß auch das Primärerkennen keine stabile und unabhängige Liste primitiver Beobachtungsprädikate liefert. Sneed (1971) behandelt das Problem der Inkommensurabilität zweier Theorien als Problem vorausgesetzter inkommensurabler Theorien. Stegmüllers Auffassung vom Problem der Theoriegeladenheit wissenschaftlicher Beobachtung ist in seiner Arbeit »Rationale Rekonstruktion von Wissenschaft und ihrem Wandel« (1979: 27 ff.) zu finden.

16 Siehe Habermas' Essay über die Sozialwissenschaften (1970 a) und seine Arbeit *Erkenntnis und Interesse* (1971). Eine Weiterentwicklung seiner Auffassungen findet sich in seinen späteren Arbeiten (zum Beispiel 1976 a; 1976 b). *Erkenntnis und Interesse* enthält jedoch Habermas' ausführlichste Darstellung seiner Auffassungen über die Natur- und technologischen Wissenschaften. Ich werde mich in der Folge daher hauptsächlich auf diese Arbeit berufen.

17 Siehe Marcuse (1973: 11 ff.).

18 Habermas (1971: 36 ff. und Teil 3: 234 ff.).

19 In der ursprünglichen Formulierung von »Wissenschaft und Technik als ›Ideologie‹« wird Arbeit entweder als instrumentales Handeln oder als rationale Wahl oder als deren Kombination verstanden. In *Erkenntnis und Interesse* scheint das instrumentale Handeln ein Element zielorientierter rationaler Wahl einzuschließen. In seinen späteren

Arbeiten (1976a; 1976b) sieht Habermas eine detailliertere Klassifikation von Handlungstypen vor. Er stellt dem instrumentalen Handeln das soziale Handeln gegenüber, wobei letzteres symbolisches Handeln, kommunikatives, verständigungsorientiertes Handeln und strategisches, erfolgsorientiertes Handeln, das einem utilitaristischen Modell zielgerichteter rationaler Wahl entspricht, einschließt. Habermas weist darauf hin, daß seine früheren Analysen von Arbeit und Interaktion die allgemeinsten Differenzierungsmerkmale instrumentalen und sozialen (oder kommunikativen) Handelns noch nicht adäquat wiedergegeben haben. Die grundlegende Dichotomie, nach der den Natur- und technologischen Wissenschaften instrumentales Handeln zugeschrieben wird, wird jedoch offenbar aufrechterhalten.

20 Habermas (1971: 219, 222).

21 Habermas (1970b; siehe auch 1971: 241ff.). Der Ausdruck »transzendental« bezieht sich hier auf die Form der von den Wissenschaftlern produzierten Erkenntnis, im Gegensatz etwa zum Inhalt dieser Erkenntnis oder zu den subjektiven Intentionen der Wissenschaftler.

22 Peirce verwendet das Beispiel der Härte des Diamanten. Das Prädikat der Härte konstituiert sich in Hinblick auf das Reiben anderer Steine gegen den Diamanten. Die Härte des Diamanten ist zwar unabhängig von diesem Reiben, dennoch können wir Attribute wie »Härte« nur in Hinblick auf deren mögliche instrumentelle Realisierung zuschreiben. Siehe Peirce (1931–35, Band 5: 457 und Band 7: 340).

23 Habermas (1971: 237–38).

24 Ich beziehe mich hier auf Heideggers Auffassungen in *Sein und Zeit* (1963). Ein gut Teil meines Verständnisses der Heideggerschen Ideen verdanke ich Hubert L. Dreyfus' Interpretation von Heideggers existentialer Phänomenologie, dargestellt in Seminaren der University of California, Berkeley, 1977.

25 Zu Heideggers existentialer Konzeption der Wissenschaft siehe etwa Teil 1, Abschnitt 1, Kapitel 6 von *Sein und Zeit* (1963).

26 Habermas leitet seine Konzeption instrumentalen Handelns von Peirce ab. Siehe besonders 1971: 116ff.

27 Heidegger stellt in Frage, daß es möglich oder wünschenswert ist, die impliziten Annahmen, die den Hintergrund ausmachen, auf dessen Basis Wissen erworben werden kann, explizit zu machen. Er radikalisiert die pragmatische Philosophie, indem er den involvierten praktischen Gesichtspunkt für grundlegender ansieht als die theoretische, abstrahierende Perspektive. Und er betont den sozialen Kontext anstelle des Individuums, wenn er (wie Wittgenstein) feststellt, daß philosophische Probleme nur über eine Rückkehr zur Analyse der

sozialen Alltagspraxis gelöst werden können. In ihrer Hinwendung zum Pragmatismus und ihrer Betonung der Hermeneutik weisen Heidegger und Habermas weitgehende Ähnlichkeiten auf.

28 Die er in seinen neueren Schriften in Begriffen der Searleschen Sprechakttheorie analysiert; siehe Searle (1969).

29 Daß diese Trennung zwischen sozialen und technischen Aktivitäten selbst problematisch ist, geht unter anderem aus Kapitel 1.12 hervor.

30 Siehe Dilthey (1913–58, Bd. 5: 143) und Habermas (1971: 184) für diese Zitate.

31 Die Idee einer doppelten Hermeneutik und die Auffassung von Konstrukten der ersten und zweiten Ebene geht auf Schütz zurück. Siehe Giddens (1976: 153 ff.).

32 Siehe besonders Harré (1970) und Harré und Madden (1975).

33 Siehe Bhaskar (1978: 105).

34 Die letztgenannte Bestimmung findet man häufiger in Diskussionen über die Anwendungsprobleme der Sozialwissenschaften als in epistemologischen Debatten. Siehe zum Beispiel Lazarsfeld und Reisz (1975). Die These scheint auf Fehlvorstellungen hinsichtlich der Naturwissenschaften zu basieren; das Problem der Technologie ist es ja gerade, Wissen zu entwickeln, das einem bestimmten Handlungsfeld *adäquat* ist.

35 Siehe Bhaskar (1978: 92).

Literaturverzeichnis

Aaronson, S. (1977), »Style in Scientific Writing«, in: *Current Contents. Life Sciences 20:* 6–15

Agassi, J. (1973), »Methodological Individualism«, in: J. O'Neill (Hg.), *Modes of Individualism and Collectivism*, London: Heinemann.

Andrews, F. (Hg.) (1979), *Scientific Productivity. The Effectiveness of Research Groups in Six Countries*, Cambridge, England: Cambridge University Press und Paris: UNESCO.

Anscombe, G. E. (1971), *Causality and Determination*, Cambridge, England: Cambridge University Press.

Apostel, L. u. a. (1979), »An Empirical Investigation of Scientific Observation«, in: *Communication and Cognition, Special Issue on Theory of Knowledge and Science Policy:* 3–36.

Ashby, W. R. (1962), »Principles of the Self-Organizing System«, in: H. von Foerster und G. W. Zopf (Hg.), *Principles of Self Organization*, New York: Pergamon.

Atlan, H. (1979), *Entre le cristal et la fumée. Essai sur l'organisation du vivant*, Paris: Seuil.

Bachelard G. (1934), *Le nouvel esprit scientifique*, Paris: P.U.F.

Bachrach, P. und Baratz, M. S. (1963), »Decisions and Non-Decisions: An Analytical Framework«, in: *American Political Science Review 57:* 632–642.

Bar-Hillel, Y. (1954), »Indexical Expressions«, in: *Mind 63:* 359–379.

Barnes, B. (1977), *Interests and the Growth of Knowledge*, London: Routledge & Kegan Paul.

Barnes, B. und Dolby, R. G. (1970), »The Scientific Ethos: A Deviant Viewpoint«, in: *Archives européennes de sociologie 11:* 3–25. Deutsch: »Das wissenschaftliche Ethos. Ein abweichender Standpunkt«, in: P. Weingart (Hg.), *Wissenschaftssoziologie 1. Wissenschaftliche Entwicklung als sozialer Prozeß*, Frankfurt/Main: Fischer-Athenäum 1972.

Barnes, B. und Law, J. (1976), »Whatever Should Be Done with Indexical Expressions«, in: *Theory and Society 3:* 223–237.

Barnes, S. B. und MacKenzie, D. A. (1979), »On the Role of Interests in Scientific Change«, in: R. Wallis (Hg.), *On the Margins of Science: The Social Construction of Rejected Knowledge. Sociological Review Monograph 27*, Keele: University of Keele.

Bastide, F. (1984), »Le Foie Lavé. Approche sémiotique d'un texte des sciences expérimentales«, in: J. O'Neill, *Science Texts. Recent Deve-*

lopments in the Sociology of Science (erscheint demnächst).
Bazerman, C. (1979), »Academic Discourse. Some Features of Writing in the Physical Sciences, the Social Sciences and the Humanities«, CUNY: Baruch College.
Ben-David, J. (1971), *The Scientist's Role in Society*, Englewood Cliffs, NJ: Prentice Hall.
Berger, P. und Luckmann, T. (1967), *The Social Construction of Reality*, London: Allen Lane. Deutsch: *Die gesellschaftliche Konstruktion von Wirklichkeit*, Frankfurt/Main: S. Fischer 1972.
Bernabe, J. und Pinxten, R. (Hg.) (1974), »Diversification within Cultural Anthropology«, in: *Communication and Cognition Monographies, Communication and Cognition, 7* (3/4), Genf.
Bhaskar, R. (1978), *A Realist Theory of Science*, Sussex, England: Harvester Press.
Black, M. (1962), *Models and Metaphors*, Ithaca, NY: Cornell Uni Press.
Bloomfield, L. (1933), *Language*, New York: Henry Holt.
Bloor, D. (1976), *Knowledge and Social Imagery*, London: Routledge & Kegan Paul.
– (1978), »Polyhedra and the Abominations of Leviticus«, in: *The British Journal for the History of Science 11*: 245–272.
Blume, S. S. und Sinclair, R. (1973), *Research Environment and Performance in British University Chemistry. Science Policy Studies 6*, London: Her Majesty's Stationary Office.
Bohm, D. (1957), *Causality and Chance in Modern Physics*, London: Routledge & Kegan Paul.
Böhme, G. (1975), »The Social Function of Cognitive Structures: A Concept of the Scientific Community Within a Theory of Action«, in: K. Knorr, H. Strasser und H. G. Zilian (Hg.), *Determinants and Controls of Scientific Development*, Dordrecht, Holland: D. Reidel.
Böhme, G., Daele, W. van den und Krohn, W. (1973), »Die Finalisierung der Wissenschaft«, in: *Zeitschrift für Soziologie* 2: 128–144.
– (1977), *Experimentelle Philosophie. Ursprünge autonomer Wissenschaftsentwicklung*, Frankfurt/Main: Suhrkamp.
Böhme, G., Daele, W. van den und Weingart, P. (1976), »Finalization in Science«, in: *Social Science Information 15*: 307–330.
Böhme, G. und Engelhardt, M. v. (Hg.) (1979), *Entfremdete Wissenschaft*, Frankfurt/Main: Suhrkamp.
Bourdieu, P. (1972), *Esquisse d'une théorie de la pratique*, Genf: Librairie Droz. Revidierte und erweiterte englische Fassung: *Outline of a Theory of Practice*, Cambridge, England: Cambridge University

Press, 1977. Deutsch: *Entwurf einer Theorie der Praxis*, Frankfurt/Main: Suhrkamp 1976.
– (1975 a), »The Specificity of the Scientific Field and the Social Condition of the Progress of Reason«, in: *Social Science Information 14* (6): 19–47.
– (1975 b), »L'Ontologie politique de Martin Heidegger«, in: *Actes de la Recherche en Sciences Sociales* 5–6: 65–79 und 109–156. Deutsch: *Die politische Ontologie Martin Heideggers*, Frankfurt/Main: Syndikat 1976.
Brenner, M. (Hg.) (1980), *Social Method and Social Life*, London: Academic Press.
Bunge, M. (1967), »Technology as Applied Science«, in: *Technology and Culture 8:* 329–347.
Callon, M. (1975), »L'opération de traduction comme relation symbolique«, in: M. Roqueplo (Hg.), *Les incidences des rapports sociaux sur la science*, Paris: CORDES.
– (1980), »Struggles and Negotiations to Define What is Problematic and What is Not«, in: K. Knorr, R. Krohn und R. Whitley (Hg.), *The Social Process of Scientific Investigation. Sociology of the Sciences*, Yearbook Vol. 4, Dordrecht, Holland: D. Reidel.
Callon, M., Courtial, J. P. und Turner, W. (1979), *Les actions concertées chimie macromoléculaire. Socio-logique d'une agence de traduction*, Paris: Ecole Nationale Supérieure des Mines.
Callon, M. und Vignolle, J. P. (1977), »Breaking Down the Organization: Local Conflicts and Societal Systems of Action«, in: *Social Science Information 16:* 147–167.
Campbell, D. (1977), »Descriptive Epistemology: Psychological, Sociological und Evolutionary«, William James Lectures, Harvard.
Cicourel, A. (1964), *Method and Measurement in Sociology*, New York: The Free Press. Deutsch: *Methode und Messung in der Soziologie*, Frankfurt/Main: Suhrkamp 1970.
– (1968), *The Social Organization of Juvenile Justice*, New York: Wiley.
– (1973), *Cognitive Sociology. Language and Meaning in Social Interaction*, Harmondsworth, Middlesex: Penguin.
– (1974), »Interviewing and Memory«, in: C. Cherry (Hg.), *Pragmatic Aspects of Human Communication*, Dordrecht, Holland: D. Reidel.
– (1975), »Discourse and Text: Cognitive and Linguistic Processes in Studies of Social Structure«, in: *Versus: Quaderni di Studi Semiotici* Sept.–Dec.: 33–84.
Chubin, D. E. und Moitra, S. (1975), »Content Analysis of References: Adjunct or Alternative to Citation Counting?«, in: *Social Studies of Science 5:* 423–441.

Cole, G. (1979), »Classifying Research Units by Patterns of Performance and Influence: A Typology of the Round 1 Data«, in: F. Andrews (Hg.), *Scientific Productivity. The Effectiviness of Research Groups in Six Countries,* Cambridge, England: Cambridge University Press und Paris: UNESCO.
Cole, J. R. und Cole, S. (1973), *Social Stratification in Science,* Chicago: University of Chicago Press.
Coleman, J. (1971), *Resources for Social Change: Race in the United States,* New York: Wiley.
Collins, H. M. (1974), »The T. E. A. Set: Tacit Knowledge and Scientific Networks«, in: *Science Studies 4:* 165–186.
– (1975), »The Seven Sexes: A Study in the Sociology of a Phenomen or the Replication of Experiments in Physics«, in: *Sociology 9:* 205–224.
Cooper, W. (1966), *The Struggles of Albert Woods,* Harmondsworth, Middlesex: Penguin.
Crane, D. (1965), »Scientists at Major and Minor Universities: A Study of Productivity and Recognition«, in: *American Sociological Review 30:* 699–714.
– (1972), *Invisible Colleges,* Chicago: University of Chicago Press.
Crawford, E. und Perry, N. (1976), *Demands for Social Knowledge: The Role of Research Organizations,* London: Sage.
Critical Inquiry (1978), *Special Issue on Metaphor,* 5.
Crozier, M. und Friedberg, E. (1977), *L'acteur et le système,* Paris: Seuil.
Cunningham, S. D., Cater, C. M. und Matill, K. F. (1977), »Rupture and Protein Extraction of Petroleum Grown Yeast«, in: *Journal of Food Science 40:* 732–735.
Daedalus (1978), *Limits of Scientific Inquiry.* Special Issue, Spring.
Denzin, N. K. (1969), »Symbolic Interactionism and Ethnomethodology: A Proposed Synthesis«, in: *American Sociological Review 34:* 922–934.
Derrida, J. (1976), *Of Grammatology,* Baltimore: Johns Hopkins University Press. Deutsch: *Grammatologie,* Frankfurt/Main: Suhrkamp 1974.
Dijk, T. van (1974), *Philosophy of Action and Theory of Narrative,* University of Amsterdam: Department of General Studies.
Dilthey, W. (1913–58), *Abhandlungen zur Grundlegung der Geisteswissenschaften,* in: G. Misch (Hg.), *Gesammelte Schriften 5,* Göttingen: Vandenhoeck & Ruprecht.
Dombrowski, H. D., Krause, U. und Roos, P. (Hg.) (1978), *Symposium Warenform-Denkform. Zur Erkenntnistheorie Sohn-Rethels,* Frankfurt/Main: Campus.

Dunhill, P. und Lilly, M. D. (1975), »Protein Extraction and Recovery from Microbial Cells«, in: S. Tannenbaum und D. I. Wang (Hg.), *Single Cell Protein II*, Cambridge, MA: M.I.T. Press.

Edge, D. (1979), »Quantitative Measures of Communication in Science: A Critical Review«, in: *History of Science 17:* 102–134.

Edge, D. O. und Mulkay, M. J. (1976), *Astronomy Transformed*, New York: Wiley.

Engelhardt, M. von und Hoffmann, R. W. (1974), *Wissenschaftlich-technische Intelligenz im Forschungsbetrieb. Eine empirische Untersuchung zu Arbeit, Beruf und Bewußtsein*, Frankfurt/Main: Europäische Verlagsanstalt.

– (1979), »Entfremdete Wissenschaftler? Das Verhältnis der naturwissenschaftlich-technischen Intelligenz zu anderen Gruppen von Lohnabhängigen«, in: G. Böhme und M. von Engelhardt (Hg.), *Entfremdete Wissenschaft*, Frankfurt/Main: Suhrkamp.

Feyerabend, P. (1962), »Explanation, Reduction, and Empiricism«, in: H. Feigl und G. Maxwell (Hg.), *Scientific Explanation, Space and Time, Minnesota Studies in the Philosophy of Science, 3*. Minneapolis: University of Minnesota Press.

– (1970), »Against Method. Outline of an Anarchistic Theory of Knowledge«, in: M. Radner und S. Winokur (Hg.), *Analyses of Theories and Methods of Physics and Psychology, Minnesota Studies in the Philosophy of Science 4*, Minneapolis: University of Minnesota Press.

– (1975), *Against Method*, London: New Left Books. Deutsch: *Wider den Methodenzwang*, Frankfurt/Main: Suhrkamp 1976.

Filmer, P., Philipson, M., Silverman, D. und Walsh, D. (1972), *New Directions in Sociological Theory*, London: Routledge & Kegan Paul.

Foerster, H. von (1960), »On Self-Organization Systems and their Environments«, in: M. C. Yovits und S. Cameron (Hg.), *Self-Organizing Systems*, New York: Pergamon.

Foucault, M. (1975), *Surveiller et punir. Naissance de la prison*, Paris: Gallimard. Deutsch: *Überwachen und Strafen. Die Geburt des Gefängnisses*, Frankfurt/Main: Suhrkamp 1976.

– (1977), *Histoire de la sexualité. 1. La volonté de savoir*, Paris: Gallimard. Deutsch: *Sexualität und Wahrheit. 1. Der Wille zum Wissen*, Frankfurt/Main: Suhrkamp 1977.

– (1978), »Vérité et pouvoir«, in: *L'Arc 70:* 16–26.

Fraasen, B. van (1977), *The Argument Concerning Scientific Realism*, Los Angeles: University of Southern California.

Gadamer, H. G. (1965), *Wahrheit und Methode*, Tübingen: J.C.B. Mohr.

Galtung, J. (1967), *Theory and Methods of Social Research*, Oslo: Universitetsforlaget.

Garfinkel, H. (1967), *Studies in Ethnomethodology*, Englewood Cliffs, N. J.: Prentice Hall.

Gellner, E. (1973), *Cause and Meaning in the Social Sciences*, London: Routledge & Kegan Paul.

Gellner, E. (1980), *Spectacles and Predicaments: Essays in Social Theory*, Cambridge, England: Cambridge University Press.

Giddens, A. (Hg.) (1974), *Positivism and Sociology*, London: Heinemann.

– (1976), *New Rules of Sociological Method*, London: Hutchinson.

Gilbert, N. (1976), »The Transformation of Research Findings into Scientific Knowledge«, in: *Social Studies of Science 6:* 281–306.

Gilbert, N. und Mulkay, M. (1980), »Contexts of Scientific Discourse: Social Accounting in Experimental Papers«, in: K. Knorr, R. Krohn und R. Whitley (Hg.), *The Social Process of Scientific Investigation, Sociology of the Sciences*, Yearbook 4, Dordrecht, Holland: D. Reidel.

Goffman, E. (1961), *Encounters*, Indianapolis: Bobbs Merrill.

– (1972), »The Neglected Situation«, in: P. P. Giglioli (Hg.), *Language and Social Context*, Harmondsworth, Middlesex: Penguin.

– (1974), *Frame Analysis. An Essay on the Organization of Experience*, New York: Harper & Row. Deutsch: *Rahmen-Analyse. Ein Versuch über die Organisation von Alltagserfahrung*, Frankfurt/Main: Suhrkamp 1977.

Gombrich, E. (1960), *Art and Illusion*, New York: Pantheon Books.

Goodman, N. (1966), *The Structure of Appearance*, New York: Bobbs Merrill.

– (1968), *Languages of Art*, Indianapolis: Bobbs Merrill. Deutsch: *Sprachen der Kunst*, Frankfurt/Main: Suhrkamp 1973.

Gouldner, A. (1976), *The Dialectic of Ideology and Technology*, New York: Seabury Press.

– (1979), *The Future of Intellectuals and the Rise of the New Class*, New York: Seabury Press.

Grathoff, R. (1975), »On Normality and Typicality in Everyday Life«, in: *Sociological Analysis and Theory 5:* 81–106.

– (1979), »Über Typik und Normalität im alltäglichen Milieu«, in: W. Sprondel und R. Grathoff (Hg.), *Alfred Schütz und die Idee des Alltags in den Sozialwissenschaften*, Stuttgart: Ferdinand Enke.

Greimas, A. J. und Courtés, J. (1979), *Sémiotique. Dictionnaire raisonné de la théorie du langage*, Paris: Hachette.

Greimas, A. J. und Landowski, E. (1979), *Introduction à l'analyse du discours en sciences sociales*, Paris: Hachette.
Grice, P. (1975), »Logic and Conversation«, in: P. Cole und J. Morgan (Hg.), *Syntax and Semantics 3, Speech Acts*, New York: Academic Press.
Gurvitch, G. (1971), *The Social Frameworks of Knowledge*, Oxford: Basil Blackwell.
Gusfield, J. (1976), »The Literary Rhetoric of Science«, in: *American Sociological Review 41:* 16–34.
Habermas, J. (1970a), *Zur Logik der Sozialwissenschaften*, Frankfurt/Main: Suhrkamp.
– (1970b), *Wissenschaft und Technik als Ideologie*, 4. Aufl., Frankfurt/Main: Suhrkamp.
– (1971), *Erkenntnis und Interesse*, Frankfurt/Main: Suhrkamp.
– (1976a), *Zur Rekonstruktion des Historischen Materialismus*, Frankfurt/Main: Suhrkamp.
– (1976b), »Was heißt Universalpragmatik?«, in: K. O. Apel (Hg.), *Sprachpragmatik und Philosophie*, Frankfurt/Main: Suhrkamp.
Habermas, J. und Luhmann, N. (Hg.) (1971), *Theorie der Gesellschaft oder Sozialtechnologie?*, Frankfurt/Main: Suhrkamp.
Hagstrom, W. O. (1965), *The Scientific Community*, New York: Basic Books. Deutsche Teilübersetzung: »Segmentierung als eine Form strukturellen Wandels in der Wissenschaft«, in: P. Weingart (Hg.), *Wissenschaftssoziologie 1. Wissenschaftliche Entwicklung als sozialer Prozeß*, Frankfurt/Main: Fischer-Athenäum 1972.
Hanson, N. R. (1958), *Patterns of Discovery*, Cambridge, England: Cambridge University Press.
Harré, R. (1970), *Principles of Scientific Thinking*, London: Macmillan.
– (1977), »The Ethogenic Approach: Theory and Practice«, in: L. Berkowitz (Hg.), *Advances in Experimental Social Psychology 10*, New York: Academic Press.
– (1978), »Models in Science«, in: *Phys. Educ. 13:* 275–278.
– (1979), *Social Being*, Oxford: Basil Blackwell.
Harré, R. und Madden, E. H. (1975), *Causal Powers: A Theory of Natural Necessity*, Totowa, NJ: Rowman and Littlefeld.
Harré, R. und Secord, P. (1972), *The Explanation of Social Behaviour*, Oxford: Basil Blackwell.
Harris, M. (1968), *The Rise of Anthropological Theory. A History of Theories of Culture*, New York: Crowell.
Heidegger, M. (1963), *Sein und Zeit*, 10. Aufl., Tübingen: Niemeyer.
Hemptinne, Y. de (1979), »A Cybernetic Analysis of Governmental Me-

chanism for Policy Making in Science and Technology«, in: *Communication and Cognition. Special Issue on Theory of Knowledge and Science Policy:* 317–335.
Hemptinne, Y. de und Andrews, F. M. (1979), »The International Comparative Study on the Organization and Performance of Research Units: An Overview«, in: F. M. Andrews (Hg.), *Scientific Productivity. The Effectiveness of Research Groups in Six Countries,* Cambridge, England: Cambridge University Press und Paris: UNESCO.
Hesse, M. (1970), *Models and Analogies in Science,* Notre Dame, IN: University of Notre Dame Press.
– (1974), *The Structure of Scientific Inference,* Berkeley: University of California Press.
Hindhede, M. (1913), »Studien über Eiweißminimum«, in: *Skandinavisches Archiv für Physiologie 30:* 97–182.
Hintikka, J. (1976), »The Semantics of Questions and the Questions of Semantics«, in: *Acta Philosophica Fennica, 28* (4), Amsterdam.
– (1979), »Towards an Interrogative Model of Scientific Inquiry«, in: *Communication and Cognition. Special Issue on Theory of Knowledge and Science Policy:* 208–220.
Hirsch, J. (1971), *Wissenschaftlich-technischer Fortschritt und politisches System,* Frankfurt/Main: Suhrkamp.
Hofstadter, A. (1955), »The Scientific and Literary Uses of Language«, in: L. Bryson u. a. (Hg.), *Symbols and Society,* New York: Conference on Science, Philosophy and Religion in their Relation to the Democratic Way of Life, Institute for Religious and Social Studies.
Holzner, B. und Marx, J. (1979), *Knowledge Application. The Knowledge System in Society,* Boston: Allen and Bacon.
Hughes, T. (1979), »Electric Light and Power«. Papier, vorgelegt bei den *»History and Sociology of Science Colloquia«,* Philadelphia: University of Pennsylvania, Department of History and Sociology of Science.
Husserl, E. (1962), »Die Frage nach dem Ursprung der Geometrie als intentional-historisches Problem«, in: W. Biemel (Hg.), *Die Krisis der europäischen Wissenschaften und die transzendentale Phänomenologie. Husserliana, Gesammelte Werke, 6,* Den Haag: Martinus Nijhoff.
Jacob, F. (1977), »Evolution and Tinkering«, in: *Science 196:* 1161–1166.
Johnston, R. (1976), »Contextual Knowledge: A Model for the Overthrow of the Internal/External Dichotomy in Science«, in: *Australia and New Zealand Journal of Sociology 12:* 193–203.
Jurdant, B. (1979), »Socio-Épistemologie des hautes énergies. Questions de méthode«, Strasbourg: Groupe d'Étude et de Recherche sur la Science de l'Université Louis Pasteur.

Kervasdoué, J. de und Kimberly, J. (1977), »Are Organizations Culture-Free? The Case of Hospital Innovation in the US and France«. Papier, vorgelegt auf der Konferenz »*Cross Cultural Studies on Organizational Functioning*«, Honolulu.

Kinsella, J. E. und Shetty, K. J. (1978), »Yeast Proteins: Recovery, Nutritional and Functional Properties«, in: M. Friedman (Hg.), *Nutritional Improvement of Food and Feed Proteins*, New York: Plenum.

Knorr, K. D. (1973), »Methodik der Völkerkunde«, in: *Enzyklopädie der geisteswissenschaftlichen Arbeitsmethoden, 9*, München: R. Oldenbourg.

– (1977), »Producing and Reproducing Knowledge: Descriptive or Constructive?«, in: *Social Science Information 16*: 669–696.

– (1979 a), »Tinkering Toward Success: Prelude to a Theory of Scientific Practice«, in: *Theory and Society 8*: 347–376.

– (1979 b), »Contextuality and Indexicality of Organizational Action: Toward a Transorganizational Theory of Organizations«, in: *Social Science Information 18*: 79–101.

– (1980), »Anthropologie und Ethnomethodologie: Eine theoretische und methodische Herausforderung«, in: W. Schmied-Kowarzik und J. Stagl (Hg.), *Theorie der Ethnologie und Kulturanthropologie*, Berlin: D. Reimer.

Knorr-Cetina, K. D. und Cicourel, A. (Hg.) (1981), *Advances in Social Theory and Methodology: Toward an Integration of Micro- and Macro-Sociologies*, London: Routledge & Kegan Paul.

Knorr-Cetina, K. D. und Mulkay, M. (Hg.) (1983), *Science Observed. Perspectives on the Social Study of Science*. London: Sage.

Knorr, K. D. und Knorr, D. (1978), »From Scenes to Scripts: On the Relationship Between Research and Publication in Science«, *Research Memorandum 132*, Wien: Institute for Advanced Studies.

Knorr, K. D., Krohn, R. und Whitley, R. (Hg.) (1980), *The Social Process of Scientific Investigation. Sociology of Sciences*, Yearbook 4, Dordrecht, Holland: D. Reidel.

Koestler, A. (1969), *The Act of Creation*, London: Pan Books.

Kornhauser, W. (1962), *Scientists in Industry: Conflict and Accomodation*, Berkeley: University of California Press.

Krohn, R. (1972), *The Social Shaping of Science*, Westport, CO: Greenwood Press.

– (1977), »Scientific Ideology and Scientific Process: The Natural History of a Conceptual Shift«, in: E. Mendelsohn, P. Weingart und P. Whitley (Hg.), *The Social Production of Scientific Knowledge. Sociology of the Sciences*, Yearbook 1, Dordrecht, Holland: D. Reidel.

Kuhn, T. S. (1962, [2]1970), *The Structure of Scientific Revolutions*, Chicago: University of Chicago Press. Deutsch: *Die Struktur wissenschaftlicher Revolutionen*, Frankfurt/Main: Suhrkamp 1967, [2]1973.
– (1971) »Notes on Lakatos«, in: R. C. Buck und R. S. Cohen (Hg.), *Boston Studies in the Philosophy of Science, 8*, Dordrecht, Holland: D. Reidel. Deutsch: »Anmerkungen zu Lakatos«, in: Lakatos, I. und Musgrave, A. (Hg.), *Kritik und Erkenntnisfortschritt*, Braunschweig: Vieweg 1974.
Küppers, G., Lundgreen, P. und Weingart, P. (1978), *Umweltforschung – die gesteuerte Wissenschaft?*, Frankfurt/Main: Suhrkamp.
Lacan, J. (1966), *Ecrits*, Paris: Seuil. Deutsch (Auswahl): *Schriften, 1–3*, Olten und Freiburg i. B.: Walter 1973, 1975, 1980.
Lakatos, I. (1970), »Falsification and the Methodology of Scientific Research Programmes«, in: I. Lakatos und A. Musgrave (Hg.), *Criticism and the Growth of Knowledge*, Cambridge, England: Cambridge University Press. Deutsch: »Falsifikation und die Methodologie wissenschaftlicher Forschungsprogramme«, in: I. Lakatos und A. Musgrave (Hg.), *Kritik und Erkenntnisfortschritt*, Braunschweig: Vieweg 1974.
– (1976), »Understanding Toulmin«, in: *Minerva 14:* 126–143.
Lakatos, I. und Musgrave, A. (Hg.) (1970), *Criticism and the Growth of Knowledge*, Cambridge, England: Cambridge University Press. Deutsch: *Kritik und Erkenntnisfortschritt*, Braunschweig: Vieweg 1974.
Lange, H. (1972), *Wissenschaftlich-technische Intelligenz. Neue Bourgeoisie oder neue Arbeiterklasse?*, Köln: Pahl-Rugenstein.
L'Arc (1978), *»La crise dans la tête«*, Sondernummer über Intellektuelle, Heft 70.
Latour, B. (1979), »Le dernier des capitalistes sauvages. Interview d'un biochemiste«, Paris: Conservatoire des Arts et Métiers.
– (1980a), »Is It Possible to Reconstruct the Research Process? Sociology of a Brain Peptide«, in: K. Knorr, R. Krohn und R. Whitley (Hg.), *The Social Process of Scientific Investigation, Sociology of the Sciences*, Yearbook 4, Dordrecht, Holland: D. Reidel.
– (1980b), »The Three Little Dinosaurs or a Sociologist's Nightmare«, in: *Fundamenta Scientiae 1:* 79–85.
Latour, B. und Fabbri, P. (1977), »Pouvoir et Devoir dans un article des sciences exactes«, in: *Actes de la Recherche en Sciences Sociales 13:* 81–95.
Latour, B. und Woolgar, S. (1979), *Laboratory Life. The Social Construction of Scientific Facts*, Beverly Hills: Sage.
Lazarsfeld, P. und Reisz, J. (1975), *An Introduction to Applied Sociology*, New York: Elsevier.

Lemaine, G., MacLeod, R., Mulkay, M. und Weingart, P. (Hg.), (1976), *Perspectives on the Emergence of Scientific Disciplines*, The Hague: Mouton und Chicago: Aldine.

Lemaine, G. und Lecuyer, B.-P. (1972), *Les voies du succès*, Paris: CNRS/EPHE (Groupe d'étude et de recherche sur la science).

Lepenies, W. (1978), »Der Wissenschaftler als Autor. Über konservierende Funktionen der Literatur«, in: *Akzente 2*: 129–147.

– (1981), »Anthropological Perspectives in the Sociology of Science«, in: E. Mendelsohn und Y. Elkana (Hg.), *Sciences and Cultures: Anthropological and Historical Studies of the Sciences. Sociology of the Sciences*, Yearbook 5, Dordrecht, Holland: D. Reidel.

Lofland, J. (1976), *Doing Social Life. The Qualitative Study of Human Interaction in Natural Settings*, New York: Wiley.

Luhmann, N. (1968), »Selbststeuerung der Wissenschaft«, in: *Jahrbuch für Sozialwissenschaft 19*: 147–170.

– (1971), *Soziologische Aufklärung. Aufsätze zur Theorie sozialer Systeme*, Opladen: Westdeutscher Verlag.

– (1975), *Soziologische Aufklärung, 2. Aufsätze zur Theorie der Gesellschaft*, Opladen: Westdeutscher Verlag.

– (1977 a), »Differentiation of Society«, in: *Canadian Journal of Sociology 2*: 29–53.

– (1977 b), »Theoretische und praktische Probleme der anwendungsbezogenen Sozialwissenschaften«, in: Wissenschaftszentrum Berlin (Hg.), *Interaktion von Wissenschaft und Politik*, Frankfurt/Main: Campus.

Lukes, S. (1978), *Essays in Social Theory*, London: Macmillan.

Lynch, M. (1984/85), *Art and Artifact in Laboratory Science: A Study of Shop Work and Shop Talk in a Research Laboratory*, London: Routledge & Kegan Paul (erscheint demnächst).

Lynch, M., Livingston, E. und Garfinkel, H. (1983), »Temporal Order in Laboratory Work«, in: K. Knorr-Cetina und M. Mulkay (Hg.), *Science Observed. Perspectives on the Social Study of Science*, London: Sage.

March, J. G. und Olsen, J. P. (1976), *Ambiguity and Choice in Organizations*, Bergen: Universitetforlaget.

March, J. und Simon, H. (1958), *Organizations*, New York: Wiley.

Marcson, S. (1960), *The Scientists in American Industry*, Princeton, NJ: Princeton University, Industrial Relations Section.

Marcuse, H. (1973), »On the Philosophical Foundation of the Concept of Labor in Economics«, in: *Telos 16*: 9–37. Deutsch: »Über die philosophischen Grundlagen des wirtschaftswissenschaftlichen Arbeitsbe-

griffs« [1933], in: *Kultur und Gesellschaft 2*, Frankfurt/Main: Suhrkamp 1965.
McKegney, D. (1979), »The Research Process in Animal Ecology«. Papier, vorgelegt auf der Konferenz »The Social Process of Scientific Investigation«, Montreal: McGill University, Department of Sociology.
Means, G. und Feeney, R. (1971), *Chemical Modification of Proteins*, San Francisco: Holden-Day.
Medawar, P. (1969), *The Art of the Soluble*, Harmondsworth, Middlesex: Penguin.
Mehan, H. und Wood, H. (1975), *The Reality of Ethnomethodology*, New York: Wiley.
Meltzer, L. (1956), »Scientific Productivity in Organizational Settings«, in: *Journal of Social Issues 12*: 32–40.
Mendelsohn, E. (1977), »The Social Construction of Scientific Knowledge«, in: E. Mendelsohn, P. Weingart und R. Whitley (Hg.), *The Social Production of Scientific Knowledge. Sociology of the Sciences*, Yearbook 1, Dordrecht, Holland: D. Reidel.
Mendelsohn, E. und Elkana, Y. (Hg.) (1981), *Sciences and Cultures: Anthropological and Historical Studies of the Sciences. Sociology of the Sciences*, Yearbook 5, Dordrecht, Holland: D. Reidel.
Merton, R. K. (1957), »Priorities in Scientific Discovery«, in: *American Sociological Review 22*: 635–659.
– (1968), »The Matthew Effect in Science«, in: *Science* 159 (3810): 56–63.
Mey, H. (1972), *Field-Theory. A Study of its Application in the Social Sciences*, London: Routledge & Kegan Paul.
Mey, M. de (1980), »The Interaction Between Theory and Data in Science. A New Model for Perception Applied to Harvey's Discovery of the Circulation of the Blood«, in: K. Knorr, R. Krohn und R. Whitley (Hg.), *The Social Process of Scientific Investigation. Sociology of the Sciences*, Yearbook 4, Dordrecht, Holland: D. Reidel.
– (1983), *The Cognitive Paradigm*, Sussex, England: Harvester Press and New Jersey, USA: Humanities Press.
Morin, E. (1977), *La méthode. 1. La nature de la nature*, Paris: Seuil.
Morrison, K. (1984), »Some Researchable Recurrences in Social Science and Science Inquiry«, in: J. O'Neill (Hg.), *Science Texts: Recent Developments in the Sociology of Science* (erscheint demnächst).
Mulkay, M. (1974 a), »Methodology in the Sociology of Science«, in: *Social Science Information 13*: 107–119.
– (1974 b), »Conceptual Displacement and Migration in Science: A Prefatory Paper«, in: *Social Studies of Science 4*: 205–234.

– (1976), »Norms and Ideology in Science«, in: *Social Science Information 15*: 637–656.
– (1979), *Science and the Sociology of Knowledge*, London: George Allen & Unwin.
Mulkay, M., Gilbert, N. und Woolgar, S. (1975), »Problem Areas and Research Networks in Science«, in: *Sociology 9*: 187–203.
Mullins, N., (1977), *Rhetorical Resources in Natural Science Papers*, Princeton: Institute for Advanced Studies.
Mullins, N., Hargens, L., Hecht, P. K. und Kick, E. L. (1977), »The Group Structure of Co-Citation Clusters: A Comparative Study«, in: *American Sociological Review 42*: 552–562.
Nagel, E. (1961), *The Structure of Science: Problems in the Logic of Scientific Explanation*, London: Routledge & Kegan Paul.
Nelkin, D. (1975), »The Political Impact of Technological Expertise«, in: *Social Studies of Science 5* (1): 35–54.
– (1978), *Science Textbook Controversies and the Politics of Equal Time*, Cambridge, MA: M. I. T. Press.
Nickles, T. (1980) (Hg.), *Scientific Discovery, Logic and Rationality*, Dordrecht, Holland: D. Reidel.
Nietzsche, F. (1922), *Der Wille zur Macht*, in: E. Foerster-Nietzsche (Hg.), *Werke 9*, Leipzig: Kroener.
– (1973), »Über Wahrheit und Lüge im außermoralischen Sinne«, in: G. Colli und M. Montinari (Hg.), *Werke. Kritische Gesamtausgabe 3/2*, Berlin: de Gruyter.
Nowotny, H. (1973), »On the Feasibility of a Cognitive Approach to the Study of Science«, in: *Zeitschrift für Soziologie 2*: 282–296.
– (1979), *Kernenergie: Gefahr oder Notwendigkeit?*, Frankfurt/Main.
Nowotny, H. und Rose, H. (Hg.) (1979), *Countermovements in the Sciences. Sociology of the Sciences*, Yearbook 3, Dordrecht, Holland: D. Reidel.
O'Neill, J. (Hg.) (1973), *Modes of Individualism and Collectivism*, London: Heinemann.
– (1979), *Marxism and the Two Sciences*, Toronto: York University.
– (1984), »Historian's Artefacts. Some Production Features in Historical Inquiry«, in: J. O'Neill (Hg.), *Science Texts: Recent Developments in the Sociology of Science* (erscheint demnächst).
O'Neill, J. und Lynch, M. (1984), »Some Issues in Formal Analysis and Situated Inquiry«, in: J. O'Neill (Hg.), *Science Texts: Recent Developments in the Sociology of Science* (erscheint demnächst).
Pavicić, M. (1977), »Logick filozofska rukotvorina g. Wittgensteina«, in: *Ideje 5*: 36–48.

Peirce, C. S., (1931–35), *Collected Papers,* C. Hartshorne und P. Weiss (Hg.), Cambridge, MA: Harvard University Press.
– (1955), *Philosophical Writings of Peirce,* J. Buchler (Hg.), New York: Dover Publisher.
Pelz, D. und Andrews, F. (1966, ²1976), *Scientists in Organizations: Productive Climates for Research and Development.* New York: Wiley.
Phillips, D. (1974), »Epistemology and the Sociology of Knowledge: The Contributions of Mannheim, Mills, and Merton«, in: *Theory and Society 1:* 59–88.
Pickering, A. (1980), »The Role of Interests in High Energy Physics: The Choice between Charm and Colour«, in: K. Knorr, R. Krohn und R. Whitley (Hg.), *The Social Process of Scientific Investigation. Sociology of the Sciences,* Yearbook 4, Dordrecht, Holland: D. Reidel.
Pike, K. (1967), *Language in Relation to a Unified Theory of the Structure of Human Behavior,* The Hague: Mouton.
Pinch, T. (1980), »Theoreticians and the Production of Experimental Anomaly: The Case of Solar Neutrinos«, in: K. Knorr, R. Krohn und R. Whitley (Hg.), *The Social Process of Scientific Investigation. Sociology of the Sciences,* Yearbook 4, Dordrecht, Holland: D. Reidel.
Pinxten, R. (Hg.) (1979), *On Going Beyond Kinship, Sex and the Tribe,* Gent: E. Story-Scientia.
Popper, K. (1963), *Conjectures and Refutations,* London: Routledge & Kegan Paul.
Price, D. de Solla (1970), »Citation Measures of Hard Science, Soft Science, Technology and Non-Science«, in: C. Nelson and D. K. Pollock (Hg.), *Communication among Scientists and Engineers,* Lexington, MA: D. C. Heath.
– (1979), »The Citation Cycle«, Papier, vorgelegt beim »Mid-Year Meeting of the American Society for Information Science«, Banf, Canada.
Propp, V. (1968), *Morphology of the Folktale.* Rev. Ausgabe, Austin: University of Texas Press. Deutsch: *Morphologie des Märchens,* Frankfurt/Main: Suhrkamp 1975.
Putnam, H. (1971), *Philosophy of Logic,* New York: Harper and Row.
Quine, W.v.O. (1960), *Word and Object.* Cambridge, MA: M.I.T. Press. Deutsch: *Wort und Gegenstand,* Stuttgart: Reclam 1980.
– (1969), *Ontological Relativity and Other Essays,* New York: Columbia University Press.
Ravetz, J. (1977), »The Expertness of Experts«, in: E. Semper und P. Coggin (Hg.), *Hidden Factors in Technological Change,* Oxford: Pergamon.

Restivo, S. (1978), »Parallels and Paradoxes in Modern Physics and Eastern Mysticism: I – A Critical Reconnaissance«, in: *Social Studies of Science 8:* 143–181.

Restivo, S. und Zenzen, M. (1978), »A Humanistic Perspective on Science and Society«, in: *Humanity and Society 2:* 211–236.

Rose, H. und Rose, S. (Hg.) (1976), *The Political Economy of Science*, London: Macmillan.

Rossi-Landi, F. (1975), *Language and Economics*, The Hague: Mouton. Deutsch: *Sprache als Arbeit und Markt*, München: Hanser 1972.

Ryan, A. (Hg.) (1973), *The Philosophy of Social Explanation.* Oxford: Oxford University Press.

Salomon, H. J. (1977), »Science Policy Studies and the Development of Science Policy«, in: I. Spiegel-Rösing und D. de Solla Price (Hg.), *Science, Technology and Society*, London: Sage.

Schoepfle, M., Topper, M. und Fisher, L. (1974), »Operational Analysis of Culture and the Operation of Ethnography: A Reconciliation«, in: *Communication and Cognition 7* (3/4): 378–406.

Schon, D. A. (1963), *Displacement of Concepts*, London: Tavistock.

Schütz, A. (1943), »The Problem of Rationality in the Social World«, in: *Economica 10* (38): 130–149.

– (1970), »Some Structures of the Life-World«, in: I. Schütz (Hg.), *Collected Papers*, Bd. 3, *Studies in Phenomenological Philosophy*, Den Haag: Martinus Nijhoff.

Searle, J. (1969), *Speech Acts*, London: Cambridge University Press. Deutsch: *Sprechakte*, Frankfurt/Main: Suhrkamp 1971.

Sellars, W. (1963), *Science, Perception and Reality*, New York: Humanities Press.

Serres, M. (1974), *Hermes III. La traduction*, Paris: Minuit.

– (1980), *Le parasite*, Paris: Grasset et Fasquelle. Deutsch: *Der Parasit*, Frankfurt/Main: Suhrkamp 1981.

Silverman, D. (1970), *The Theory of Organization*, London: Heinemann.

– (1974), »Speaking Seriously: The Language of Grading«, in: *Theory and Society 1:* 1–15 und 341–359.

Shapin, S. (1979a), »Homo Phrenologicus: Anthropological Perspectives on an Historical Problem«, in: B. Barnes und S. Shapin (Hg.), *Natural Order*, Beverly Hills: Sage.

– (1979 b), »The Politics of Observation: Cerebral Anatomy and Social Interests in the Edinburgh Phrenology Disputes«, in: R. Wallis (Hg.), *On the Margins of Science: The Social Construction of Rejected Knowledge.* Sociological Review Monograph 27, Keele: University of Keele.

Simon, H. (1945), *Administrative Behavior*, New York: The Free Press.

Small, A. W. (1905), *General Sociology*, Chicago: Univ. of Chicago Press.
Small, H. und Griffith, B. C. (1974), »The Structure of Scientific Literatures I: Identifying and Graphing Specialities«, in: *Science Studies 4:* 17–40.
Sneed, J. D. (1971), *The Logical Structure of Mathematical Physics*, Dordrecht, Holland: D. Reidel.
Sohn-Rethel, A. (1972), *Geistige und körperliche Arbeit. Zur Theorie der gesellschaftlichen Synthesis*, Frankfurt/Main: Suhrkamp.
– (1973), »Intellectual and Manual Labour: An Attempt at a Materialistic Theory«, in: *Radical Philosophy 6:* 30–37.
– (1975), »Science as Alienated Consciousness«, in: *Radical Science Journal 2/3:* 72–101.
Stegmüller, W. (1969), *Probleme und Resultate der Wissenschaftstheorie und analytischen Philosophie 1/2, Wissenschaftliche Erklärung und Begründung*, Berlin: Springer Verlag.
– (1979), *Rationale Rekonstruktion von Wissenschaft und ihrem Wandel*, Stuttgart: Philipp Reclam.
Stehr, N. (1978), »The Ethos of Science Revisited«, in: *Sociological Inquiry 48:* 172–196.
Stehr, N. und Simmons, A. (1978), *The Diversity of Modes of Discourse and the Development of Sociological Knowledge*, Alberta, Canada: The University of Alberta.
Storer, N. W. (1966), *The Social System of Science*, New York: Holt, Rinehart & Winston. Teilübersetzung: »Das soziale System der Wissenschaft«, in: P. Weingart (Hg.), *Wissenschaftssoziologie 1. Wissenschaftliche Entwicklung als sozialer Prozeß*, Frankfurt/Main: Fischer-Athenäum 1972.
Sturtevant, W. C. (1964), »Studies in Ethnoscience«, in: *American Anthropologist 66:* (3/2): 99–131.
Sullivan, D., White, H. D. und Barboni, E. J. (1977), »Co-Citation Analysis of Science: An Evaluation«, in: *Social Studies of Science 7:* 223–240.
Suppe, F. (1974), »The Search for Philosophic Understanding of Scientific Theories«, in: F. Suppe (Hg.), *The Structure of Scientific Theories*, Urbana, IL: University of Illinois Press.
Taylor, C. (1976), »Hermeneutics and Politics«, in: P. Connerton (Hg.), *Critical Sociology*, New York: Penguin.
Thill, G. (1972), *La fête scientifique*, Paris: Institute Catholique de Paris.
Thomas, K. (1909), »Über die biologische Wertigkeit der Stickstoffsubstanzen in verschiedenen Nahrungsmitteln«, in: *Archiv für Anatomie und Physiologie 4, 5* und *6:* 219–301.

Thomson, J. J. (1907), *The Corpuscular Theory of Matter*, London: Archibald Constable.

Toulmin, S. (1961), *Foresight and Understanding. An Enquiry into the Aims of Science*, London: Hutchinson. Deutsch: *Voraussicht und Verstehen. Ein Versuch über die Ziele der Wissenschaft*, Frankfurt/Main: Suhrkamp 1981.

– (1967), »The Evolutionary Development of Natural Science«, in: *American Scientist 57*: 456–471. Deutsch: »Die evolutionäre Entwicklung der Naturwissenschaft«, in: W. Diederichs (Hg.), *Theorien der Wissenschaftsgeschichte*, Frankfurt/Main: Suhrkamp 1974.

– (1972), *Human Understanding*, Oxford: Clarendon Press. Deutsch: *Kritik der kollektiven Vernunft*. 1. *Menschliches Erkennen*, Frankfurt/Main: Suhrkamp 1978.

Tourraine, A. (1978), »Intellectuels d'en haut et intellectuels d'en bas«, in: *L'Arc 70*: 87–91.

Traweek, S. (1984/85), *Uptime, Downtime, Spacetime and Power: An Ethnography of the Particles Physics Community in Japan and the U.S.*, Ph. D. Dissertation, Santa Cruz: University of California (erscheint demnächst).

Ullrich, O. (1979), *Technik und Herrschaft. Vom Hand-Werk zur verdinglichten Blockstruktur industrieller Produktion*, Frankfurt/Main: Suhrkamp.

Watzlawick, P., Weakland, J. und Fisch, R. (1974), *Change: Principles of Problem Formation and Problem Resolution*, New York: Norton.

Webb, E. J., Campbell, D., Schwartz, R. D. und Sechrest, L. (1966), *Unobtrusive Measures: Nonreactive Research in the Social Sciences*, Chicago: Rand McNally.

Weingart, P. (1976), *Wissensproduktion und soziale Struktur*, Frankfurt/Main: Suhrkamp.

– (1979), »Science and Technology in a Legitimation-Crisis, Hypothesis and Indicators«, in: *Communication and Cognition. Special Issue on Theory of Knowledge and Science Policy*: 378–393.

Werner, O. (1969), »On the Universality of Lexical/Semantic Relationships«. Papier, vorgelegt auf dem 1969 Meeting der American Anthropological Association in New Orleans.

Whitley, R. (1972), »Black Boxism and the Sociology of Science«, in: P. Halmos (Hg.), *The Sociology of Science*. Sociological Review Monograph 18, Keele, England: University of Keele.

– (1975), »Components of Scientific Activities, Their Characteristics and Institutionalization in Specialities and Research Areas: A Framework for the Comparative Analysis of Scientific Developments«, in: K.

Knorr, H. Strasser und H. G. Zilian (Hg.), *Determinants and Controls of Scientific Development,* Dordrecht, Holland: D. Reidel.
– (1977 a), »The Sociology of Scientific Work and the History of Scientific Developments«, in: S. Blume (Hg.), *Perspectives in the Sociology of Science,* New York: Wiley.
– (1977 b), »Changes in the Social and Intellectual Organization of the Sciences: Professionalization and the Arithmetic Ideal«, in: E. Mendelsohn, P. Weingart und R. Whitley (Hg.), *The Social Production of Scientific Knowledge. Sociology of the Sciences,* Yearbook 1, Dordrecht, Holland: D. Reidel.
– (1978), »Types of Science, Organizational Strategies and Patterns of Work in Research Laboratories in Different Scientific Fields«, in: *Social Science Information 17:* 427–447.
Williams, R. und Law, J. (1979), *Beyond the Bounds of Credibility,* Keele, England: University of Keele.
Winch, P. (1958), *The Idea of Social Science,* London: Routledge & Kegan Paul. Deutsch: *Die Idee der Sozialwissenschaft und ihr Verhältnis zur Philosophie,* Frankfurt/Main: Suhrkamp 1974.
Wittgenstein, L. (1963), *Philosophische Untersuchungen,* in: *Schriften,* 1 Frankfurt: Suhrkamp.
Woolgar, S. (1976 a), »Writing and Intellectual History of Scientific Development: The Use of Discovery Accounts«, in: *Social Studies of Science 6:* 395–422.
– (1976 b), »The Identification and Definition of Scientific Collectivities«, in: G. Lemaine, R. MacLeod, M. Mulkay und P. Weingart (Hg.), *Perspectives on the Emergence of Scientific Disciplines,* Den Haag: Mouton und Chicago: Aldine.
– (1980), »Discovery: Logic and Sequence in a Scientific Text«, in: K. Knorr, R. Krohn und R. Whitley (Hg.), *The Social Process of Scientific Investigation. Sociology of the Sciences,* Yearbook 4, Dordrecht, Holland: D. Reidel.
– (1981), »Interests and Explanation in the Social Study of Science«, in: *Social Studies of Science 11:* 365–394.
– (1983), »Irony in the Social Study of Science«, in: K. Knorr-Cetina und M. Mulkay (Hg.), *Science Observed. Perspectives on the Social Study of Science,* London: Sage.
Young, R. (1977), »Science is Social Relations«, in: *Radical Science Journal 5:* 65–129.
Zenzen, M. und Restivo, S. (1982), »The Mysterious Morphology of Inmiscible Liquids: A Study of Scientific Practice«, in *Social Science Information 21:* 447–473.

Ziman, J. (1968), *Public Knowledge*, Cambridge, England: Cambridge University Press.
Zimmermann, D. und Wieder, L. (1970), »Ethnomethodology and the Problem of Order: Comment on Denzin«, in: J. Douglas (Hg.), *Understanding Everyday Life*, Chicago: Aldine.
Zuckerman, H. (1977), *Scientific Elite: Nobel Laureates in the United States*, New York: The Free Press.

Anhang 1

Die erste offizielle Fassung des wissenschaftlichen Papiers mit den Korrekturen einer vorgesetzten Mitautorin

Introduction

Potato tuber(s), henceforth called potato(es), contain an average of 2.1% crude protein (N x 6.25) on a fresh weight basis and provide the world with 6 million metric tons of protein per year (Markakis,1975). Since most of the protein (about 1/3 of the crude protein) of potato juice is coagulable it has potential as an egg white substitute in some food systems (Rosenau et al.,1976). Nitrogen balance studies with human adults have shown potato protein to be superior to most major plant proteins, approaching the value of whole egg (Kofranyi and Jekat,1965; Jekat and Kofranyi,1970; Meister and Thompson, 1976).

Potato processing plant waste effluents such as from potato starch, flakes, granules, chips and French fries factories, represent a tremendous potential source of valuable protein. About 268 x 10³ metric tons of potato protein (crude protein) are utilized in the U.S.A. for food processing (Agricultural Statistics,1976). According to Kramer and Krull (1977) only 20 - 30 % of the vegetable plants is utilized directly for human consumption in the U.S.A. If the remaining 70-80 % of the material could be converted into nutrients, total nutritional resources could be vastly increased and at the same time the waste disposal problem could be minimized. For instance 25,000 metric tons of potato protein could be recovered from the wastes of the starch mills of the Netherlands (De Noord,1975) and 2,000 metric tons in Austria (Wohlmeyer,1974).

An efficiently operating 30 metric tons/ day starch plant discharges around 450 - 760 m^3 of protein water* daily containing ~6 metric tons. Another liquid stream of 680 - 4040 m^3 liters/day comes from the flumes and washers . Since this stream contains very little BOD, it should be seperated from the protein water. The protein water contains around 55% of the BOD leaving the plant; the another 45% is in the pulp and the skin (Strolle,1976).

* protein water (fruit water) is one of the wastes from potato starch factories which contains all the water soluble constituents of the potato . The soluble solids contain about 35 % crude protein (~1/3 heat coagulable; ~ 2/3 amino acids, amides etc.), 35 % total sugars, 4% organic acids, 20% minerals and 6% others (carbohydrates etc.).

In 1971 Stabile et al. presented an economic analysis of alternative methods for processing potato starch effluents such as concentration by evaporation, protein recovery by heat treatment, ion exchange, biological treatment and combinations of these alternative methods. At the time of this study only concentration of effluents by evaporation appeared economically feasible. Rosenau et al. calculated about which remain $ 2.16 per metric ton of processed potato to cover profit, capital costs and operational expenses if starch, pulp and protein is recovered. It is interesting to note that test plants in the U.S.A. have produced about 18.1 metric tons of potato per acre (4047 m^2). This yields about 1.82 metric tons of starch (worth ~ $ 520), 0.73 metric tons of pulp (~ $ 64) and 0.73 metric tons of 50% protein meal (~ $ 160). In comparison, soybeans produce about 0.32 metric tons of protein per acre and alfalfa about 1.09 metric tons. Potato proteins are recovered commercially from potato starch wastes in different European countries (Anon.,1957; Huchette and Fleche,1976; Vlasblom and Peters,1958). The most common way to coagulate potato protein is by heat precipitation (mainly 95 to 100°C) with or without adjusting the initial pH of the waste effluents (Knorr,1977; Strolle et al.,1973). Hydrochloric acid, sulfuric acid and polyphosphoric acid are mainly used for the pH adjustment (pH 3.5 - 5.5). From a cost point of view as well as considerations of adding phosphoric acid or sulfuric acid to public water, hydrochloric acid would be preferred (Meister and Thompson,1976). A common occurence of heat coagulated potato protein concentrates (PPC) is the resulting low nitrogen solubility (~5 - 10%). Good solubility of PPC could markedly expand potential applications of proteins (Kinsella 1976).

Heat treatment with several heating systems during the precipitation can conceivable produce carcinogenic products

Another important disadvantage of heat coagulation are the energy costs for concentration and heating of the diluted waste effluents*.

Ferric chloride which is used in seawage work could be another coagulant for the recovery of PPC. It is relatively inexpenive, has so acidic properties and the trivalent iron ion is a good nucleating site for large floc formation (Daniels,1974). Another advantage of ferric chloride is that the waste effluents do not have to be heated. The iron recovered with the protein could add to the nutritional significance of a recovered product. Meister and Thompson (1976) showed at laboratory scale that $FeCl_3$ compared at room temperature favorable with hydrochloric acid.

The aim of this work was to find an alternative precipitation method resulting in a yield comparable to that of protein recovered by means of the most commonly used acid/heat treatment method, while achieving a more acceptable quality of the PPC needed for the application in human foods .

Materials and Methods

Preparation of Protein Water

Because of the inconvenience of transporting a dilute solution and because possible compositional changes, it was decided to simulate processing water in the pilot plant to compare different precipitation methods. 1.1 metric tons of Washed Russet Burbank potatoes (crude protein content = 2.5% , total solids = 23%) were used. They were loaded into

* typical wastes from potato starch factories contain about 15% solids

a modified drag chain feeder (Model A632-44, Arnold Dryer Company,) ~~and~~ metered into a 98 cm diameter vertical hammermill with swinging hammers (Owens Mfg.Co., Verdon, Nebraska) followed by a Morehouse mill (Model 350, Morehouse Ind.Inc., Los Angeles, Ca.) The slurry was diluted with water (about 1:1) and centrifuged at 3,200 x g ~~by using~~ a horicontal decanter type flow centrifuge (Type P-3000 S, Sharples Co., Philadelphia, Penn.) to remove the starch. The crude protein content of the resulting protein water was 1.2 % and ~~the concentration of total solids~~ 2.2%.

<u>Preparation of PPC</u>

The protein water was divided ~~in equivalent parts~~ (figure 1).

FIGURE I

pH values of 4.8 and 3.0 were adjusted by using 2N HCl. One batch was adjusted to pH 3.0 ~~by using~~ a 28% aqueous solution of $FeCl_3.6H_2O$. The two batches at pH 3.0 were stirred (Model AG 100, Lightnin) in a holding tank for one hour at 20 ±2°C, ~~and~~ the precipitate was recovered by using a high speed, disk type, solids discharging centrifuge, with 31 cm bowl diameter and RCF_max = 14,500 xg (Model BHPX-207 S, De Laval Separator Co., Poughkeepsie, N.J.). The batch ~~with the pH level of 4.~~8 was stirred for 15 minutes and ~~then~~ heated by steam injection (Model M 5000, Strahman,) (Edwards et al., 1975). The heat coagulate was pumped into an open topped stainless steel coagulation tank. (Mohno pump type 3S0, Robbins & Myers Ind., Springfield, Ohio)

~~Then it was pumped~~ through a plate type heat exchanger (Model SC-3196, Creamery Package Co., Chicago, Ill) ~~and~~ cooled to 25 ±2°C. For the of those precipitates the solids discharging centrifuge was also used. The pH of the protein concentrates was then adjusted to 7 and the concentrates spray dried at an inlet temperature of the air of 210 - 220°C and an outlet temperature of 105 - 110°C (conical-type laboratory model, Bowen Eng. Inc., North Branch, N.J.)

Analytical procedures

The standard AOAC (AOAC, 1975) methods were used for the determination of total solids, nitrogen, crude fat, total sugar, ash, carbohydrate and Vitamin C. Amino acids were determined using the methods descibed by Kohler and Palter (1967). The Analytical Methods for Atomic Absorption Spectroscopy (Analytical Methods, 1973) were used for the determination of calcium, iron, magnesium and sodium. Trichloracetic acid was used for the determination of coagulable protein (Finley and Hautala, 1976). Nitrogen solubility was after Betschart (1974), water absorption capacity after Sosulski (1962) and fat absorption capacity after Lin et al. (1974). For the determination of the whipping properties the method described by Lawhon et al. (1972) was used. The examination of bread texture is described by Knorr (1977). All determinations were done in 2 to 5 replications.

Results and Discussion

Figure 2 shows the relationship between coagulable protein (Nx6.25) remaining in solution and pH for the various precipitation methods used.

Figure 2

In table 1 a comparison of the results of the pilot plant experiments is given for the different precipitation methods.

The results of experiments on laboratory scale show that $FeCl_3.6H_2O$ compared favorable with HCl+heat treatment in the amount of coagulable protein recovered from the protein water. By using a trichloracetic acid/heat method (Finley and Hautala,1976) 37 ± 2% of the crude protein of the protein water could be recovered. 40 ± 1% were coagulable with $FeCl_3$ at pH3 (108 % of the trichchloracetic acid/heat coagulable protein)and 35 ± 2% with HCl/heat treatment (95% of the trichloracetic acid coagulable protein). The data of the pilot plant studies gave similar results. All of the coagulable protein could be precipitated by $FeCl_3$ treatment at RT and with HCl/heat treatment. By using HCl at RT as coagulant only 62% of the coagulable or 23 % of the crude protein could be recovered. The amount of hydrochloric acid and iron(III)chloride hexahydrate to adjust the pH of the protein water is calculated per kg recovered protein (dm) and given in table1.

TABLE 1

The amount of $FeCl_3.6 H_2O$ is relatively high. One way to decrease this value is to increase of the pH level for the precipitation to 4.0. This pH gives only less recovered protein than what was obtained at pH 3.0, but only 0.9 kg $FeCl_3.6H_2O$ / kg protein are needed. Experiments which are under way let expect that most of the iron used can be recycled by separation of the precipitated $Fe(OH)_2$.

The results of proximate analyses of the spray dried PPC (table 2) indicate a

TABLE 2

amount of 78.2 % crude protein (N x 6.25) for the HCl/heat treatment 65.6 % for the HCL and 57.5 % for the $FeCl_3.6H_2O$ treatment. The ash content is about 25 % for the proteins precipitated at RT.One explanation for the high ash concentration of these PPC is the higher adsorption capacity of proteins coagulated at RT in comparison to the heat coagulated proteins. The of one "washing step" (additional separation of the concentrate after dilution with water) resulted in an increase of the crude protein content of the protein recovered with $FeCl_3$ of 12% and an decrease of the ash of 24%. It is of interest that the PPC recovered with $FeCl_3$ contains about 15 mg total Vitamin C/ 100 g. The most remarkable differences of the recovered PPC for a potential use in food systems exist in the nitrogen solubility (figure 3).

FIGURE 3

The nitrogen solubility of the PPC recovered with $FeCl_3$ is about two times higher than the solubility of the PPC recovered with HCl/heat. Water absorption capacity is low for the PPC recoverd with $FeCl_3$ in comparison to the other precipitation methods used. The advantage or disadvantage of this property depends on the application of the PPC in various food systems. In the case of protein fortification of bread proteins with low water absorption capacity gave better loaf volumes than proteins with a high one. Fat absorption capacity, whipping properties and bread texture are practically equal for all 3 products.

In table 3 the results of amino acid analyses of the PPC and FAO data (FAO,1972) for potato protein are given.

TABLE 3

With the exception of arginine aspartic acid, all amino acid concentrations of the PPC higher or equal to the FAO data. The high methionine and cystine concentration of the recovered is of special interest because these amino acids are poor in potato protein (Scrimshaw and Young,1976).

In summary the results of this study show that protein precipitation with iron(III) chloride at RT is comparable to HCl/heat treatment , the yield of protein recovered, some functional properties and the amino acid composition. The advantages of treatment with $FeCl_3$ are reduced energy costs, Since the protein water (not) be heated to 95 - 100 °C) and an excellent nitrogen solubility of the resulting PPC.

In pilot plant studies with "potato cut water" from a commercial potato processing plant 97 % of the trichloracetic acid/heat coagulable protein could be recovered by using $FeCl_3$ for the protein precipitation.

The iron content of this concentrate could be reduced to < 1% Fe (dry)

Anhang 2

Die publizierte Endfassung des wissenschaftlichen Papiers

POTATO PROTEIN CONCENTRATES: THE INFLUENCE OF VARIOUS METHODS OF RECOVERY UPON YIELD, COMPOSITIONAL AND FUNCTIONAL CHARACTERISTICS

Berkeley, CA 94710

Received for Publication October 4, 1977

ABSTRACT

Potato processing effluents represent a potential source of valuable protein as well as a major waste disposal problem. Potato protein is commonly recovered by heat (in excess of 90°C) with pH adjustment between 3.5 and 5.5. The present study compared yield, and some compositional, and functional characteristics of potato protein concentrate (PPC) recovered with either HCl or $FeCl_3$ (pH 3.0, 20–22°C), or HCl/heat (pH 4.8, 98–99°C). Under pilot plant conditions, recoveries of 22.7, 36.7, and 37.5% of the crude protein (N × 6.25) were obtained with HCl, $FeCl_3$, and HCl/heat, respectively. Crude protein content of the PPC precipitated by HCl, $FeCl_3$, and HCl/heat were 65.6, 57.5, and 78.2% respectively. Ash and vitamin C values were higher in those PPC recovered at room temperature, with Fe content being highest in the PPC recovered with $FeCl_3$. The nitrogen solubility of the $FeCl_3$ precipitate, at pH 7.0, was 1.5 and more than 7 times that of the HCl, and HCl/heat precipitates, respectively. Whipping capacity of PPC was not influenced by precipitation method. The most favorable fat absorption and water absorption capacities were exhibited by the HCl and HCl/heat precipitates, respectively.

INTRODUCTION

Potato tuber(s), henceforth termed potato(es), contain an average of 2.1% crude protein on a fresh weight basis. Annual, world-wide production of potato protein is ≃ 6 million metric tons (Markakis 1975). In the U.S., approximately 268,000 metric tons of crude potato protein

(N × 6.25) are available annually (U.S. Dept. of Agr. 1976). A portion of this potato protein is in the form of processing waste effluents resulting from the manufacture of potato starch, flakes, granules, chips and french fries. Approximately one-third of the crude protein in the waste effluent (potato juice) may be recovered with heat or a trichloracetic acid/heat treatment.

Potato protein is recovered from the effluents of potato starch manufacture in various European countries. Quantities such as 2,000 and 25,000 metric tons of potato protein are potentially available annually in Austria and The Netherlands, respectively (De Noord 1975; Huchette and Fleche 1976; Vlasblom and Peters 1958; and Wohlmeyer 1974). The waste effluent from potato starch plants contains 2–5% solids, and accounts for ≈ 55% of the BOD leaving the plant. A typical composition of the soluble solids is: 35% crude protein, 35% total sugars, 20% minerals, 4% organic acids, and 6% others.

There has been interest in the recovery of potato protein during the past 60 years, and several methods have been reported. Generally, these methods consist of heat coagulation, heat coagulation with pH adjustment, pH adjustment alone with HCl, H_3PO_4, $FeCl_3$, or H_2SO_4, ion exchange chromatography, and reverse osmosis. Proponents of heat coagulation (Strolle *et al.* 1973; Vlasblom and Peters 1957; and Xander and Hoover 1959) most commonly use temperatures in excess of 90°C. When pH adjustment is used, it is usually between 3.5 and 5.5. Meister and Thompson (1976) demonstrated, in laboratory experiments, that $FeCl_3$ compared favorably with HCl as a precipitant of potato protein. Ion exchange chromatography has been used to recover protein, amino acids and potassium from potato waste streams (Heisler *et al.* 1972), and Porter *et al.* (1970) studied the use of reverse osmosis for potato protein recovery.

Heat coagulation is the most commonly used method to commercially recover potato protein. The energy costs of concentrating and heating the dilute waste effluent are a disadvantage of this method. In addition, heat coagulated protein is, generally, quite insoluble, which could limit some potential food applications. Of those acids used for pH adjustment, HCl is preferred in terms of cost and potential hazards to the public water supply. With the use of $FeCl_3$ as the precipitant, any Fe recovered with the protein could add to the nutritional value of the final product.

The amino acid balance of potato protein is quite favorable. Nitrogen balance studies with human adults have shown potato protein to be superior to most major plant protein, with its nutritive value approaching that of whole egg (Kofranyi and Jekat 1965; Jekat and Kofranyi 1970; and Meister and Thompson 1967).

An economic analysis of alternative methods for processing potato starch effluents was conducted by Stabile *et al.* (1970). At that time, the authors concluded that concentration of effluents by evaporation appeared to be the only economically feasible method. An up-dated economic analysis may be warranted in light of increased energy costs.

The purpose of this study was to compare the effectiveness of HCl, $FeCl_3$, and HCl combined with heat, as precipitants of potato protein in the laboratory, as well as under pilot plant conditions, and to evaluate some compositional, nutritional and functional characteristics of the protein concentrates recovered by these three methods.

MATERIALS AND METHODS

Preparation of Potato Protein Concentrate

Potato processing water was simulated in the pilot plant. Washed Russet Burbank potatoes (1.1 metric tons), containing 2.5% crude protein (N × 6.25) and 23% total solids, were used. The potatoes were loaded into a modified drag chain feeder (Model A 632-44, Arnold Dryer Co., Milwaukee, Wisc.) where 0.2% (w/w) $NaHSO_3$ was added to inhibit darkening of the potatoes. The potatoes were then metered into a 98 cm diameter vertical hammermill with swinging hammer (Owens Mfg. Co., Verdon, Neb.) followed by a Morehouse Mill (Model 350, Morehouse Ind. Inc., Los Angeles, CA). The slurry was diluted with water (≈ 1:1 v/v) and insoluble solids were removed by centrifugation at 3,200 G in a horizontal flow, decanter type centrifuge (Type P-3000 S, Sharples Co., Philadelphia, Penn.). The resulting supernatant, pH 5.6 contained 1.2 and 2.2% crude protein and total solid, respectively.

The aqueous solution containing the soluble protein (protein water) was equally divided into three portions and processed as outlined in Fig. 1. Two batches were adjusted to pH 3.0 and 4.8, respectively, with 2N HCl. The third was adjusted to pH 3.0 with a 28% (w/w) aqueous solution of $FeCl_3 \cdot 6H_2O$. The two batches at pH 3.0 were stirred (Model Ag 100, Mixing Equipment Co. Inc., Rochester, N.Y.) in a holding tank for 1 hr at 20–22°C. The precipitates were recovered by using a high speed, disk-type solids discharging centrifuge, with 31 cm bowl diameter and a RCF_{max} of 14,500 G (Model BRPX-207 S, De Laval Separator Co., Poughkeepsie, N.J.). The batch adjusted to pH 4.8 was stirred for 15 min and then heated by steam injection to 98–99°C (McDaniel Suction Tec, Dairy Industries Inc., Foster City, CA) as described by Edwards *et al.* (1975) The heated coagulum was then pumped

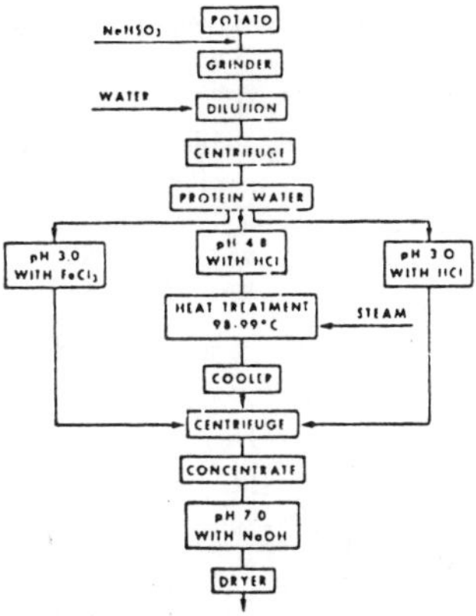

FIG. 1. SIMPLIFIED FLOW DIAGRAM FOR THE RECOVERY OF POTATO PROTEIN CONCENTRATES IN THE PILOT PLANT PROCESS

(Moyno pump type 380, Robbins & Myers Inc., Springfield, Ohio) through a plate type heat exchanger (Model Sc-3196, Creamery Package Co., Chicago, Ill.) where it was cooled to 24–26°C. The solids discharging centrifuge was used for the collection of this precipitate.

After collection by centrifugation the total weight of the concentrates was determined and samples were taken for Kjeldahl analysis. The yield was calculated as the amount of crude protein in the concentrates as a percent of the total amount in the protein water (see Table 1). The pH of each of the precipitated protein concentrates was adjusted to pH 7 with 2N NaOH. The concentrates were then spray dried at an air inlet temperature of 200–210°C and an outlet temperature of 105–110°C (Conical-type, laboratory model, Bowen Engineering Inc., North Branch, N.J.).

One experiment was conducted in the pilot plant on "potato cut water" obtained from a commercial potato chip processing plant. The effectiveness of the three precipitation methods, i.e. HCl, $FeCl_3$ and HCl/heat, was evaluated.

Table 1. Recovery of potato protein concentrates in the pilot plant by various methods

	Precipitation Method		
	HCl at RT pH 3.0	$FeCl_3$ at RT pH 3.0	HCl/Heat pH 4.8
	--	-- % --	--
Recovery of Crude Protein	22.7	36.7	37.5
Recovery of TCA/heat Insoluble Protein	61.5	99.4	102.0

Methods for Analysis and Functional Properties

The standard AOAC methods (AOAC 1975) were used for the determination of total solids, nitrogen, crude fat, ash and vitamin C. Total sugars were determined by the method of Potter *et al.* (1968) and total carbohydrates (in terms of glucose) were assayed according to the procedure of Dubois *et al.* (1956). The method of Kohler and Palter (1967) was followed for determining amino acid composition. Procedures outlined in Analytical Methods for Atomic Absorption Spectroscopy (Analytical Methods 1973) were used for the determination of calcium, iron, magnesium and sodium. Trichloracetic acid (TCA)/heat treatment, as reported by Finley and Hautala (1976), was employed to determine TCA coagulable protein of the protein water. For the determination of coagulable protein of the protein water at different pH levels (see Fig. 2) the pH was adjusted with 2N HCl and 28% (w/w) $FeCl_3 \cdot 6H_2O$ solution at room temperature and filtered after 60 minutes through an S & S 576 filter paper. The nitrogen content of the filtrate was determined by Kjeldahl analysis. In the case of HCl/heat treatment the pH was adjusted and then the protein water was heated to 95°C for 10 min, cooled to room temperature and filtered after 50 min. A previously described method was used to evaluate nitrogen solubility (Betschart 1974). Water absorption capacity, fat absorption capacity, and whipping capacity were determined using minor modifications of the methods of Sosulski (1962), Lin *et al.* (1974) and Lawhon *et al.* (1972), respectively, as described by Betschart and Kohler (1975).

All experiments, with the exception of nitrogen solubility, were conducted at the initial pH attained. The means of laboratory experiments are the result of from 2 to 5 replications. Pilot plant data are based upon a single run with analyses of these samples carried out in from 2 to 5 replications

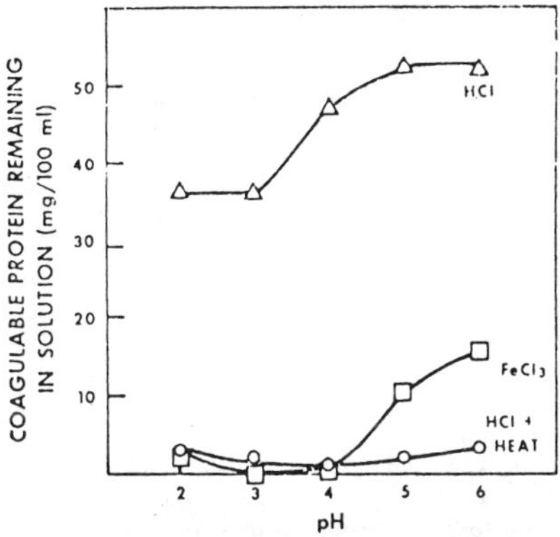

FIG. 2. RELATIONSHIP BETWEEN TCA HEAT INSOLUBLE PROTEIN REMAINING IN SOLUTION AND PH FOR THE DIFFERENT PRECIPITATION METHODS

RESULTS AND DISCUSSION

Protein Recovery

Laboratory experiments showed that $FeCl_3$ compared favorably with HCl/heat treatment at pH 2–4 with respect to the amount of coagulable protein recovered from the protein water (Fig. 2). At pH 5 and 6 HCl/heat was the most effective precipitation method studied.

By the use of TCA/heat, in combination, 37 ± 2% of the crude protein in the protein water was recovered (termed coagulable protein). Recoveries of crude protein by HCl, $FeCl_3$, and HCl/heat precipitation methods were 23 ± 1, 40 ± 1, and 35 ± 2%, respectively. These recoveries represented 62, 108, and 95% of the coagulable protein by HCl, $FeCl_3$, and HCl/heat precipitation, respectively. Thus, at pH 3.0 $FeCl_3$ was more effective than HCl in recovering potato protein concentrate (PPC). Meister and Thompson (1976) also found $FeCl_3$ to be more effective than HCl as a precipitant of potato protein. They reported that, at pH 3.0, 31 and 36% of the crude protein were recovered by HCl and $FeCl_3$ precipitation, respectively. From these data it is also apparent that Meister and Thompson achieved more effective results with HCl and somewhat less effective results with $FeCl_3$ when compared with results reported in the present study.

Results obtained in the pilot plant with simulated waste effluent indicated that $FeCl_3$ and HCl/heat were equally effective in recovering protein (Table 1), with HCl recovering significantly less crude protein. Quantities of protein recovered by HCl and $FeCl_3$ were 62 and 99%, respectively, of the TCA/heat coagulable protein. The recovery of PPC by various methods was also studied in the pilot plant with commercial "potato cut water." Thus, results were similar to those obtained with simulated potato processing water. By using $FeCl_3$ as a coagulant, 97% of the TCA/heat coagulable protein could be recovered.

The quantity of $FeCl_3 \cdot 6H_2O$ required to precipitate PPC was 1.6 kg per kg protein (dm). By raising the precipitation pH to 4.0, 0.9 kg $FeCl_3 \cdot H_2O$ would be needed per kg protein. Although laboratory experiments by the authors indicated that slightly less protein would be recovered at pH 4.0 (Fig. 2), Meister and Thompson (1976) showed that $FeCl_3$ precipitation produced maximum recovery at pH 4.0.

Composition

Proximate analyses of the spray dried PPC revealed that the crude protein contents of the HCl, $FeCl_3$, and HCl/heat precipitates were 65.6, 57.5, and 78.2%, respectively. In addition to the differences in protein content of the PPC recovered by various methods, major compositional differences were observed for ash, vitamin C, iron and sodium (Table 2). The increased ash content associated with HCl precipitation at room temperature was also observed by Meister and Thompson (1976), who noted that HCl recovered more total solids from the effluent than does precipitation by HCl/heat. The PPC precipitated at ambient temperatures with HCl and $FeCl_3$ would be more appropriate for human consumption if ash values were reduced. Vitamin C content (15--18 mg/100 g) was significantly higher in those PPC recovered at room temperature, whereas the $FeCl_3$ precipitate was markedly higher in iron than the other two precipitates.

Functional Properties

With the exception of whipping capacity, those functional properties of PPC evaluated were markedly influenced by method of precipitation. Nitrogen solubility of PPC recovered at room temperature was much higher than that of the HCl/heat precipitate (Fig. 3). At pH 6 and above, the nitrogen solubility of $FeCl_3$ precipitate was superior to that precipitated by HCl; at pH 7, it was >7 times that of the HCl/heat

Table 2. Analyses and select functional properties of potato protein concentrates[a]

Composition/Property	Precipitation method HCl at RT	FeCl$_3$ at RT	HCl/heat
		% Dry matter[b]	
Total solids (%)	93.7	94.7	95.4
Nitrogen	10.5	9.2	12.5
Crude fat	2.3	1.3	2.4
Ash	24.5	25.1	7.2
Total sugars	3.6	2.6	1.3
Total Carbohydrates	7.2	7.1	7.1
Total Vitamin C (mg/100 g)	18.1	14.9	0.01
Calcium	0.14	0.04	0.14
Iron	0.10	4.32	0.12
Magnesium	0.20	0.11	0.10
Sodium	4.25	3.85	1.53
Functional Properties		Percent	
Nitrogen solubility (pH 7)	56.0 ± 0.1[c]	87.5 ± 2.1	11.5 ± 0.7
Water absorption capacity (pH 7)	214 ± 3	86 ± 5	273 ± 6
Fat absorption capacity (pH 7)	234 ± 16	188 ± 10	110 ± 10
Whipping Capacity Foam (% Volume increase pH 7)	568 ± 40	524 ± 9	523 ± 9

[a]Means of 2 to 5 replications
[b]% dry matter unless otherwise indicated
[c]Means ± standard deviation

precipitated PPC (Table 2). Increased nitrogen solubility indicates that the PPC were less serverely denatured during processing, and would more likely be functionally active in food systems in which protein solubility was a prerequisite.

Water absorption capacity was highest in the HCl/heat precipitate which had been most severely heated during precipitation, whereas fat absorption capcity was the lowest in this precipitate (Table 2). The high water absorption of heat precipitated plant proteins vs those recovered with HCl at room temperature has also been reported for alfalfa leaf protein concentrate (Betschart and Kohler 1975). HCl precipitation produced the PPC with the most favorable fat absorption capacity. The spray dried PPC precipitated by HCl were light and fluffy, with greyish beige overtones. That precipitated at room temperature was the lightest in color, whereas the FeCl$_3$ precipitate had a light green cast.

These data on functionality within simple, model systems provide an indication of potential functionality in food systems.

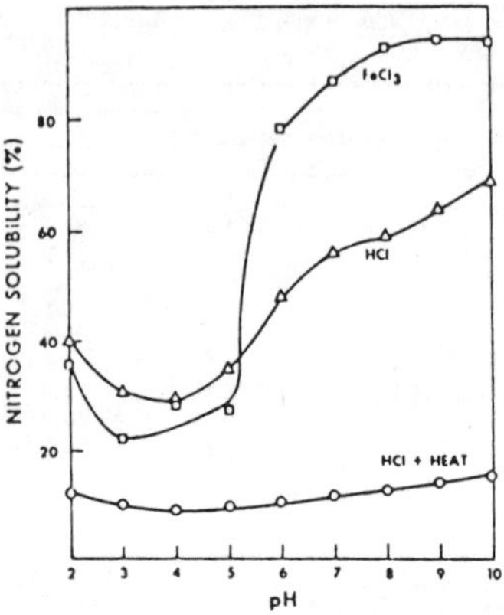

FIG. 3. RELATIONSHIP BETWEEN NITROGEN SOLUBILITY AND PH OF DIFFERENT POTATO PROTEIN CONCENTRATES

Amino Acid Analyses

With the exception of arginine, aspartic and glutamic acids, the amino acid composisition of the HCl/heat treatment PPC was equal or greater than that reported by FAO (1972) for potato protein (Table 3). The higher levels of methionine and cystine in PPC are of interest since these amino acids were previously reported to be low in potato protein (Scrimshaw and Young 1976). When compared with FAO (1973) Provisional Amino Acid Scoring Pattern, the PPC contain quantities of amino acids equal to or greater than the suggested levels for all the essential amino acids (except tryptophan which was not determined).

In summary, $FeCl_3$ and HCl/heat treatment recovered similar quantities of potato protein, whereas HCl at room temperature was the least effective method. Differences between these precipitation methods include the energy input required for steam (HCl/heat) and ingredient costs (HCl, $FeCl_3$). Compositional differences among the PPC precipitated by various methods included higher crude protein in the HCl/heat precipitate, higher vitamin C and ash in those PPC precipi-

Table 3. Amino acid analyses of potato protein concentrates recovered by various methods

Amino Acid	Precipitation Method: HCl	$FeCl_3$	HCl/Heat	Potato Protein, FAO (1972)
		—	g/16 g N	—
Lysine	6.02	6.46	6.79	5.28
Histidine	2.04	2.03	2.11	1.76
Arginine	4.40	4.76	4.74	5.28
Aspartic Acid	12.83	13.37	11.08	13.12
Threonine	4.27	4.43	4.86	3.84
Serine	4.15	4.49	4.90	3.52
Glutamic Acid	11.67	11.58	10.47	17.60
Proline	3.35	3.70	4.11	3.84
Glycine	3.51	3.86	4.14	3.52
Alanine	4.01	3.91	4.41	4.90
Cystine	1.41	1.74	1.47	0.94
Valine	5.50	5.89	6.24	5.76
Methionine	2.09	1.96	2.70	1.12
Isoleucine	4.53	4.76	5.20	3.84
Leucine	7.20	7.41	8.53	6.24
Tyrosine	4.17	4.30	4.74	2.72
Phenylalanine	4.67	4.82	5.34	3.36

tated at ambient temperatures (HCl, $FeCl_3$) and higher Fe values in the $FeCl_3$ precipitate. In terms of functionality, PPC precipitated by all three methods possessed similar whipping capacity. Differences included greater nitrogen solubility for the $FeCl_3$ precipitate, with the highest water absorption capacity and fat absorption capacity exhibited by the HCl/heat and HCl precipitates, respectively. The ultimate selection of a precipitation method for potato protein will depend upon an analysis of the nutritional and antinutritional, economic, engineering, compositional and functional parameters, within the constraints of the end product use of the PPC.

Reference to a company and/or product named by the Department is only for purposes of information and does not imply approval or recommendation of the product to the exclusion of others which may also be suitable.

Anhang 3

Auszug aus den Argumenten der Wissenschaftler zugunsten der Wahl mongolischer Wüstenmäuse *(gerbils; meriones unguiculates)*

Entscheidungspfad 1

»Gerbils are cheaper«

R: ... [gerbils] are also cheaper, it's also simply a question of money, or for us it was – I had money for some chitin work, but not for this kind of work. I used the money, I did buy the gerbils out of the grant, but I wouldn't have had enough to buy 200 rats ... and I needed a number of other things –

K: You didn't want to apply for a grant and wait with the study?

R: I didn't want to *wait*, the main thing was I was just curious, I mean I was interested, and I wanted to do it! It was also availability of time, I did the *in vitro* study myself when I was able to work in the laboratory during winter session, and then feeding studies followed, so I was just curious, since I had done the *in vitro* –

R: But there was certainly a reason for me to be interested because if you show that there are significant differences between gerbils [and rats] in the sensitivity toward an approved dye, that would have been something worth while –

R: Well, the other reason was I was promoting [the use] of chitin and I felt that the dye binding properties had not been considered so far – so I really wanted to publish a paper on the binding properties of the compound –

K: This was a new thing –

R: It was a new thing, and chitin was a new thing, so to me it was something which doesn't necessarily need to wait around.

Entscheidungspfad 2

»Gerbils are more social«

R: [...] they are more social than rats, you can keep them in a cage while you can't keep rats in the same cage –

K: Oh, several –

R: Yeah, as a group it's easier because you would have the same environmental conditions – somehow it seems to be easier to handle if you have five replications in one cage –

Entscheidungspfad 3:

»Less food, less chitin«

R: [...] and, I mean, the reason why we selected gerbils was also you need less food, you need less chitin, you need to go through less preparation problems, you have to produce less dyed chitin [bind dye to the polymer]...

Entscheidungspfad 4:

»Diet, facilities and environment set up for gerbils«

R: T., the person I worked with in the *in vivo* study had a lot of experience with gerbils, so the diet, the facilities and the environment was set up for gerbils –

R: The diet was available and it was just less troublesome and more convenient to go through the gerbil *routine*... What I mean is since he had been doing all this work with gerbils he knew exactly the diet requirements, I just needed to take his recipe, and he had even some of the –, like vitamin mixtures were *pre-mixed* already... I thought it would be helpful, the more he knows about the animals the better it is if anything strange happens to explain or track down why it happened –

R: [...] I knew he [T.] wouldn't be too happy if I suddenly say I want to use rats
[you] see he has a routine method developed, if you want, ... he uses gerbils because they fit his experiments better... I just know this is his routine, and I was assuming I [would] need a lot of convincing to do just to –

And I was assuming if I do *pathology* like cutting them up I would definitely need him, and I was assuming I need him if something happens in the metabolism of the animals. Since he had a lot of experience, I think the main reason was being on the safe side, having somebody who knows, I mean I needed an expert so I decided on the gerbils because he was a gerbil expert.

Entscheidungspfad 5

»Weight variation of rats«

R: I came across a study 2 or 3 years ago, they show that depending on the intake of water, the weight [of the rats] can vary up to 200%. Gerbils, since they are basically desert mice, they consume extremely little water, that means you cut down the potential variability to a rather low level.
For me this was an argument because I felt it is rather ridiculous to use experiments in which you have this high a variability –
One way would be to restrict the consumption of water but I don't know whether one knows the optimum water intake for rats under given conditions –
So I thought if they drink as little as possible this would reduce this variability . . .

Entscheidungspfad 6

»Follow Up«

R: Then the second time it was logical to use gerbils again because it was a follow up on the first study –
R: The other reason was since the first study had been done with gerbils it made no sense to change the species –

Entscheidungspfad 7

»Gerbils more sensitive than rats«

R: [. . .] I was curious since all the work has apparently been done with rats. I talked to N. who did quite a lot of work with gerbils and I asked him whether he came across anything which makes gerbils more susceptible to the kind of substance I am using in comparison to rats. Because that could have been a reason, I mean something FDA or the company missed, something to which gerbils are extremely sensitive, which would have been extremly interesting to show.

R: [. . .] FDA would use rats instead of gerbils, it is known that different animals species behave differently [when given] toxicants, so the question was whether we had discovered anything which had not been found when *they* fed the dye to rats. It didn't occur as a problem, and it occurs now because we are using gerbils . . . I didn't follow up [on this] because data are usually not available to the general public and the company didn't release its information.

I just can't imagine that if all these same things occurred with *rats* that they would say it's O.K. Because it was not only the hair loss it was also the loss in weight –

Namenregister

Aaronson, S. 292
Agassi, J. 280
Alix 142
Anderson 212
Andrews, F. M. 283
Anscombe, G. E. 269
Apostel, L. 56, 275, 282
Ashby, W. R. 277
Atlan, H. 276 f.

Bachelard, G. 28
Bacon, F. 177
Barboni, E. J. 287
Bar-Hillel, Y. 63, 282
Barnes, B. 53, 157, 281 f., 290 f.
Bastide, F. 292, 295
Bazerman, C. 133
Becker 99 f., 113
Ben-David, J. 283
Berger, P. 279
Bernabe, J. 279
Bhaskar, R. 267, 274, 299
Black, M. 285
Bloomfield, L. 290 f.
Bloor, D. 11, 53 f., 282, 290, 296
Blume, S. S. 283
Bohm, D. 19, 252, 274, 297
Böhme, G. 275, 278, 287, 289
Bourdieu, P. 54, 132 ff., 140, 158, 177, 275, 288, 290, 292, 294
Brenner, M. 279

Callon, M. 275, 284, 286, 288
Campbell, D. 19, 274 f.
Cater, C. M. 282
Cicourel, A. 14, 177, 279 f., 284, 289, 292, 296

Chubin, D. E. 281, 287 f.
Cole, G. 14, 283
Cole, J. R. 287
Cole, S. 287
Coleman, J. 90, 280, 284
Collins, H. M. 238, 295
Cooper, W. 107, 286 f.
Courtes, J. 293
Courtial, J. P. 286
Crane, D. 283, 288
Crawford, E. 283
Crozier, M. 90
Cunningham, S. D. 282

Daele, W. van den 275
Dante 94
Davis 289
Denzin, N. K. 284
Derrida, J. 39, 278
Dietrich 86 ff., 165, 171, 173, 212 f.
Dijk, T. van 295
Dilthey, W. 248, 297, 299
Dolby, R. G. 281
Dunhill, P. 282

Edge, D. 129, 152, 281, 287 f., 290, 293, 295
Elkana, Y. 281
Engelhardt, M. von 289

Fabbri, P. 292
Feeney, R. 283
Ferraro 104 f.
Feyerabend, P. 11, 18 f., 252, 274 ff.
Filmer, P. 297
Foucault, M. 90, 281, 284, 289
Fraasen, B. van 274
Fuller 181

Gadamer, H. G. 250
Galtung, J. 278
Garfinkel, H. 51 f., 246, 281
Gaston, J. 288
Gellner, E. 296
Giddens, A. 264 f., 296 ff.
Gilbert, N. 236, 287, 292
Goffman, E. 12, 82 f., 279, 283, 288
Gombrich, E. 286
Goodman, N. 285 f.
Gouldner, A. 289
Grathoff, R. 83, 282 f.
Greimas, A. J. 293
Grice, P. 294
Griffith, B. 287
Gusfield, J. 292 ff.

Habermas, J. 253 ff., 274, 278, 289, 297 ff.
Hagstrom, W. O. 128 ff., 140
Hanson, N. R. 19, 252, 274, 297
Harré, R. 14, 152, 285, 289, 293, 297, 299
Harris, M. 296
Harvey, B. 289
Heidegger, M. 253, 255 ff., 294, 298 f.
Hemptinne, Y. de 283
Hesse, M. 96, 252, 285 f., 297
Hindhede, M. 296
Hirsch, J. 290
Hoffman, R. W. 289
Hofstadter A. 291
Holzman 99 ff., 111, 142, 146 f.
Holzner, B. 281
Hove, E. van 14
Hughes, T. 290
Husserl, E. 39

Jackie 212
Jacob, F. 282
Johnston, R. 278
Jurdant, B. 281 f.

Kant, I. 17
Kelly 86 ff., 213
Kervasdoue, J. de 284
Kimberly, J. 284
Kinsella, J. E. 282
Knorr, D. 292
Knorr, K. D. 14, 278, 284 f., 290, 292, 296
Knorr-Cetina, K. D. 278 f., 289, 296
Koestler, A. 96, 286
Koenig 143
Kornhauser W. 283
Krohn, R. 14, 275, 296
Krohn, W. 286, 290
Kuhn, T. S. 11, 19, 52 f., 55, 127 f., 238, 250 f., 252, 274, 276, 297
Küppers, G. 54, 281

Lacan, J. 189, 294
Lakatos, I. 124, 274, 276, 287, 297
Landowski, E. 293
Lange, H. 289
Latour, B. 14, 39, 54, 134, 275, 277 f., 285, 288 f., 292
Law, J. 282, 288
Lazarsfeld, P. 299
Lecuyer, B.-P. 283
Leibniz, G. W. 177
Lemaine, G. 281, 283
Lepenies, W. 282, 292
Lilly, M. D. 282
Lofland, J. 281
Lorenz 225
Luckmann, T. 279
Luhmann, N. 26, 275, 278, 280, 288
Lukes, S. 280
Lundgreen, P. 281
Lynch, M. 278, 282, 285, 292

MacKenzie, D. A. 291
MacLeod, R. 281, 292

Madden, E. H. 299
Mannheim, K. 12
March, J. G. 288
Marcson, S. 283
Marcuse, H. 289, 297
Marx, J. 281
Marx, K. 12, 253
Mattil, K. F. 282
McKegney, D. 282
Mead, G. H. 166
Means, G. 282
Medawar, P. 177, 234
Mehan, H. 279
Meja, V. 281
Meltzer, L. 283
Mendelsohn, E. 281, 296
Merton, R. K. 51, 128, 130, 147, 177, 275, 281, 288
Mey, M. de 281, 286
Mills, C. W. 275
Moitra, S. 287
Morrison, K. 292
Mulkay, M. 55, 236, 281 f., 286 f., 292, 296
Mullins, N. 287, 292
Musgrave, A. 276

Nagel, E. 265, 297
Nickles, T. 274
Nietzsche, F. 92, 285
Nowotny, H. 281

Ogar, R. 14
Olsen, J. P. 288
O'Neill, J. 280, 292, 297

Pavicic, M. 294
Peirce, C. S. 19, 39, 63, 254 f., 274, 278, 298
Pelz, D. 283
Perry, N. 283
Phillips, D. 275
Pickering, A. 158, 290
Pike, K. 279
Pinch, T. 289
Pinxten, R. 279
Polanyi, M. 133
Popper, K. 275
Price, D. de Solla 287
Propp, V. 293
Putnam, H. 274

Quine, W. v. O. 275, 286, 297

Reisz, J. 299
René 111, 114 f., 225, 262
Restivo, S. 285, 291
Rose, H. 289
Rose, S. 289
Rossi-Landi, F. 288
Ryan, A. 297

Salomon, H. J. 283
Sayers, D. L. 17, 49
Schon, D. A. 285 f.
Schutz, A. 51, 281 ff., 299
Searle, J. 14, 299
Secord, P. 297
Serres, M. 275
Shannon, C. 35
Shapin, S. 291
Shetty, K. J. 282
Silverman, D. 283, 292
Simon, H. 288
Simmons, A. 292
Sinclair, R. 283
Small, A. W. 286
Small, H. 286 f.
Sneed, J. D. 252, 297
Sohn-Rethel, A. 150 f. 289
Stegmüller, W. 252, 280, 297
Stehr, N. 281, 292
Storer, N. W. 128 f., 132
Studer, K. 281, 288

Sturtevant, W. C. 289
Sullivan, D. 287
Suppe, F. 274, 296

Taylor, C. 260, 297
Thill, G. 278
Thomas, K. 296
Thomson, J. J. 275
Tom 165, 171
Toulmin, S. 12, 36 ff., 40, 252, 274 ff., 297
Touraine, A. 289
Traweek, S. 278
Turner, W. 286

Ullrich, O. 289

Vignolle, J. P. 284

Walter 103 f., 143, 180 ff., 189
Watkins 86 ff., 212, 237
Weber, M. 267
Weingart, P. 53 f., 281, 290, 296
Werner, O. 279
Wieder, L. 280
White, H. D. 287
Whitley, R. 53, 129, 281, 283, 288, 290, 296
Williams, R. 282, 288
Winch, P. 269, 296
Wittgenstein, L. 250, 276, 294, 298
Wood, H. 279
Woods, A. 107, 110, 287
Woolgar, S. 39, 54, 134, 274 f., 277 f., 285, 287 ff.

Young, B. 289

Zenzen, M. 285
Zilian, H. G. 14
Zimmerman, D. 280

Sachregister

Abstract 185, 195, 200, 211, 240
abstraktes Denken 150 f.
account analysis 293
Acknowledgements 185, 211
Adsorptionsmittel 120 f.
Alltagswelt 256 ff., 273, 290
Aluminiumsulfat 121 f.
Analogie 61, 92, 94 ff., 107, 116 ff., 136, 285 ff.
– ökonomische 130 ff.
– -Räsonieren 92, 94 ff., 107, 126, 243, 271
– -Theorie der Innovation 116 ff.
Anerkennung 132, 136 f., 146
Angewandte Forschung 58, 80
Anomalie 115, 263
– -Theorie der Innovation 115 ff.
Ansässigkeit 43, 63 ff., 124, 282
Anthropologe 12, 57, 263, 275
Anthropologie 48, 279
– des Wissens 49, 56, 290 f.
anthropologische Methode 13, 22, 53
Anti-Objektivismus 18 f.
Anti-Realismus 274
Arbeits-Interpretation 147
Artefakt 120
artificial intelligence 178
artifiziell 23 f.
Autoren des wissenschaftlichen Papiers 197 ff., 230 ff., 294 f.

Bedarf 201 ff., 293
Bedeutungsvarianz 19, 274, 286, 296
Begründungen, technische 214 ff., 241
Begründungsargumente 180 ff., 185 ff., 200 ff., 211, 220 f., 226 ff., 240
Beratervertrag 182 f., 186
Bericht, wissenschaftlicher 177 ff., 211, 214, 234 ff., 292
Bewußtsein 265, 267
Bioassay 70, 100, 119
biologische Evolution 21, 33, 36 ff., 282
Biosynthese 101
Blitztheorie der Kreativität 114 f.
bricolage 110
bricoleur 64

Charm-Modell 158
chemische Modifizierung 82, 121, 205, 282 f.
Chitin 164 ff.
Cholesterol 101 ff., 106, 117, 140
Chromatographie 103
Colour-Modell 158
consensus formation 29
context of discovery 19, 22, 28 ff., 37 ff., 82, 274
context of justification 29, 37, 39
coup de la modestie 195
Curriculum vitae 144

Dekonstruktion 27, 121 ff.
Denaturierung 93 f.
Dezentrierung 47, 279
dilution theory 93
dramatische Inszenierung 191 ff.
– Spannung 293
– Struktur 187, 191
dramatisches Modell 293 f.

Edinburgh School 11
Einbettungskontext der Forschung 126, 164, 173
Einheit der Wissenschaften 247, 270, 272
Einleitung des wissenschaftlichen Papiers 178, 186 ff., 211, 213, 220, 228, 230 ff., 240, 242, 293 f.
Eisenchlorid 70, 81, 119 ff., 181 ff., 186, 189, 210, 226, 229 ff.
Elektronenmikroskop 66, 143, 162
emisch 152, 279, 289
empirische Epistemologie 23, 275
Entpersonifizierung 214, 242
Entrationalisierung 241
Entkontextualisierung 150, 240 f., 258
Entscheidung 26 ff., 77, 216, 237
Entscheidungsgeladenheit 25 ff., 36, 40, 126, 271
Entscheidungskriterien 69, 77 ff., 90, 117, 166 f., 173 f., 286
Entscheidungspfad 163, 167 ff., 271
Entscheidungsprobleme 164 ff.
Entscheidungsrationalität 142, 167
Entscheidungsübersetzung 26 f., 69, 77, 109, 162 ff., 173, 295
Entscheidungsverschiebung 161 ff., 173, 271
epistemisch 154, 168 ff., 272, 274
nicht-epistemisch 167 ff., 171
Epistemologie 13, 17, 282
Erfolg 24, 79, 107, 111, 123 f., 141, 189, 274, 288
Erfolgsmodell 21
Ergebnisse und Diskussion des wissenschaftlichen Papiers 185, 187, 208, 211 ff., 221 ff., 239 ff., 294
Ethnographie 263, 279, 281
– des Wissens 22 f., 290 f.
ethnographische Methode 44, 278
Ethnomethodologie 46, 49, 52, 63 f., 279, 296
Ethnoscience 45 ff., 60, 279 f.
Ethnotheorien der Kreativität 113 f.
Ethos der Wissenschaft 51
etisch 152, 279, 289
Evolutionstheorie 21, 33, 36 ff., 276, 282
experimentelle Methode 210, 214
Ex-situ-Aktivitäten 154
extern-intern-Unterscheidung 278

Fabrikation 17, 22, 24, 26, 36, 61, 109, 123, 157, 175, 244, 247, 271
Face-to-face-Interaktion 284
Fakten 17 ff., 22, 43
Faktizität 18 f., 22, 257
Fallstudienansatz 46, 281
Feedback-These 164 ff.
Fehlschlag, wissenschaftlicher 118 ff.
Food and Drug Administration 82, 171 ff.
Forschungsleiter 74, 85 f., 104, 117, 147, 161, 172, 197 ff.
Funktionalismus 134, 139, 151

Gelegenheit 58, 65, 80, 82, 85, 107, 124 f., 145, 189
Gelegenheitslogik 127
Gemeinschaftskapitalismus 130 ff., 138, 145
Gerbil-Experte 170 f.
gerbils 165, 167, 173
Geschenkökonomie 130, 140
Gesetze 18 ff., 268 ff.
Glaubwürdigkeit 133 ff.
Großlabor 85, 119, 181, 188, 212 f., 235, 249
Grundlagenwissenschaft 58, 80

Guerilla-Taktik 230 ff.
Gutachter 89, 197

Habitus 135, 288
Handarbeit 25, 147 f., 150, 289
Handlungsarena 156 ff., 162
Handlungsbeschreibung 212, 295
Hermeneutik 46, 61, 247 ff., 279, 297
– doppelte 264, 299
Hitze-Koagulation 70, 80 f., 181, 194, 201 f., 204
Hochenergie-Physik 158
Holismus 47
homo oeconomicus 134, 136
hybrid community 290
Hypothesen 23 f., 108

Ideen 38 f., 68, 81, 92, 99 ff., 107, 110 ff., 114 ff., 119, 140
– -Kartei 111, 141
Idiosynkrasien 72 ff., 90, 207
Implikationskontext 166
Indeterminiertheit 34 ff., 90, 265, 271, 276 f.
Indexikalität 63 ff., 90 f., 282, 285
Induktion 13, 286
Inkommensurabilität 19, 297
Innovation 35 ff., 47, 92 ff., 112, 114, 123 f., 287
Innovationsberichte 99 ff., 107, 118
Innovationstheorien 92, 113 ff.
instrumentales Handeln 253 ff., 297
Instrumentalismus 13
Intellektuelle 147, 149, 289
Intention, literarische 190 ff.
Interaktion 38 f., 48, 68, 83, 88 ff., 135, 253 ff., 260, 290
Interaktivität 248
Interesse 25, 29, 42, 64, 255 ff., 286, 291, 295
Interessenfusion 161, 163, 214, 232
Interessengegensätze 232 f.
Interessenmodell 291
Internalismus 134, 137 f., 151, 174
intern-extern-Unterscheidung 41, 276, 278
interne *versus* externe Faktoren 40 ff.
Interpretation 24, 72 ff., 95 f., 248 ff., 260 ff.
Interpretationsarbeit 262, 264, 272
Interpretationsregreß 251 f., 260, 264
Interpretationssysteme 73
Interpretative Zusammenfassung 185, 195 f.
Interpretativität 39, 248 ff., 260 ff., 272, 284
In-vitro-Studie 165
In-vivo-Studie 165 f., 172
Irrationalität 33, 204

Kalziumkarbonat 212 f.
Kapital 132 ff.
kapitalistische Metapher 288
kapitalistische Ökonomie 132 ff., 140, 145
Kapitalverwertungsinteressen 147 f.
Karriere 55, 145, 155 f., 159, 169, 182, 260
Kausalität 11, 286
kausale Wirksamkeit 165 ff.
Kleinkapitalisten 138
Know-how 72, 75, 119, 181, 236
Koagulationsmittel 104, 186 f., 230
Koautoren 87, 89, 197 f., 237, 294
kognitiv 22, 25, 41, 52 ff., 113, 138, 155 f., 235 f., 242, 245, 259, 271, 281 f., 286
kognitive Anthropologie 296
– Psychologie 286
– Soziologie 48
– Transformation 239 ff.

– Wissenschaftssoziologie 53 ff., 83, 281, 283
versus soziale Faktoren 53 ff., 283
Kommunikationsstudien 129, 157, 288, 293
Kommunikationstheorie 34
Kommunikation, wissenschaftliche 38 f.
kommunikatives Handeln 253 ff., 260, 298
Komplexität 27, 35, 40, 76
Konflikt 161
Konservativität der Forschung 110 ff., 114
konstitutive Position 19 f., 23 ff.
konstruiert 22, 220, 225
Konstruktion 22, 25, 123, 246
konstruktiver Wissensbegriff 19, 40
Konstruktivität 17, 22, 25, 36, 38, 47, 49, 151, 220 f., 225, 241, 246, 271, 274, 288
Kontext 25, 36, 41, 98 f., 101 ff., 163, 174, 207, 211, 214, 256
Kontextierung 207, 211, 214, 259
– Entkontextierung 150, 240 f., 258
– Umkontextierung 112, 241 ff., 272
Kontextualität 17, 31, 34 ff., 40, 42 f., 49, 64 ff., 80, 90 f., 126 f., 154, 240 ff., 276
kontextuelle Kontingenz 33 ff., 90
Kontingenz 64 ff., 127, 174, 285
Konvention 177, 199, 263
Konversationsimplikation 294
konzeptuelle Vermittlung 265
– Wechselwirkung 94, 98, 112 f.
Kopfarbeit 147 f., 150 f., 289
Korrespondenzregeln 251, 297
Korrespondenztheorie von Zeichenbedeutungen 64
Kosten 78, 81 f., 109
Laborpersonal 85 ff., 111, 217, 237
Legitimation der Wissenschaft 133
Lexikographie 46, 60
literarische Produktionsweise 241 ff.
literarischer Charakter wissenschaftlicher Texte 152, 209 f.
literarische Räson 175 ff., 212
– Strategie 176 f., 178, 190 ff., 195, 202, 211, 226 ff., 231 ff., 241, 243, 272, 292
– Struktur 187
Logik 13, 20
logische Innovationstheorie 115
Lohnabhängigkeit 148 ff.
lokal 63 ff., 238, 243, 256
lokale Idiosynkrasien 72 ff.
– Interpretationen 72 ff.
– Situiertheit 63 ff.
Lösungen 35, 37, 107 ff., 124, 183, 189, 214, 236

Macht 85, 89 ff., 284
Maiskorn 104 ff.
Makroebene 135, 153, 289
Makroperspektive 153, 290
Makrosoziologie 46, 284, 290
Makrotheoretiker 290
Markt 145
– -ökonomie 132 ff.
Material und Methoden des wissenschaftlichen Papiers 185, 187, 211 ff., 226 ff., 239 ff., 294
Matthew-Effect 130
Mäuse 167 ff., 172 f.
Metapher 61, 92 ff., 107
– -Theorie der Innovation 92 ff., 114, 116, 123 f., 285
– -Theorie des Fehlschlags 118 ff.
methodologischer Individualismus 47, 280
– Interaktionismus 47 f.
– Relativismus 45 ff., 60

Mikroebene 83 f., 153, 284, 290
Mikroorganismus 75, 82, 99 ff., 117, 122
Mikroperspektive 153, 285
Mikrosoziologie 44, 46, 48, 63, 135, 279
Mikrotheoretiker 290
Milieu 83, 283, 285
Mittelklasse 149
Möglichkeit 66, 107 ff., 201
Mongolische Wüstenmäuse 165
Monodrama 232
Mutationen 36 ff.

Name 144
Natur 23 ff.
Naturgesetze 18 ff., 268 ff.
Naturwissenschaften 17, 22 f., 33, 38, 49, 61, 64, 72, 76, 246 ff., 264 ff., 273, 296 ff.
naturwissenschaftliche Methode 64, 246

Objektivismus 18 ff., 274
ökonomisches Räsonieren 139 ff.
Opportunismus 64 ff., 90, 109 ff., 124 f., 142, 285
opportunistische Logik 77, 90 f., 271
Organisation 82 ff., 146, 148, 277, 284
- der Argumente 189, 193
- kognitive 151
- kontextuelle 127 ff., 130 ff.
- soziale 127 ff., 151, 242
- wissenschaftliche 283 f.
Oszillation von Entscheidungskriterien 77, 81, 90, 287

Papier, wissenschaftliches 66, 71, 175 ff., 272, 292 ff.
Paradigmen 53, 91, 95, 128, 235 f., 242, 297
Partikelstruktur 143
Passiv 176 f., 188
Phosphorsäure 119, 122
Pilot-plant-Labor 65, 182
Positivismusstreit 296
positivistisch 13, 246 ff.
Post-doctoral-Forscher 117, 159, 161
Pragmatismus 19 ff., 298 f.
praktisches Erkenntnisinteresse 254
Präzipitation 106, 187, 226 ff., 231
Primärerkennen 95 f., 286
persönliches Labor 68
Problemkontext 101 ff., 128
Problemlösungen 107 f., 112, 125
Problemübersetzungen 110
Problemverschiebungen 98, 101, 124
Produktionsmittel 113, 137, 147, 149
Produktivität 28, 111, 141, 145, 283
Profitmaximierung 130, 134 f.
Proteinausfällung 70, 77, 81, 119, 181 ff.
Proteingewinnung 70, 86 f., 104, 119 ff., 180 ff., 212, 217
Proteinreinigung 77, 119 f., 205, 217
Puzzles 158, 287

Quark-Konzept 158
quasi-ökonomische Modelle 130 ff., 275
- Mechanismen 242

Rationalität 11, 134, 210, 245, 247, 281
- Alltags- 51 ff., 141 f., 273
- ökonomische 139 ff., 142
- opportunistische 63, 124, 126
- praktische 126, 271

– wissenschaftliche 33, 50 ff., 110, 173
Ratten 70, 119, 165, 167, 169 f., 172
Räsonieren, alltägliches 56, 60, 124
– ökonomisches 139 ff., 151
– opportunistisches 175
– praktisches 50 ff., 175, 178
– wissenschaftliches 124, 177
Realisierung von Lösungen 107 ff.
Realismus 21
reflektive Position 19 f.
Regeln 85 ff., 269, 296
Rekonstruktion 35 f., 38, 40, 60, 272, 275, 277, 297
relativistische Wissenschaftssoziologie 53
relevante Beschreibung 234 f.
Relevanzkriterien 208, 230, 234
Relevanz-Inszenierung 207 f., 213
– -Rahmen 200, 207
Replikation 73, 238
Residualbeschreibung 216, 220
Ressourcebeziehungen 61, 129, 157 ff., 163, 174, 208, 242
Ressourcen 27, 37, 85, 107, 124, 183 f., 186 ff., 194, 200 ff., 214, 232, 236, 242 f., 280, 292, 294
– lokale 64 ff.
Rezeptionskontext 272
Rhetorik 13, 61, 152, 190,.290, 292
Risiko 110 ff., 140, 145

Sand 93 ff., 117
satisficing 134
scientific community 42
Seagrant Office 171, 173
Selektionen 26 ff., 61, 63, 72, 76 ff., 90, 92, 98, 108 f., 112, 124, 127, 163 f., 167, 183, 213 f., 225, 232, 237, 271, 276
Selektivität 26, 28, 36, 71, 175, 220 f., 226, 229. 275
service-laboratory 58 f., 66, 72
Situation 25, 32, 45, 63 ff., 78 ff., 82 ff., 95 f., 163, 213
Situationsdynamik 135, 213
Situationslogik 84 f., 125, 174, 242
Situation, soziale 83, 153, 265
Situiertheit 63 ff., 151, 238, 271
Skeptizismus 18
slime mould 99 ff., 106, 110, 113
social studies of science 127, 153, 281
Solanin 103 f.
sozial *ad hoc* 184
soziale Kontrolle 199
soziales System der Wissenschaft 127 ff.
sozial-kognitive Unterscheidung 138, 282
Sozialwissenschaften 49, 61, 64, 71, 264 ff., 273, 282, 296 f.
Spezialgebiete 42, 53, 77, 128 f., 154 ff., 176, 235 f., 238, 240, 271
Spezialistengemeinde 127 ff., 145, 151 ff., 155 ff., 162, 237, 272
Sprechakttheorie 299
Standardmethoden 72 f., 216, 263
Steroide 99 ff., 110, 113, 117
Stickstoffeinwirkung 119
Stickstofflöslichkeit 121, 181 f., 186, 189, 208, 226
Stimulus-response-Modell 132
Stratifikationstheorie 139
Strukturaler Ansatz 293
Süßmais 103 ff.
symbolischer Interaktionismus 48, 280
symbolisches Kapital 54, 132 ff., 145, 149 f., 158, 195
Symmetrie-These 49, 280
System 41, 136, 138
Systemtheorie 34 ff., 278

tacit knowledge 77, 234 ff., 295
– *rules* 64
Tauschmechanismus 130
Tauschökonomie 132, 149
taxonomische Kollektive 152, 289
Techniker 117, 237
technisches Erkenntnisinteresse 254, 259
Technisierung 275
Technizität 256 ff.
technologische Entwicklung 205
teilnehmerorientierte Perspektive 129, 151 ff.
Tetrahymena pyriformis W. 114
theoretisches Interesse 256
Theoriegeladenheit 95, 247, 252 f., 297
Theorien, wissenschaftliche 11 f., 18 f., 24 f., 251 f., 255, 258, 264, 275, 286, 297
Thermodynamik 34
tinkerer 64 ff., 71
tinkering 65, 282
transepistemisch 42 f., 129, 154 ff., 161 ff., 167, 173 f., 183, 245, 271 f., 291
transfaktisch 21
Transfer von Problemlösungen 102, 104 f.
Transformation 61, 99, 101, 104, 106, 112, 124, 233, 239 ff., 272, 293
Transformationsarbeit 178
transwissenschaftlich 40, 42 f., 61, 84, 126, 129, 154 ff., 161 ff., 167, 171 ff., 184, 208, 271 f.
transzendentales Erkenntnisinteresse 254 f., 259
Transzendentalität 258, 298
Typisierung 216, 220, 241

Übersetzung 26 f., 77 ff., 275, 280
Übertragung von Begriffen 101 ff., 124, 286
Überzeugungseffekte 176 f.
umkontextieren 112, 241 ff., 272
Umstände 29, 32, 35 f., 38, 68
Unbestimmtheit 83 f., 164
unsichtbare Hand 138
Unterdeterminierung von Theorien 11
Unternehmer 136, 139 f., 145, 150

Validierung 29
Verhandlung 38 f., 68, 88, 123, 197 ff.
Verifikation 24, 254 f.
Verstehen 249 f., 260, 264, 272
Videoanalyse 46 f.
Vogelperspektive 153, 157

Wahrheit 23 f., 79, 92, 132, 155, 271, 280
Warum-Fragen 48 ff., 220, 237, 280
Werkstatt wissenschaftlicher Erzeugung 22
Wert 144
Wettbewerb 130 ff., 138, 140, 288
Wie-Fragen 48 ff., 280
Wissenschaftlergemeinde 12, 29 ff., 37, 42 f., 61, 126 ff., 151 ff., 155 ff., 171, 238, 272, 288, 290
Wissenschaftsgerichtshöfe 31
Wissenschaftsphilosophie 13 f., 22, 49, 251 ff., 272, 276
Wissenschaftssoziologie 22, 52, 72, 83, 127 ff., 130 ff., 147, 149 f., 151 ff., 174, 235, 246 f., 281 f., 288
– kognitive 53 ff., 83, 281, 283
– struktural-funktionale 128
Wissenssoziologie 12, 174, 281, 290 f.
Wissenswandel 34 ff.

Zirkularität 250 ff.
Zirkulation 92, 98 f., 102 f., 124, 243 f.
Zitationsmaße 59, 293
Zitationsstudien 127 f., 152 f., 287 f., 290
Zitronensäure 104, 106, 121 f., 210
Zuschreibung 118, 123 f.

NF 185/1/1.23

Geschichte und Theorie der Naturwissenschaften

Bakteriologie und Moderne. Studien zur Biopolitik des Unsichtbaren 1870 – 1920. Herausgegeben von Philipp Sarasin. Silvia Berger, Marianne Hänseler und Myriam Spörri. stw 1807. 544 Seiten

Susan Blackmore. Gespräche über Bewußtsein. Gebunden. 380 Seiten

Lorraine Daston/Peter Galison. Objektivität. Aus dem Amerikanischen von Christa Krüger. Mit zahlreichen Abbildungen und farbigem Bildteil. Gebunden. 530 Seiten

John Dupré. Darwins Vermächtnis. Die Bedeutung der Evolution für die Gegenwart des Menschen. Aus dem Englischen von Eva Gilmer. 144 Seiten. Gebunden

Michael Esfeld. Naturphilosophie als Metaphysik der Natur. stw 1863 218 Seiten

Gene, Meme und Gehirne. Geist und Gesellschaft als Natur. Eine Debatte. Herausgegeben von A. Becker, C. Mehr, H. H. Nau, G. Reuter und D. Stegmüller. stw 1643. 330 Seiten

Geschichte, Theorie und Ethik der Medizin. Eine Einführung. Herausgegeben von Stefan Schulz u.a. stw 1791. 511 Seiten

Das Geschlecht der Natur. Feministische Beiträge zur Geschichte und Theorie der Naturwissenschaften. Herausgegeben von Barbara Orland und Elvira Scheich. Texte aus dem Amerikanischen von Xenia Rajewsky. Gender Studies. es 1727. 290 Seiten

NF 152/1/11.08

NF 152/2/11.08

Herausgegeben von Philipp Sarasin und Jakob Tanner. stw 1343. 529 Seiten

Die Transformation des Humanen. Beiträge zur Kulturgeschichte der Kybernetik. Herausgegben von Michael Hagner und Erich Hörl. stw 1848. 464 Seiten

Hans-Jörg Rheinberger.
- Epistemologie des Konkreten. Studien zur Geschichte der modernen Biologie. stw 1771. 415 Seiten
- Experimentalsysteme und epistemische Dinge. Eine Geschichte der Proteinsynthese im Reagenzglas. stw 1806. 383 Seiten

Lothar Schäfer. Das Bacon-Projekt. Von der Erkenntnis, Nutzung und Schonung der Natur. stw 1401. 279 Seiten

NF 152/3/11.08

- Manet. Eine symbolische Revolution. Gebunden. 921 Seiten
- Sozialer Sinn. Kritik der theoretischen Vernunft. stw 1066. 512 Seiten
- Über den Staat. Gebunden. 722 Seiten

Ulrich Bröckling. Das unternehmerische Selbst. Soziologie einer Subjektivierungsform. stw 1832. 327 Seiten

Eva Illouz
- Die Errettung der modernen Seele. Therapien, Gefühle und die Kultur der Selbsthilfe. stw 1997. 412 Seiten
- Gefühle in Zeiten des Kapitalismus. stw 1857. 170 Seiten
- Israel. Soziologische Essays. es 2683. 229 Seiten
- Der Konsum der Romantik. Liebe und die kulturellen Widersprüche des Kapitalismus. stw 1858. 343 Seiten
- Warum Liebe weh tut. stw 2057. 467 Seiten

Stefan Kühl. Ganz normale Organisationen. Zur Soziologie des Holocaust. stw 2130. 411 Seiten

Jörn Lamla. Verbraucherdemokratie. Politische Soziologie der Konsumgesellschaft. stw 2072. 507 Seiten

Bruno Latour
- Eine neue Soziologie für eine neue Gesellschaft. stw 1967. 488 Seiten
- Existenzweisen. Eine Anthropologie der Modernen. Gebunden. 665 Seiten
- Die Hoffnung der Pandora. Untersuchungen zur Wirklichkeit der Wissenschaft. stw 1595. 386 Seiten
- Jubilieren. Über religiöse Rede. stw 2186. 247 Seiten
- Die Ökonomie als Wissenschaft der leidenschaftlichen Interessen. Eine Einführung in die ökonomische Anthropologie Gabriel Tardes. Zusammen mit Vincent Lépinay. Broschur. 120 Seiten

NF 178/2/6.16

- Das Parlament der Dinge. Für eine politische Ökologie. stw 1954. 364 Seiten
- Wir sind nie modern gewesen. Versuch einer symmetrischen Anthropologie. stw 1861. 205 Seiten

Martina Löw
- Prostitution. Herstellungsweisen einer anderen Welt. Zusammen mit Renate Ruhne. es 2632. 215 Seiten
- Raumsoziologie. stw 1506. 320 Seiten
- Soziologie der Städte. stw 1976. 289 Seiten

Niklas Luhmann
- Die Gesellschaft der Gesellschaft. stw 1360. 1164 Seiten
- Kontingenz und Recht. Gebunden. 348 Seiten
- Die Kunst der Gesellschaft. stw 1303. 517 Seiten
- Liebe als Passion. stw 1124. 231 Seiten
- Liebe. Eine Übung. Gebunden. 94 Seiten
- Macht im System. stw 2089. 156 Seiten
- Die Moral der Gesellschaft. stw 1871. 402 Seiten
- Der neue Chef. Gebunden. 120 Seiten
- Politische Soziologie. stw 2068. 499 Seiten
- Das Recht der Gesellschaft. stw 1183. 598 Seiten
- Soziale Systeme. Grundriß einer allgemeinen Theorie. stw 666. 675 Seiten
- Die Wirtschaft der Gesellschaft. stw 1152. 360 Seiten

Hans-Peter Müller. Pierre Bourdieu. Eine systematische Einführung. stw 2110. 372 Seiten

Armin Nassehi
- Geschlossenheit und Offenheit. Studien zur Theorie der modernen Gesellschaft. stw 1636. 352 Seiten
- Gesellschaft der Gegenwarten. Studien zur Theorie der modernen Gesellschaft II. stw 1996. 362 Seiten
- Der soziologische Diskurs der Moderne. stw 1922. 481 Seiten

NF 178/3/6.16

NF 178/4/6.16